"十四五"职业教育国家规划教材

高等职业教育课程改革项目研究成果系列教材
新形态一体化教材

数字通信原理

主　编　孙青华
副主编　黄红艳　范兴娟　李　辉
　　　　张　星　段　庆

《数字通信原理》
在线开放课程

北京理工大学出版社
BEIJING INSTITUTE OF TECHNOLOGY PRESS

内容简介

本书打破了传统通信原理的讲述方法，将理论与应用、抽象与形象相结合，通过九个项目，将通信原理的基本内容，分解成具体的工作任务。为让教学内容更加生动和鲜活，本书采用 System-View 等工具，将枯燥难懂的概念、原理，用形象和具体的仿真过程来展示，让学习者通过虚实结合的教学方式、理论与实践一体的教学模式，真正掌握通信原理的精髓。本书采用活页式教材形式，包括了大量情境教学实例，将教学、活动、实训、评价融为一体，打破了传统的教学形式，有利于项目制、任务驱动的教学改革。

本书可作为信息通信类核心专业能力课程的配套教材，也可作为通信工程、移动通信、数据通信、网络优化、信息系统等专业高职高专或本科教材，以及从事通信技术、网络工程、通信系统运行与维护等工作的专业技术人员的参考书。

图书在版编目（CIP）数据

数字通信原理 / 孙青华主编． -- 北京：北京理工大学出版社，2021.11（2025.7 重印）

ISBN 978 - 7 - 5763 - 0767 - 2

Ⅰ.①数…　Ⅱ.①孙…　Ⅲ.①数字通信-通信原理-教材　Ⅳ.①TN914.3

中国版本图书馆 CIP 数据核字（2021）第 260991 号

责任编辑：江　立		**文案编辑：**江　立	
责任校对：周瑞红		**责任印制：**施胜娟	

出版发行 / 北京理工大学出版社有限责任公司

社　　址 / 北京市丰台区四合庄路 6 号

邮　　编 / 100070

电　　话 / （010）68914026（教材售后服务热线）

　　　　　　（010）68944437（课件资源服务热线）

网　　址 / http://www.bitpress.com.cn

版印次 / 2025 年 7 月第 1 版第 3 次印刷

印　　刷 / 河北盛世彩捷印刷有限公司

开　　本 / 787 mm×1092 mm　1/16

印　　张 / 21.75

字　　数 / 526 千字

定　　价 / 68.00 元

前　言

党的二十大报告中指出："建设现代化产业体系。坚持把发展经济的着力点放在实体经济上，推进新型工业化，加快建设制造强国、质量强国、航天强国、交通强国、网络强国、数字中国"。数字通信技术在新一代信息技术、人工智能、高端装备等战略性新兴产业中发挥着重要的基础性作用，要不负时代使命，不断创新，全面贯彻落实二十大的新部署新要求。

本书以通信系统信号处理过程为主线，以项目的形式，引导学习者通过典型任务逐一学习数字基带传输、调制与解调、编码、定时与同步等基本原理，为让教学内容更加生动和鲜活，本书采用 SystemView 等工具，将枯燥难懂的概念、原理，用形象和具体的仿真过程来展示，让学习者通过虚实结合的教学方式、理论与实践一体的教学模式，真正掌握通信原理的精髓。在此基础上，为使学习者进一步掌握一般性的原理，本书以数据网、移动网为切入点，深入剖析了数字通信系统和移动通信系统的原理实现及应用；配合典型信号处理过程，通过系统仿真，直观展示通信的信号处理过程及结果，深入浅出地讲述通信原理在具体通信系统中的应用与实现。最后，为紧跟技术的发展，介绍了新一代通信新技术的基本原理，具体包括 SDN、NFV、云计算、卫星通信、激光空间通信、量子通信等。由于通信工程发展很快，本书在内容广泛、实用和讲解通俗的基础上，尽量选用最新的资料。

作为通信类专业核心技能培养的配套教材，本书选取了大量的实例，以期达到从认识到理解、从抽象到形象、从理论到实用的教学效果。本书采用活页式教材形式，包括了大量情境教学实例，将教学、活动、实训、评价融为一体，打破传统的教学形式，有利于项目制、任务驱动的教学改革。为配合课程思政教学，本书每个项目都设置了课程思政的教学目标，体现了技术与文化同向同行的特点。

为配合教、学、做一体的教学形式，本书在每个项目中，设计了教、学、做、评、练一体的任务，通过任务驱动的形式，使教学与实践有机结合在一起。

在本书的编写过程中，我要感谢我的同事和朋友们给我的影响和帮助。特别感谢石家庄邮电职业技术学院杨延广、郑玉红、庞瑞霞老师的支持，以及石家庄惠远邮电设计咨询有限公司牛建彬、杨晓萍、王岩峰工程师提出的宝贵建议。

本书项目 1、项目 6 由石家庄邮电职业技术学院黄红艳编著；项目 2、项目 5 由石家庄邮电职业技术学院李辉编著；项目 3 由石家庄邮电职业技术学院张星编著；项目 4 由石家庄邮电职业技术学院张星、范兴娟共同编著；项目 2 到项目 5 的技术实例由河北电信设计咨询有限公司段庆高级工程师提供；项目 7 由石家庄邮电职业技术学院范兴娟编著；项目 8 由石家庄邮电职业技术学院孙青华编著；项目 9 由黄红艳和孙青华共同编著；全书由孙青华负责统稿。由于编者水平有限，书中难免存在一些缺点和欠妥之处，恳切希望广大读者批评指正。

孙青华

目 录

项目 1

认识通信系统

项目描述

通过日常信息的表达，引入信息、信息量的基本概念，剖析各类通信系统组成，进一步理解移动通信系统的功能组成，分析计算通信系统主要性能指标，探秘信道与噪声，学习通信系统仿真软件 SystemView 的基本功能，学会用 SystemView 进行信号等基本仿真。

项目分析

本项目中涉及的认识信息熵、理解通信系统模型是通信原理的基础。通过计算通信系统的主要性能指标，更好地认知理解通信系统，为锻炼持续的学习能力和理论联系实际的职业素养提供基础。

学习目标

在理解信息熵的基础上，结合各种通信系统的组成，完成通信系统性能指标的计算，并实现从理论学习到软件仿真的设计与实施。

课程思政：结合信息量等通信系统发展过程中的名人传记，认识通信发展过程的技术创新和工匠精神，通过典型事件，激发学生的爱国热情和攻关精神。

任务 1.1　认识信息熵

任务目标

理解信息量大小的衡量方法，并学会信息熵的计算方法。

1

任务分析

随着社会的发展和计算机的普及，人们说现在是信息社会，那么什么是信息呢？信息量的大小又是如何度量的？通过对信息量的计算，理解信息熵的计算。

知识准备

1.1.1 信息、信息量的概念

1. 信息

控制论奠基人维纳认为：信息是人类在适应外部世界以及在感知外部世界而做出调整时，与外部环境交换的内容的总称；信息论奠基人香农认为："信息是用来消除随机不确定性的东西的"，这一定义被人们看作是信息的经典性定义并加以引用。比如我们给家人打电话说明近况，就可以消除家人对我们近况了解的不确定性，那么电话的内容就是信息。

通信的目的在于传递信息。信息是消息中有意义的内容。消息一般指对人或事物情况的报道，其表现形式有语音、文字、数据、图像等。不同形式的消息，可以包含相同的信息。例如，分别用语音和文字传送的天气预报，所含信息内容相同。信息是指消息中含有的有意义的内容，即接收者原来不知而待知的内容。在有效的通信中，信源发送的信号是不确定的，接收者在收到信号后不确定性减小或消失，则接收者从不知到知，从而获得信息。

信息是抽象的，而消息是具体的。消息是信息的携带者。具体来说，信息是指数据、信号、消息中所包含的意义，信息具有以下特征。

1）普遍存在性

信息普遍存在于自然界、人类社会、人类的思维领域之中。信息和物质、能量构成当今人类社会的三大资源。

2）依附性

信息的内容通过什么表现出来，人们通过什么认识信息呢？信息的表达需要载体，也就是表现形态。信息是通过载体来表示（表达）和传播（传递）的。目前信息的载体有数据、文本、声音、图像，这四种形态可以相互转化，例如，照片被传送到计算机，计算机就把图像转化成了数据。同一个信息可以依附于不同的载体，不同信息也可以依附于同一个载体。交通信息既可通过信号灯显示，也可以通过警察的手势来传递；同样一则新闻，我们在电视上听到了，也可以在报纸上看到。

3）共享性

正如英国现实主义戏剧家萧伯纳所说："两个人在一起交换苹果与两个人在一起交换思想完全不一样。两个人交换苹果，每个人手上还有一个苹果；但是两个人在一起交换了思想，每个人就同时有了两个人的思想。"信息具有共享性。

4）时效性

原来寄一封信件，需要几天的时间，现在写一封电子邮件，只需要几秒钟就可以送达。在信息传递越来越快的今天，信息的时效性表现得越来越明显，例如天气预报，只对预报的

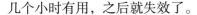

几个小时有用，之后就失效了。

5）可伪性

我们会收到各种信息，但是需要辨别真伪。伪信息造成社会信息污染，具有极大的危害性。因此信息安全越来越重要。

6）随机性

在信息发出之前，信息是不确定的，是随机的。

2. 信息量

传输信息的多少用"信息量"来衡量，那么如何衡量信息量呢？对于接收者来说，某些消息比另外一些消息传递更多的信息。例如，天气预报部门公布"今年冬天的天气要比去年冬天更冷些"，比起"今年冬天的天气将与去年夏天一样热"来说，前一消息包含的信息显然要比后者少。因为在接收者看来，前一事件很可能发生，不足为奇，但后一事件却极难发生，听后使人惊奇。这表明消息确实有量值的意义。而且，我们可以看出，对接收者来说，事件越不可能发生，越是使人感到意外和惊奇，信息量就越大。

概率论告诉我们，事件的不确定程度，可以用其出现的概率来描述。事件出现的可能性越小，则概率就越小，反之，事件出现的可能性越大，则概率就越大。消息中的信息量与消息发生的概率紧密相关，消息出现的概率越小，则消息中包含的信息量就越大。如果事件是必然的（概率为 1），则它传递的信息量应为零；如果事件是不可能的（概率为 0），则它将有无穷的信息量。对接收者来说，事件越不可能发生，越是使人感到意外和惊奇，信息量就越大。例如，太阳东升西落，这个信息量为 0，因为这是确定规律。如果哪一天，太阳西升东落，那么这个事件的信息量为 1，因为，这个事件几乎不可能发生。

1.1.2　信息熵的计算

1. 信息量的计算方法

从数学的角度看信息量的计算，设信源是由 q 个离散符号（事件）$s_1, s_2, \cdots, s_q$ 组成的集合。每个符号的发生是相互独立的，第 i 个符号 s_i 出现的概率是 $P(s_i)$，且 $P(s_i)$ 满足非负、归一性，即 $0 \leqslant P(s_i) \leqslant 1$，$\sum_{i=1}^{q} P(s_i) = 1$，则第 i 个符号 s_i 含有的信息量为

$$I(s_i) = \log_2 \frac{1}{P(s_i)} = -\log_2 P(s_i) \tag{1-1}$$

几点说明：

（1）信息量 $I(s_i)$ 可以看作接收端未收到消息前，发送端发送消息 s_i 所具有的不确定程度。

（2）若干个相互独立事件构成的消息，所含信息量等于各独立事件所含信息量之和，也就是说，信息具有可加性。如两个独立事件 s_i 与 s_j 的概率分别为 $P(s_i)$ 和 $P(s_j)$，则两个事件同时发生的概率 $P(s_i s_j) = P(s_i) P(s_j)$，从而由式（1-1）可得

$$I(s_i s_j) = \log_2 \frac{1}{P(s_i s_j)} = I(s_i) + I(s_j)$$

（3）信息量的单位与对数的底数有关。底数为 2，信息量的单位为比特（bit）；底数为自然对数的底 e，则信息量的单位为奈特（nit）；底数为 10 时，则信息量的单位为哈特

（hart）。通常使用的单位是比特。

（4）对于二进制信源符号，只有 1 和 0，假设 1 和 0 等概率出现，均为 1/2，则有

$$I(0) = I(1) = -\log_2 \frac{1}{2} = 1 \text{ bit}$$

即等概率二进制信源每一符号的信息量为 1 bit。同理，对于四进制，假设信源符号等概率出现，则每符号的信息量是 2 bit，是二进制的 2 倍。依次类推，对于 $M = 2^K$ 进制，假设各信源符号等概率出现，则每符号的信息量是 K bit，符号信息量是二进制的 K 倍。

对以上数学表示信息量计算公式，可以通俗地理解为：如果一个事件发生的概率为 P，那么，该事件包含的信息量为以 2 为底对 $1/P$ 求对数，即

$$I(x) = \log_2 \frac{1}{P(x)} = -\log_2 P(x)$$

【例 1-1】设英文字母 E 出现的概率为 0.105，X 出现的概率为 0.002，试求 E 及 X 的信息量。

解析：$I(\text{E}) = \log_2 \frac{1}{P(0.105)} = -\log_2 P(0.105) \approx 3.25 \text{ bit}$

$$I(\text{X}) = \log_2 \frac{1}{P(0.002)} = -\log_2 P(0.002) \approx 8.97 \text{ bit}$$

通过实际计算，可以看出，事件发生的概率越小，事件包含的信息量越大。

【例 1-2】若估计在一次国际象棋比赛中谢军获得冠军的可能性为 0.1（记为事件 A），而在另一次国际象棋比赛中她得到冠军的可能性为 0.9（记为事件 B）。试分别计算当你得知她获得冠军时，从这两个事件中获得的信息量各为多少？

解析：$I(\text{A}) = \log_2 \frac{1}{P(0.1)} = -\log_2 P(0.1) \approx 3.32 \text{ bit}$

$$I(\text{B}) = \log_2 \frac{1}{P(0.9)} = -\log_2 P(0.9) \approx 0.152 \text{ bit}$$

2. 信息熵的定义

1948 年，香农（Shannon）在他的《通信的数学原理》论文中指出"信息是用来消除随机不确定性的东西的"，并借用了热力学中熵的概念提出了"信息熵"的概念，来解决信息的度量问题。

信息熵是消除不确定性所需信息量的度量，一个事件或一个系统，有一定的不确定性。例如，"预测下一届世界杯决赛圈"，这个随机变量的不确定性很高，要消除这个不确定性，就需要引入很多的信息，这些信息的度量就用"信息熵"来表达。需要引入消除不确定性的信息量越多，信息熵就越高，反之则越低。例如，"东道主可以直接进世界杯决赛圈"，这个消息因为确定性很高，几乎不需要引入信息，因此信息熵很低。

如图 1-1 所示，左侧的状态是高度有序

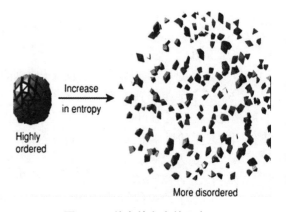

Highly ordered

Increase in entropy

More disordered

图 1-1 信息熵多少的示意

的，右侧的状态处于无序化，因此，右侧的信息熵值高，左侧的信息熵值低。

3. 信息熵的公式

首先让我们回顾一下信息量的度量。事件包含的信息量的多少与该事件发生的概率有关。越小概率的事情发生了产生的信息量越大，如某城市发生了 10 级的地震，这条消息包含的信息量很大；越大概率的事情发生了，产生的信息量越小，如水在零摄氏度以下会结冰，这个几乎是肯定会发生的，因此没有什么信息量。

总结相关规律得出以下结论：一个具体事件的信息量应该是随着其发生概率而递减的，且不能为负。因此，我们可以用对事件发生的概率的倒数求对数的方法，来衡量信息量。信息量度量的是一个具体事件发生了所带来的信息，而熵则是在结果出来之前对可能产生的信息量的期望。信息熵应考虑随机变量的所有可能取值，即所有可能发生事件所带来的信息量的期望值。熵是 N 个独立符号的离散信息源中每个符号的平均信息量 $H(S)$，单位是 bit/符号。所谓平均信息量是指信源中每个符号所含信息量的统计平均值，计算公式为

$$H(S) = \sum_{i=1}^{N} P(s_i) I(s_i) = -\sum_{i=1}^{N} P(s_i) \log_2 P(s_i) \tag{1-2}$$

根据数学知识可知，当信源符号等概率发生时，熵具有最大值，为

$$H_{max}(S) = \sum_{i=1}^{N} P(s_i) I(s_i) = \log_2 N \tag{1-3}$$

现设某一个概率系统中有 n 个事件：

$$(X_1, X_2, X_3, \cdots, X_n)$$

第 i 个事件发生的概率为

$$P_i \ (i = 1, 2, 3, \cdots, n)$$

如果知道事件已经发生，则该事件所含有的信息量为

$$I(a_i) = \log_2 \frac{1}{P(a_i)}$$

代表着两种含义：

当事件 a_i 发生以前，表示事件所发生的不确定性；

当事件 a_i 发生以后，表示事件所含有的信息量。

信息的数学期望值为平均信息量，也就是信息熵，如下式所示：

$$H(X) = E\left[\log_2 \frac{1}{P(a_i)}\right] = \sum_{i=1}^{n} P(a_i) \log_2 P(a_i)$$

4. 信息熵的计算

如何利用上面的公式计算信息熵呢？让我们来看一个例子：

已知：两个随机变量性别和成绩的统计样本值如表 1-1 所示，求 X、Y 的熵。

表 1-1　统计样本值

性别（X）	成绩（Y）
男	优
女	优

续表

性别（X）	成绩（Y）
男	差
女	优
男	优

首先分析性别变量 X，根据样本，计算男、女事件发生的概率分别为

$$P（男）=3/5=0.6$$
$$P（女）=2/5=0.4$$

根据熵的计算公式，性别变量 X 的信息熵 $H（X）$ 为

$$H（X）=-（0.6\times\log_2（0.6）+0.4\times\log_2（0.4））=0.97$$

成绩变量 Y，根据样本，计算优、差事件发生的概率分别为：

$$P（优）=4/5=0.8$$
$$P（差）=1/5=0.2$$

成绩变量 Y 的信息熵为：

$$H（Y）=-（0.8\times\log_2（0.8）+0.2\times\log_2（0.2））=0.72$$

【例1-3】一离散信源由0、1、2、3四个符号组成，它们出现的概率分别为3/8、1/4、1/4、1/8，且每个符号的出现都是独立的。试求某消息 1022，0102，0130，2130，2120，3210，1003，2101，0023，1020，0201，0312，0321，0012，0210 的信息量。

解析：方法一

此消息中，0 出现 23 次，1 出现 15 次，2 出现 15 次，3 出现 7 次，共有 60 个符号，故该消息的信息量为

$$I=23I(0)+15I(1)+15I(2)+7I(3)$$
$$=23\log_2\frac{8}{3}+15\log_24+15\log_24+7\log_28$$
$$=113.55 \text{ bit}$$

方法二

用熵的概念来计算，由式（1-2）得

$$H=\frac{3}{8}\log_2\frac{8}{3}+\frac{1}{4}\log_24+\frac{1}{4}\log_24+\frac{1}{8}\log_28$$
$$\approx 1.906 \text{ bit/ 符号}$$

则该消息的信息量为

$$I=60H(S)=60\times1.906=114.36 \text{ bit}$$

分析比较：两种方法的结果有一定误差，前一种方法是按算术平均的方法，后一种方法是按统计平均的方法。但当消息很长时，用熵的概念来计算比较方便，而且随着消息序列长度的增加，两种计算误差将趋于零。

任务实施

（1）根据内容的学习，理解生活中的各种信息。

（2）搜集信息，说明其包含信息量的大小。

（3）完成信息量和信息熵的计算。

任务总结

本任务中，分小组完成本项工作，其中，信息量的计算是本任务的关键。学生们通过本部分的理论学习，了解了信息的基本概念，在此基础上对信息熵的计算进行深入地学习，不断提高理论联系实际的能力，为后续通信系统传输信息的学习提供帮助。

自我评价

知识与技能点	你的理解	掌握情况
信息量		😊 😐 😟 😠
信息熵的定义		😊 😐 😟 😠
信息熵的计算		😊 😐 😟 😠

 😊完全掌握 😐基本掌握 😟有些不懂 😠完全不懂

实训与拓展

（1）搜集香农为通信作出的贡献。

（2）通过对知识的学习，进行信息量和信息熵计算的实训练习和拓展。

任务1.2　理解通信系统模型

任务目标

通过信息传输的过程，分析通信系统组成模型，以及具体的模拟通信系统、数字通信系统和移动通信系统组成，理解每种系统的特点。

任务分析

从认知简单通信系统入手，了解系统组成的基本结构，在此基础上，再分析模拟通信系统和数字通信系统的组成，并总结两者的联系与区别，进一步加深理解通信系统，最后对应用比较广泛的移动通信系统组成进行分析，为后期移动通信系统工作原理提供基础。

知识准备

1.2.1　认知简单通信系统

通信的任务是将信息从一地传送到另一地,完成信息传送的一系列设备及传输媒介构成通信系统,最简单的通信系统是点到点的系统,其基本组成模型如图1-2所示。

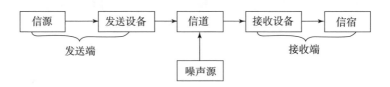

图 1-2　简单通信系统基本组成模型

从图1-2可以看出,通信系统由五部分组成,即信源、发送设备、信道和噪声源、接收设备、信宿。

1. 信源

信源是指信息源,信息的发送者。其作用是把各种消息转换成原始电信号,例如,电话机的送话器、电视摄像机、计算机等都可以看成是信源。

2. 发送设备

为了使信源产生的原始电信号能够在信道上传输,需要发送设备对其进行处理,变换成适合在信道上传送的信号,送往信道传输。比如滤波、调制、放大、编码、加密等环节。

3. 信道和噪声源

信道是信息的传输通道。其作用是将来自发送端的信号发送到接收端。按传输介质的不同,信道可分为两种,一种是有线信道,如双绞线、同轴电缆、光缆等;另一种是无线的信道,如中长波、短波、微波中继及卫星中继等。按传输信号形式的不同可分为模拟信道和数字信道。

噪声源不是人为加入的设备,而是通信系统各种设备中以及信道中所固有的。噪声源是信道中的所有噪声以及分散在通信系统中其他各处噪声的集合。噪声是独立于有用信号之外而客观存在的,始终干扰有用信号。噪声的来源是多样的,可分为内部噪声和外部噪声。

4. 接收设备

接收设备的功能正好与发送设备相反,它是将信道传输中带有噪声和干扰的信号转换为信宿可识别的信息形式交给信宿。

5. 信宿

信宿与信源相对应,是信息的接收者。其作用是将由接收设备复原的原始信号转换成相应的消息,如电话机中的受话器,其作用就是将对方传送过来的电信号还原成声音。

1.2.2　认知模拟通信系统

通信系统传输的消息具有不同的形式,将消息转换成模拟信号在信道上传输的通信方式称为模拟通信，传输模拟信号的通信系统称为模拟通信系统，相应的模拟通信系统是按照模拟信号的传输特点设计的，其基本组成模型如图 1-3 所示。

图 1-3 模拟通信系统基本组成模型

模拟通信系统传输信息，需要两种变换。首先，将信源产生的连续消息变换成原始电信号，接收端收到的信号要反变换成原连续消息。原始电信号由于通常具有频率较低的频谱分量，一般不宜直接传输，因此，模拟通信系统常需要有第二次变换：将原始电信号变换成频带适合信道传输的信号，并在接收端进行反变换，这种变换和反变换通常称为调制和解调。

经过调制后的信号叫已调信号，它应该具有两个特征：一是携带有信息，二是适应在信道传输。通常我们把发送端调制前和接收端解调后的信号称为基带信号，已调信号通常称为频带信号。

模拟通信系统传输连续的模拟信号，占用带宽窄，如每路语音信号带宽仅为 4 kHz。在信号的传输过程中，噪声叠加于信号之上，并随传输距离的增加而加强，在接收端很难将信号和噪声分离，系统的抗干扰能力较弱且不适于长距离信号传输。

需要指出的是，模拟信号并不是一定要在模拟通信系统中才能传输，任何模拟信号都可以经过模/数变换后在数字通信信道上传输。

1.2.3 认知数字通信系统

将消息转换成数字信号在信道上传输的通信方式称为数字通信，传输数字信号的通信系统，称为数字通信系统，其基本组成模型如图 1-4 所示。相应的数字通信系统是按照数字信号的传输特点设计的。数字信号通过相应的终端设备转换，也可以在模拟通信系统中进行传输。

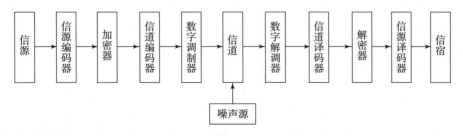

图 1-4 数字通信系统基本组成模型

1. 信源编码器与信源译码器

信源编码器是将信源送出的信号进行适当处理，产生周期性符号序列，使其变成合适的数字编码信号。信源编码的作用包含模拟信号的数字化和信源压缩编码两个范畴：一是如果信源输出的信号是模拟信号，信源编码器将对模拟信号进行抽样、量化、编码，使之变成数字信号，从而完成模/数转换任务。二是如果信源输出的是数字信号，这时信源编码器的作用是提高数字信号传输的有效性，去除或减少冗余并压缩原始信号的数据速率。

信源译码器实现信源编码的逆过程，即解压缩和数/模转换。

2. 加密器与解密器

加密器主要用于需要保密的通信系统。加密处理的过程是采用复杂的密码序列，对信源编码输出的数码序列进行人为"扰乱"。

解密器实现的是加密器的逆过程，即从加密的信息中恢复出原始信息。

3. 信道编码器与信道译码器

信号在信道中传输时，会受到各种噪声干扰，引起信号的差错和失真，导致误码。信道编码是为了提高数字传输的可靠性，对传输中产生的差错采用的差错控制技术，也称为差错控制编码，即在信号中按一定的编码规则加入冗余码元，以达到在接收端可以检出和纠正误码的目的。

信道译码器完成信道编码器的逆过程，即从编码的信息中恢复出原始信息。

4. 数字调制器与数字解调器

与模拟通信系统的调制器作用一样，数字调制器将数字基带信号变换成适合于信道传输的频带信号。

数字解调器完成数字调制器的逆过程，即将收到的频带信号还原为数字基带信号。

相对于模拟通信系统而言，数字通信系统有以下优点。

（1）抗干扰、抗噪声能力强，无噪声积累。在数字通信系统中，传输的信号是数字信号，以二进制为例，信号的取值只有两个，这样发送端传输的和接收端需要接收和判决的电平也只有两个值。若"1"码时取值为 A，"0"码时取值为 0，传输过程中由于信道噪声的影响，必然会使波形失真。在接收端恢复信号时，首先对其进行采样判决，才能确定是"1"码还是"0"码，并再生"1""0"码的波形。因此只要不影响判决的正确性，即使波形有失真也不会影响再生后的信号波形。

（2）便于加密处理，保密性强。数字信号与模拟信号相比，容易加密和解密。因此，数字通信保密性好。

（3）差错可控。数字信号在传输过程中出现的差错，可通过纠错编码技术来控制。

（4）利用现代技术，便于对信息进行处理、存储和交换。由于计算机技术、数字存储技术、数字交换技术以及数字处理技术等现代技术飞速发展，许多设备、终端接口均是数字信号，因此极易与数字通信系统相连接。正因为如此，数字通信才得以高速发展。

（5）便于集成化，使通信设备微型化。

数字通信系统相对于模拟通信系统而言，对同步要求高，系统设备比较复杂。数字通信系统中，要准确地恢复信号，必须要求接收端和发送端保持严格同步。因此数字通信系统及设备一般都比较复杂，体积较大。随着数字集成技术的发展，各种中、大规模集成器件的体积不断减小，加上数字压缩技术的不断完善，数字通信设备的体积将会越来越小。

1.2.4 认知移动通信系统

移动通信是指至少通信的一方在移动中的通信方式，根据信道传输信号的不同分为模拟移动通信系统和数字移动通信系统，这里以数字移动通信系统为例说明移动通信过程模型，如图1-5所示。

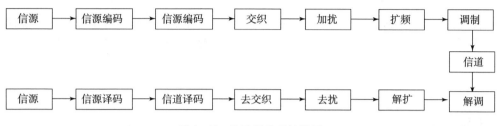

图1-5　移动通信系统模型

图1-5中的信源编译码、信道编译码、调制器解调器的功能和作用和前面讲到的相同，只不过在移动通信中的具体实现方法不同，具体的见项目8移动通信系统的编码技术、调制技术和扩频等内容。移动通信中采用无线信道，因此对于信道上传输的信号有着特殊的要求，如交织、加扰、扩频等。

1. 交织、去交织

在移动通信的无线信道上，比特差错经常是成串发生的。然而，信道编码仅在检测和校正单个差错和不太长的差错串时才有效。为了解决这一问题，希望能找到把一条消息中的相继比特分散开的方法，即一条消息中的相继比特以非相继方式被发送。这样，在传输过程中即使发生了成串差错，恢复成一条相继比特串的消息时，差错也就变成单个（或长度很短），这时再用信道编码纠错功能纠正差错，恢复原消息。这种方法就是交织技术。去交织就是相反的过程，将分开的信息还原成连续的信息流。

2. 加扰、去扰

加扰就是用一个伪随机码序列有规律地处理原有信息码。为了避免信号流中出现长的连"0"和连"1"，通常采用加扰技术，用伪随机码序列对原有码进行相乘，同时实现对信号加密。去扰过程和作用与加扰相反。

3. 扩频、解扩

扩频即扩展频谱，是传输信息所用信号的带宽远大于信息本身的带宽。增加信号带宽可以降低对信噪比的要求，当带宽增加到一定程度，允许信噪比进一步降低，有用信号功率接近噪声功率甚至淹没在噪声之下也是可能的。在无线信道的强干扰下，需采用扩频技术来取得较好的通信质量。

解扩与扩频过程和作用相反。

◎ 任务实施

（1）通过点对点信息传输的过程，分析简单通信系统模型组成。

（2）对模拟通信系统、数字通信系统和移动通信系统的组成进行对比分析。

（3）分工协作，完成各种通信系统资料收集和学习，查找各种系统应用。

任务总结

本任务中，分小组完成本项工作，其中，结合简单通信系统模型的学习，进行各种通信系统组成资料的采集与学习是本任务的关键。学生们通过前期的理论学习，了解了系统组成结构框图，理解了各部分完成的功能。通过理论联系实际的学习与实践，达到逐步深入的目的，有助于培养学生可持续发展的能力。

自我评价

知识与技能点	你的理解	掌握情况
简单通信系统模型		😊 😐 😦 😫
数字通信系统特点		😊 😐 😦 😫
移动通信系统组成		😊 😐 😦 😫

😊完全掌握　😐基本掌握　😦有些不懂　😫完全不懂

实训与拓展

（1）收集我国通信系统发展的相关资料。
（2）分析移动通信系统的特有组成部分。

任务1.3　计算通信系统主要性能指标

任务目标

分析学过的通信系统组成，理解有效性和可靠性指标的含义。结合具体实例，分析计算数字通信系统中的信息传输速率、码元传输速率、误码率等指标。

任务分析

信息传输的速率越来越快，信息传输的准确性要求也就越来越高，了解有效性与可靠性的概念，有助于理解有效性与可靠性的关系，进而深入理解指标的计算。

知识准备

在设计和评价通信系统性能优劣时，要涉及通信系统的性能指标。通信系统的性能指标主要有两个：有效性指标和可靠性指标。有效性指标用于衡量系统的传输效率，可靠性指标用于衡量系统的传输质量。

1.3.1   计算模拟通信系统性能指标

由于现有通信系统都为数字通信系统，所以模拟通信系统性能指标只给出概念，不涉及运算。

1. 有效性指标

有效性指信息传输速度，即给定频带情况下，单位时间传输信息的多少。对于模拟通信系统来说，信号传输的有效性通常可用有效传输频带来衡量，即在指定信道内所允许同时传输的最大通路数。这个通路数等于给定信道的传输带宽除以每路信号的有效带宽，在相同条件下，每路所占频带越窄，则允许同时传输的通路数越多。在模拟通信中，每一路信号的有效带宽与调制方式有关，如 FM 波比 AM 波占用频带宽。

2. 可靠性指标

模拟通信系统中信号传输的可靠性通常采用接收端输出信噪比（S/N）来衡量，即输出信号平均功率与噪声平均功率之比。S/N 越高，可靠性越高，反之亦然。通常电话要求信噪比是 20 ~ 40 dB（分贝），电视则要求 40 dB 以上。信噪比也与调制方式有关，一般情况下，FM 信号的输出信噪比就比 AM 的信号高得多，所以 FM 传输可靠性高于 AM 传输。

1.3.2   计算数字通信系统性能指标

1. 有效性指标

有效性指标是衡量数字通信系统传输能力的主要指标，通常用 3 个指标来说明：码元传输速率、信息传输速率及频带利用率。

1）码元传输速率（R_B）

定义：每秒传输信号码元的数目，又称调制速率、符号速率、波特率。单位为波特（Baud），简写为 B 或 Bd，用符号 R_B 表示。如果信号码元持续时间（时间长度）为 T（单位为 s），那么，码元传输速率公式为

$$R_B = \frac{1}{T} \tag{1-4}$$

图 1-6 给出了两种信号，其中图（a）为二电平信号，即一个信号码元可以取 0 或 1 两种状态之一；图（b）为四电平信号，它在一个码元 T 中可能取 ±3 和 ±1 四种不同的值（状态），因此每个信号码元可以代表 4 种情况之一。

2）信息传输速率（R_b）

定义：每秒传输的信息量。单位为比特/秒（bit/s），用符号 R_b 表示。

比特在数字通信系统中是信息量的单位。在二进制数字通信系统中，每个二进制码元若是等概率传送的，则信息量是 1bit。所以，一个二进制码元在此时所携带的信息量就是 1bit。通常，在无特殊说明的情况下，都把一个二进制码元所传的信息量视为 1bit，即指每秒传送的二进制码元数目。在二进制数字通信系统中，码元传输速率与信息传输速率在数值上是相

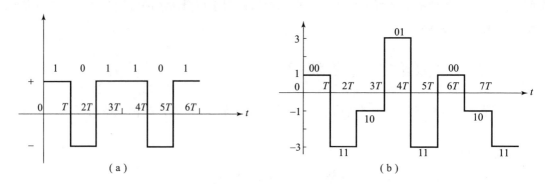

图1-6 二电平和四电平数据信号

(a) 二电平信号；(b) 四电平信号

等的，但是单位不同，意义不同，不能混淆。在多进制系统中，多进制的进制数与等效对应的二进制码元数的关系为

$$N = 2^n \qquad (1-5)$$

式中，N 是进制数，n 是二进制码元数，这时信息传输速率和码元传输速率的关系为

$$R_b = R_B \log_2 N (\text{bit/s}) \qquad (1-6)$$

例如，在四进制中（$N=4$），已知码元传输速率 $R_B = 600$ Bd，则信息传输速率 $R_b = 1\ 200$ bit/s。

3）频带利用率（η）

在比较两个通信系统的有效性时，单看它们的传输速率是不够的，或者说虽然两个系统的传输速率相同，但它们的系统效率可以是不一样的，因为两个系统可能具有不同的带宽，那么它们传输信息的能力就不同，所以，衡量系统效率的另一个重要指标是系统的频带利用率 η。

η 定义为

$$\eta = \frac{\text{码元传输速率}}{\text{频带宽度}} (\text{Bd/Hz}) \qquad (1-7)$$

或

$$\eta = \frac{\text{信息传输速率}}{\text{频带宽度}} (\text{bit/s} \cdot \text{Hz}) \qquad (1-8)$$

通信系统所占用的频带越宽，传输信息的能力就越大。系统的频带利用率越高，系统的有效性就发挥得越好。

下面通过具体的例子学习码元传输速率和信息传输速率的计算：

【例1-4】假设某二进制系统 1 min 传送了 18 000 bit 信息。问：

（1）其码元传输速率和信息传输速率各为多少？

（2）若改用八进制传输，则码元传输速率和信息传输速率各为多少？

解析：（1）题目条件中给出的是比特数，所以先计算出信息传输速率，由于是二进制系统，码元传输速率和信息传输速率相等，但要注意单位的不同，具体过程如下：

$$R_b = \frac{18\ 000}{60} = 300\ \text{bit/s}$$

$$R_B = R_b = 300 \text{ Bd}$$

（2）由于单位时间内传输的比特数没有变化，所以信息传输速率和二进制传输时是一样的，根据公式（1-6）可以得到码元传输速率，具体过程如下：

$$R_b = \frac{18\ 000}{60} = 300 \text{ bit/s}$$

$$R_B = \frac{R_b}{\log_2 8} = 100 \text{ Bd}$$

结论：多进制传输时，码元速率明显降低，可以利用这种方式提高频带利用率。

2. 可靠性指标

由于信号在传输过程中不可避免地受到外界的噪声干扰，信道的不理想也会带来信号畸变，当噪声干扰和信号畸变达到一定程度时，就可能导致接收的差错。衡量通信系统可靠性的指标是传输的差错率，常用的有误码率、误比特率和误字符率或误码组率。

1）误码率（P_e）

定义：通信过程中系统传错的码元数目与所传输的总码元数目之比，即传错码元的概率。记为

$$P_e = \frac{\text{传错码元的个数}}{\text{传输码元的总数}} \qquad (1-9)$$

误码率是衡量通信系统在正常工作状态下传输质量优劣的一个非常重要的指标，它反映了信息在传输过程中受到损害的程度。误码率的大小，反映了系统传错码元的概率的大小。误码率是指某一段时间内的平均误码率。对于同一条通信线路，由于测量的时间长短不同，误码率也不一样。在测量时间长短相同的条件下，测量时间的分布不同，如上午、下午和晚上，它们的测量结果也不同。在通信设备的研制、考核及试验时，应以较长时间的平均误码率来评价。

2）误比特率（P_b）

定义：通信过程中系统传错的信息比特数目与所传输的总信息比特数之比，即传错信息比特的概率，也称误信率。记为

$$P_b = \frac{\text{传错比特数}}{\text{传输的总比特数}} \qquad (1-10)$$

误比特率的大小，反映了信息在传输中，由于码元的错误判断而造成的传输信息错误的大小，它与误码率从两个不同层次反映了系统的可靠性。在二进制系统中，误码数目就等于传错信息的比特数，即 $P_e = P_b$。

3）误字符率或误码组率

定义：通信过程中系统传错的字符（码组）数与所传输的总字符（码组）数之比，即传错字符（码组）的概率。记为

$$\text{误字符率或误码组率} = \frac{\text{传错的字符数或码组数}}{\text{传输的总字符数或码组数}} \qquad (1-11)$$

由于在一些通信系统中，通常以字符或码组作为一个信息单元进行传输，此时使用误字符率或误码组率更具实际意义，也易于理解。但由于几个比特表示一个字符或码组，而一个字符或码组中无论错一个或多个比特都算错一个字符或码组，故用误字符率或误码组率评价电路的传输质量并不是很确切。

在通信中，有效性指标和可靠性指标这两个要求通常是矛盾的，实际中应根据具体需要尽可能取得满意的结果。例如，在一定可靠性指标下，尽量提高信息传输的速率；或在一定有效性条件下，使信息传输质量尽可能提高。下面通过一个例子来学习误码率的计算。

【例 1-5】在强干扰环境下，某电台在 5 min 内共接收到正确信量量 355 kbit，假设系统信息传输速率为 1 200 bit/s。问：

（1）系统的误信率是多少？

（2）若具体指出系统所传数字为四进制信号，其误信率是否改变？为什么？

解析：误信率指的是发生错误二进制代码占传输总二进制代码的比例，所以需要先求出传输的总数，减去正确数得出错误数。

（1）系统 5 min 内传输的总信息量为

$$I = 5 \times 60 \times 1\ 200\ \text{bit} = 360\ \text{kbit}$$

所以

$$P_b = \frac{360 - 355}{360} \approx 1.39 \times 10^{-2}$$

（2）由于信息传输速率未变，故传输的总信息量不变，错误接收的信息量也未变，因此误信率不变。

任务实施

（1）通过通信系统中话音或者数据业务的特点，分析有效性与可靠性的联系与区别。

（2）用具体案例的方法，分析信息传输速率、码元传输速率和误码率的计算过程。

（3）分工协作，完成有效性和可靠性的概念和相互关系的理解和学习。

任务总结

本任务中，分小组完成本项工作，其中，有效性和可靠性的概念和相互关系的理解与学习是本任务的关键。在此基础上，对数字通信系统性能指标进行深入地学习，通过理论联系实际，进一步理解不同进制情况下，有效性和可靠性的联系与区别。

自我评价

知识与技能点	你的理解	掌握情况
有效性和可靠性的关系		😊😐🙁😫
有效性指标的计算		😊😐🙁😫
可靠性指标的计算		😊😐🙁😫

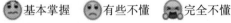

😊完全掌握　😐基本掌握　🙁有些不懂　😫完全不懂

◎ 实训与拓展

（1）查找现有通信系统中不同业务对有效性和可靠性的要求。

（2）对数字通信系统的有效性和可靠性进行分析计算。

任务 1.4　探秘信道与噪声

◎ 任务目标

理解信道的含义，认知各种信道传输介质，理解信道容量与信道带宽的关系，了解信道中的噪声给信息传递带来的影响。

◎ 任务分析

结合狭义信道和广义信道的含义，认知信道传输介质，了解信道容量的影响因素并对其进行分析计算，分析噪声的属性和对通信系统中传输的有用信号的影响。

◎ 知识准备

1.4.1　认知信道的概念及分类

信道和电路并不等同。信道一般都是用来表示向某一个方向传送信息的媒体。因此，一条通信电路至少包含一条发送信道和（或）一条接收信道。一个信道可以看成是一条电路的逻辑部件。

通俗地说，信道指以传输介质为基础的信号通路，信道的作用是传输信号。通信质量的高低主要取决于传输介质的特性。具体地说，信道一般指由有线或无线电线路提供的信号通路。抽象地说，信道实质是一段频带，允许信号通过，同时又给信号以限制和损害。这种对信道的理解是直观的，但从研究信息传输的角度看，仅仅有传输介质是不够的，所以信道分为狭义信道和广义信道。

1. 狭义信道

狭义信道仅指传输媒介，是发送设备和接收设备之间用以传输信号的传输媒介。通信质量的优差，在很大程度上依赖于狭义信道的特性。狭义信道通常可分为有线信道和无线信道两大类，有线信道包括电缆和光缆等；无线信道包括地波传播、短波电离层散射、超短波或微波视距中继、卫星中继以及各种散射信道等。

1）有线信道

（1）双绞线：由两根彼此绝缘的铜线组成，每两根线按照规则的螺线状绞合在一起。将线对绞合起来是为了减轻同一根电缆内的相邻线对之间的串扰。如连接固定电话的双绞线或者计算机使用的网线，双绞线内部结构及实物如图 1 - 7 所示。

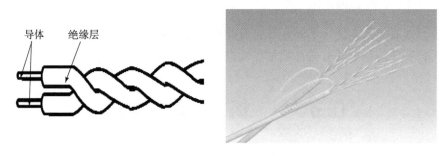

图 1 - 7　双绞线内部结构及实物

（2）市话电缆：由多根彼此绝缘的铜线组成，每两根线按照规则的螺线状绞合在一起，再将许多这样的线对捆扎在一起，并用坚硬的、起保护作用的护皮包裹成一根电缆。实物如图 1 - 8 所示。

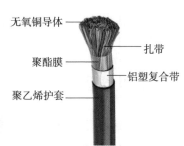

图 1 - 8　市话电缆实物

（3）同轴电缆：同轴电缆由同轴的两个导体构成，外导体是一个圆柱形的空管（在可弯曲的同轴电缆中，它可以由金属丝编织而成），内导体是金属线（芯线）。它们之间填充着绝缘介质，可能是塑料，也可能是空气。在采用空气绝缘的情况下，内导体依靠有一定间距的绝缘子来定位。同轴电缆实物及内部结构如图 1 - 9 所示。

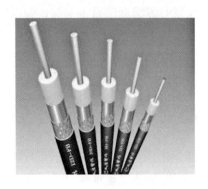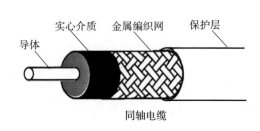

图 1 - 9　同轴电缆实物及内部结构

同轴电缆分为 50 Ω 的细缆和 75 Ω 的粗缆。细缆（基带同轴电缆）用于基带信号传输，主要用于数字信号传输系统，实验室仪器的连线使用的就是细缆；粗缆（宽带同轴电缆）用于宽带信号传输，可以用于数字/模拟信号传输系统，如 CATV 有线电视信号传输线，能够同时传输几百套电视节目。

（4）光缆：光缆由缆芯、加强件、填充物和护层等几部分构成，除了这些基本结构之外，根据实际需要还要有防水层、缓冲层、绝缘金属导线等构件，核心是由二氧化硅或塑料制作的光纤。传输带宽远远大于其他各种传输介质的带宽，是目前应用最多的有线传输介质。根据应用场合不同，有室外光缆、阻燃光缆、设备内光缆、室内光缆、特种光缆等，光缆实物及内部结构如图 1-10 所示。

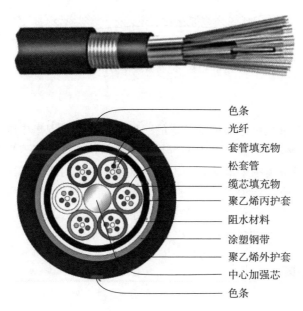

色条
光纤
套管填充物
松套管
缆芯填充物
聚乙烯丙护套
阻水材料
涂塑钢带
聚乙烯外护套
中心加强芯
色条

图 1-10　光缆实物及内部结构

2）无线信道

无线信道主要指以无线电波作为传输载体的信道，根据应用场合分为以下几种。

（1）短波。

短波是指频率为 3~30 MHz 的无线电波，基本传播途径有两个：一个是地波，一个是天波。短波的波长短，沿地球表面传播的地波绕射能力差，传播的有效距离短。短波以天波形式传播时，在电离层中所受到的吸收作用小，有利于电离层的反射。经过一次反射可以得到 100~4 000 km 的跳跃距离。经过电离层和大地的几次连续反射，传播的距离更远。地波传播不需要经常改变工作频率，但要考虑障碍物的阻挡，这与天波传播是不同的。在天波传播过程中，路径衰耗、时间延迟、大气噪声、多径效应、电离层衰落等因素，都会造成信号的弱化和畸变，影响短波通信的效果。

（2）地面微波接力。

在 100 MHz 以上的频段内，无线电波几乎按直线进行传播，而且这样的电磁波可以被汇集成一束窄窄的波束，因此它可以通过抛物线形状的天线接收。而微波的频率范围为

300 MHz～300 GHz，在这个范围内，它在空中主要沿直线传播，由于微波在空中是直线传播，而地球表面是个曲面，如果两个站点间相距太远，那么地球本身就会阻碍电磁的传输，因此在中间每隔一段距离就需要安装一个中继器来使电磁波传输得更远，如图1－11所示。中继器间的距离大约与站高的平方根成正比，如果站高为100 m，则中继器之间的距离可以约为80 km（距离一般在50～100 km）。

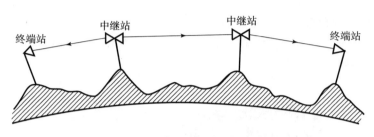

图1－11　地面微波接力传输图

（3）卫星通信。

卫星通信是指用人造卫星作为中继信道的一种通信方式。卫星中继信道由通信卫星、地球站、上行线路及下行线路构成。其中上行与下行线路是地球站至卫星及卫星至地球站的电波传播路径，而信道设备集中于地球站与卫星中继站中。相对于地球站来说，同步卫星在空中的位置是静止的。轨道在赤道平面上的人造同步卫星，当它离地面高度为35 860 km时，可以实现地球上18 000 km范围内的多点之间的连接，采用三个适当配置的同步卫星中继站就可以覆盖全球（除南、北两极盲区外），如图1－12所示。

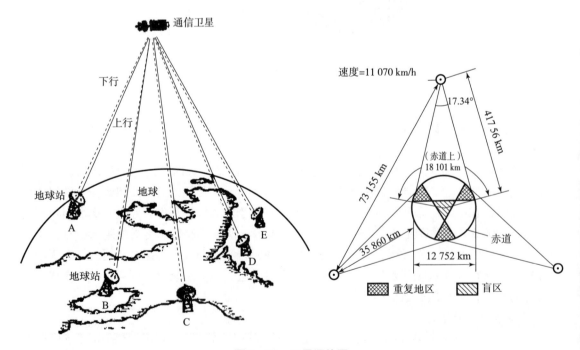

图1－12　卫星通信图

以上，我们介绍了常用的有线和无线传输介质，表1-2对各种常用传输介质的特性及应用进行了比较。

表1-2 各种常用传输介质特性及应用的比较

传输介质	速率或带宽	传输距离	性能 （抗干扰性）	价格	应用
双绞线/市话电缆	10~1 000 Mbit/s	几十米到几十千米	可以	低	模拟/数字传输
50 Ω 同轴电缆	10 Mbit/s	3 km 内	较好	略高于双绞线	基带数字信号
75 Ω 同轴电缆	300~450 MHz	100 km	较好	较高	模拟传输电视、数据及音频
光纤	几十 Gbit/s	30 km 以上	很好	较高	远距离通信
短波	≤50 MHz	全球	较差	较低	远程低速通信
地面微波接力	4~6 GHz	几百千米	好	中等	远程通信
卫星	500 MHz	18 000 km	很好	与距离无关	远程通信

2. 广义信道

通信系统中，凡信号经过的一切通道统称为广义信道。可以理解为，广义信道不但包括传输媒介，还包括馈线、天线、调制/解调器、编码/译码器等各种形式的转换、耦合等设备。广义信道从消息传输的观点分析问题，用于通信系统性能分析，把信道范围扩大了。其意义在于仅关注传输结果，不关心传输过程，使通信系统模型及其分析大为简化。

广义信道可以理解为信息传输的通道，通常可分为调制信道和编码信道两大类，以数字通信系统组成为例，两者的组成及其关系如图1-13所示。

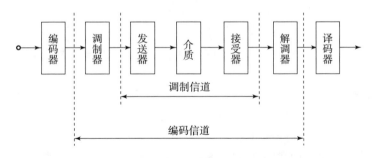

图1-13 调制信道和编码信道的组成及其关系

1）调制信道

调制信道是指从调制器输出端到解调器输入端的所有电路设备和传输介质，调制信道主要用来研究模拟通信系统的调制、解调问题，故调制信道又可称为连续（信号）信道。调制信道中传输的是已调信号，为模拟信道。

调制信道又分为恒参信道和随参信道。有线信道、微波信道、卫星信道等都是恒参信道，恒参信道的主要特点是可以把信道等效成一个线性时不变网络，可以使用线性系统分析方法。短波电离反射、超短波流星余迹散射、多径效应和选择性衰落均属于随参信道。

2）编码信道

编码信道的范围是从编码器输出端至译码器输入端，编码器的输出和译码器的输入都是数字序列，故编码信道又称为离散信道。主要用于研究数字通信系统。编码信道中传输的是已编信号，为数字信道。

编码信道是包括调制信道、调制器以及解调器的信道，它与调制信道模型明显不同，主要是研究信道对所传输的数字信号产生的影响。因此编码信道所关心的是：在经过信道传输之后数字信号是否出现差错以及出现差错的可能性有多少。

编码信道分为无记忆信道和有记忆信道。在编码信道中，若数字信号的差错是独立的，也就是数字信号的前一个码元差错对后面的码元无影响，称此信道为无记忆信道。如果前一码元的差错影响到后面码元，这种信道称为有记忆信道。

综上，信道具体分类情况如图 1-14 所示。

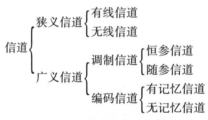

图 1-14　信道具体分类情况

1.4.2　信道容量

信道容量是信道的极限传输能力，即信道能够传送信息的最大传输速率。其数学表达式为

$$C = R_{max} \tag{1-12}$$

式中，C 表示信道容量，R_{max} 表示对所有可能的输入概率分布的最大值时的信源传输速率。在连续信道中信道容量与信号功率大小等因素有关；在离散信道中信道容量由信道本身的性质所决定。

1. 连续信道容量

1948 年，香农用信息论的理论推导出了带宽受限且有高斯白噪声干扰的信道的极限信息传输速率。当用此速率进行传输时，可以做到不产生差错。

设调制信道的输入端加入单边功率谱密度为 n_0（W/Hz）的加性高斯白噪声，信道的带宽为 B（Hz），信号功率为 S（W），则通过这种信道无差错传输的最大信息速率 C 为

$$C = B\log_2\left(1 + \frac{S}{n_0 B}\right) \tag{1-13}$$

式中，C——信道容量，是指信道可能传输的最大信息速率（单位是 bit/s）；

B——信道的带宽（单位是 Hz）；

S——信道内所传信号的平均功率（单位是 W）；

n_0——噪声单边功率谱密度（单位是 W/Hz）。

式（1-13）中，S、B 和 n_0 被称为信道容量三要素。

另 $N = n_0 B$，S/N 为信噪比，则

$$C = B\log_2\left(1 + \frac{S}{N}\right) \tag{1-14}$$

式（1-14）就是著名的香农公式。香农公式表明了当信号与作用在信道上的起伏噪声的平均功率给定时，在具有一定频带宽度 B 的信道上，理论上单位时间内可能传输的信息量的极限数值。

对于式（1-13）、式（1-14），需注意：信噪比 S/N 为实际比值，而不是 dB。在实际应用中，一般并不直接用它来表示信噪比，而是对它取对数变成分贝值，即用公式 $10\lg S/N$ 计算。比如，$S/N = 10$ 时，分贝数为 10；S/N 为 100 的分贝数是 20；30 dB 对应的 S/N 为 1 000。典型的模拟电话系统信噪比为 30 dB（$S/N = 1\,000$），带宽 $B = 3\,000$ Hz，根据公式可得它的信道容量约为 30 kbit/s。这个值是理论上限，实际的信息传输速率都要低于 30 kbit/s。

关于信道容量，可以总结以下六个结论。

（1）当给定 B、S/N 时，信道的极限传输能力（信道容量 C）即确定。

信道容量与所传输信号的有效带宽成正比，信号的有效带宽越宽，信道容量越大；如果信道实际的传输信息速率 R 小于或等于 C 时，此时能做到无差错传输（差错率可任意小）。如果 R 大于 C，那么无差错传输在理论上是不可能的。

（2）当信道容量 C 一定时，带宽 B 和信噪比 S/N 之间可以互换。换句话说，要使信道保持一定的容量，可以通过调整带宽 B 和信噪比 S/N 的关系来达到。

（3）增加信道带宽 B 并不能无限制地增大信道容量。当信道噪声为高斯白噪声时，随着带宽 B 的增大，噪声功率 N 也增大，信道容量和带宽之间的关系如图 1-15 所示。随着带宽 B 的不断增大，信道容量 C 趋于有限值 $1.44S/n_0$。由此可见，即使信道带宽无限大，信道容量仍然是有限的。

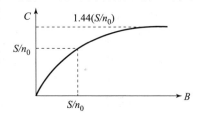

图 1-15　信道容量和带宽关系图

（4）信道容量 C 是信道传输的极限速率时，由于，$C = \dfrac{I}{T}$，I 为信息量，T 为传输时间。根据香农公式 $C = \dfrac{I}{T} = B\log_2\left(1 + \dfrac{S}{N}\right)$，于是有

$$I = BT\log_2\left(1 + \frac{S}{N}\right) \tag{1-15}$$

可见，在给定 C 和 S/N 的情况下，带宽与时间也可以互换。

（5）当信道上的信噪比小于 1 时（低于 0 dB），信道的信道容量并不等于 0，这说明此时信道仍具有传输消息的能力。也就是说信噪比小于 1 时仍能进行可靠的通信，这对于卫星通信、深空通信等具有特别重要的意义。

（6）香农公式是在信道受白色高斯噪声最大干扰下计算的，因此对于其他信道干扰而言，其信道容量应该大于按香农公式计算的结果。

但在实际信道上能够达到的信息传输速率要比香农的极限传输速率低不少。这是因为在实际的信道中，信号还要受到其他的一些损伤，如各种脉冲干扰和在传输中产生的失真等等。这些因素在香农公式的推导过程中并未考虑。

【例 1-6】设模拟电话信道带宽为 3.4 kHz，信道上只存在加性噪声：

（1）若信道的输出信噪比为 30 dB，求该信道的最大信息传输速率；

（2）若要在该信道中传输 33.6 kbit/s 的数据，试求接收端要求的最小信噪比。

解：（1） $R = C = B\log_2\left(1 + \dfrac{S}{N}\right) = 3.4 \times 10^3 \times \log_2(1 + 10^3) \approx 33.9 \text{ kbit/s}$

（2） $S/N = 2^{C/B} - 1 \approx 942.8 \approx 29.74 \text{ dB}$

【例 1-7】某一待传输的图片含 800×600 个像素，各像素间统计独立，每像素灰度等级为 8 级（等概率出现），要求用 3 s 传送该图片，且信道输出端的信噪比为 30 dB，试求传输系统所要求的最小信道带宽。

解：每个像素的平均信息量为

$$H(x) = \sum_{i=1}^{8} P(x_i)\log_2 \frac{1}{P(x_i)} = \log_2 8 = 3 \text{ bit/ 符号}$$

一幅图片的平均信息量为

$$I = 800 \times 600 \times 3 = 1.44 \times 10^6 \text{ bit}$$

3 s 传送一张图片的平均信息速率为

$$R_b = \frac{I}{T} = \frac{1.44 \times 10^6}{3} = 0.48 \times 10^6 \text{ bit/s}$$

选取 $C = R_b$，所以信道带宽为

$$B = \frac{C}{\log_2\left(1 + \dfrac{S}{N}\right)} = \frac{0.48 \times 10^6}{\log_2(1 + 1\,000)} = 48.16 \text{ kHz}$$

2. 离散信道容量

香农定理是针对噪声信道而言的，它对模拟信道和数字信道都适用。对于无噪声的数字信道（理想低通信道）而言，则有奈奎斯特准则指明其信道容量。

奈奎斯特准则指出：频带宽度为 B（Hz）的无噪声数字信道，所能传输的信号的最高码元速率为 2 波特（Bd），则最大信息速率

$$C = 2B\log_2 N(\text{bit/s}) \tag{1-16}$$

式（1-16）中，B 为系统频带宽度，N 为码元所能取得的离散值的个数，C 为系统最大信息传输速率。

【例 1-8】设现有一带宽为 3 000 Hz 的无噪声数字信道，用于传输十六进制数据信号，请计算该信道的信道容量。

解：信道容量

$$C = 2B\log_2 N = 2 \times 3\,000 \times \log_2 16 = 24\,000 \text{ bit/s}$$

【例 1-9】某一无噪声数字信道，系统带宽为 500 Hz，信道容量是 3 000 bit/s，求该信道传输符号的进制数。

解：由奈奎斯特准则可知，该信道传输符号的进制数

$$N = 2^{\frac{C}{2B}} = 2^{\frac{3\,000}{2 \times 500}} = 8$$

1.4.3 信道中的噪声

噪声指通信系统中有用信号以外的有害的干扰性信号。人们通常将周期性的有害信号称

为干扰，其他随机的有害信号称为噪声。如图 1 - 16 所示，对无噪声的正弦信号和有噪声的
正弦信号进行了比较。

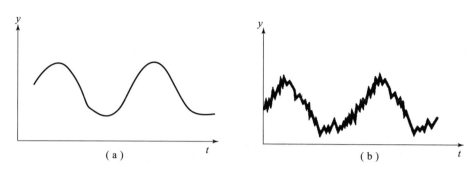

图 1 - 16 无噪声的正弦信号和有噪声的正弦信号

（a）无噪声的正弦信号；（b）有噪声的正弦信号

　　噪声来源于三个方面：一是通信设备内部由于电子做不规则运动而产生的热噪声；二是
来自外部的噪声，如雷电干扰、宇宙辐射、邻近通信系统的干扰、各种电器开关通断时产生
的短促脉冲等；三是由于信道特性（幅频和相频特性）不理想，使得传输的信号变形失真
而产生的干扰。上述前两种噪声与信号是否存在无关，是以叠加的形式对信号形成干扰的，
称为"加性噪声"。最后一种干扰只有信号出现时才表现出来，称为"乘性干扰"。一般来
说，噪声主要来自信道，为了分析方便，将上述三种噪声抽象为一个噪声源并集中在信道中
加入。

　　某些类型的噪声是确知的。虽然消除这些噪声不一定很容易，但至少在原理上可消除或
基本消除。另一些噪声则往往不能准确预测其波形。这种不能预测的噪声统称为随机噪声。
我们关心的只是随机噪声。通信系统中常见的噪声有以下两种。

1. 白噪声

　　在通信系统中，经常碰到的噪声之一就是白噪声。所谓白噪声是指它的功率谱密度函数
在整个频域内是常数，即服从均匀分布。之所以称它为"白"噪声，是因为它类似于光学
中包括全部可见光频率在内的白光。凡是不符合上述条件的噪声都称为有色噪声。

　　实际上完全理想的白噪声是不存在的，通常只要噪声功率谱密度函数均匀分布的频率范
围远远超过通信系统工作频率范围时，就可近似认为是白噪声。例如，热噪声的频率可以高
到 10^{13} Hz，且功率谱密度函数在 $0 \sim 10^{13}$ Hz 内基本均匀分布，因此可以将它看作白噪声。

2. 高斯白噪声

　　高斯白噪声是指幅度分布服从高斯分布，功率谱密度又是均匀分布的白噪声，它是信道
中的常见噪声。热噪声和散粒噪声是高斯白噪声。

📀 任 务 实 施

　　（1）查找搜集通信传输介质资料。

　　（2）对连续信道和离散信道容量进行分析计算。

　　（3）归纳通信系统中附着于信道的各种噪声。

任务总结

本任务中，分小组完成本项工作，其中，结合信道传输介质的类型，对信道类型资料的采集与学习是本任务的关键。在此基础上，对信道容量的计算进行深入地学习，进一步提高理论联系实际的能力。

自我评价

知识与技能点	你的理解	掌握情况
信道的概念与分类		
信道容量的计算		
噪声的种类		

😊 完全掌握　😐 基本掌握　😞 有些不懂　😭 完全不懂

实训与拓展

（1）分析信道容量影响因素并进行计算。
（2）分析噪声给有用信号的传输带来的影响。

任务 1.5　使用通信系统仿真软件 SystemView

任务目标

了解通信系统仿真软件 SystemView 的基本功能，学会 SystemView 常用图符块参数设置，能够用 SystemView 进行信号等基本仿真。

任务分析

通过对通信系统仿真软件 SystemView 的基本功能的学习，理解软件的参数设置，根据给定的条件用软件进行仿真模拟。

知识准备

1.5.1　SystemView 软件简介

前面学习了信息与信息量的概念、通信系统模型、通信系统的主要性能指标、信道与噪声等内容，如何更加深刻地理解通信系统相关理论知识呢？能否清晰地看到信号处理流程的各个环节呢？能否更加形象地看到信号是如何一步步处理的呢？答案是肯定的，那就是通信系统仿真软件。目前，市场上有很多通信系统仿真软件，而 SystemView 是众多仿真软件中一款较为不错的软件。

SystemView 是一个简单易学的通信系统仿真软件，主要用于电路与通信系统的设计、仿真，能满足从信号处理、滤波器设计到复杂的通信系统等要求。SystemView 借助 Windows 窗口环境，以模块化和交互式的界面，为用户提供一个嵌入式的分析引擎。

打开 SystemView 软件后，屏幕上首先出现系统视窗。系统视窗最上边一行为主菜单栏，包括文件（File）、编辑（Edit）等 11 项功能菜单。菜单栏下面是常用快捷功能按钮区，左侧为图符库选择区，如图 1 - 17 所示。

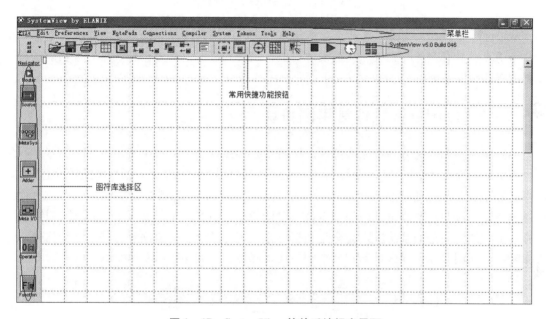

图 1 - 17　SystemView 软件系统视窗界面

SystemView 由两个窗口组成，分别是系统设计窗口和分析窗口。

系统设计窗口，包括标题栏、菜单栏、工具条、滚动条、提示栏、图符库和设计工作区。所有系统的设计、搭建等基本操作，都是在设计窗口内完成的。分析窗口包括标题栏、菜单栏、工具条、流动条、活动图形窗口和提示信息栏。提示信息栏显示分析窗口的状态信息、坐标信息和指示分析的进度；活动图形窗口显示输出的各种图形，如波形等。

分析窗口是用户观察 SystemView 数据输出的基本工具，在窗口界面中，有多种选项可以增强显示的灵活性和系统的用途等功能。在分析窗口中最为重要的是接收计算器，利用这个工具我们可以获得输出的各种数据和频域参数，并对其进行分析、处理、比较，或进一步地组合运算。例如，信号的频谱图就可以很方便地在此窗口观察到。

当需要对系统中各测试点或某一图符块输出进行观察时，通常应放置一个信宿（Sink）图符块，一般将其设置为"Analysis"属性。Analysis 块相当于示波器或频谱仪等仪器的作用，它是最常使用的分析型图符块之一。

在主菜单栏下，SystemView 为用户提供了 16 个常用快捷功能按钮，常用快捷功能按钮如图 1 - 18 所示。

图 1 - 18　常用快捷功能按钮

SystemView 仿真系统的主要特点：能仿真大量的应用系统；能快速方便地进行动态系统设计与仿真；具有完备的滤波和线性设计功能；具有先进的信号分析和数据处理功能；具有完善的自我诊断功能等。

1.5.2　SystemView 软件常用图符块

系统视窗左侧竖排为图符库选择区。图符块是构造系统的基本单元模块，相当于系统组成框图中的一个子框图，用户在屏幕上所能看到的仅仅是代表某一数学模型的图形标志（图符块），图符块的传递特性由该图符块所具有的仿真数学模型决定。创建一个仿真系统的基本操作是按照需要调出相应的图符块，将图符块之间用带有传输方向的连线连接起来。这样一来，用户进行的系统输入完全是图形操作，不涉及语言编程问题，使用十分方便。进入系统后，在图符库选择区排列着 8 个图符块选择按钮，如图 1 - 19 所示。

图 1 - 19　图符库 8 个图符块选择按钮

在上述 8 个按钮中，除双击"加法器"和"乘法器"图符块按钮可直接使用外，双击其他按钮后会出现相应的对话框，应进一步设置图符块的操作参数。

单击图符库选择区最上边的主库（Main Library）开关按钮，将出现选择库开关按钮 Option 下的用户代码库（User Code Library）、通信库（Communications Library）、DSP 库（DSP Library）、逻辑库（Logic Library）、射频模拟库（RF/Analog Library）和数学库（Matlab Library）选择按钮，可分别双击选择调用。

1.5.3　SystemView 软件仿真步骤

利用 SystemView 进行具体仿真的步骤如下：

（1）建立通信系统数学模型；

（2）从各种功能库中选取、双击或拖动可视化图符，组建相应的通信系统仿真模型；

（3）根据系统性能指标，设定各模块参数；

（4）设置系统定时参数；

（5）进行系统的仿真，得到具体的仿真波形，并通过分析窗口、动态探针、实时显示观察分析结果。

在具体实现时，可参考下述步骤进行系统仿真。

1. 选择设置信源（Source）

双击"信源库"按钮，并再次双击移出的"信源库图符块"，出现源库（Source Library）选择设置对话框，如图 1-20 所示。

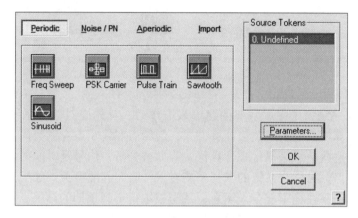

图 1-20　信源参数设定

选择需要的信源后，单击 Parameters 设置信号幅度 AM、频率 F，单击 OK 完成信源的设置。

2. 选择设置信宿库（Sink）

当需要对系统中各测试点或某一图符输出进行观察时，通常应放置一个信宿（Sink）图符，一般将其设置为"Graphic"下的"SystemView"属性。"SystemView"属性相当于示波器或频谱仪等仪器的作用，它是最常使用的分析型图符之一。

3. 选择设置通信库（Communication Library）

在系统窗下，单击图符库选择区内上端的开关按钮"Navigator"，图符库选择区内图符内容将改变，单击 Main Libraries，在 Operators 中有滤波器模块 filter、比较器、增益等等。单击 Optional Libraries，再单击其中的图符按钮"Comm"，然后双击移出的"Comm"图符块，出现通信库（Communication Library）选择设置对话框，如图 1-21 所示。

4. 添加分析模块

如图 1-22 所示，图符 0 为随机序列信源，图符 1 为正弦载波信号，图符 3 和图符 4 均为分析模块，图符 2 为相乘器。所有模块添加完成后，单击图标 将所有模块连接在一起。

29

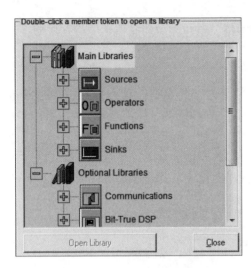

图 1-21　通信库参数设置

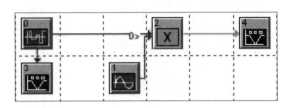

图 1-22　添加分析模块

5. 系统定时（System Time）

在 SystemView 系统窗中完成系统创建输入操作后，首先应对输入系统的仿真运行参数进行设置，因为计算机只能采用数值计算方式，起始点和终止点究竟为何值？究竟需要计算多少个离散样值？这些信息必须告知计算机。假如被分析的信号是时间的函数，则从起始时间到终止时间的样值数目就与系统的采样率或者采样时间间隔有关。如果这类参数设置不合理，仿真运行后的结果往往不能令人满意，甚至根本得不到预期的结果。

当在系统窗下完成设计输入操作后，首先单击"系统定时"快捷功能按钮🕙，此时将出现系统定时设置（System Time Specification）对话框。用户需要设置几个参数框内的参数，包括以下几条：

1）起始时间（Start Time）和终止时间（Stop Time）

SystemView 基本上对仿真运行时间没有限制，只是要求起始时间小于终止时间。一般起始时间设为 0，单位是 s。终止时间设置应考虑到便于观察波形。

2）采样间隔（Time Spacing）和采样数目（No. of Samples）

采样间隔和采样数目是相关的参数，它们之间的关系为

$$采样数目 = （终止时间 - 起始时间）\times（采样率）+ 1 \qquad (1-17)$$

SystemView 将根据这个关系式自动调整各参数的取值，当起始时间和终止时间给定后，一般采样数目和采样率这两个参数只需设置一个，改变采样数目和采样率中的任意一个参数，另一个将由系统自动调整，采样数目只能是自然数。

3）频率分辨率（Freq. Res.）

当利用 SystemView 进行 FFT 分析时，需根据时间序列得到频率分辨率，系统将根据下列关系式计算频率分辨率：

$$频率分辨率 = 采样率/采样数目 \qquad (1-18)$$

4）更新数值（Update Values）

当用户改变设置参数后，需单击一次"Time Values"栏内的 Update 按钮，系统将自动更新设置参数，然后单击 OK 按钮。

5）自动标尺（Auto Scale）

系统进行 FFT 运算时，若用户给出的数据点数不是 2 的整次幂，单击此按钮后系统将自动进行速度优化。

6）系统循环次数（No. of System Loops）

在栏内输入循环次数，对于"Reset system on loop"项前的复选框，若不选中，每次运行的参数都将被保存，若选中，每次运行时的参数不被保存，经多次循环运算即可得到统计平均结果。应当注意的是，无论是设置或修改参数，结束操作前必须单击一次 OK 按钮，确认后关闭系统定时对话框。系统循环次数设置如图 1 – 23 所示。

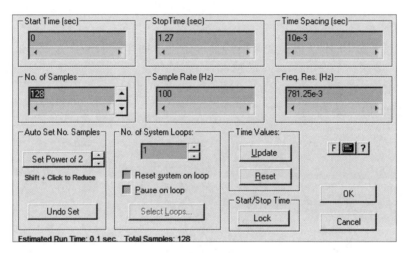

图 1 – 23　系统循环次数设置

6. 仿真结果的观察

单击按钮 ▶，运行系统。单击工具栏上的分析窗（Analysis Window）图标 进入 SystemView 的分析窗，可以得到所有模块频谱图。

1.5.4　SystemView 软件仿真实例

【例 1 – 10】利用 SystemView 计算信号的平方。

实现步骤如下。

1. 建立通信系统数学模型

信号平方数学模型如图 1 – 24 所示。

2. 选择图符块

从基本图符库中选择信号源图符快，选择正弦波信号，参数设定中设置幅度为 1，频率为 10 Hz，相位为 0。

图 1 – 24　信号平方数学模型

选择函数库，并选择 Algebraic 标签下的 x^a 图符。在参数设定中设置 $a = 2$，表示进行 x^2 运算。

放置两个接收器图符，分别接收信号源图符的输出和函数算术运算的输出，并选择 Graphic 标签下的 图符，表示在系统运行结束后才显示接收到的波形。

3. 连接图符

将图符进行连接，连接好的模型图如图 1 – 25 所示。

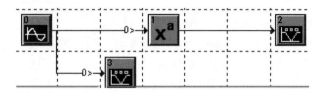

图 1 – 25　计算信号的平方模型图

4. 设置定时

由于信号频率为 10 Hz，根据奈奎斯特抽样定理，抽样频率至少为 20 Hz，此处可设为 30 Hz。

5. 运行仿真

最终结果如图 1 – 26 所示。

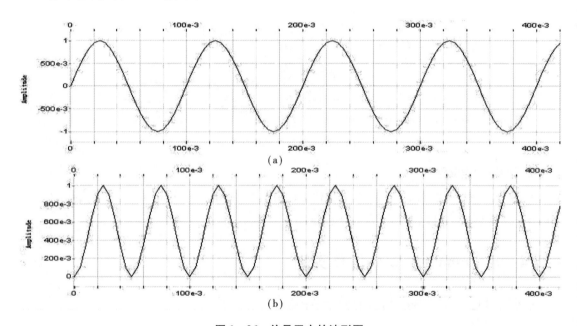

图 1 – 26　信号平方的波形图

（a）原始信号（t2）；（b）信号的平方（t3）

🌀 任务实施

（1）分工协作，完成 SystemView 软件使用相关资料的收集和学习。

（2）利用 SystemView 软件，练习系统视窗的功能菜单的使用。

（3）练习 SystemView 软件仿真步骤。

（4）借助 System View 的工具，对信号进行仿真分析。

任务总结

本任务中，分小组完成本项工作，其中，结合 SystemView 软件系统视窗的功能菜单的使用与学习是本任务的关键。在此基础上，对使用 SystemView 软件的步骤进行深入地学习，学会使用 SystemView 软件进行仿真的基本方法。

自我评价

知识与技能点	你的理解	掌握情况
SystemView 软件基本功能		😊 😐 ☹ 😭
SystemView 软件仿真步骤		😊 😐 ☹ 😭
SystemView 软件仿真实例		😊 😐 ☹ 😭

完全掌握 基本掌握 有些不懂 😭完全不懂

实训与拓展

（1）实做项目一：练习使用 SystemView 软件。

目的要求：通过使用软件，了解软件功能，掌握仿真步骤。

（2）实做项目二：用 SystemView 软件进行通信系统仿真。

目的要求：通过软件仿真，直观理解通信系统信号流程。

小结

1. 信息论奠基人香农认为"信息是用来消除随机不确定性的东西的"，信息是消息中有意义的内容。

2. 消息是信息的携带者，信息是指数据、信号、消息中所包含的意义，信息具有普遍存在性、依附性、共享性、时效性、可伪性、随机性等特征。

3. 消息中的信息量与消息发生的概率紧密相关，消息出现的概率越小，则消息中包含的信息量就越大。如果事件是必然的（概率为 1），则它传递的信息量应为零；如果事件是不可能的（概率为 0），则它将有无穷的信息量。

4. 简单通信系统由信源、发送设备、信道和噪声源、接收设备、信宿五部分组成。

5. 将消息转换成模拟信号在信道上传输的通信方式称为模拟通信，传输模拟信号的通信系统称为模拟通信系统。

6. 将消息转换成数字信号在信道上传输的通信方式称为数字通信，传输数字信号的通信系统，称为数字通信系统。

7. 对模拟通信系统来说，传输的有效性用有效传输频带来衡量，可靠性用信噪比衡量。

8. 数字通信系统有效性指标通常用码元传输速率、信息传输速率及频带利用率 3 个指标来说明，可靠性常用误码率、误比特率和误字符或误码组率衡量。

9. 信道分为狭义信道和广义信道。狭义信道通常可分为有线信道和无线信道两大类，广义信道通常可分为调制信道和编码信道两大类。

10. 信道容量是信道的极限传输能力，即信道能够传送信息的最大传输速率。信道容量与所传输信号的有效带宽成正比，信号的有效带宽越宽，信道容量越大，但增加信道带宽 B 并不能无限制地增大信道容量。

11. 噪声是指通信系统中有用信号以外的有害的干扰性信号，噪声来源于通信设备内部、外部和信道特性三个方面。

12. SystemView 借助 Windows 窗口环境，以模块化和交互式的界面，为用户提供一个嵌入式的分析引擎。

思考题与练习题

1-1 什么是信息？信息量的大小与什么有关？

1-2 简述简单通信系统组成。

1-3 模拟通信系统的两次变换指的是什么？

1-4 简述数字通信系统的组成。

1-5 模拟通信系统的有效性、可靠性分别用什么指标来衡量？

1-6 数字通信系统的有效性、可靠性分别用什么指标来衡量？

1-7 什么是信道、广义信道、狭义信道？

1-8 无线信道有哪些？有线信道有哪些？

1-9 调制信道和编码信道有什么区别？

1-10 信道容量与什么有关？

1-11 信道中的噪声有几类？通信系统中常见的是什么噪声？

1-12 写出利用 SystemView 进行仿真的流程。

1-13 某信源符号集由 A、B、C、D、E、F 组成，设每个符号独立出现，其概率分别为 1/4、1/4、1/16、1/8、1/16、1/4，试求该信息源输出符号的平均信息量。

1-14 某一数字传输系统传输二进制码元的速率为 2 400 Bd，该系统的信息传输速率是多少？若改为十六进制信号传输，码元传输速率不变，则此时的信息传输速率是多少？

1-15 已知某四进制数字传输系统的信息传输速率为 2 400 bit/s，接收端在半小时内共收到 216 个错误码元，试计算该系统的误码率。

1-16 某信源集包含 32 个符号，各符号等概率出现，且相互统计独立。现将该信源发送的一系列符号通过一带宽为 4 kHz 的信道进行传输，要求信道的信噪比不小于 26 dB。试求：（1）信道容量；（2）无差错传输时的最高符号速率。

1-17　设视频的图像分辨率为 320×240 个像素，各像素间统计独立，每像素灰度等级为 256 级（等概率出现），每秒传送 25 幅画面，且信道输出端的信噪比为 30 dB，试求传输系统所要求的最小信道带宽。

1-18　SystemView 仿真软件有哪些常用图符块？如何设置图符块的参数？

1-19　简述利用 SystemView 软件进行通信系统仿真的步骤。

项目 2

认识通信信号

项目描述

信号在通信系统中，作为信息的物理载体，是一种承载了随时间变化的物理量。通信系统中常见的信号有正弦信号、矩形脉冲信号、抽样信号、单位阶跃信号和单位冲激信号。本项目分为三个任务，分别是：认知常见信号、分析周期信号的时域与频域、分析非周期信号的时域与频域。

项目分析

从信号的概念入手，介绍几种常见的信号，并分析了这些信号在通信系统中的应用。重点对正弦信号、周期矩形脉冲信号和非周期矩形脉冲信号进行时域和频域分析，掌握它们的时域和频域特性。

学习目标

熟悉几种常见信号，理解正弦信号和单位冲激信号的时域与频域特性，掌握周期矩形脉冲信号和非周期矩形脉冲信号的频谱特性。

课程思政：结合常见信号的特点及分析方法，使学生理解信号与信道的匹配关系，从不同信号有不同的用途的角度出发，引发学生思考人生，建立自信心。

任务 2.1 认知常见信号

任务目标

熟悉通信系统中几种常见信号，掌握它们在通信系统中的应用。理解信号的时域和频域分析方法。

任务分析

通过信号的时域波形和表达式，了解几种常见信号的特点和应用。通过与水的两种形态进行对比，理解信号的时域和频域分析方法。

知识准备

信号是用于描述、记录或传输消息（或者说信息）的任何对象的物理状态随时间的变化过程。也就是说，信号是载有一定信息的一种物理体现。信号的种类很多，包括声信号、光信号、电信号等。电话、电报、无线电广播、电视等利用电信号的通信方式，已成为我们日常生活中不可缺少的内容和手段。

2.1.1　认识几种常见信号

1. 正弦信号

正弦信号是频率成分最为单一的一种信号，因这种信号的波形是数学上的正弦曲线而得名。许多复杂信号，如音乐信号，都可以通过傅里叶变换分解为许多频率不同、幅度不等的正弦信号的叠加。由于余弦信号与正弦信号只是在相位上相差 $\pi/2$，所以将它们统称为正弦信号。正弦信号可记作

$$f(t) = A\sin(\omega t + \theta) \tag{2-1}$$

式中，A 为振幅，ω 为角频率（弧度/秒），θ 为初始相角（弧度），此三量为正弦信号的三要素。其波形如图 2-1 所示。

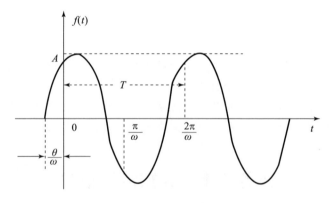

图 2-1　正弦信号

正弦信号是周期信号，其周期 T 与频率 f 及角频率 ω 之间的关系为

$$T = \frac{1}{f} = \frac{2\pi}{\omega} \tag{2-2}$$

正弦信号在通信系统中很常用，如通信系统中的使用正弦波作为调制用的载波，称为正

弦载波,可以进行模拟调制和数字调制;另外可以利用正弦信号作为正交函数集,通过傅里叶级数叠加合成周期信号,作为信号源。

2. 矩形脉冲信号

矩形脉冲信号,也称门函数,其宽度为 τ,高度为 1,通常用符号 $g_\tau(t)$ 来表示,表达式为

$$g_\tau(t) = \begin{cases} 1 & |t| \leqslant \dfrac{\tau}{2} \\ 0 & |t| > \dfrac{\tau}{2} \end{cases} \qquad (2-3)$$

其波形如图 2-2 所示。

矩形脉冲信号在通信系统中也经常使用。比如利用矩形脉冲信号作为基带信号码型所用的波形,如单极性不归零码、双极性归零码等;在信源编码中,利用矩形脉冲信号作为载波进行脉冲编码调制,实现模拟信号数字化的转换;在基带传输中,矩形脉冲信号还可以作为具有理想低通特性的基带传输系统,实现无码间干扰的基带传输。

3. 单位阶跃信号

单位阶跃信号,用符号 $u(t)$ 表示,其数学表示式为

$$u(t) = \begin{cases} 1 & t > 0 \\ 0 & t < 0 \end{cases} \qquad (2-4)$$

波形如图 2-3 所示,在跳变点 $t=0$ 处,函数值未定义。

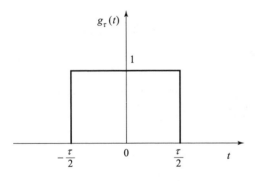

图 2-2 矩形脉冲信号

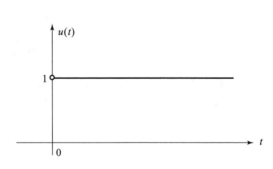

图 2-3 单位阶跃信号

单位阶跃信号也是信号分析中一种常见信号。通过延时不同的两个单位阶跃信号可以合成一个矩形脉冲信号。单位阶跃信号还可以作为通信系统中的直流信号,与其他信号叠加成为信号源。另外通信系统中的白噪声具有单位阶跃信号特征的均匀分布的功率谱密度函数,在项目 1 中提到过。

4. 单位冲激信号

某些物理现象,需要用一个时间极短,但取值极大的函数模型来描述。例如,力学中瞬间作用的冲击力,电学中电容器中的瞬间充电电流,还有自然界中的雷击电闪,等等。冲激函数就是以这类实际问题为背景而引出的。

单位冲激信号 $\delta(t)$ 可以定义为,在 $t \neq 0$ 时,函数值均为零,而在 $t=0$ 处,函数值为无限大,且函数对 t 在 $(-\infty, +\infty)$ 积分为 1,即可定义为

$$\begin{cases} \delta(t) = 0 & t \neq 0 \\ \int_{-\infty}^{\infty} \delta(t)\,\mathrm{d}t = 1 \end{cases} \qquad (2-5)$$

由定义可见，单位冲激信号只在 $t=0$ 时存在，它对自变量的积分为一单位面积。冲激信号所包含的面积称为冲激信号的强度，单位冲激信号就是指强度为 1 的冲激信号。定义（2-5）是狄拉克（Dirac）首先给出的，因此单位冲激信号 $\delta(t)$ 又称为狄拉克函数，亦称为 δ 函数。

冲激信号用一带箭头的竖线表示，它出现的时间表示冲激发生的时刻，箭头旁边括号内的数字表示冲激强度。图 2-4 所示是表示发生在 $t=0$ 时刻的单位冲激信号。

单位冲激信号具有筛选特性，能够将信号在某个时刻的值筛选出来，因此模拟信号数字化抽样过程，正是利用了单位冲激信号的这一特性。另外在研究基带传输系统时，通过研究系统的单位冲激响应来研究系统的传输特性，单位冲激响应的频谱就是基带传输系统的传输特性函数。利用单位冲激信号作为基带传输系统的信号源，也称为激励。

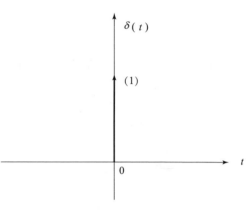

图 2-4　单位冲激信号

5. 抽样信号

输入信号为单位冲激信号，通过低通滤波器，输出信号为抽样信号。其函数表达式为

$$Sa(t) = \frac{\sin t}{t} \qquad (2-6)$$

抽样信号的波形如图 2-5 所示。由图可知，$Sa(t)$ 是偶函数，即 $Sa(t) = Sa(-t)$；且 $t=0$ 时，$Sa(0)=1$，在 t 的正、负两方向振幅都逐渐衰减，$t = \pm\pi$，$\pm 2\pi$，$\pm 3\pi$，$\cdots$，$\pm k\pi$ 时，$Sa(t)=0$。

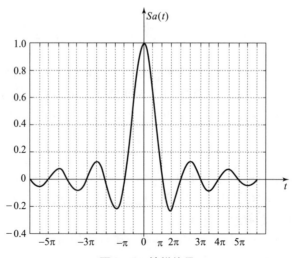

图 2-5　抽样信号

$Sa(t)$ 函数还具有如下性质

$$\int_{-\infty}^{\infty} Sa(t)\,\mathrm{d}t = \pi \qquad\qquad (2-7)$$

抽样信号可以是通信系统中基带传输系统的输出信号。当输入信号是单位冲激信号，通过的基带传输系统具有理想低通传输特性时，系统输出的信号就是抽样信号。利用抽样信号振荡过零点的特点，可以研究无码间干扰系统带宽和码元传输速率的关系，这就是后面项目3要介绍的奈式第一准则。

2.1.2　理解信号的时域和频域

通常，信号可以被看作是一个随时间变化的量，是时间 t 的函数 $x(t)$。在相应的图形表示中，作为自变量出现在横坐标上的是时间。信号的这种描述方法就是信号的时域描述。基于微分方程和差分方程等知识，在时域中对信号进行分析的方法称为信号的时域分析。

对于快速变化的信号，时域描述不能很好地揭示其特征。此时人们感兴趣的是什么样的幅值在什么频率值或什么频带出现。与此对应，将频率作为自变量，把信号看作是频率 f 的函数 $X(f)$。在相应的图形表示中，作为自变量出现在横坐标上的是频率。信号的这种描述方法就是信号的频域描述。信号在频域中的图形表示又称作信号的频谱，包括幅度谱和相位谱等。幅度谱以频率为横坐标，以幅度为纵坐标，相位谱以频率为横坐标，以相位为纵坐标。在频域中对信号进行分析的方法称为信号的频域分析。

信号分析的主要任务就是要从尽可能少的信号中，取得尽可能多的有用信息。时域分析和频域分析，只是从两个不同角度去观察同一现象。时域分析比较直观，能一目了然地看出信号随时间的变化过程，但看不出信号的频率成分。而频域分析正好与此相反。在实际工程中应根据不同的要求和不同的信号特征，选择合适的分析方法，或将两种分析方法结合起来，从同一测试信号中取得需要的信息。

信号时域分析和频域分析的定义和特点如表2-1所示。

表 2-1　信号时域分析和频域分析的定义和特点

	定义	特点
时域分析	描述信号的幅值随时间的变化规律，可直接检测或记录到的信号	直观，可以反映信号随时间变化过程，但不能揭示信号的频率结构特征
频域分析	以频率作为独立变量的方式，也就是信号的频谱分析	可以反映信号的各频率成分的幅值和相位特征

信号的时域分析和频域分析是对信号从两个不同角度进行的分析，都可以描述信号的特点，通信中往往从频域角度对信号进行分析，从而了解信号的频率特性。例如，水是人们生活中不可缺少的物质，人们对于水的形态已经司空见惯了，通过图2-6所示的两幅图片，让我们感受一下它们的不同。两幅图片看起来似乎没有什么关联，但实际上如雪花般美丽的那幅图片是水结晶。水结晶是水在零下二十五摄氏度（-25℃）以下的环境中凝固后的细小微粒。通过高倍显微镜（电镜）可以观察到水在某些情况下的单结晶体。对于某一事物我们可以从不同角度对其分析，发现在不同角度体现出的不同特性，这就是我们对信号可以

从时域和频域两个角度进行分析的原因。

水   水结晶

图 2-6   水和水结晶

任务实施

（1）分别画出正弦信号、矩形脉冲信号、单位阶跃信号、单位冲激信号和抽样信号的时域波形图，分析它们的信号特点及在通信系统中的应用。

（2）结合实际，搜集资料，针对某一事物两种不同角度的分析与信号的时域和频域两种分析方法进行类比分析，理解时域和频域分析方法。

（3）搜集傅里叶的相关资料，分享傅里叶在信号分析中作出的贡献。

任务总结

通过认识几种常见信号，了解了信号的特点和在通信系统中的应用。通过分析信号的时域和频域表示方法，理解了信号的两种不同分析方法。

自我评价

知识与技能点	你的理解	掌握情况
认识几种常见信号		😊 😐 ☹️ 😭
理解信号的时域和频域		😊 😐 ☹️ 😭

😊完全掌握 😐基本掌握 ☹️有些不懂 😭完全不懂

实训与拓展

（1）利用 Systemview 仿真软件对单位阶跃信号进行时域仿真，绘制仿真波形图，掌握该信号的时域特性。

（2）利用 Systemview 仿真软件对单位冲激信号进行时域仿真，绘制仿真波形图，掌握该信号的时域特性。

任务 2.2　分析周期信号的时域与频域

◎ 任务目标

周期信号是一类常见的确知信号。正弦信号和周期矩形脉冲信号在通信系统中发挥了重要作用。本任务完成了对这两种典型周期信号的时域和频域分析。

◎ 任务分析

通过傅里叶级数，可以将周期信号进行分解。利用经过分解的信号中各谐波分量与频率的关系，可以绘制频谱图。最后通过仿真软件对信号的时域和频域进行仿真。

◎ 知识准备

信号分为确知信号和随机信号。确知信号是信号分析的基础。确知信号包括周期信号和非周期信号。傅里叶在周期信号分析和非周期信号的分析方面作出了重要贡献。他为信号的频域分析奠定了坚实基础。他的重要结论为信号的时域分析和频域分析搭建了桥梁。周期信号的分析可以利用傅里叶级数来分析。非周期信号的分析可以利用傅里叶变换来分析。通过傅里叶级数，可以将满足一定条件的周期信号分解为直流和许多余弦（或正弦）信号的叠加。非周期信号可以当作周期趋于无穷大的周期信号来处理。于是傅里叶级数就演变成了傅里叶变换。

根据傅里叶级数，满足狄利赫里条件的周期信号可以分解为一系列正弦信号或虚指数信号之和，即

$$f(t) = a_0 + \sum_{n=1}^{\infty} A_n \cos(n\Omega t + \varphi_n) \qquad (2-8)$$

或

$$f(t) = \sum_{n=-\infty}^{\infty} F_n e^{jn\Omega t} \qquad (2-9)$$

为了直观地表示出信号所含分量的振幅，以频率（或角频率）为横坐标，以各谐波的振幅 A_n 或虚指数函数的幅度 $|F_n|$ 为纵坐标，可画出如图 2-7 所示的线图，称为幅度（或振幅）频谱，简称幅度谱。图中每条竖线代表该频率分量的幅度，称为谱线。

需要说明的是，图 2-7（a）中，信号分解为各余弦或正弦分量，图中每一条谱线表示该次谐波的振幅，称为单边幅度谱，而图 2-7（b）中，信号分解为各虚指数函数，图中每一条谱线表示各分量的幅度 $|F_n|$，称为双边幅度谱，其中

$$|F_n| = |F_{-n}| = \frac{1}{2}A_n \tag{2-10}$$

类似地，也可画出各谐波初相角 φ_n 与频率（或角频率）的线图，如图 2-7（c）、（d）所示，称为相位频谱，简称相位谱。

由图可见，周期信号的谱线只出现在频率为 0，Ω，2Ω……离散频率上，即周期信号的频谱是离散谱。

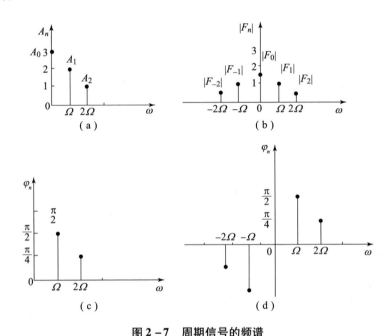

图 2-7　周期信号的频谱

（a）单边幅度谱；（b）双边幅度谱；（c）单边相位谱；（d）双边相位谱

常见的周期信号有正弦信号、周期矩形脉冲信号等。下面就这两种周期信号进行时域与频域分析，了解一般周期信号的时域及频域特点。

2.2.1　分析正弦信号的时域与频域

正弦信号是频率成分最为单一的一种信号，因这种信号的波形是数学上的正弦曲线而得名。正弦信号的表达式如公式（2-1），正弦信号在通信中经常使用，通常作为调制中的载波信号，容易产生和处理。正（余）弦信号的时域图形和频域图形如图 2-8 所示。正（余）弦信号波形相似，只是初始相位不同，在通信系统中通常可统称为正弦信号。具有周期性的频率单一的正弦信号，在时域图形中持续时间是无限长的，而在频域中只在一个频率，即正弦信号的频率 f_0 上有能量。

可以说，时域上持续时间越长的信号，频域上持续时间越短；反之，时域上持续时间越短的信号，频域上持续时间越长，如单位冲激信号，单位冲激信号的频谱函数是常数 1，它均匀分布于整个频率范围，常称为"均匀谱"或"白色频谱"。其时域波形和频域波形如图 2-9（a）、（b）所示。

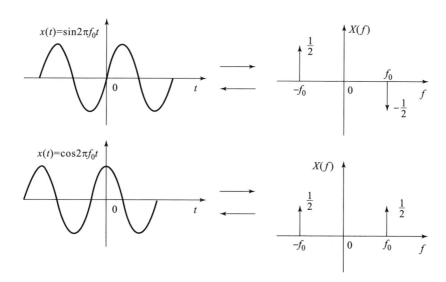

图 2 - 8 正（余）弦信号的时域图形和频域图形

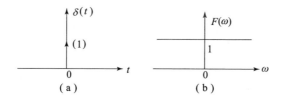

图 2 - 9 单位冲激信号的时域图形和频域图形

2.2.2 仿真正弦信号的时域与频域

打开 SystemView 仿真软件，建立仿真模型如图 2 - 10 所示。

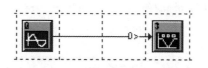

图 2 - 10 正弦信号仿真模型

图 2 - 10 中，图符 0 是正弦信号发生器，图符 3 是信宿。正弦信号的三要素：幅度为 1V、频率为 10Hz、相位为 0°。各参数的设置如图 2 - 11 所示。

单击 SystemView 设计窗口工具栏上时钟按钮 ⏱，设置样点数为 500，取样速率为 1 000。单击按钮 ▶，运行系统。单击工具栏上的分析窗（Analysis Window）图标 📊📈 进入 SystemView 的分析窗，得到正弦信号的时域波形如图 2 - 12 所示。

如图 2 - 12 所示，此正弦信号的周期是 0.1 s，与之前设置的频率 10 Hz 成反比，幅度为 1 V，初相位为 0°。

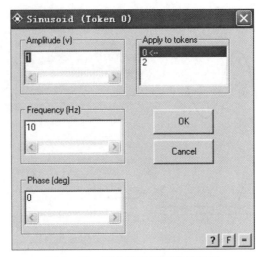

图 2 -11　正弦信号三要素的设置

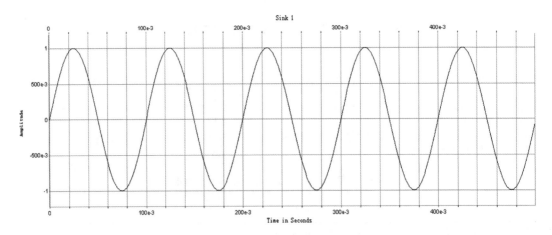

图 2 -12　正弦信号时域仿真波形

　　进入分析窗后，单击左下角的信宿计算器（Sink Calculator）图标 $\sqrt{a}$ 进入信宿计算器，进入如图 2 -13 所示的接收计算器选择窗口，选择频谱"Spectrum"标签和 |FFT| 项，最后选择要进行 |FFT| 计算的窗口。|FFT| 是信号的幅度谱，它是信号幅度随频率变化的曲线。

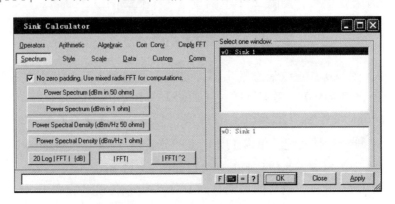

图 2 -13　正弦信号幅度谱参数设置

单击 OK 按钮，得到正弦信号的幅度谱如图 2-14 所示。可以看出，正弦信号的幅度谱只有一条谱线，在 10 Hz 位置处，与之前设置的正弦信号的频率是一致的。

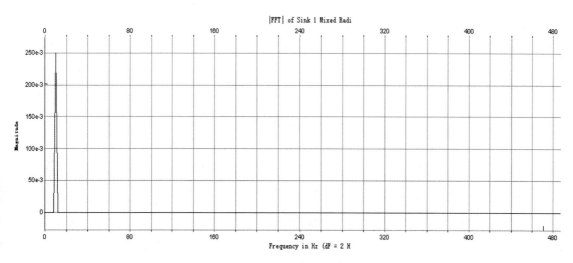

图 2-14 正弦信号的幅度谱

2.2.3 分析周期矩形脉冲信号的时域与频域

1. 周期矩形脉冲信号的时域合成

一个周期信号可分解成直流和无穷多个余弦波的叠加，反过来说，直流和余弦波叠加在一起就是一个周期矩形脉冲。下面通过 SystemView 仿真软件进行周期矩形脉冲信号的合成。对于宽度为 τ、高度为 A、周期为 T_0 的矩形波，设 $T_0 = 1$ s，则 $f_0 = 1$ Hz，$\tau = \dfrac{T_0}{2}$，$A = 1$ V。仿真模型如图 2-15 所示。

图 2-15 中，图符 0 是直流信源，幅度 $A_0 = A\tau/T_0 = 0.5$，图符 1 产生幅度为 $A_1 = \dfrac{2}{\pi} = 0.636\,6$ V、频率 $f_1 = 1$ Hz 的余弦信号；图符 2 产生幅度为 $A_3 = -\dfrac{2}{3\pi} = -0.212\,2$ V、频率 $f_3 = 3$ Hz 的余弦信号；图符 3 产生幅度为 $A_5 = \dfrac{2}{5\pi} = 0.127\,34$ V、频率 $f_5 = 5$ Hz 的余弦信号；图符 4 产生幅度为 $A_7 = -\dfrac{2}{7\pi} = -0.090\,945\,68$ V、频率 $f_7 = 7$ Hz 的余弦信号；图符 7 产生幅度为 $A_9 = \dfrac{2}{9\pi} = 0.070\,735\,53$ V、频率 $f_9 = 9$ Hz 的余弦信号；图符 8 产生幅度为

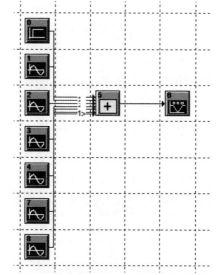

图 2-15 周期矩形脉冲信号合成仿真模型

$A_{11} = -\dfrac{2}{11\pi} = -0.057\,874\,525\,7$ V、频率 $f_{11} = 11$ Hz 的余弦信号；用鼠标双击其中的任何一个，再单击"参数"按钮，就可进入参数设置表。图符 5 是相加器，完成直流和各余弦波的相加。图符 6 显示合成波形。

先去掉图符 3、4、7、8 与图符 5 之间的连接，即这几个图符产生的余弦波先不参加合成。设置系统的运行时间，将样点数设为 3 000，取样速率设为 1 000 Hz。运行系统，合成波形如图 2 – 16 所示。

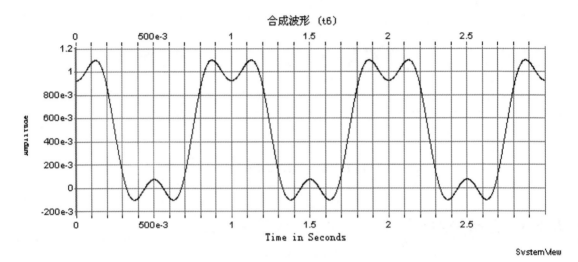

图 2 – 16　去掉图符 3、4、7、8 连接的合成波形

将图符 3 产生的余弦波加入合成波形，观察合成波形的变化。运行系统，合成波形如图 2 – 17 所示。

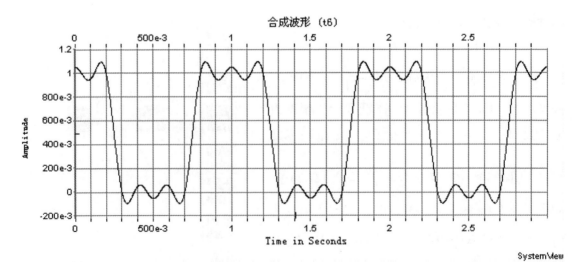

图 2 – 17　添加图符 3 后的合成波形

用同样的方法，逐个加入图符 4、7、8 产生的余弦波，观察合成波形，合成波形越来越趋近于周期矩形脉冲。图符 8 加入后的合成波形如图 2－18 所示。

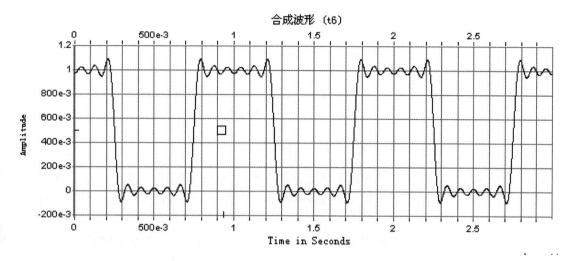

图 2－18　继续添加图符 4、7、8 后的合成波形

2. 周期矩形脉冲信号的频域分析

通过上述仿真，可以看出周期矩形脉冲可以由直流和无穷多个不同幅度和频率的余弦信号叠加而成。而前面我们已经知道余弦信号的频谱只有在该余弦信号的频率位置处有一根线谱，所以我们可以推测周期矩形脉冲信号的频谱由一根根不同幅度和不同频率的谱线组成。下面我们将进一步对其进行验证。

设有一幅度为 1、脉冲宽度为 τ 的周期性矩形脉冲，其周期为 T，如图 2－19 所示。

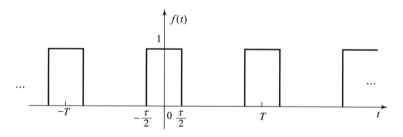

图 2－19　周期矩形脉冲

我们可以通过数学的理论推导，将周期矩形脉冲信号进行分解，分解后的各函数是频率 f 或角频率 ω 的函数，将各函数与角频率 ω 的关系用图形画出来，就是周期矩形脉冲信号的频谱，如图 2－20 所示。

图 2－20 所示为 $T = 4\tau$ 的周期性矩形脉冲的频谱。由图可知，周期矩形脉冲信号的频谱具有一般周期信号频谱的共同特点，其频谱都是离散的。它仅含有 $\omega = n\Omega$ 的各分量，其相邻两谱线的间隔是 Ω，脉冲周期 T 越长，谱线间隔越小，频谱越稠密；反之，则越稀疏。

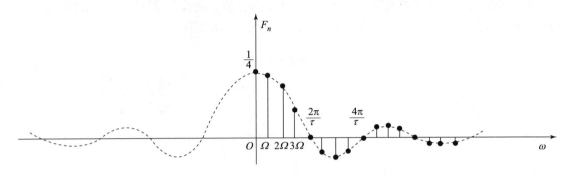

图 2-20　周期矩形脉冲的频谱（$T = 4\tau$）

对于周期矩形脉冲而言，其各谱线的幅度按包络线 $Sa(\omega\tau/2)$ 的规律变化。在 $\omega\tau/2 = m\pi$（$m = \pm1, \pm2, \cdots$）各处，即 $\omega = 2m\pi/\tau$ 的各处，包络为零，其相应的谱线，亦即相应的频率分量也等于零。

周期矩形脉冲信号包含无限多条谱线，也就是说，它可分解为无限多个频率分量。实际上，由于各分量的幅度随频率增高而减小，其信号能量主要集中在第一个零点（$\omega = 2\pi/\tau$ 或 $f = 1/\tau$）以内。在允许一定失真的条件下，只需传送频率较低的那些分量就够了。通常把 $0 \leqslant f \leqslant 1/\tau$（或 $0 \leqslant \omega \leqslant 2\pi/\tau$）这段频率范围称为周期矩形脉冲信号的频带宽度或信号带宽。

图 2-21 所示为周期相同、脉冲宽度不同的信号及其频谱。由图可见，由于周期相同，因而相邻谱线的间隔相同；脉冲宽度越窄，其频谱包络线第一个零点的频率越高，即信号的带宽越宽，频带内所含分量越多。可见，信号的频带宽度与脉冲宽度成反比。信号周期不变而脉冲宽度减小时，频谱的幅度也相应减小。

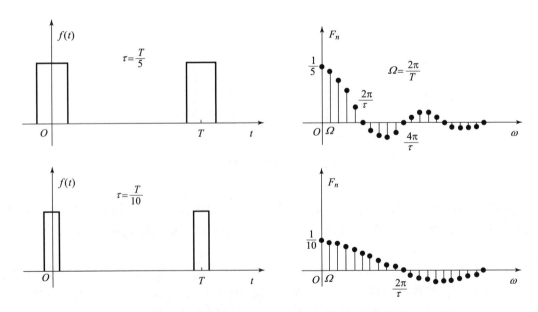

图 2-21　周期相同、脉冲宽度不同的信号及其频谱

图 2 – 22 所示为脉冲宽度相同而周期不同的信号及其频谱。由图可见，这时频谱包络线的零点所在位置不变，而当周期增大时，相邻谱线的间隔减小，频谱变密。如果周期无限增大（这时就成为非周期信号），那么，相邻谱线的间隔将趋近于零，周期信号的离散频谱就过渡到非周期信号的连续频谱。随着周期的增大，各谐波分量的幅度也相应减小。

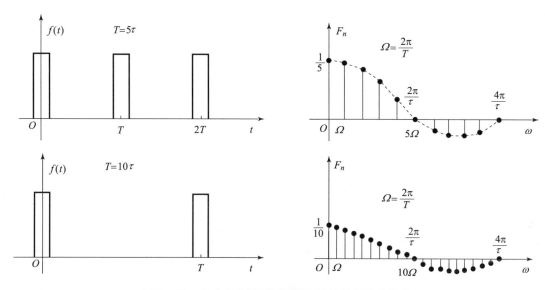

图 2 – 22　脉冲宽度相同而周期不同的信号及其频谱

2.2.4　仿真周期矩形脉冲信号的时域与频域

打开 SystemView 仿真软件，建立周期矩形脉冲信号的仿真模型，如图 2 – 23 所示。

图 2 – 23　周期矩形脉冲信号的仿真模型

将周期矩形脉冲信号的幅度设为 1 V，频率设为 1 Hz，脉冲宽度设为 0.1 s，相位为 0°。单击 SystemView 设计窗口工具栏上时钟按钮 🕐，设置样点数为 500，取样速率为 100。单击按钮 ▶，运行系统。时域与频域仿真波形如图 2 – 24（a）所示。

由图 2 – 24（a）可见，幅度谱包络的第一个零点在 10 Hz 处，两个零点之间的谱线有 9 条。将图符 0 的脉冲宽度改为 0.05 s，即 $\tau = T_0/20$，此时幅度谱包络第一个零点应在 20 Hz 处，两个零点之间的谱线应有 19 条，如图 2 – 24（b）所示。

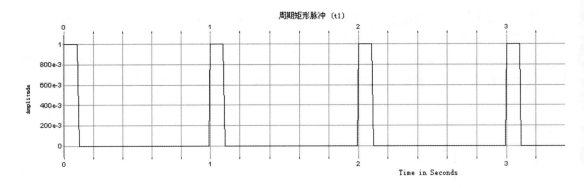

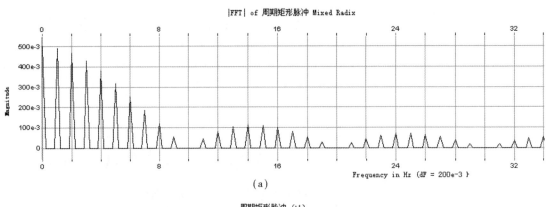

(a)

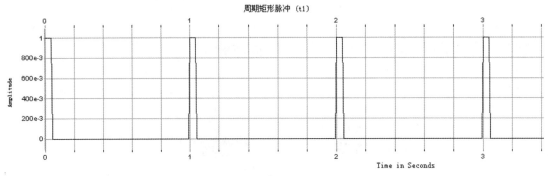

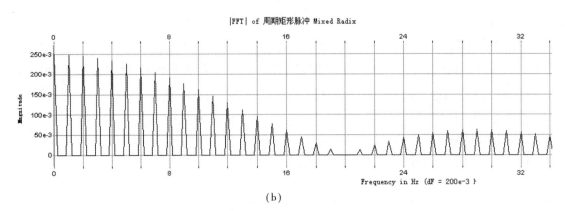

(b)

图 2－24　周期矩形脉冲时域与频域仿真波形

（a）脉冲宽度为 0.1 s；（b）脉冲宽度为 0.05 s

任务实施

（1）利用仿真软件对正弦信号进行时域和频域仿真，理解正弦信号的时域和频域特性。

（2）利用仿真软件实现周期矩形脉冲信号的时域合成仿真，理解傅里叶级数在周期信号分解中的重要作用。

（3）利用仿真软件对周期矩形脉冲信号进行时域和频域仿真，理解周期信号频域分析方法。

任务总结

利用傅里叶级数对正弦信号和周期矩形脉冲两种典型周期信号进行了时域和频域分析，并利用 Systemview 仿真软件对这两种信号进行了时域和频域仿真。通过分析与仿真，理解了周期信号的频谱特点，掌握了周期信号的分析方法。

自我评价

知识与技能点	你的理解	掌握情况
分析正弦信号的时域与频域		😊 😐 😞 😫
仿真正弦信号的时域与频域		😊 😐 😞 😫
分析周期矩形脉冲信号的时域与频域		😊 😐 😞 😫
仿真周期矩形脉冲信号的时域与频域		😊 😐 😞 😫

😊完全掌握 😐基本掌握 😞有些不懂 😫完全不懂

实训与拓展

（1）利用 Systemview 仿真软件对周期单位冲激信号进行时域和频域仿真，绘制时域和频域仿真波形图，观察并分析该信号时域和频域特性。

（2）改变正弦信号的频率，利用 Systemview 仿真软件对其进行时域和频域仿真，观察并分析频率变化对信号频谱带来的影响。

任务2.3　分析非周期信号的时域与频域

🌀 任务目标

非周期信号是一类常见的确知信号。非周期矩形脉冲信号在通信系统中发挥了重要作用。本任务为对非周期矩形脉冲信号的时域和频域进行分析。

🌀 任务分析

通过傅里叶变换，可以对非周期信号进行分析。利用傅里叶变换搭建非周期信号时域和频域的桥梁，可以绘制频谱图。最后通过仿真软件对非周期矩形信号的时域和频域进行仿真。

🌀 知识准备

非周期信号可通过傅里叶积分"分解"成"无限多项谐波"的积分和。从所起的作用看，傅里叶积分与傅里叶级数类似。

$$F(\omega) = \int_{-\infty}^{\infty} f(t) e^{-j\omega t} \mathrm{d}t \tag{2-11}$$

$$F(f) = \int_{-\infty}^{\infty} f(t) e^{-j2\pi ft} \mathrm{d}t \tag{2-12}$$

式（2-11）、式（2-12）称为函数$f(t)$的傅里叶变换（FT）。傅里叶变换是把时域函数$f(t)$变换为频域函数$F(\omega)$或$F(f)$的桥梁。

$F(f) - f$曲线对称于纵轴如图2-25所示，并称为双边谱。为了在工程上应用方便，把负频率半边的谱图折算到正频率半边而得到单边谱图如图2-25（b）所示，此时的谱图高度为双边谱的2倍。

图2-25（b）中的阴影面积（幅值谱密度在Δf区间上的积分）表示非周期信号的Δf频带上的谐波分量的幅值，而频率恰好等于f_n的谐波分量幅值为零。可见非周期信号的谐波分量是依一定密度分散在$0 \sim \infty$的连续频带内的，而周期信号的谐波分量则是依一定规律集中在一些离散的频率上，这就是两者的本质区别。

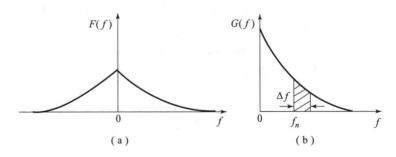

图2-25　非周期信号的幅值谱密度

f

2.3.1 分析非周期矩形脉冲信号的时域与频域

非周期矩形脉冲信号的时域、频域波形如图2-26（a）、（b）所示。图中非周期矩形脉冲信号的脉冲宽度为τ，幅度为A V，其频谱形状为抽样信号，具有振荡和衰减等特性，与横轴第一个过零点位置为$1/\tau$，此值可以视为非周期矩形脉冲信号的带宽，可以看出，脉冲越窄，带宽越宽，脉冲宽度与频带宽度成反比。与前所述周期矩形脉冲信号的离散谱不同，非周期矩形脉冲信号的频谱为连续谱。非周期矩形脉冲信号频谱的幅度为非周期矩形脉冲信号的幅度与脉冲宽度τ的乘积。在脉冲宽度一定的情况下，脉冲宽度越宽，频谱幅度越大，频谱宽带越窄，频谱能量越集中，反之，脉冲宽度越窄，频谱幅度越小，频谱宽带越宽，频谱能量越分散。

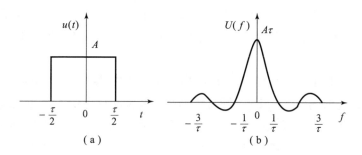

图2-26 非周期矩形脉冲信号的时域与频域波形

2.3.2 仿真非周期矩形脉冲信号的时域与频域

用SystemView很容易得到单矩形脉冲信号的幅度谱。建立仿真模型如图2-27所示。

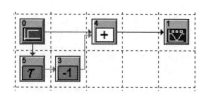

图2-27 矩形信号幅度谱仿真模型

图2-27中，图符0、3、4和5构成单矩形脉冲产生器。图符0产生一个幅度为1 V的阶跃函数，通过图符5延迟0.1 s后，再由图符3对其反相，经图符4相加后输出一个幅度为1 V、宽度为0.1的矩形脉冲。图符1是信宿，可将接收到的数据用波形显示出来，还可以由其他处理器对这些接收数据做进一步的处理。非周期矩形脉冲信幅度谱仿真模型中各图符参数配置表如表2-2所示。

表 2-2　非周期矩形脉冲信幅度谱仿真模型中各图符参数配置表

图符编号	库/名称	参数
0	Source/Aperiodic/Step Fct	Amp = 1V，Start Time = 0，Offset = 0
3	Operator/Gain/Scale/Neqate	
5	OperatorDelays/Delay	Delay Type：Non - Interpolating，Delay = 0.1s

单击 SystemView 设计窗口工具栏上时钟按钮 🕐 ，设置样点数为 500，取样速率为 100。单击按钮 ▶，运行系统。输出波形的幅度为 1 V，将鼠标放到波形图的脉冲结束处，工具栏上的 x 坐标显示脉冲宽度为 0.1s。

单击工具栏上的分析窗（Analysis Window）图标 📊 进入 SystemView 的分析窗，得到矩形脉冲的幅度谱，宽度为 0.1 s 的矩形脉冲时域与频域仿真波形如图 2-28（a）所示。幅度谱的第一个零点是脉冲宽度的倒数，本例中为 10 Hz。幅度谱有等间隔的零点，间隔为 10 Hz。

单击分析窗工具栏上的系统窗（System Windows）图标 🔀 返回设计窗。双击图符 5，选择参数按钮，将延迟时间改为 0.2 s，即将矩形脉冲的宽度改为 0.2 s。重新运行系统，再进入分析窗。单击分析窗左上角正在"闪烁"的新的信宿数据（Load New Sink Data）图标，更新重新仿真的数据，得到宽度为 0.2 s 的矩形脉冲的幅度谱如图 2-28（b）所示。幅度谱的第一个零点为 5 Hz（等于脉冲宽度的倒数），幅度谱有等间隔零点，两个零点间隔之间的间隔为 5 Hz。

通过改变图符 5 中的延迟时间可得到不同宽度的矩形脉冲，按照上面的演示方法，可观察不同宽度矩形脉冲的幅度谱。

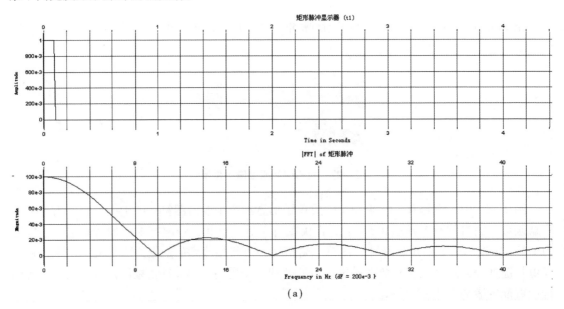

（a）

图 2-28　矩形脉冲的时域、频域仿真波形

（a）脉冲宽度为 0.1 s

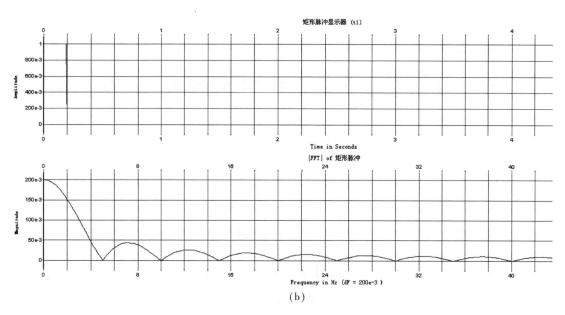

（b）

图 2 − 28　矩形脉冲的时域、频域仿真波形（续）

（b）脉冲宽度为 0.2 s

◎ 任务实施

（1）通过周期信号的频谱分析，引出非周期信号的频谱分析，理解傅里叶变换在非周期信号中的重要作用。

（2）利用仿真软件对非周期矩形脉冲信号进行时域和频域仿真，理解非周期信号的频谱特点。

◎ 任务总结

利用傅里叶变换对非周期信号进行了分析，重点对非周期矩形脉冲信号进行了时域和频域分析及仿真，通过分析，理解了非周期信号的频谱特点。

◎ 自我评价

知识与技能点	你的理解	掌握情况
分析非周期矩形脉冲信号的时域与频域		😊 😐 🙁 😫
仿真非周期矩形脉冲信号的时域与频域		😊 😐 🙁 😫

😊完全掌握　😐基本掌握　🙁有些不懂　😫完全不懂

实训与拓展

（1）通过学习矩形脉冲信号与单位阶跃信号的关系，找到两种矩形脉冲信号的合成方法，利用 SystemView 仿真软件对该信号进行时域和频域仿真。

（2）对周期矩形脉冲信号和非周期矩形脉冲信号频域特性进行分析对比，总结出这两种信号的频谱特点。

小结

1. 信号就是用于描述、记录或传输消息（或者说信息）的任何对象的物理状态随时间的变化过程。

2. 常见的信号有正弦信号、矩形脉冲信号、单位阶跃信号、单位冲激信号和抽样信号等。

3. 信号的时域分析和频域分析是对信号从两个不同角度进行的分析，都可以描述信号的特点，通信中往往从频域角度对信号进行分析，从而了解信号的频率特性。

4. 具有周期性的频率单一的正弦信号，在时域图形中持续时间是无限长的，而在频域中只在一个频率，即正弦信号的频率 f_0 上有能量。

5. 一个周期信号可分解成直流和无穷多个余弦波的叠加，反过来说，直流和余弦波叠加在一起就是一个周期矩形脉冲。

6. 周期矩形脉冲信号脉宽与频宽成反比。周期矩形脉冲信号周期 T 一定时，谱线间隔不变，脉宽越宽，谱线条数越少；反之，脉宽越窄，谱线条数越多。周期矩形脉冲信号脉宽一定时，频宽一定，周期 T 增大时，谱线间隔变密，条数增多；反之，周期 T 减小时，谱线间隔变稀，条数变少。

7. 非周期矩形脉冲信号在脉冲宽度一定的情况下，脉冲宽度越宽，频谱幅度越大，频谱宽带越窄，频谱能量越集中，反之，脉冲宽度越窄，频谱幅度越小，频谱宽带越宽，频谱能量越分散。

思考题与练习题

2-1 什么是信号？信号是如何分类的？

2-2 正弦信号的三要素分别是什么？

2-3 信号的时域分析与频域分析有何区别？

2-4 正弦信号的频谱有何特点？

2-5 周期矩形脉冲信号的频谱有何特点？

2-6 周期矩形脉冲信号与非周期矩形脉冲信号的频谱有何不同？

2-7 已知 $x(t)$ 为下图所示的周期函数，已知 $\tau = 2$ ms，$T = 8$ ms，画出它的幅度谱。

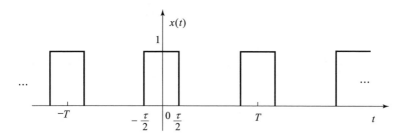

2-8 已知 $x(t)$ 如下图所示，是宽度为 2 ms 的矩形脉冲，画出它的幅度谱。

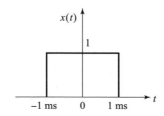

项目 3

认知数字基带传输

项目描述

在本项目中，将学习数字基带传输系统模型，数字基带传输中的基本码型、常用码型。通过编码、绘图、仿真学习认知基带传输系统，了解数字基带信号的通信传输过程，理解基带码产生转换、滤波、噪声干扰、再生恢复等通信重要技术原理。

项目分析

基带传输系统，是通信系统中重要组成部分。常见的基本码型有单极性不归零码（NRZ）、双极性不归零码（BNRZ）、单极性归零码（RZ）、双极性归零码（BRZ）、差分码、多电平码，适合长距离传输的常用码型包括 AMI 码、HDB3 码，本项目将由易到难逐一研究分析每个传输码型。数字基带系统可以使用 Systemview 进行仿真。

学习目标

熟悉基带传输模型；掌握基带传输码型编码原理；理解基带传输中码间干扰及应对方法。

课程思政：结合基带芯片性能演进变化的研究，认识我国通信芯片产业发展的意义，通过调研与基带技术工作岗位职责要求，激发学生的爱岗敬业和努力进取的精神。

任务 3.1　了解数字基带信号码型

任务目标

掌握基带传输中使用的常用码型编码方法。

任务分析

通过对编码过程分析，掌握单极性不归零码（NRZ）、双极性不归零码（BNRZ）、单极性归零码（RZ）、双极性归零码（BRZ）、差分码、多电平码编码原理及方法。

知识准备

基带信号就是从数据设备中产生的二进制序列。如图 3-1 所示，由矩形电脉冲组成的信号，高电平代表"1"，低电平代表"0"。这些信号往往含有大量的低频分量，因而称之为数字基带信号。

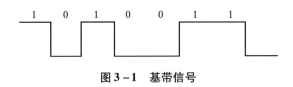

图 3-1　基带信号

在某些具有低通特性的有线信道中，特别是传输距离不太远的情况下，数字基带信号可以直接传输，这种不使用调制和解调设备而直接传输基带信号的通信系统，我们称之为数字基带传输系统。

基带传输在通信中无所不在，如图 3-2 所示，在计算机与打印机之间、计算机和路由器（交换机）之间、计算机主机和显示器之间、计算机内部电路板之间都是采用基带传输的。

图 3-2　计算机通信中的基带传输

大多数通信系统中，同时存在基带传输和调制（频带）传输两种方式，如图 3-3 所示，在基站控制器 BSC 和基站收发信台 BTS 通信时，基站到近端传输设备以及基站控制器到远端传输设备这两部分就是使用基带传输，通常采用同轴电缆来传输基带信号。而传输设备之间因为距离较远，采用光信号调制传输。

与基带传输对应的是调制（频带）传输，比如从基站到天线之间和天线到用户手机之间传输的就是用高频载波调制之后的信号，数字基带系统中的许多概念及重要结论可应用于数字频带传输系统中。

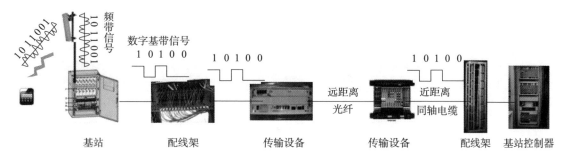

图3-3 移动通信系统中的基带传输

3.1.1 常见的基本码型

常见的基本码型有单极性不归零码（NRZ）、双极性不归零码（BNRZ）、单极性归零码（RZ）、双极性归零码（BRZ）、差分码、多电平码。

1. 单极性不归零码（NRZ）

单极性不归零码（NRZ）是最基本的码型，如图3-4所示，其码型特点如下：

符号"0"：由0电压表示二进制符号"0"，整个码元期间电平保持不变。

符号"1"：用正电压（高电压）表示二进制符号"1"，整个码元期间电平保持不变。

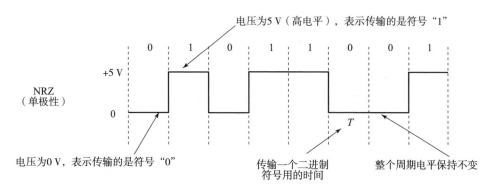

图3-4 单极性不归零码

NRZ波形一般用于近距离的信号传输，比如计算机内部、电路板之间。

2. 双极性不归零码（BNRZ）

图3-5为双极性不归零码（BNRZ），其码型特点为：

符号"1"：用正电压（高电压）表示二进制符号"1"，整个码元期间电平保持不变。

符号"0"：由负电压表示二进制符号"0"，整个码元期间电平保持不变。

BNRZ波形也用于近距离的信号传输，比如计算机与打印机（外设）之间。

3. 单极性归零码（RZ）

图3-6为单极性归零码，它的特点是，脉冲的宽度（τ）小于码元的宽度（T），每个电脉冲在小于码元宽度的时间内总要回到零电平，故这种波形又称为归零波形（RZ）。通常称τ/T为占空比。归零波形由于码元间隔明显，因此有利于定时信息的提取。

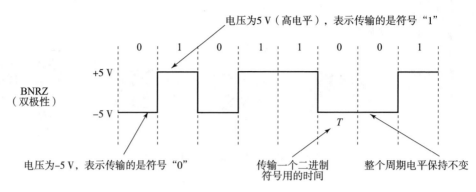

图 3 - 5　双极性不归零码

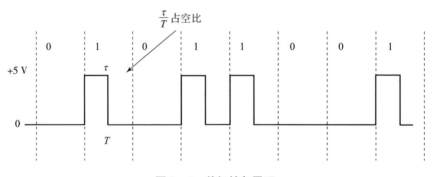

图 3 - 6　单极性归零码

4. 双极性归零码（BRZ）

图 3 - 7 为双极性归零码，用正电平和负电平分别表示二进制码元的"1"码和"0"码，但每个电脉冲在小于码元宽度的时间内都要回到零电平，它除了具有双极性不归零波形的特点外，还有利于同步脉冲的提取。

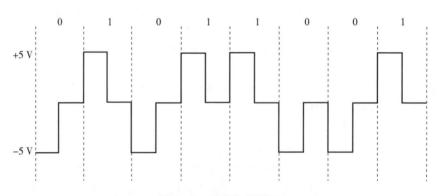

图 3 - 7　双极性归零码

5. 差分码

图 3 - 8 为差分码，这种波形不是用码元本身的电平表示消息代码，而是用相邻码元的电平的跳变和不变来表示消息代码。以电平跳变表示"1"码，以电平不变表示"0"码，

当然上述规定也可以反过来。由于差分波形是以相邻脉冲电平的相对变化来表示代码,因此称它为相对码波形,而相应地称前面的单极性或双极性波形为绝对码波形。

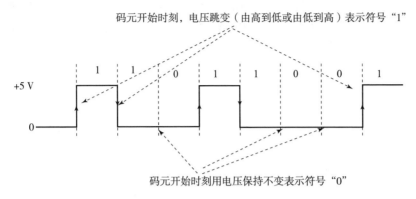

图 3 – 8 　差分码

用差分波形传送代码可以消除设备初始状态的影响,特别是在相位调制系统中用于解决载波相位模糊问题。

6. 多电平码

上述各种波形都是二进制波形,实际上还存在多电平脉冲波形,也称为多进制波形。这种波形的取值不是两值而是多值的。如图 3 – 9 所示,代表四种状态的四电平脉冲波形,每种电平可用两位二进制码元来表示,如 00 代表 $-3E$,01 代表 $-E$,10 代表 $+E$,11 代表 $+3E$。

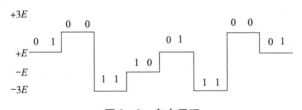

图 3 – 9 　多电平码

比起二进制码元,多电平码元传输一个符号,相当于传了多个二进制码元,效率提高了,这种波形一般在高速数据传输系统中用来压缩码元速率。但在相同信号功率的条件下,多进制传输系统的抗干扰性能不如二进制系统。

一般来说,选择数字基带信号码型时,应遵循以下基本原则。

(1)数字基带信号应不含有直流分量,且低频及高频分量也应尽量少。在基带传输系统中,往往存在着隔直电容及耦合变压器,不利于直流及低频分量的传输。此外,高频分量的衰减随传输距离的增加会快速地增大,另外,过多的高频分量还会引起话路之间的串扰,因此希望数字基带信号中的高频分量也要尽量少。

(2)数字基带信号中应含有足够大的定时信息分量。基带传输系统在接收端进行取样、判决、再生原始数字基带信号时,必须有取样定时脉冲。一般来说,这种定时脉冲信号是从数字基带信号中直接提取的。这就要求数字基带信号中含有或经过简单处理后含有定时脉冲信号的线谱分量,以便同步电路提取。

（3）基带传输的信号码型应与信源的统计特性无关。这一点也是为了便于定时信息的提取而提出的。

此外，选择的基带传输信号码型还应有利于提高系统的传输效率；具有较强的抗噪声和码间串扰能力及自检能力。实际系统常用的数字波形是矩形脉冲，这是由于矩形脉冲易于产生和处理。

3.1.2　基带传输的常用码型

除了基本码型之外，人们还专门设计出几种传输性能较好、适合线路的码型。主要有：传号交替反转码——AMI 码、三阶高密度双极性码——HDB3 码、分相码——Manchester 码、传号反转码——CMI 码以及 4B3T 码等。下面我们详细地介绍这些码型。

1. AMI 码

AMI（AlternateMarkInversion）码又称为平衡对称码。这种码的编码规则是：把码元序列中的"1"码变为极性交替变化的传输码 +1，−1，+1，−1，…，而码元序列中的"0"码保持不变，如图 3 −10 所示。注意，单个 AMI 码的波形可以归零，也可以不归零。

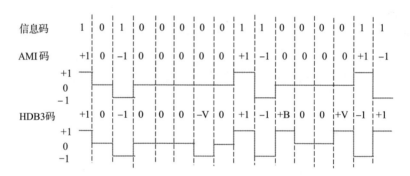

图 3 − 10　AMI 和 HDB3 编码过程及波形图

2. HDB3 码

AMI 码有一个重要的缺陷，就是当码元序列中出现长连"0"时，会造成提取定时信号的困难，因而实际系统中常采用改进的 HDB3 码，HDB3 码编码步骤如下。

（1）取代变换：将信码中 4 个连 0 码用取代节 000V 或 B00V 代替，当两个相邻的 V 码中间有奇数个 1 码时用 000V 代替 4 个连 0 码，有偶数个 1 码时用 B00V 代替 4 个连 0 码。信息代码中的其他码保持不变。

（2）加符号：对（1）中得到的 1 码、破坏码 V 及平衡码 B 加符号。原则是，V 码的符号与前面第一个非 0 码的符号相同，1 码及 B 码的符号与前面第一个非 0 码的符号相反。

【例 3.1】设数字信息为 1000010100001000011，求相应的 AMI 码及 HDB3 码。

解：码元序列：　　　1　　000 0　　1 0 1　　0 0 0 0　　1 0 0 0　0　　1　1

　　　AMI 码：　　+1　　000 0　　−1 0 +1　　0 0 0 0　　−1 0 0 0　0　　+1 −1

　　　HDB3 码：

　　　　　　取代变换　　1　　000 V　　1 0 1　　B 0 0 V　　1 0 0 0　V　　1　1

　　　　　　加符号　　+1　　000 +V　　−1 0 +1　　−B 0 0 −V　　+1 0 0 0 +V　　−1 +1

上例中，第 1 个 V 码和第 2 个 V 码之间，有 2 个非 0 码（偶数），故将第 2 个 4 连 0 小段中的第 1 个 0 变成 −B；第 2 个 V 码和第 3 个 V 码之间，有 1 个非 0 码（奇数），不需变化。最后可看出 HDB3 码中，V 码与其前一个非 0 码（+1 或 −1）极性相同，起破坏作用；相邻的 V 码极性交替；除 V 码外，包括 B 码在内的所有非 0 码极性交替。

虽然 HDB3 码的编码规则比较复杂，但译码却比较简单。从编码过程中可以看出，每一个 V 码总是与其前一个非 0 码（包括 B 码在内）同极性，因此从收到的码序列中可以很容易地找到破坏点 V 码，于是可断定 V 码及其前 3 个码都为 0 码，再将所有的 −1 变为 +1 后，便可恢复原始信息代码。

【例 3.2】 试求 HDB3 码 +1 −1 0 +1 0 0 0 +1 0 0 −1 0 0 +1 −1 0 0 −1 0 +1 对应的原二进制信息代码。

解：HDB3： +1 −1 0 +1 0 0 0 +1 0 0 −1 0 0 +1 −1 0 0 −1 0 +1

判断 V 和 B：+1 −1 0 +1 0 0 0 V 0 0 −1 0 0 +1 −B 0 0 −V 0 +1

原信息码： 1 1 0 1 0 0 0 0 0 0 1 0 0 1 0 0 0 0 0 1

AMI 码编码过程中，将一个二进制符号变成了一个三进制符号，即这种码脉冲有三种电平，因此我们把这种码称为伪三电平码，也称为 1B/1T 码型。

AMI 码的能量集中在中频部分，低频和高频较少，这样的信号比较适合于基带信道传输，有自检错能力。HDB3 码连 0 个数最多为 3，这对位定时信号的提取十分有利。

3. 曼彻斯特（Manchester）码

曼彻斯特码又称数字双相码，波形如图 3−11 所示。曼彻斯特码用一个周期的方波来代表码元"1"，而用它的反相波形来代表码元"0"。这种码在每个码元的中心部位都发生电平跳变，因此有利于定时同步信号的提取，占用频带增加了一倍。曼彻斯特码适合在较短距离的同轴电缆信道上传输，如计算机局域网。

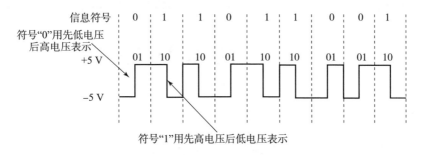

图 3−11 曼彻斯特码波形图

4. nBmB 码

nBmB 码是把原信息码流的 n 位二进制码作为一组，编成 m 位二进制码的新码组。由于 $m > n$，传输新码的效率有所降低，但新码的纠错抗干扰能力得到了提升，适合在光纤这种带宽特别大的信道传输。通常选择 $m = n + 1$，有 1B2B 码、2B3B、3B4B 码以及 5B6B 码等。

任务实施

（1）分别画出单极性不归零码（NRZ）、双极性不归零码（BNRZ）、单极性归零码

（RZ）、双极性归零码（BRZ）、差分码、多电平码，分析它们的特点及在通信系统中的应用。

（2）分别画出 AMI 码、HDB3 码，分析它们的特点及在通信系统中的应用。

（3）结合实际，搜集资料，了解与基带传输相关的工作岗位职责。

任务总结

通过对基带信号编码分析，了解了基带传输码型特点和在通信系统中的应用。

自我评价

知识与技能点	你的理解	掌握情况
基本码型		😊😐🙁😭
基带传输常用码型		😊😐🙁😭

完全掌握 基本掌握 有些不懂 完全不懂

实训与拓展

（1）利用 Systemview 仿真软件对基带传输码型仿真，绘制仿真波形图及频谱图。

（2）利用 Python 编程仿真各类基带传输码，绘制仿真波形图。

任务 3.2　理解基带传输过程

任务目标

认知基带传输模型，理解基带传输原理，掌握无码间干扰传输特性的分析方法。

任务分析

通过基带传输分析仿真，认知基带传输系统模型，理解基带传输原理及无码间干扰产生及其应对方法。

知识准备

在基带传输系统中，由于系统（主要是信道）传输特性不理想，接收端收到的数字基

带信号波形会发生畸变，使码元之间互相产生干扰。此外，信号在传输过程中受信道加性噪声的影响，还会使接收波形叠加上随机干扰，造成接收端判决时发生误码。为了消除或减小这些干扰，必须合理地设计基带传输系统，为此我们先对系统传输特性和信号波形进行讨论。

3.2.1 基带传输模型

数字基带传输系统：不使用调制和解调装置而直接传输数字基带信号的系统。

基带传输系统模型如图 3 – 12 所示，其中，信道信号形成器用来产生适于信道传输的基带信号；信道是允许基带信号通过的媒质；接收滤波器用来接收信号和尽可能排除信道噪声及其他干扰；抽样判决则是在噪声背景下用来判定与再生基带信号。

图 3 – 12 基带传输系统模型

3.2.2 码间干扰的概念

信号在经过信道传输后会发生变化，这些变化对接收端正确接收信号非常不利。如图 3 – 13 所示，单个矩形脉冲在通过信道时，信号的幅度会因为部分能量转化为热能而衰减，同时信号的形状也会发生变化，脉冲的宽度会展宽，有时会有常常的拖尾。

图 3 – 13 矩形脉冲传输畸变示意

信号在信道上传输发生畸变的原因主要是输入信号的频谱较宽，而信道对于信号的各个频率成分传输的衰耗是不同的，这样各个频率成分在经过不同衰减后，再叠加在一起的波形肯定与原来的形状不同了。

如果信道对于信号的各个频率成分传输的衰耗相同，则不会产生信号畸变，这样的信道成为理想信道。而实际的通信传输信道往往复杂多变，不可能做到理想情况，实际的通信信道都是不理想信道。

在图 3 – 13 中，信号在经过不理想的信道后产生长长的拖尾，如果相邻的接收信号拖尾彼此影响，就会对接收端接收信号产生影响。如图 3 – 14 所示，发送端发送了 3 个矩形脉冲，在接收端准备对第 2 个信号接收判决时，第 1 个和第 3 个信号的拖尾会对第 2 个信号产生影响，这就是码间干扰，因为第 1 个和第 3 个信号的拖尾在第 2 个信号判决的时刻的值为负值，如果这两个值相加超过了第 2 个信号本身的值，就会产生误判错误，原本是"1"，被误判成"0"，这就产生了误码。

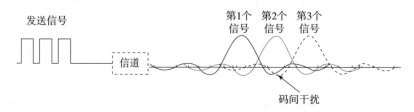

图 3 – 14　码间干扰示意

在实际通信系统中，信道都是不理想的，信号在传输过程中会发生信号畸变，如图 3 – 15 所示，一组数字信号在经过信道后发生了变化，原本标准的矩形脉冲经过信道后变得平滑了，原信号中棱角没有了，而消失的棱角就是高频频谱成分。

图 3 – 15　多矩形脉冲传输畸变示意

3.2.3　无码间干扰的基带传输特性

如果信道对信号的高频、中频、低频成分传输都很好，信号在传输过程中波形不会发生变化，这种理想情况很少见，大多数信道只能对一部分频段的传输特性较好，而对其他频段的传输性能就不好，甚至一点也不能传输。

如何利用这种信道实现无码间干扰传输呢？下面，我们以理想低通信道为例，说明无码间干扰的基带传输条件。如图 3 – 16 所示，一个尖脉冲通过了一个低通型信道，信号被展宽，并有了长长的拖尾，如果能够在拖尾为"0"的时刻传输第二个码元（尖脉冲），那么第一个信号的拖尾就不会对接收并回复第二信号产生影响。这就巧妙地利用低通型信道的信号特点实现了无码间干扰传输。

经过分析，我们得出结论，如果系统的总的传输特性为 $H(\omega)$，只要接收到的信号 $h(t)$ ［信道传输特性函数 $H(\omega)$ 的冲激响应］在自己判决的时刻为常数 $h(0)=c$，c 表示常数，而在其他码元的判决时刻的码间串绕值为零，即 $h(kT_S)=0$，这样就不会对判决产生影响了，因此无码间串扰的时域条件（无码间串扰的定义）为

$$h(kT_S) = \begin{cases} c, & k=0 \\ 0, & k\neq 0 \end{cases} \tag{3-1}$$

同样，无码间串扰的频域条件（无码间串扰的定义）为

$$\sum_{n=-\infty}^{\infty} H(\omega + n \cdot 2\pi R_B) = c, \quad |\omega| \leqslant \pi/T_S \tag{3-2}$$

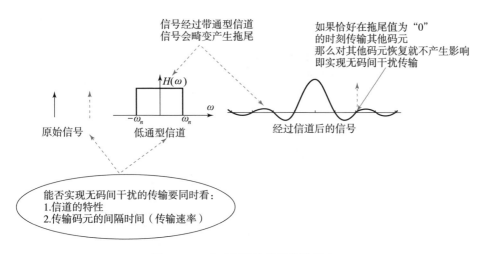

图 3 – 16 无码间干扰传输特性示意

该条件称为奈奎斯特第一准则，R_B 为码元速率，是码元周期 T_s 的倒数，π/T_s 相当于 πR_B。它为我们提供了检验一个给定的系统特性 $H(\omega)$ 是否产生码间串扰的一种方法。式含义是，将 $H(\omega)$ 在 ω 轴上移位 $2\pi i/Ts$ $(i=0, \pm1, \pm2, \cdots)$，然后把各个部分落在 $|\omega| \leqslant \pi/T_s$ 区间内的部分进行叠加，结果为常数。

【例 3.3】设 $H(\omega)$ 具有图 3 – 17（a）所示的特性，传输信号为码元周期为 T_s 的矩形脉冲序列，试判断它是否满足无码间干扰的传输条件。

判断传输工程中，是否满足无码间干扰的传输条件，就是验证 $H(\omega)$ 是否满足 $\sum\limits_{n=-\infty}^{\infty} H(\omega + n \cdot 2\pi R_B) = c$。

已知，信号的码元周期为 T_s，码元速率 R_B 为 $1/T_s$，画出相应的波形：

图 3 – 17（b）为 $H(\omega - 0 \times 2\pi i/T_s)$ 落在 $|\omega| \leqslant \pi/T_S$ 区间内的部分；

图 3 – 17（c）为 $H(\omega - (-1) \times 2\pi i/T_s)$ 落在 $|\omega| \leqslant \pi/T_S$ 区间内的部分；

图 3 – 17（d）为 $H(\omega - (+1) \times 2\pi i/T_s)$ 落在 $|\omega| \leqslant \pi/T_S$ 区间内的部分。

其他的不会影响到 $|\omega| \leqslant \pi/T_s$ 区间，这里就不画了，可以看到叠加后其结果应当为一常数，如图 3 – 17（e）所示。需要注意的是无码间干扰传输指的是一定速率的数字信号在传输特性 $H(\omega)$ 满足式 3 – 2 的信道中可以实现。如果传输速率变了，信道传输特性还是 $H(\omega)$，可能就不能实现无码间干扰传输了。

显然，满足式（3 – 2）的系统 $H(\omega)$ 并不是唯一的，理想低通滤波器是其中的一种。理想低通滤波器的传输特性如图 3 – 18（a）所示，它的冲激响应如图 3 – 18（b）所示。

如图 3 – 18（b）所示，$h(t)$ 在 $t = \pm kT_s$ $(k \neq 0)$ 时有周期性零点，当发送序列的间隔为 T_s 时正好巧妙地利用了这些零点 [见图 3 – 18（b）中虚线]，实现了无码间串扰传输。

由图 3 – 18 可以看出，输入序列若以 $1/T_s$ 波特的速率进行传输，所需的最小传输带宽为 $B = 1/2T_s$。这是在抽样时刻无码间串扰条件下，基带系统所能达到的极限情况。此时基带系统所能提供的最高频带利用率为 $\eta = 2$ Bd/Hz。通常，我们把 $1/2T_s$ 称为奈奎斯特带宽，记为 W_1，则该系统无码间串扰的最高传输速率为 $2W_1$ Bd，称为奈奎斯特速率。

显然，如果该系统用高于 $1/T_s$ 波特的码元速率传送时，将存在码间串扰。

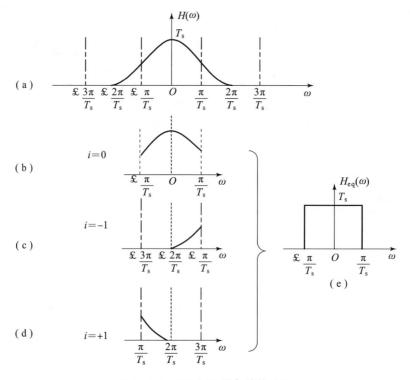

图 3 – 17　无码间干扰条件的验证

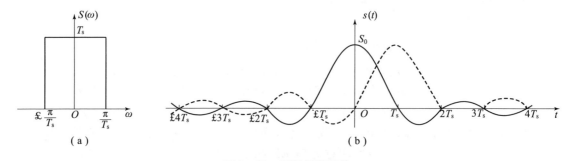

图 3 – 18　理想低通系统

（a）传输特性；（b）冲激响应

3.2.4　码间干扰的消除方法

　　码间干扰对通信产生不利的影响，而现实通信传输信道复杂多变不能达到完全理想的条件，消除或抑制码间干扰的方法有：①设计易于实现且能满足无码间干扰传输条件的传输信道；②使用均衡技术抑制码间干扰。

1. 设计易于实现的无码间干扰传输信道

1）升余弦滚降传输信道

升余弦滚降传输信道是满足无码间干扰传输条件且易于实现的一种信道。

由上面的讨论可知，理想低通传输特性的基带系统有最大的频带利用率。但令人遗憾的是，理想低通系统在实际应用中存在两个问题：一是理想矩形特性的物理实现极为困难；二是理想的冲激响应 $h(t)$ 的"尾巴"很长，衰减很慢，当定时存在偏差时，可能出现严重的码间串扰。考虑到实际的传输系统总是可能存在定时误差的，因而，一般不采用 $H_{eq}(\omega)$ $= H(\omega)$，而只把这种情况作为理想的"标准"或者作为与别的系统特性进行比较时的基础。

考虑到理想冲激响应 $h(t)$ 的尾巴衰减慢的原因是系统的频率截止特性过于陡峭，这启发我们可以按图 3-19 所示的构造思想去设计 $H(\omega)$ 特性，只要图中的 $Y(\omega)$ 具有对 W_1 呈奇对称的振幅特性，则 $H(\omega)$ 即为所要求的。这种设计也可看成是理想低通特性按奇对称条件进行"圆滑"的结果，上述的"圆滑"，通常被称为"滚降"。

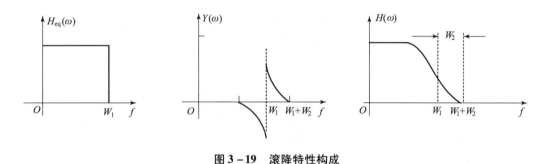

图 3-19 滚降特性构成

定义滚降系数为 $\alpha = W_2/W_1$。

其中 W_1 是无滚降时的截止频率，W_2 为滚降部分的截止频率。显然，$0 \leq \alpha \leq 1$，不同的 α 有不同的滚降特性。图 3-20（a）画出了按余弦滚降的三种滚降特性和冲激响应。具有滚降系数 $\alpha = 1$ 的余弦滚降特性 $H(\omega)$ 可表示成

$$H(\omega) = \begin{cases} \dfrac{T_s}{2}\Big[1 + \cos\dfrac{\omega T_s}{2}\Big], & |\omega| \leq \dfrac{2\pi}{T_s} \\ 0, & |\omega| > \dfrac{2\pi}{T_s} \end{cases}$$

$\alpha = 1$ 的余弦滚降特性滤波器对应的 $h(t)$ 为

$$h(t) = \frac{\sin\pi t/T_s}{\pi t/T_s} \cdot \frac{\cos\pi t/T_s}{1 - 4t^2/T_s}$$

对于一般的 α，$H(\omega)$ 表示为

$$H(\omega) = \begin{cases} T_s, & 0 \leq |\omega| < \dfrac{(1-\alpha)\pi}{T_s} \\ \dfrac{T_s}{2}\Big[1 + \sin\dfrac{T_s}{2\alpha}\Big(\dfrac{\pi}{T_s} - \omega\Big)\Big], & \dfrac{(1-\alpha)\pi}{T_s} \leq |\omega| < \dfrac{(1+\alpha)\pi}{T_s} \\ 0, & \dfrac{(1+\alpha)\pi}{T_s} \leq |\omega| \end{cases}$$

而相应的 $h(t)$ 为

$$h(t) = \frac{\sin\pi t/T_S}{\pi t/T_S} \cdot \frac{\cos\alpha\pi t/T_S}{1 - 4\alpha^2 t^2/T_S}$$

余弦滚降系统传输特性和冲激响应如图 3 – 20（b）所示。

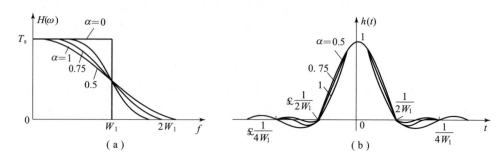

图 3 – 20　余弦滚降系统

（a）传输特性；（b）冲激响应

　　由图 3 – 20 可知，升余弦滚降系统的 $h（t）$ 满足抽样值上无串扰的传输条件，且各抽样值之间又增加了一个零点，其尾部衰减较快（与 t^2 成反比），这有利于减小码间串扰和位定时误差的影响。$\alpha = 1$ 时，这种系统的频谱宽度是 $\alpha = 0$ 时的 2 倍，频带利用率为 12 Bd/Hz，是最高利用率的一半。$0 < \alpha < 1$ 时，带宽 $B =$（$1 + \alpha$）$/2Ts$ Hz，频带利用率 $\eta = 2/$（$1 + \alpha$）Bd/Hz。应当指出，在以上讨论中并没有涉及 $H（\omega）$ 的相移特性。但实际上它的相移特性一般不为零，故需要加以考虑。

　　2）部分响应系统

　　上节中我们分析了两种无码间串扰的系统：理想低通系统和升余弦滚降系统。理想低通系统虽然达到了 2 Bd/Hz 的极限（最高）频带利用率，但实现困难，且 $h（t）$ "拖尾"严重。升余弦滚降系统虽然克服了理想低通系统的缺点，但系统的频带利用率却下降了。那么能否找到一种既能消除码间串扰，又能达到最高频带利用率的系统呢？回答是肯定的。我们可以利用奈奎斯特脉冲 $\frac{\sin\pi t/T_S}{\pi t/T_S}$ 的延时加权组合得到部分响应波形来实现。这就是本节要讨论的部分响应编码方法，这种方法又称为波形的相关编码法。在部分响应基带传输系统中，通过有控制地引入一定的码间串扰，来达到压缩传输频带的目的。

　　我们已经熟知，波形 $\sin x/x$ "拖尾"严重，我们发现相距一个码元间隔的两个 $\sin x/x$ 波形的 "拖尾" 刚好正负相反，利用这样的波形组合肯定可以构成 "拖尾" 衰减很快的脉冲波形。根据这一思路，我们可用两个间隔为一个码元长度 T_s 的 $\sin x/x$ 的合成波形来代替 $\sin x/x$，如图 3 – 21（a）所示。合成波形可表示为

$$g(t) = \frac{\sin\left[\frac{\pi}{T_s}\left(t + \frac{T_s}{2}\right)\right]}{\frac{\pi}{T_s}\left(t + \frac{T_s}{2}\right)} + \frac{\sin\left[\frac{\pi}{T_s}\left(t - \frac{T_s}{2}\right)\right]}{\frac{\pi}{T_s}\left(t - \frac{T_s}{2}\right)} = \frac{4}{\pi}\left[\frac{\cos\frac{\pi t}{T_s}}{1 - \frac{4t^2}{T_s^2}}\right]$$

$g（t）$ 称为部分响应波形，其频谱特性为

$$G(\omega) = \begin{cases} 2T_{\mathrm{S}}\cos\dfrac{\omega T_{\mathrm{S}}}{2}, & |\omega| \leqslant \dfrac{\pi}{T_{\mathrm{s}}} \\ 0, & |\omega| > \dfrac{\pi}{T_{\mathrm{s}}} \end{cases}$$

由图 3-21 可见，$g(t)$ 波形的振荡衰减加快了，这是因为相距一个码元的奈奎斯特脉冲的振荡正负相反而互相抵消。$g(t)$ 的"尾巴"按 $1/t^2$ 的速度变化，比 $\sin x/x$ 波形收敛快，衰减大。

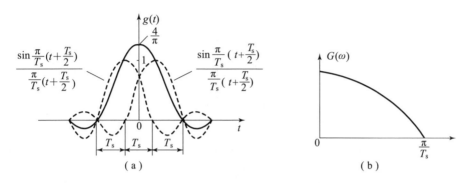

图 3-21　部分相应波形及其频谱

由于余弦谱特性的带宽 $B = 1/2T$，而传输速率为 $R_{\mathrm{B}} = 1/T$，因而这种系统的频带利用率达到了 2 Bd/Hz。

2. 均衡技术

在信道特性 $C(\omega)$ 确知条件下，人们可以精心设计接收和发送滤波器以达到消除码间串扰和尽量减小噪声影响的目的。但在实际实现时，由于难免存在滤波器的设计误差和信道特性的变化，所以无法实现理想的传输特性，因而引起波形的失真从而产生码间干扰，系统的性能也必然下降。理论和实践均证明，在基带系统中插入一种可调（或不可调）滤波器可以校正或补偿系统特性，减小码间串扰的影响，这种起补偿作用的滤波器称为均衡器。均衡可分为频域均衡和时域均衡。所谓频域均衡，是从校正系统的频率特性出发，使包括均衡器在内的基带系统的总特性满足无失真传输条件；所谓时域均衡，是利用均衡器产生的时间波形去直接校正已畸变的波形，使包括均衡器在内的整个系统的冲激响应满足无码间串扰条件。

频域均衡在信道特性不变，且在传输低速数据时是适用的。而时域均衡可以根据信道特性的变化进行调整，能够有效地减小码间串扰，故在高速数据传输中得以广泛应用。

1）频域均衡

频域均衡是利用可调滤波器的频率特性去补偿系统的传输特性，使其满足无码间干扰的传输特性的条件，保证数字信号在传输过程中不会受到信道的影响。图 3-22 为基带传输系统模型。

如图 3-22 所示，当信道 $C(\omega)$ 不能满足无码间干扰的条件时，通过发送滤波器 $G_{\mathrm{T}}(\omega)$ 和接收滤波器 $G_{\mathrm{R}}(\omega)$ 共同校正 $C(\omega)$，系统总体传输特性为

$$H(\omega) = G_{\mathrm{T}}(\omega)C(\omega)G_{\mathrm{R}}(\omega) \tag{3-3}$$

只要系统总体传输特性 $H(\omega)$ 满足无码间干扰传输特性，就可以消除无码间干扰的影响。图 3-23 所示为频域均衡示意。

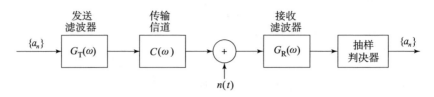

图 3 – 22　基带传输系统模型

注：$n(t)$ 为传输过程中加到信号中的噪声。

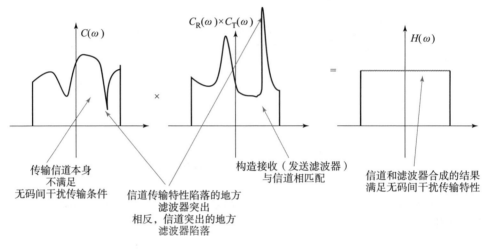

图 3 – 23　频域均衡示意

2）时域均衡

频域均衡器适合于在信道特性不变且传送的数据速率较低的系统中使用。对信道特性不断变化及高数据率的传输系统来说，常采用时域均衡的方法来减小码间串扰。时域均衡的出发点与频域均衡不同，它不是为了获得信道平坦的幅度特性和群时延特性，而是要使包括时域均衡器在内的基带系统的总特性形成接近消除码间串扰的传输波形，即时域均衡时是用均衡器产生的响应波形去补偿已畸变了的传输波形，使得经均衡后的波形在抽样时刻上能有效地消除码间串扰。

时域均衡器是通过横向滤波器来实现的。所谓横向滤波器是指具有固定延迟时间间隔、增益可调整的多抽头滤波器。图 3 – 24 中给出了一个具有 $2N+1$ 个抽头的横向滤波器的结构。

一般来说，横向滤波器插入在基带系统的接收滤波器和判决器之间。横向滤波器的输入来自接收滤波器的输出 $x(t)$，即 $x(t)$ 为被均衡的对象，其输出 $y(t)$ 为均衡结果，送至判决器进行判决，$x(t)$ 和 $y(t)$ 的波形如图 3 – 24 所示，波形的畸变得到了纠正。时域均衡器的实现方法有多种，但从原理上分，有预制式自动均衡和自适应式自动均衡两类。

预置式均衡是在实际数据传输之前，先传输预先规定的测试脉冲，然后按迫零调整原理或根据输出信号的眼图调整各抽头增益；而自适应式均衡是在数据传输过程中连续测出距最佳调整值的误差电压，并由该电压去调整各抽头增益，其原理如图 3 – 25 所示。一般来说，自适应式均衡除能自适应信道特性随时变化外还具有调整精度高的特点。

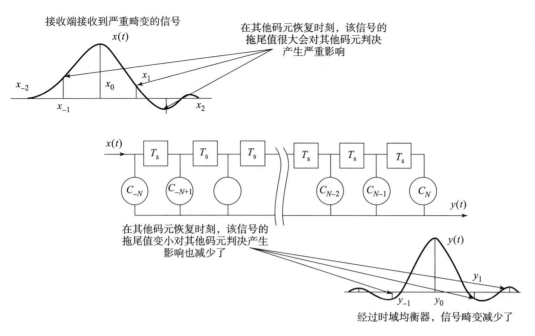

图 3 – 24　畸变波形及校正后的波形

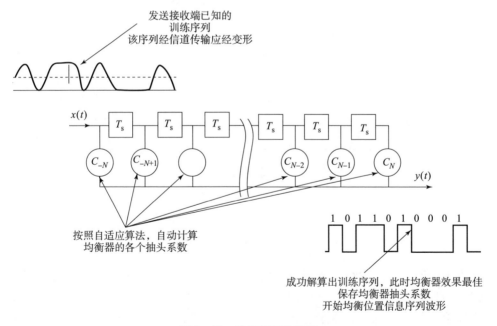

图 3 – 25　均衡器系数计算

3.2.5　眼图

由于滤波器部件调试不理想或信道特性的变化等因素，在码间串扰和噪声同时存在的情况下，系统性能的定量分析更是难以进行，因此在实际应用中需要用简便的实验方法来定性测量系统的性能，其中一个有效的实验方法是观察接收信号的眼图。

眼图是指利用实验手段方便地估计和改善（通过调整）系统性能时，在示波器上观察到的一种图形。观察眼图的方法：用一个示波器跨接在接收滤波器的输出端，然后调整示波器水平扫描周期，使其与接收码元的周期同步。此时可以从示波器显示的图形上，观察出码间干扰和噪声的影响，从而估计系统性能的优劣程度。在传输二进制信号波形时，示波器显示的图形很像人的眼睛，故名"眼图"。

图 3-26（a）是接收滤波器输出的无码间串扰的双极性基带波形，用示波器观察它，并将示波器扫描周期调整到码元周期 T_s，由于示波器的余辉作用，扫描所得的每一个码元波形将重叠在一起，形成如图 3-26（b）所示的迹线细而清晰的大"眼睛"；图 3-26（c）是有码间串扰的双极性基带波形，波形已经失真，示波器的扫描迹线就不完全重合，于是形成的眼图线迹杂乱，"眼睛"张开得较小，且眼图不端正，如图 3-26（d）所示。对比图（b）和（d）可知，眼图的"眼睛"张开得越大，且眼图越端正，表示码间串扰越小，反之，表示码间串扰越大。

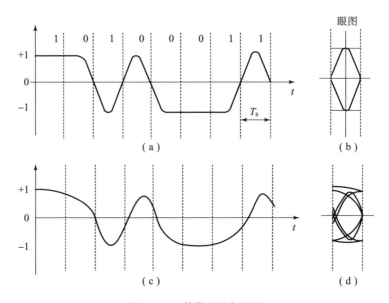

图 3-26　基带信号与眼图

当存在噪声时，眼图的线迹变成了比较模糊的带状的线，噪声越大，线条越宽，越模糊，"眼睛"张开得越小。不过，应该注意，从图形上并不能观察到随机噪声的全部形态，例如出现机会少的大幅噪声，由于它在示波器上一晃而过，因而用人眼是观察不到的。所以，在示波器上只能大致估计噪声的强弱。

从以上分析可知，眼图可以定性反映码间串扰的大小和噪声的大小。眼图可以用来指示接收滤波器的调整，以减小码间串扰，改善系统性能。为了说明眼图和系统性能之间的关系，我们把眼图简化为一个模型，如图 3-27 所示。由该图可以获得以下信息：

（1）最佳抽样时刻应是"眼睛"张开最大的时刻；

（2）眼图斜边的斜率决定了系统对抽样定时误差的灵敏程度：斜率越大，对定时误差

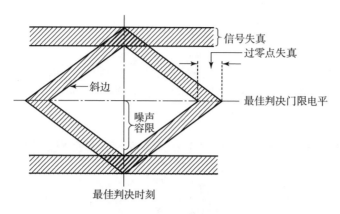

图 3 – 27　眼图模型

越灵敏；

（3）图的阴影区的垂直高度表示信号的畸变范围；

（4）图中央的横轴位置对应于判决门限电平；

（5）抽样时刻上，上下两阴影区的间隔距离的一半为噪声的容限，噪声瞬时值超过它，就可能发生错误判决；

（6）图中倾斜阴影带与横轴相交的区间表示了接收波形零点位置的变化范围，即过零点畸变，它对于利用信号零交点的平均位置来提取定时信息的接收系统有很大影响。

3.2.6　基带传输仿真

本节将通过 SystemView 仿真软件仿真 AMI 码和 HDB3 码的编码过程及其功率谱；观察信号传输过程中的眼图。

1. AMI 码和 HDB3 码的功率谱仿真

1）仿真模型

根据 AMI 编码规则构建 SystemView 编码仿真模型。AMI 码编码器的仿真模型如图 3 – 28 所示。

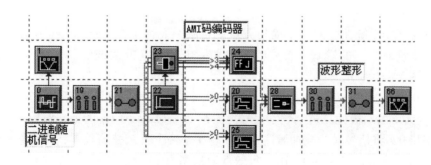

图 3 – 28　AMI 码编码器的仿真模型

图符 0 是二进制数字信源，产生幅度为 1 V、频率为 10 Hz（码元速率 10 Bd）的单极性矩形随机序列。图符 19、21、22、23、24、20、25、28 完成 AMI 码编码，图符 30、31 产生矩形波形。图符 1 显示二进制随机序列波形，图符 66 显示 AMI 波形。

2）仿真演示

（1）AMI 码波形。

将系统运行时间设置为：样点数 512，取样速率 100 Hz。运行系统，随机二进制序列与其对应的 AMI 码波形如图 3 – 29 所示。

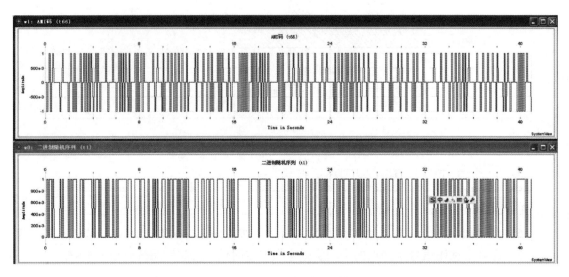

图 3 – 29　二进制随机序列与其对应的 AMI 码波形

（2）AMI 码的功率谱。

重新设置系统运行时间，将样点数设置为 4 096。运行系统，进入分析窗。更新数据，得到的二进制随机序列和 AMI 码波形的幅度谱图。

同样可以设计 HDB3 编码器，并在 SystemView 建立其仿真模型，得到 HDB3 的频谱特性，它与 AMI 码的频谱特性类似。设计 HDB3 码的 SystemView 仿真系统可参考相关资料。

2. 眼图仿真

1）仿真模型

评价基带传输系统性能的一个简便方法就是眼图。为了在 SystemView 中观察基带系统眼图及信道干扰对眼图的影响，首先需要建立一个数字基带系统的 SystemView 仿真模型。仿真模型如图 3 – 30 所示。

图 3 – 30 是从数字信源至接滤波器的数字基带传输系统模型。图符 10 产生码元速率为 10 Bd、幅度为 1 的双极性二进制数字信号。图符 13、14 以 10 Hz 的速率对数字基带信号进行取样并保持 0，将信号转换成冲激序列。图符 5 是一个升余弦滤波器，滚降开始处的频率为 5 Hz，滚降结束处的频率为 15 Hz，等效低通带宽为 10 Hz。图符 19 是接收滤波器，它是一个截止频率为 16 Hz 的 FIR 低通滤波器。因此，整个系统的传输特性为图符 5 所对应的升余弦特性，它是个无码间干扰的系统，最大无码间干扰速率为 20 Bd，10 Bd 也是一个无码间干扰速率。图符 11 和图符 12 模拟加性高斯白噪声信道。

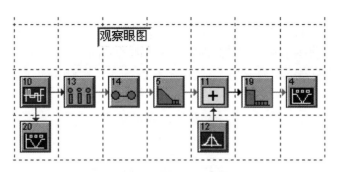

图 3 - 30   数字基带系统仿真模型

2）仿真演示

系统时间设置：取样点数为 10 000，取样频率为 1 000 Hz。

（1）观察眼图。

首先观察没有干扰时的眼图。双击高斯噪声图符 12，选择参数按钮，将噪声的标准偏差（StdDeviation）和均值（Mean）都设置为 0。

运行系统，进入分析窗，单击图标 $\sqrt{\alpha}$ 打开信宿计算器来绘制眼图。在 SystemView 的分析窗口中要绘制眼图，要用到信宿计算器的时间切片功能。在信宿计算器中，单击 Style 标签，再选择切片按钮（Slice），在后面的文本框中设置切片的开始时间（Start）为 0.956 s，切片长度（Length）为 0.1 s。

为了绘制眼图，时间切片的长度应该设为码元周期的整数倍，倍数较大时观察到的"眼睛"个数较多，反之则"眼睛"个数较少，本例中选择的时间长 0.1 s，等于码元周期，因此眼图中只有一只"眼睛"。切片的开始时间也是一个重要参数，开始时间选择得不合适得不到完整的眼图。确定切片开始时间的简单办法是根据波形初步确定一个时间值，对比眼图再做适当调整。

选择要绘制眼图的波形，单击确定 OK 按钮，得到眼图如图 3 - 31 所示。

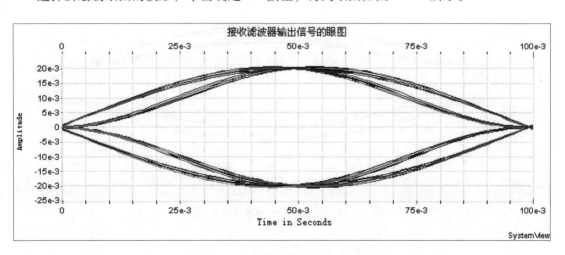

图 3 - 31   无码间干扰无噪声时的眼图

（2）有噪声时的眼图。

信道中加入噪声。将图符 12 的标准偏差设置为 0.03，重新运行系统仿真，进入分析窗，更新数据，可观察到信道有加性高斯噪声干扰时的眼图，如图 3-32 所示。由于噪声的影响，"眼图"张开的幅度明显减小。

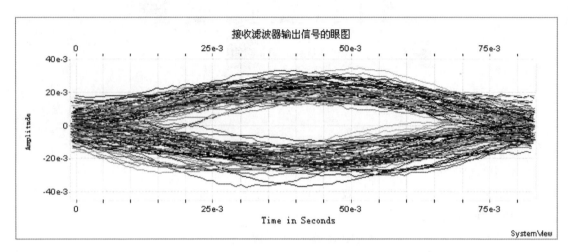

图 3-32　无码间干扰有噪声时的眼图

（3）有码间干扰无噪声时的眼图。

将图符 10 的码元速率改为 12 Baud，将图符 13 的取样速率也设置为 12 Hz。12 Baud 是此基带系统的一个有码间干扰速率。将噪声设置为 0。将切片开始时间设置为 0.915 s，将切片长度设置为 0.083 33 s（码元周期）。得到有码间干扰接收信号的眼图如图 3-33 所示。

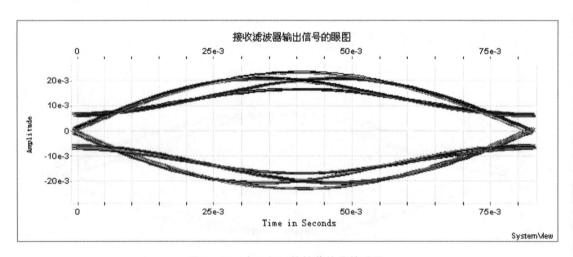

图 3-33　有码间干扰接收信号的眼图

由图 3-33 可见，眼图由多条线交织在一起组成，不如无码间干扰时眼图那么清晰。这几条线越靠近，眼图越清晰，表示码间干扰越小，反之几条线越分散，表示码间干扰越大。

（4）有码间干扰有噪声时的眼图。

再将噪声的标准偏差设置为 0.03。此时接收波形既有码间干扰又有噪声。运行系统，在分析窗中更新数据，得到的眼图如图 3-34 所示。

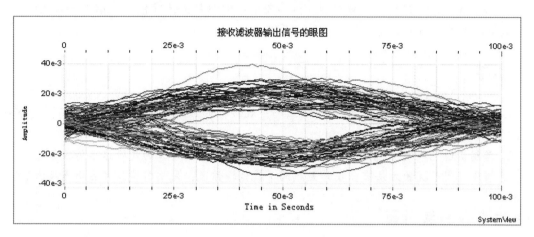

图 3-34 有码间干扰有噪声时的眼图

图 3-34 所示眼图已基本闭合，与图 3-33 对比，可见码间干扰对系统性能的影响。

任务实施

（1）绘制基带传输系统模型图。
（2）根据给定信道传输特性，分析无码间干扰传输可能性。
（3）利用 Systemview 仿真基带传输系统，通过眼图分析系统传输性能。

任务总结

通过对基带系统分析，了解了基带传输系统工作原理和在通信系统中的应用。

自我评价

知识与技能点	你的理解	掌握情况
无码间干扰传输特性		😊 😐 😞 😫
眼图		😊 😐 😞 😫

😊完全掌握 😐基本掌握 😞有些不懂 😫完全不懂

实训与拓展

用 SystemView 建立基带传输模型。目的要求：理解基带传输模型，借助 SystemView 工具对基带传输系统的通信过程进行分析与认知。

小结

1. 掌握单极性归零码、单极性非归零码、双极性归零码、双极性非归零码、差分码、AMI 码、HDB3 码波形特点。

2. 若想实现无码间干扰传输，必须选择合适的信道并以适合的传输速率传输数据。

3. 消除码间干扰的方法有：设计无码间干扰传输信道，采用时域及频域均衡技术。

思考题与练习题

3-1 设二进制代码为 110010100100，分别画出相应的单极性非归零码、单极性归零码、双极性非归零码、双极性归零码。

3-2 设二进制代码为 110010100100，画出相应的差分码。

3-3 设二进制代码为 1 0 0 0 0 0 0 0 0 0 1 1，求相应的 AMI 码和 HDB3 码。

3-4 系统频域特性题 3-4 图所示，当发送速率为 $2/T_s$ 时，以下基带系统能否实现无码间干扰？若发送速率为 $1/T_s$ 呢？

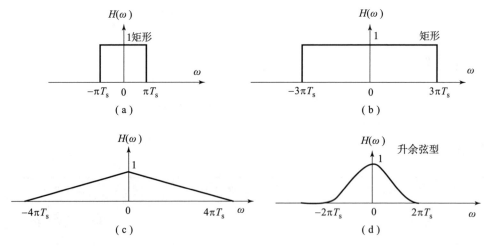

题 3-4 图

3-5 码间干扰是由（   ）引起的。

3-6 均衡可分为（   ）和（   ）。所谓频域均衡，是从校正（   ）出发，使包括均衡器在内的基带系统的总特性满足无失真传输条件；所谓时域均衡，是（   ），使包括均衡器在内的整个系统的冲激响应满足无码间串扰条件。

3 - 7　有两路数字基带信号，分别用示波器观察它们的眼图，如题 3 - 7 图所示，请判断哪一路信号在传输时受到的干扰较少？

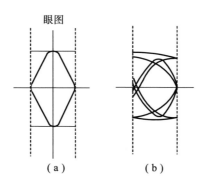

眼图

（a）　　　　　（b）

题 3 - 7 图

项目 4

理解调制解调

🎯 项目描述

结合通信系统信号处理过程，分别剖析模拟通信系统和数字通信系统的调制和解调技术，进一步对各种调制技术进行比较，分析不同调制技术的优缺点及在网络中的应用。利用SystemView 仿真软件，仿真各种调制解调技术。

🎯 项目分析

本项目中涉及的幅度调制、频率调制、相位调制技术具有一定的计算和理解难度，需要具有一定的数学基础和理论联系实际的职业素养。

🎯 学习目标

在已有信号时域分析和频域分析知识的基础上，结合模拟通信系统和数字通信系统的实际，完成从各种调制系统仿真的设计与实施。

课程思政：结合交通运输系统近距离和远距离运输采用不同交通方式，引导学生树立勤俭节约、绿色环保的意识，通过调制解调技术的发展，激发学生的劳动意识和创新精神。

任务 4.1 学习模拟调制与解调

🎯 任务目标

了解模拟调制与解调过程。

🎯 任务分析

了解模拟调制与解调的基本原理，掌握模拟调制解调仿真。

知识准备

平时，我们会用收音机收听电台新闻广播或英语听力，广播员的声音就是通过处理变换，在空间中传播，最后到达听众的耳朵里的。这种处理变换就是调制。

如图 4 - 1 所示，在电台广播与收听过程中，广播员发出的声音，在话筒里振动引起话筒内部电流的变化从而产生了表示声音的电信号，这个语音信号的幅度跟随广播员声音大小变化而变化，可以是任意数值，且连续不断。在通信原理中，我们把这个幅度变化而且连续的信号称为模拟信号。与模拟信号相对应的是数字信号，数字信号的幅度只有有限个，比如只有高电平和低电平两个值，数字信号也称为离散信号。

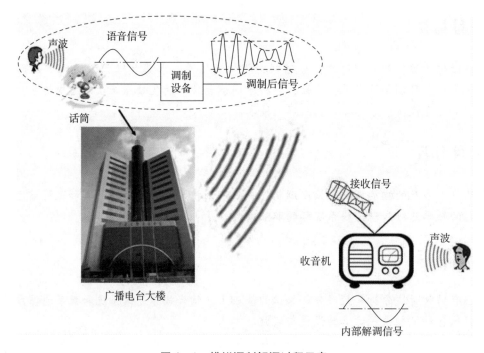

图 4 - 1　模拟调制解调过程示意

人们通过对语音信号的研究发现，语音信号主要集中在 0.3 ~ 3.4 kHz 的频率范围内，属于低频信号。事实上，大多数信源产生的原始信号都有较低的频谱分量，我们称这种信号为基带信号。人能够感知的也是这种模拟基带信号。

在图 4 - 1 中，在空间中传递广播语音信号的是 1 MHz 到 100 MHz 的电磁波，无线电磁波信道是频率非常高的信道，人发出的 0.3 ~ 3.4 kHz 的声音信号无法直接在这个信道中传输。这就需要调制。比如在图 4 - 1 中，语音信号通过控制高频电磁波的幅度，使高频电磁波携带语音信号的特征，从而完成由低频信号向高频变换的过程。可以看出在图 4 - 1 的已调信号中，信号的频率比语音信号快很多，但是如果把已调制信号的峰值点相连，这个形状和原始的语音信号是一样的。在接收端，通过天线将已调制信号接收下来，将它变换处理，就可以恢复出原来的语音信号，再通过扬声器将语音电信号还原成声波。我们把在接收端将高频的已调制信号还原成低频的语音信号的过程称为解调。解调是调制的逆过程。

　　基带信号不能在大多数信道中直接传输，因为大多数信道具有带通特性。因此，为了适宜在信道中传输和实现信道复用，基带信号在通信系统的发送端需要进行调制，再送入信道传输，在接收端则进行相反的变换，即解调。我们可以把图 4 – 1 的模拟调制过程简化为模拟调制通信模型，如图 4 – 2 所示。

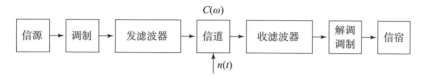

图 4 – 2　模拟调制系统模型

　　调制的定义：按调制信号（基带信号）的变化规律去改变载波的某些参数的过程。解调则是相反的变换过程，即由载波参数的变化去恢复基带信号。信号经过调制后，频率提高，波长减小，而信号波长直接关系到天线尺寸，信号用高频载波调制后，容易用尺寸较小的天线将信号辐射出去，因此调制过程特别适合无线通信系统。

　　本章讨论的调制系统是以应用最广泛的正弦波为载波的模拟调制系统。正弦载波的参数有幅度、角度。角度参数又包括相位和频率。用基带信号控制载波幅度的调制方式叫作幅度调制，幅度调制系统的典型调制方式有常规幅度调制（AM）、抑制载波的双边带调制（DSB）、残留边带调制（VSB）及单边带（SSB）调制等；用基带信号控制载波角度的调制方式叫作角度调制，角度调制系统的典型调制方式有调频（FM）和调相（PM）。幅度调制属于线性调制，角度调制属于非线性调制。

4.1.1　幅度调制与解调

　　在我们用收音机收听的电台广播中，由于中波广播（Medium Wave，MW）采用了调幅（Amplitude Modulation，AM）的方式，在不知不觉中，MW 及 AM 之间就画上了等号。实际上 MW 只是诸多利用 AM 调制方式的一种广播。像在高频（3 ~ 30 MHz）中的国际短波广播所使用的调制方式也是 AM，甚至比调频广播更高频率的航空导航通信（116 ~ 136 MHz）也是采用 AM 的方式，只是我们日常所说的 AM 波段指的就是中波广播（MW）。

　　AM 因为其调制解调实现简单，曾经成为人们获取信息的重要方式，早期人们可以利用非常容易找到的材料自制 AM 收音机，如图 4 – 3 所示。

　　调幅是使高频载波信号的振幅随调制信号的瞬时变化而变化。也就是说，通过用调制信号来改变高频信号的幅度大小，

图 4 – 3　自制简易矿石收音机

使得调制信号的信息包含在高频信号之中，通过天线把高频信号发射出去，然后就把调制信号也传播出去了。这时候在接收端可以把调制信号解调出来，也就是把高频信号的幅度解读出来就可以得到调制信号了。

幅度调制是指：用信号 $f(t)$ 叠加一个直流分量后去控制载波 $C(t)$ 的振幅，使已调信号的包络按照 $f(t)$ 的规律线性变化，又称为调幅（AM）。

1. 幅度调制信号的表示方法

幅度调制信号的时间波形可用下式表示

$$S_{AM}(t) = [A_0 + f(t)]\cos\omega_c t \qquad (4-1)$$

式（4-1）中，A_0 为外加的直流分量，如果 $A_0 \geq |f(t)|_{max}$，则称该调制为常规双边带调制。如果 $A_0 = 0$，则称该调制为抑制载波双边带调制，简称 DSB。

加直流分量的原因主要是方便接收端解调，否则就会在包络解波解调时出现失真，解调原理会在后面详细讲解。

产生常规幅度调制信号的模型如图 4-4 所示，$f(t)$ 为基带信号，A_0 表示外加直流分量，$\cos\omega_c t$ 为载波。$f(t)$ 通过加法元件和直流 A_0 加在一起，相加后的信号又通过乘法元件相乘后就得到 AM 调制信号 $S_{AM}(t)$。

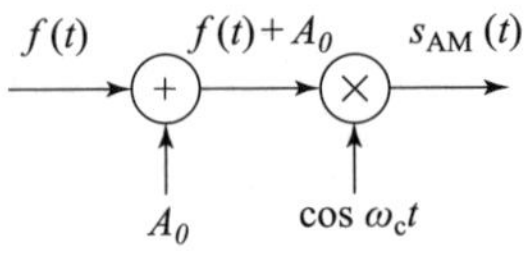

图 4-4 常规幅度调制信号 AM 的产生模型

AM 调制过程可以通过图 4-5 表示出来，基带信号 $f(t)$ 是一个频率较低的随机信号，图 4-5 中的 $f(t)$ 是示意波形，实际的基带信号波形是任意形式的。$A_0 + f(t)$ 是在 $f(t)$ 的基础上电平提高了 A_0，要求 $A_0 + f(t)$ 的任意一点的值都大于 0。$\cos\omega_c t$ 是高频载波，和 $A_0 + f(t)$ 相乘后就得到 AM 调制信号 $S_{AM}(t)$。

图 4-5 中 $S_{AM}(t)$ 波形图中实线表示已调信号，将其各个极值点连接在一起得到的曲线即信号的包络，已调信号 $S_{AM}(t)$ 的包络和原信号 $f(t)$ 是相似的，这说明 AM 调制信号中，包络携带了原始信号的信息。

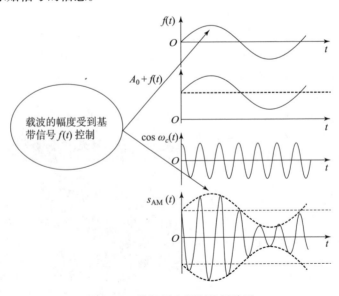

图 4-5 常规幅度调制信号波形

我们定义 $m = \dfrac{|f(t)|_{\max}}{A_0}$（$0 \le m \le 1$）为调幅指数。当出现过调制时，$m$ 值大于 1，将出现过调制现象，这时 AM 信号的包络不能反映 $f(t)$ 的变化规律，出现严重的失真。

如果调幅指数 m 值大于 1，就会出现过调制时，如图 4-6 所示，调制信号的包络出现失真，这时使用包络检波器解调，解调后信号和原信号不同。

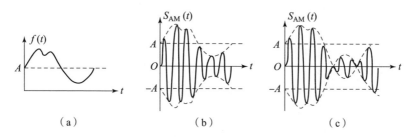

图 4-6　AM 过调制信号波形

2. AM 信号的频谱及带宽

前面看到的信号主要是从信号随时间变化的视角进行的描述，即信号的时域 $f(t)$ 表示。在通信技术中，信号的传输特性与其频率成分相关，因此，人们引入信号的频域表示，即从频率成分视角表示信号的变化，通常可用 $S(\omega)$ 或 $S(f)$ 来表示频谱。

AM 调制信号时域表达式为 $S_{AM}(t) = [A_0 + f(t)]\cos\omega_c t$，通过傅里叶变换，可以得到对应的频谱函数 $S_{AM}(\omega)$ 为

$$S_{AM}(\omega) = \pi A_0 [\delta(\omega + \omega_c) + \delta(\omega - \omega_c)] + \frac{1}{2}[F(\omega + \omega_c) + F(\omega - \omega_c)] \quad (4-2)$$

由式（4-2）可以画出调制前后的频谱，如图 4-7 所示，常规幅度调制信号的频谱 $S_{AM}(\omega)$ 中包括有位于 $\omega = \omega_c$ 和 $\omega = -\omega_c$ 处的载波频率，以及位于它们两旁的边频分量 $F(\omega - \omega_c)$（正频域）及 $F(\omega + \omega_c)$（负频域）。

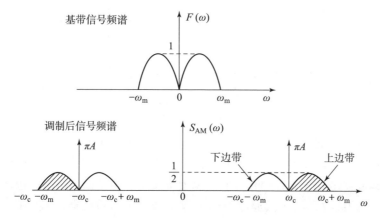

图 4-7　常规幅度调制信号的频谱

由图 4-7 可看出，常规幅度调制信号的频谱 $S_{AM}(\omega)$ 是调制信号频谱 $F(\omega)$ 的线性搬移，调制的作用在这里是将基带信号频谱 $F(\omega)$ 搬移到载波频率 ω_c（和 $-\omega_c$）的位置上，

因而，AM 是一种线性调制方式。

$F(\omega)$ 的正频谱部分经搬移后称为上边带（Upper Sideband，USB）如图 4 – 7 中阴影部分，负频谱部分经搬移后称为下边带（Lower Sideband，LSB）。显然，当 $f(t)$ 为实信号时，上下边带是完全对称的。

此外，由图 4 – 7 还可以看出，若调制信号的频谱 $F(\omega)$ 最高角频率为 ω_m，则已调信号的频谱 $S_{AM}(\omega)$ 的带宽扩展为了 $2\omega_m$，因而常规幅度调制信号的带宽为

$$B = 2f_m \ (\text{Hz}) \tag{4 – 3}$$

式（4 – 3）中，$f_m = \omega_m/2\pi$ 为 $F(\omega)$ 的最高频率。

3. AM 信号的解调方式

AM 信号的解调可采用同步解调及包络解调两种方式。

1）相干解调也称为同步解调

相干解调器由乘法器和低通滤波器组成，解调模型如图 4 – 8 所示。在这种解调方式中，接收端必须提供一个与发送端载波信号具有相同频率和相同相位的本地载波振荡信号，称之为相干载波。

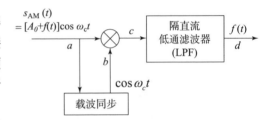

图 4 – 8   AM 信号相干解调

$\cos\omega_c t$ 为接收端产生的相干载波，它与发送端的载波信号是同频同相的。LPF（Low Pass Filter）是指低通滤波器，其功能是：如果有信号输入到低通滤波器，低通滤波器会将输入信号中高频成分过滤掉，低频成分则可以无失真地输出。

常用的滤波器除低通滤波器之外，还有高通滤波器 HPF（Low Pass Filter）和带通滤波器 BPF（Low Pass Filter）。高通滤波器 HPF 的功能是滤掉信号中的低频成分，保留信号中高频成分；带通滤波器 BPF 的功能是只让信号中的一定带宽内的频率成分通过。

图 4 – 8 中 c 点信号为

$$S_c(t) = S_{AM}(t)\cos\omega_c t = [A_0 + f(t)]\cos^2\omega_c t = \frac{1}{2}[A_0 + f(t)](1 + \cos2\omega_c t) \tag{4 – 4}$$

分析式 4 – 4 可知，它由两部分组成：$\frac{1}{2}[A_0 + f(t)]$ 及 $\frac{1}{2}[A_0 + f(t)]\cos2\omega_c t$。第一部分为基带信号，能顺利通过低通滤波器，去除其中的直流分量 A_0 后（通过隔直电路），即为我们需要的调制信号 $f(t)$；第二部分是载波频率为 $2\omega_c$ 的常规幅度调制信号，通过低通滤波器后将被滤除。

2）AM 信号的解调还可以采用非相干解调方法，即包络解调

包络解调可由包络检波器来完成，其电路结构及其输入、输出波形如图 4 – 9 所示。由图可见，包络检波器是利用电容的充、放电原理来实现解调过程的，因此包络检波器的输出会出现频率为 ω_0 的波纹，需用低通滤波器加以平滑。包络检波器的最大优点是电路简单，同时不需要提取相干载波，因而，它是 AM 调制方式中最常用的解调方法。在抗噪声的能力上，AM 信号包络解调法不如相干解调法。

包络检波器的工作原理：当有 AM 信号输入到如图 4 – 9 所示的检波电路时，电路中电容会随输入信号幅度变化而充放电，电容上的电压正好和 AM 信号的包络相似，也就是说电

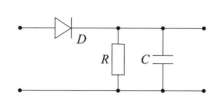 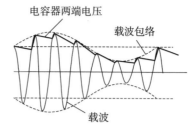

图 4 – 9　包络检波电路与波形

路的输出近似为原基带信号。包络检波器的工作过程：当输入信号电压为正值且高于电容上的电压时，信号通过二极管 D 为电容充电，二极管的导通电阻很小，所以充电速度快，电容上的电压很快可以达到信号的峰值。当信号从峰值下降时，信号电压低于电容上的电压，二极管 D 不导通，电容只能通过电阻 R 放电，电阻 R 阻值较大，所以电容上的电压下降较慢，到信号下一次达到峰值电容充电时，电容上电压很快又会和输入信号峰值电压的相同，可以看出电容上的电压总是和 AM 信号的峰值相同，而 AM 信号的峰值点即包络波形就是原始信号。RC 的取值要合理，能够和 AM 调制信号的包络变换相适应。

4. AM 信号的功率分布和调制效率

在通信原理中，定义信号功率为：用该信号 $f(t)$ 在 1Ω 电阻上的平均功率表示，等于信号的均方值（对时域表达式先平方后，再求其平均值）。

例如：$f(t)$ 信号的功率 $P_f = \overline{f^2(t)}$，$f^2(t)$ 上的横线代表求统计平均，可以用 E 代替。

对于常规幅度调制 AM 调制信号，$S_{AM}(t) = [A_0 + f(t)]\cos\omega ct$，根据信号功率的定义，

$$
\begin{aligned}
P_{AM} &= \overline{S_{AM}^2(t)} \\
&= \overline{[A_0 + f(t)]^2 \cos^2 \omega_c t} \\
&= \frac{1}{2}E\{[A_0^2 + f^2(t) + 2A_0 f(t)](1 + \cos 2\omega_c t)\} \\
&= \frac{1}{2}E\{A_0^2 + f^2(t) + 2A_0 f(t) + A_0^2 \cdot \cos 2\omega_c t + f^2(t) \cdot \cos 2\omega_c t + 2A_0 \cdot f(t) \cdot \cos 2\omega_c t\}
\end{aligned}
$$

$$(4-5)$$

常数的均值还是常数本身，即 $E\{A_0^2\} = \overline{A_0^2} = A_0^2$。

$\cos\omega ct$ 的均值为零，即 $E\{\cos\omega_c t\} = \overline{\cos\omega_c t} = 0$。

我们假设信号 $f(t)$ 正值部分和负值部分相当，$f(t)$ 的均值也为零：$E\{f(t)\} = \overline{f(t)} = 0$。

当两个函数独立时，两个函数积的均值等于两个函数均值的积 $E\{A_0 \cdot f(t)\} = \overline{A_0} \cdot \overline{f(t)} = A_0 \cdot 0$。

化简式 4 – 5 得：
$$P_{AM} = \frac{1}{2}[A_0^2 + \overline{f^2(t)}] \qquad\qquad (4-6)$$

式 4 – 6 中的 $\frac{1}{2}\overline{f^2(t)}$ 是有用功率，它包含原始信号中有用信息，我们把 $P_{fB} = \frac{1}{2}\overline{f^2(t)}$

称为边带功率。

为了表征 AM 信号的功率利用程度，我们将 AM 信号的边带功率 P_{fB} 与平均功率 P_{AM} 之比定义为 AM 信号的调制效率，即

$$\eta_{AM} = \frac{P_{fB}}{P_{AM}} = \frac{\frac{1}{2}\overline{f^2(t)}}{\frac{1}{2}\left[A_0^2 + \overline{f^2(t)}\right]} = \frac{\overline{f^2(t)}}{A_0^2 + \overline{f^2(t)}} \qquad (4-7)$$

当 $f(t)$ 为单频信号，即 $f(t) = A m \cos\omega_m t$，调幅指数等于 1 时，调制效率有最大值。

在实际的通信系统（如 AM 广播）中，调幅指数的取值远小于 1，约为 0.3，此时 $\eta_{AM} = 0.043 = 4.3\%$。可见，AM 信号的调制效率是非常低的，大部分发射功率消耗在不携带信息的载波上了。但由于载波的存在，使得 AM 信号的解调可以采用电路简单的包络检波器来完成，从而降低了接收机的造价，这对于拥有广大用户的广播系统来说，这样的功率消耗是非常值得的。因此，AM 调制方式目前还广泛应用于地面的无线广播系统中。

4.1.2　幅度调制与解调仿真

本节将利用 SystemView 软件仿真幅度调制的调制解调过程。

1. 仿真建模

打开 SystemView 程序，进入 SystemView 设计窗口，在该系统中需要的图标有 3 个正弦波信号图标、3 个相加器图标、2 个相乘器图标、1 个产生直流电压图标、2 个载波信号图标、2 个滤波器图标、1 个加入高斯噪声图标、6 个信号接收器图标，连接信号接收器图标可以方便观察需要的波形。在这里为了说明 AM 系统调制和 DSB 系统调制解调过程中的波形变化，分别在调制信号、已调信号、接收信号、带通滤波后的信号、解调相乘后的信号、解调输出信号上加了一个信号接收器。然后将这些图标按照原理框图进行连接构建仿真模型，此仿真模型能演示 AM/DSB 调制解调过程。仿真模型如图 4-10 所示。

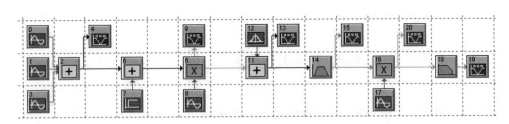

图 4-10　AM/DSB 调制解调原理仿真模型

在进行波形仿真前，我们要先进行系统参数的设置，其中图符 0、1、3 是三个幅度分别为 0.5 V、0.4 V 和 0.3 V，频率分别为 10 Hz、6 Hz 和 2 Hz 的正弦波产生器，三个正弦波通过图符 2 这个相加器相加，仿真调制信号，此调制信号的均值为 0。图符 6 是相加器，图符 7 产生一个直流电压，通过这两个图符，在调制信号中加入直流电压。图符 8 产生频率为 100 Hz、幅度为 1 V 的正弦载波信号，图符 5 是相乘器。图符 6、7、5、8 联合完成 AM/DSB 调制，产生 AM/DSB 调制信号。当图符 7 的幅度值设置为 0 时产生 DSB 调制信号，幅度值设置值大于调制信号的最大幅度时为 AM 调制。

图符 11 和图符 12 仿真加性高斯噪声信道。图符 14 是解调输入端的带通滤波器，它让信号通过的同时尽可能地滤除噪声，带通滤波器输出的信号在图符 16 中与图符 17 产生的本地相干载波相乘，最后经图符 18 这个低通滤波器滤波输出解调信号。

2. 仿真演示

单击工具栏上的时钟图标，设置样点数（No. of Samples）为 1280，取样速度（Sample Rate）为 1 000 Hz。

1）AM 调制波形

通过改变 AM 调制器中加入的直流电压的大小来演示不同调幅系数时的 AM 调制波形。用鼠标双击图符 7，进入 SystemView 信源库，单击参数（Parameter）按钮，将幅度设置为 2.5 V。单击系统运行按钮，得到调幅系数较小时的调制信号及 AM 信号波形，如图 4 – 11 所示。

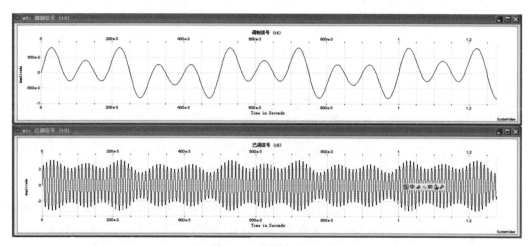

图 4 – 11　调幅系数较小时的调制信号及 AM 信号波形

重新设置图符 7 的幅度参数，将幅度参数改为 1.5 V 以增大调幅系数。运行系统，得到调幅系数较大时调制信号及 AM 信号波形，如图 4 – 12 所示。

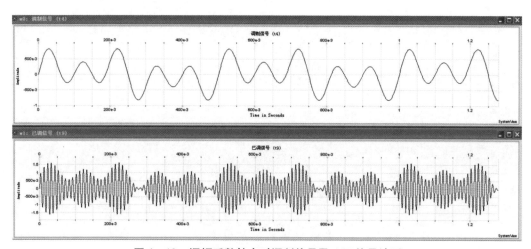

图 4 – 12　调幅系数较大时调制信号及 AM 信号波形

再将图符 7 的幅度参数设置为 0.86 V，运行系统，满调幅时的调制信号及 AM 信号波形如图 4 – 13 所示。

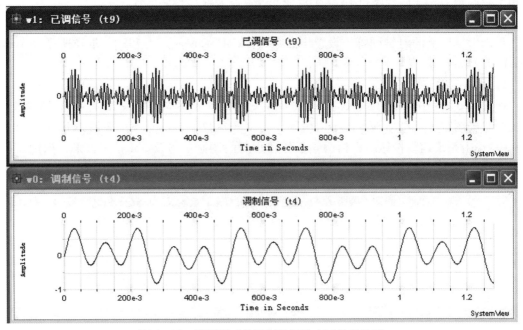

图 4 – 13   满调幅时的调制信号及 AM 信号波形

2）双边带（DSB）调制与解调过程

DSB 通信系统在无干扰的信道中传输是一种理想的状态，在没有干扰的情况下，调制解调后的信号与调制信号波形一样，但是在实际的信道传输中，噪声是存在的，而噪声将对信道的传输产生干扰，尽管可以用滤波器滤除噪声，但却不能将噪声彻底消除掉。DSB 通信系统的仿真就是在 SystemView 的平台上建立 DSB 通信系统模型，然后进行参数设置等，然后在分析窗口中为所要仿真的信号波形进行观察。首先将图符 7 的幅度参数设置为 0，此时的 AM 调制器就成了 DSB 调制器。运行系统，得到调制信号及 DSB 信号波形如图 4 – 14 所示。

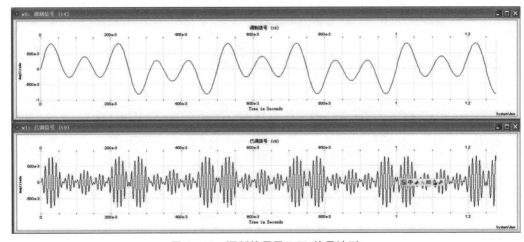

图 4 – 14   调制信号及 DSB 信号波形

将信道中噪声（图符 12）的标准偏差值设为 0 V，此时意味着信道无噪声，且带宽无限宽。运行系统，观察 DSB 调制解调过程中的各点波形，可以发现解调器输出的波形和调制波形是一样的，调制波形、解调相乘后的波形和最终解调器的输出波形如图 4 – 15 所示。

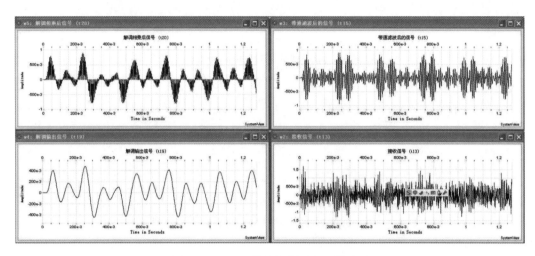

图 4 – 15　DSB 信号解调过程中的波形

4.1.3　角度调制与解调

人们平时所熟知的调频 FM 是另一种模拟调制方式，它的特点是频带宽，质量好，应用于音乐广播收听、第一代移动通信及对讲机通信，如图 4 – 16 所示。

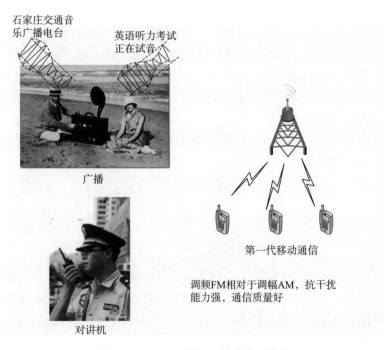

图 4 – 16　FM（调频）技术应用情境

角度调制分为频率调制和相位调制，它们是通过改变正弦载波的频率或相位来实现的。即载波的幅度保持不变，而载波的频率或相位随基带信号 $f(t)$ 而变化。因为频率或相位的变化都可以看成是载波角度的变化，故这种调制又称为角度调制，其波形特点如图 4-17 所示。

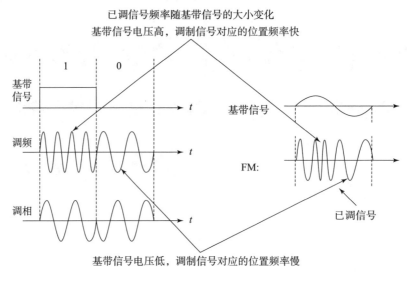

图 4-17　FM（调频）信号示意

与幅度调制（线性调制）系统不同，角度调制中已调信号的频谱与调制信号的频谱之间不存在线性对应关系，而是产生出与频谱搬移过程不同的新的频率分量，呈现出非线性变换的特征，故角度调制又称为非线性调制。

由于正弦信号的频率和相位是积分关系，所以调频与调相并无本质区别，两者之间可相互转换。在实际系统中，由于 FM 系统的抗噪声性能优于 PM 系统，因此在质量要求高或信道噪声大的通信系统（如调频广播、电视伴音、空间通信、移动通信及模拟微波中继通信系统）中，频率调制应用更为广泛，本节重点分析频率调制的原理。

1. FM 信号时域表达式

频率调制（Frequency Modulation，FM）是已调信号的瞬时角频率受调制信号的控制。频率调制 FM 信号的一般表达式为

$$S_{FM}(t) = A\cos\left[\omega_c t + K_{FM}\int_{-\infty}^{t} f(\tau)\mathrm{d}\tau\right]$$

当基带信号 $f(t)$ 为单频信号，$f(t) = A_m\cos\omega_m t$ 时，可得此时的调频信号为

$$S_{FM}(t) = A\cos\left[\omega_c t + K_{FM}\int_{-\infty}^{t} A_m\cos\omega_m\tau\mathrm{d}\tau\right]$$

$$= A\cos\left[\omega_c t + \beta_{FM}\sin\omega_m t\right]$$

式中，$\beta_{FM} = K_{FM}A_m/\omega_m$ 为调频指数，一般来说调频指数越大，调频的抗干扰能力越强，通信质量越好，同时需要占用的带宽就越大。

2. FM 信号的频谱及带宽

现在我们分析一下频率调制信号的频谱和带宽，为了简化分析过程，假设信号为单音正

弦信号，通过简化分析，我们可以得到调频信号的频谱密度函数为

$$S_{FM}(\omega) = \pi A \sum_{n=-\infty}^{\infty} J_n(\beta_{FM})[\delta(\omega - \omega_0 - n\omega_m) + \delta(\omega + \omega_0 + n\omega_m)] \qquad (4-8)$$

图 4 – 18 所示为 $\beta_{FM} = 5$ 时简谐信号调制的调频波频谱结构示意。

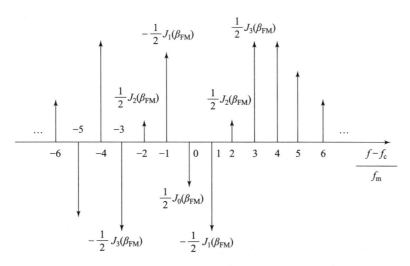

图 4 – 18　$\beta_{FM} = 5$ 时简谐信号调制的调频波的频谱结构示意

从理论上说，FM 波具有无穷多个边频分量，频带为无穷宽。因此，无失真地传输 FM 信号，系统带宽应该无穷宽。但这在实际上是做不到的，也没有必要。下面我们将从工程的观点出发，找出 FM 信号的有效频带宽度。

当 $n > \beta_{FM} + 1$ 时，$J_n(\beta_{FM}) \approx 0$。因此，当计算 FM 波的边频分量时，只需考虑 $(\beta_{FM} + 1)$ 个边频就可以了。这样 FM 信号的有效频带宽度 B_{FM} 就为

$$B_{FM} = 2(\beta_{FM} + 1)f_m = 2(\Delta f_{max} + f_m) \, (Hz) \qquad (4-9)$$

上式就是著名的计算调频信号带宽的卡森公式。式中，f_m 为简谐基带信号的频率，$\Delta f_{max} = 2\beta_{FM}f_m$ 为最大频率偏移。

由此看出，调频 FM 的带宽比 AM 大很多倍，FM 通信品质的提升是以占用跟多的带宽换来的。

【例 4.1】 已知某调频波 $S(t) = 20\cos[2 \times 10^8 \pi t + 8\cos 4\,000\pi t]$，试确定已调信号调制指数、最大频偏和信号带宽。

基带信号为单频时，FM 信号一般形式：$= A\cos[\omega_0 t + \beta_{FM}\sin\omega_m t]$ 与本题 FM 信号表达式：$S(t) = 20\cos[2 \times 10^8 \pi t + 8\cos 4\,000\pi t]$ 对照。

调频指数：$\beta_{FM} = 8$

基带信号带宽：$f_m = 2\,000$ Hz

FM 信号频偏：$\Delta f_{max} = \beta_{FM} \cdot f_H = 8 \cdot 2k = 16$ kHz

FM 信号带宽：$B = 2(\Delta f + f_m) = 2(\beta_{FM} + 1) \cdot f_m = 2 \cdot 9 \cdot 2k = 36$ kHz

3. 频率调制 FM 的调制、解调的实现

产生调频波的方法通常有两种：直接法和间接法。

直接法就是用调制信号直接控制振荡器的频率，使其按调制信号的规律线性变化。振荡

频率由外部电压控制的振荡器叫作压控振荡器（VCO）。每个压控振荡器自身就是一个 FM 调制器，因为它的振荡频率正比于输入控制电压，即

$$\omega\ (t)\ =\omega_c + K_{FM}f\ (t)$$

若用调制信号作控制信号，就能产生 FM 波。

控制 VCO 振荡频率的常用方法是改变振荡器谐振回路的电抗元件 L 或 C。L 或 C 可控的元件有电抗管、变容管。变容管由于电路简单，性能良好，目前在调频器中广泛使用。

直接法的主要优点是在实现线性调频的要求下，可以获得较大的频偏。缺点是频率稳定度不高。因此往往需要采用自动频率控制系统来稳定中心频率。

应用如图 4-19 所示的锁相环（PLL）调制器，也可以获得高质量的 FM 或 PM 信号。其载频稳定度很高，可以达到晶体振荡器的频率稳定度。它由鉴相器

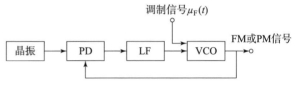

图 4-19　直接法调频

（PD）、环路滤波器（LF）和压控振荡器（VCO）组成。PLL 是一个能够跟踪输入信号相位的闭环自动控制系统，既可以用于 FM 信号调制，还可以用来解调 FM 信号，由于 PLL 具有引人注目的特性，即载波跟踪特性、调制跟踪特性和低门限特性，有许多锁相环 PLL 集成电路可供使用，因而使得它在无线电通信的各个领域得到了广泛的应用。锁相环（PLL）的工作原理本书后面的章节中详细研究。

间接调频法又称为阿姆斯特朗（Armstrong）法，间接调频法调制器结构如图 4-20 所示，它不是直接用基带信号去改变载波振荡的频率，而是先将基带信号进行积分，然后去实施窄带调相，从而间接得到窄带调频信号。在对窄带调频信号倍频得到宽带调频信号。倍频通常借助于倍频器完成，倍频器可用非线性器件实现。

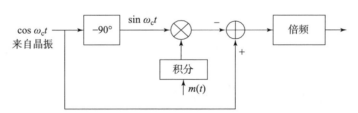

图 4-20　间接调频法调制器结构

间接法的优点是频率稳定度好。缺点是需要多次倍频和混频，因此电路较复杂。

调频信号的解调有相干解调和非相干解调两种。相干解调仅适用于窄带调频信号，且需同步信号；而非相干解调适用于窄带和宽带调频信号，而且不需同步信号，因而是 FM 系统的主要解调方式。由于调频信号的瞬时频率正比于调制信号的幅度，因而调频信号的解调器必须能产生正比于输入频率的输出电压，最简单的解调器是具有频率-电压转换特性的鉴频器。图 4-21 给出了理想鉴频特性和鉴频器的方框图。

理想鉴频器可看成是带微分器的包络检波器，调频信号的通过频率快慢携带着原始信号的信息。解调时，FM 信号输入到鉴频器，由于鉴频器的特性，输出时对不同频率的信号发大幅度不同，这样 FM 信号频率的快慢转化成为幅度的大小，再通过包络检波得到信号的包络，而这个包络就是原始信息。此外，利用 PLL 也可以解调 FM 信号。

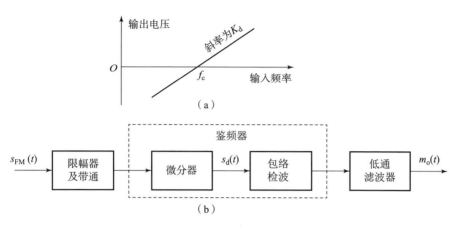

图 4-21 理想鉴频特性和鉴频器的方框图

任务实施

（1）利用仿真软件实现 AM 调制解调。
（2）利用软件无线电设备实现 FM 解调。

任务总结

　　本任务中，分小组完成本项工作，其中，AM 调制解调仿真实验及 FM 软件无线电解调是本任务的关键。学生们将调制解调原理与仿真实验及软件无线电设备解调相结合，理论与实践充分结合，加深对通信模拟调制解调技术的理解。

自我评价

知识与技能点	你的理解	掌握情况
AM 调制解调原理		😊 😐 ☹️ 😭
FM 调制解调原理		😊 😐 ☹️ 😭
AM 调制解调仿真实验		😊 😐 ☹️ 😭

😊完全掌握　😐基本掌握　☹️有些不懂　😭完全不懂

实训与拓展

（1）收集模拟通信技术演化过程。
（2）在原有案例基础上拓展软件无线电技术应用。

任务 4.2　分析数字调制与解调

任务目标

了解数字调制与解调的概念及应用，掌握 ASK、FSK、PSK、DPSK 等调制技术原理，包括调制过程、信号带宽、解调方式等。

任务分析

在学习数字调制与解调概念的基础上，进一步学习 ASK、FSK、PSK、DPSK 等数字调制解调技术的调制解调原理，并将不同调制技术进行对比，分析优缺点，引出 OFDM、QAM、GMSK 新一代调制技术。

知识准备

在项目 4 的任务 4.1 中，我们已经了解了模拟信号的各种调制解调方式，并完成了把低频信号"搬移"到高频处或指定频段（为了频分复用或无线电发射）的任务（解调则完成相反的操作）。同样的概念依然适用于对数字信号的处理。在数字信号的远距离传输中，数字基带信号不能直接通过带通信道传输，需将数字基带信号变换成数字频带信号。

基带信号指基本的、固有的信号，即数字终端设备发往信道的"0""1"信号，这些"0""1"信号是频带分布在低频段、未经调制的信号。频带信号指分布于某段频带的信号（也可称为带通信号），这段频带应该大于或等于要传输的信号的信道的带宽（这样信号才能畅通无阻地在信道中传输），所以频带信号指经过调制后的信号，频带传输指数字基带信号经调制后在信道中传输。

这就好比一个人要去某地，如果要去的地方离出发的地方很近，步行就可以到达，这就是基带传输，不改变人（基带传输系统的信号）的形式，如图 4 – 22（a）所示；如果要去的地方离出发的地方较远，步行就很难到达了，只能借助某种交通工具，如飞机、火车、汽车、自行车等交通工具，其实，人乘坐交通工具去某地，就是频带传输系统的调制技术，交通工具就是频带传输系统的载波，选用不同的交通工具则是采用不同的调制技术，根据实际需要采用不同的交通工具，在频带传输系统中则根据实际需要采用不同的调制技术，如图 4 – 22（b）所示。到达目的地后，人要从交通工具上走下来并去往每个人自己要去的地方，这就是解调技术，采用某种调制技术，接收端就要采用相应的解调技术，最终把信号从载波上解调出来。因此近距离传输一般采用基带传输（好比人的步行），远距离传输一般采用频带传输（好比人乘坐交通工具出行）。

在远距离传输过程中，通信系统用到的"交通工具"就是正弦信号，因为正弦信号有幅度、频率和相位三个参数，所以可以用数字基带信号去控制高频载波的幅度、频率或相

图 4 – 22　基带传输（"步行"）和频带传输（"乘坐交通工具"）

(a) 基带传输；(b) 频带传输

位，称为数字调制。相应的传输方式称为数字信号的调制传输、载波传输或频带传输。数字调制完成基带信号功率谱的搬移（"搬上"），接收端从已调高频载波上将数字基带信号恢复出来（"搬下"），称为数字解调。也就是说，低通型信道采用数字信号的基带传输，带通型信道采用数字信号的调制传输。

模拟调制的过程，载波参数连续变化；数字调制的过程，载波参数离散变化，所以数字调制也称键控。考虑到载波信号（一般采用正、余弦信号）有幅度、频率和相位三个参数，数字调制方式主要有三种：幅度调制，称为幅度键控（也称幅移键控），记为 ASK（Amplitude Shift Keying）；频率调制，称为频率键控（也称频移键控），记为 FSK（Frequency Shift Keying）；相位调制，称为相位键控（也称相移键控），记为 PSK（Phase Shift Keying）。而这三种方式在模拟调制时分别称为幅度调制（AM）、频率调制（FM）和相位调制（PM）。

所谓"键控"，是指一种如同"开关"控制的调制方式。比如对于二进制数字信号，由于调制信号只有两个状态，调制后的载波参量也只能具有两个取值，其调制过程就像用调制信号去控制一个开关，从两个具有不同参量的载波中选择相应的载波输出，从而形成已调信号。"键控"就是这种数字调制方式的形象描述。

二进制是数字调制最简单的情况，它改变载波的幅度、频率、相位，只有两种状态。2ASK、2FSK、2PSK 的波形如图 4 – 23 所示。

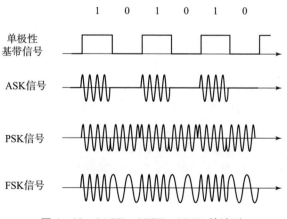

图 4 – 23　2ASK、2FSK、2PSK 的波形

4.2.1 仿真二进制幅度调制 2ASK

幅度键控 ASK，即用基带信号控制载波的幅度。

1. 2ASK 信号的调制

2ASK 用二进制数字基带信号控制载波的幅度，二进制数字序列只有"1""0"两种状态，则调制后的载波也只有两种状态：有载波输出传送"1"，无载波输出传送"0"。图 4 – 24 所示为二进制幅度键控 2ASK 具体实现及各点波形图，假定调制信号是单级性非归零的二进制序列，发"1"码时，输出载波 $A\cos\omega_c t$；发"0"码时，无输出。

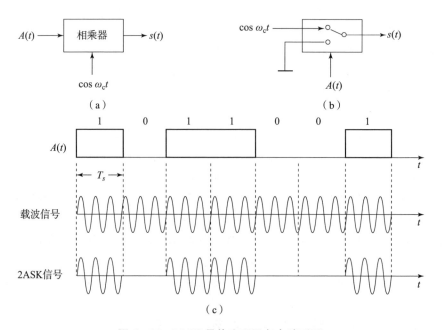

图 4 – 24   2ASK 具体实现及各点波形图

（a）2ASK 调制框图；（b）2ASK 开关键控框图；（c）2ASK 波形图

图 4 – 24 中，（a）是 2ASK 模拟调制框图，乘法器完成调制功能，其已调信号（相乘器）输出信号 $s(t)$ 表达式如式 4 – 10 所示。

$$s(t) = A(t)\cos(\omega_c t + \theta) \tag{4 – 10}$$

图 4 – 24 中，（c）是 2ASK 已调信号波形图，发"1"码时，有信号即载波信号，发"0"码时无信号，实现了幅度调制。对于 2ASK 来说，就是用基带信号（"0"或"1"）控制载波的幅度。传"0"信号时，0 电平与载波相乘，结果为 0；传"1"信号时，高电平与载波相乘，结果为载波本身（幅度可能会增大或减小）。

2ASK 形象比喻如图 4 – 25 所示。图中，"1"码的已调信号即为载波信号，这里的载波就是汽车；"0"信号的已调信号为 0 电平。

2. 2ASK 信号的带宽

带宽就好像人或者交通工具的速度，人步行的速度是有限的，人要去比较远的地方，就要借助于交通工具（调制、解调），而交通工具的速度就是已调信号的带宽，即人乘坐交通

图 4 – 25　2ASK 形象比喻

工具后，人的速度就是交通工具的速度，比如乘坐汽车就可以在高速公路上行驶，乘坐飞机就可以在天空行驶，带宽（也就是"速度"）自然就增大了。

若二进制序列的功率谱密度为 $P_B(f)$，2ASK 信号的功率谱密度为 $P_{ASK}(f)$，则有

$$P_{ASK}(f) = \frac{1}{4}\left[P_B(f+f_c) + P_B(f-f_c)\right] \tag{4-11}$$

由式 4 – 11 可知，2ASK 信号的功率谱是基带信号功系谱的线性搬移（线性搬移即没有新的频率成分出现，仅仅是原有频谱的左右平移），所以 2ASK 调制为线性调制，其频谱宽度是二进制基带信号的两倍 $2f_s$，即带宽为 f_s 的基带信号调制后带宽变成了 $2f_s$。图 4 – 26 给出了 2ASK 信号的功率谱示意图。

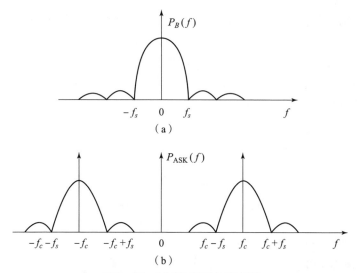

图 4 – 26　2ASK 信号的功率谱

（a）基带信号功率谱；（b）2ASK 信号功率谱

由于基带信号是矩形波，其频谱宽度从理论上来说为无穷大，以载波 f_c 为中心频率，在功率谱密度的第一对过零点之间集中了信号的主要功率，因此，通常取第一对过零点的带宽

作为传输带宽，称之为谱零点带宽。

2ASK 信号带宽：

$$B = 2f_s = \frac{2}{T_s} \qquad (4-12)$$

式（4-12）中，f_s 是基带脉冲的速率，T_s 是基带脉冲周期。f_s 为基带信号的谱零点带宽，在数量上与基带信号的码元速率 f_s 相同，这说明 2ASK 信号的传输带宽是码元速率的 2 倍。

3. 2ASK 信号的解调

解调指的是接收端把信号从载波上恢复下来，即把乘坐交通工具的人从交通工具上接收下来。

在图 4-27 中，"1" 信号的已调信号为载波信号，"0" 信号的已调信号为 0 电平。在接收端，如果收到的是汽车（载波），则恢复为 "1"，如果收到的是 0 电平（无载波），则恢复为 "0"。

图 4-27 2ASK 解调示例

对于 2ASK 调制方式，用到的解调方式有两种：相干解调和非相干解调。

1）相干解调

相干解调也称为同步检测法，指的是在接收端用和发送端同频同相的载波信号与信道中接收的已调信号相乘，实现 2ASK 频谱的再次搬移，使数字调制信号的频谱搬回到零频附近。2ASK 相干解调框图如图 4-28 所示。

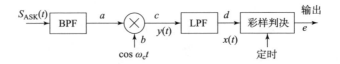

图 4-28 2ASK 相干解调框图

2ASK 相干解调各点波形如图 4-29 所示。

（1）带通滤波器 BPF。

BPF 取出已调信号，滤除接收信号频带以外的噪声干扰，即抑制带外频谱分量，保证信号完整地通过。

（2）乘法器。

乘法器实现 2ASK 频谱的再次搬移，使数字调制信号的频谱搬回到零频附近。

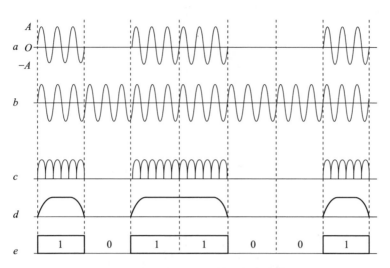

图 4 - 29　2ASK 相干解调各点波形

（3）低通滤波器 LPF。

LPF 去除乘法器产生的高频分量，滤出数字调制信号。

（4）采样判决。

由于噪声及信道特性的影响，LPF 输出的数字信号是不标准的，通过对信号再采样，利用判决器对采样值进行判决，便可以恢复原"1""0"数字序列。

判决准则：大于判决门限判为"1"，否则判为"0"。

相干解调的优点是稳定，有利于位定时的提取。但是必须保证本地载波要与发送载波同频同相，以确保数据的正确解调，这在实际应用中较难实现。

2）非相干解调

将一段时间长度的高频信号的峰值点连线，就可以得到上方（正的）一条线和下方（负的）一条线，这两条线就叫包络线。包络线就是反映高频信号幅度变化的曲线。包络线示意如图 4 - 30 所示。

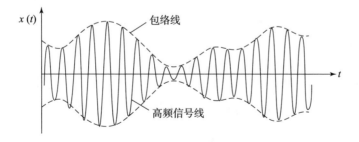

图 4 - 30　包络线示意

$P_{FSK}(f)$ 当用一个低频信号对一个高频信号进行幅度调制（调幅）时，低频信号就成了高频信号的包络线。这就是我们讲的幅度调制信号。

从幅度调制信号中将低频信号解调出来的过程，就叫作包络检波。也就是说，包络检波是幅度检波,是一种非相干解调,即不需要和发送端同频同相的本地载波。

利用包络检波器实现非相干解调框图如图 4-31 所示,LPF 滤除包络信号中的高频成分,平滑包络信号。可以看出,非相干解调较容易实现。

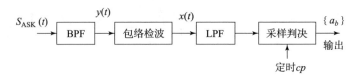

图 4-31 2ASK 非相干解调框图

2ASK 非相干解调各点波形如图 4-32 所示。

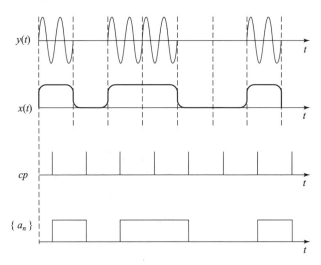

图 4-32 2ASK 非相干解调各点波形

(1) 带通滤波器 BPF。

BPF 取出已调信号,即抑制带外频谱分量,保证信号完整地通过。

(2) 包络检波。

包络检波从 2ASK 信号中将低频信号解调出来。

(3) 低通滤波器 LPF。

LPF 去除乘法器产生的高频分量,滤出数字调制信号。

(4) 采样判决。

由于噪声及信道特性的影响,LPF 输出的数字信号是不标准的,通过采样判决恢复原"1""0"数字序列。

2ASK 信号早期用于无线电报,由于抗噪声性能差现在已较少使用,但 2ASK 信号是其他数字调制的基础。

4. 2ASK 系统仿真

由于 2ASK 系统解调有相干解调和非相干解调两种,所以对 2ASK 系统仿真也相应地分为相干解调和非相干解调两种方式进行介绍。

1）2ASK 相干解调

（1）2ASK 相干解调仿真模型图。

2ASK 相干解调仿真模型图如图 4－33 所示，系统采样频率设为 2 000 Hz。

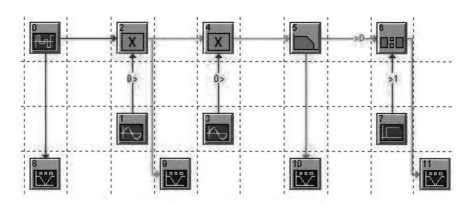

图 4－33　2ASK 相干解调仿真模型

该模型中，调制部分由图符 0、1、2、8、9 组成，解调部分由图符 3、4、5、10 组成，判决再生部分由图符 6、7、11 组成。

2ASK 相干解调仿真模型中各图符参数设置如表 4－1 所示。

表 4－1　2ASK 相干解调仿真模型中各图符参数配置

图符编号	库/名称	参数
0	Source/PN Seq	Amp = 0.5 V，Offset = 0.5，Rate = 50 Hz，Phase = 0deg，No levels = 2
1、3	Source/Sinusoid	Amp = 1V，Freq = 150 Hz，Phase = 0deg
5	Operator/Liner Sys Filters/Analog/Lowpass	Low Cuttoff = 55Hz
6	Operator/Logic/Compare	Select Comparison = a > = b，True Output = 1，False Output = 0
7	Source/Aperiodic/Step Fct	Amplitude = 0.25 V，Start Time = 0，Offset = 0 V

（2）观察并分析 2ASK 相干解调仿真模型图中各示波器的波形。

2ASK 相干解调各点波形如图 4－34 所示。

图 4－34 中各点波形分析如下。

（a）图符 8 观察的波形：

图符 8 观察的是输入的二进制基带波形，输入的基带信号是二进制单极性伪随机码（PN 序列），可看出输入的序列为 "01001001"。

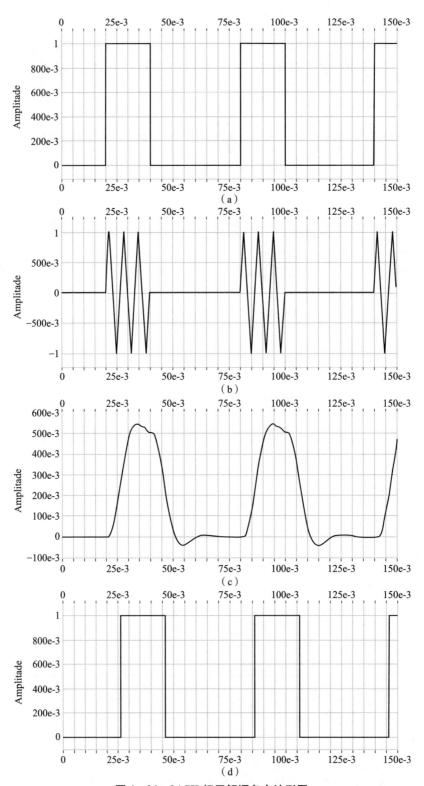

图 4 - 34 2ASK 相干解调各点波形图

（a）基带信号波形（t8）；（b）已调信号波形（t9）；（c）解调后低通滤波信号波形（t10）；

（d）判决接收信号波形（t11）

（b）图符 9 观察的波形：

图符 9 观察的是 2ASK 已调信号波形。

可以看出 2ASK 调制的结果，当发送的基带的码元为"1"时，有载波进行调制，为"0"时则没有，相应输出的调制信号为"0"，因为 2ASK 是单极性码。

（c）图符 10 观察的波形：

图符 10 观察的是 2ASK 相干解调的低通滤波输出波形。

（d）图符 11 观察的波形：

图符 11 观察的是 2ASK 相干解调判决输出波形。

可以看出 2ASK 相干解调出来的波形与输入的原基带信号基本保持一致，虽有一点延迟，但在允许范围内，仿真正确。

2）2ASK 非相干解调（2ASK 包络检波）

2ASK 非相干解调仿真模型如图 4 - 35 所示，系统采样频率为 2 000 Hz。

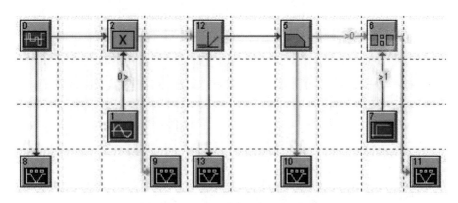

图 4 - 35 2ASK 非相干解调仿真模型

2ASK 非相干解调模型各图符参数设置如表 4 - 2 所示。

表 4 - 2 2ASK 非相干解调模型各图符参数设置

图符编号	库/名称	参数
0	Source/PN Seq	Amp = 0.5 V，Offset = 0.5，Rate = 50 Hz，Phase = 0deg，No levels = 2
1	Source/Sinusoid	Amp = 1 V，Freq = 150 Hz，Phase = 0deg
5	Operator/Liner Sys Filters/Analog/Lowpass	Low Cuttoff = 55Hz
6	Operator/Logic/Compare	Select Comparison = a > = b，True Output = 1，False Output = 0
7	Source/Aperiodic/Step Fct	Amplitude = 0.25 V，Start Time = 0，Offset = 0 V
12	Function/Half Rctfy	Zero Ponit = 0 V

2ASK 包络检波各点波形如图 4 - 36 所示。

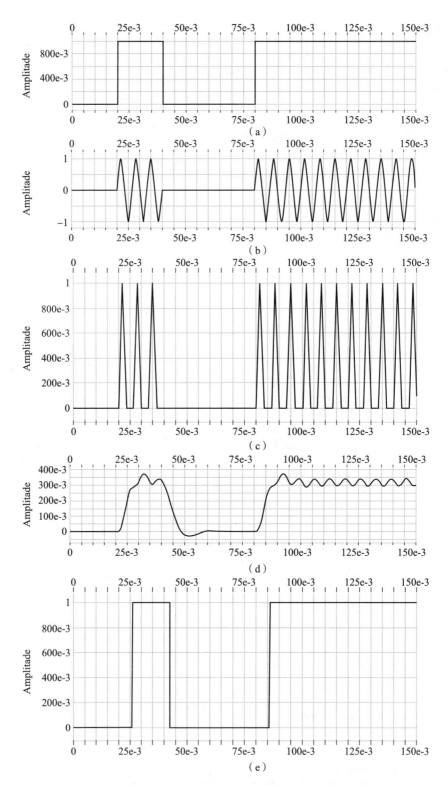

图4-36 2ASK 包络检波各点波形

（a）基带信号波形（t8）；（b）已调信号波形（t9）；（c）半波整流波形（t13）；

（d）低通滤波信号波形（t10）；（e）判决接收信号波形（t11）

图 4 - 36 中各点波形分析如下。

（a）输入的二进制基带波形：

输入的基带信号是二进制单极性伪随机码（PN 序列），可看出输入的序列为"0100111"。

（b）2ASK 调制信号（已调信号）：

可以看出 2ASK 调制的结果，当发送的基带的码元为"1"时，有载波进行调制，为"0"则没有，相应输出的调制信号为"0"，因为 2ASK 是单极性码。

（c）2ASK 包络检波的半波整流输出波形：

图 4 - 36（c）中可以看出 2ASK 的半波整流输出波形是对 2ASK 调制信号进行整流，变成幅度全是正的正弦波。

（d）2ASK 包络检波的低通滤波输出波形。

（e）2ASK 包络检波的判决输出波形。

可以看出 2ASK 包络检波出来的波形与输入的原基带信号基本保持一致，虽有一点延迟，但在允许范围内，仿真正确。

2ASK 包络检波判决器在最后的输出判决时起着非常重要的作用，最佳判决电压是必须要考虑的，在仿真时我们取峰值的一半就是判决电压。判决电压把不是矩形的波去掉，得到我们原始输入的基带信号。

系统仿真结果分析如下：

如图 4 - 36 所示调制信号的图形与解调后的信号图形基本一致，在每段的起始因为信号不稳定，所以出现了微小的波动。这与滤波器滤波误差也相关。

相干解调需要插入相干载波，而包络检波不需要载波，因此包络检波时设备较简单。

对于 2ASK 系统，在大信噪比条件下使用包络检波，小信噪比条件下使用相干解调。

4.2.2　仿真二进制频率调制 2FSK

2FSK 是用二进制数字信号改变载波的频率，即分别用不同频率的载波承载"0"信号和"1"信号。

1. 2FSK 信号的调制

2FSK 信号可看作是两个交错的 ASK 信号之和，一个载频为 f_1，另一个载频为 f_2。

2FSK 是利用载波的频率变化来传递数字信息的。例如，1 对应于载波频率 f_1，0 对应于载波频率 f_2。2FSK 的调制及波形如图 4 - 37 所示。

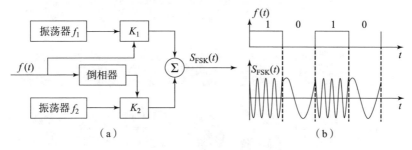

图 4 - 37　2FSK 调制及波形

（a）2FSK 调制框图；（b）2FSK 波形图

2FSK 信号的波形及分解如图 4 – 38 所示。由图可见，2FSK 信号可分解为"1"码时用载波 f_1 调制和"0"码时用载波 f_2 调制的 2 个 2ASK 信号之和。

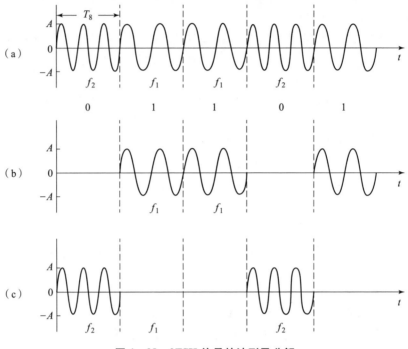

图 4 – 38　2FSK 信号的波形及分解

对于 2FSK 信号来说，就是用基带信号（"0"或"1"）控制载波的频率的。在 2FSK 调制中，有频率为 f_1 和 f_2 的两路载波（可以理解为两种不同的交通工具）。2FSK 调制示例如图 4 – 39 所示。

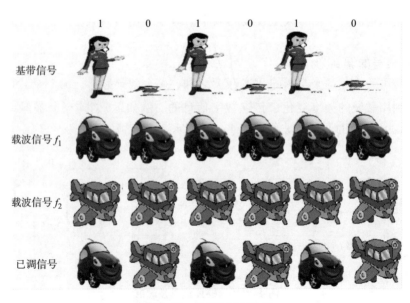

图 4 – 39　2FSK 调制示例

2. 2FSK 信号的带宽

2FSK 信号功率谱如图 4 - 40 所示。

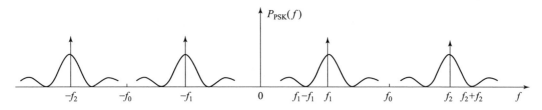

图 4 - 40　2FSK 信号功率谱

由图可见，2FSK 信号带宽

$$B = |f_2 - f_1| + 2f_s \qquad (4-13)$$

功率谱分析：功率谱以 f_c 为中心，对称分布。

设 2FSK 两个载频的中心频率为 f_c，频差为 Δf，则

$$\Delta f = f_2 - f_1 \qquad (4-14)$$

$$频偏 f_D = \frac{\Delta f}{2} = \frac{f_2 - f_1}{2} \qquad (4-15)$$

$$中心频率 f_c = (f_1 + f_2)/2 \qquad (4-16)$$

定义调频指数（频移指数）h 为（R_s 为基带信号码元速率）

$$h = \frac{f_2 - f_1}{R_s} = \frac{\Delta f}{R_s} = \frac{2f_D}{R_s} \qquad (4-17)$$

在调频指数较小时功率谱为单峰，随着调频指数的增大（f_1 与 f_2 之差增大），功率谱出现双峰，如图 4 -41 所示。

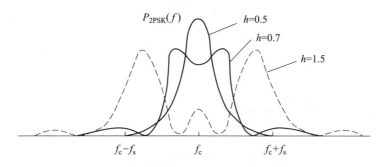

图 4 - 41　2FSK 出现双峰

当出现双峰时，带宽可近似为

$$B_{2FSK} \approx 2f_s + |f_2 - f_1| \qquad (4-18)$$

从以上分析可得出以下结论：

（1）2FSK 信号的功率谱与 2ASK 信号的功率谱相似，同样由离散谱和连续谱两部分组成。其中，连续谱由两个双边谱叠加而成，而离散谱出现在两个载频位置上，这表明 2FSK 信号中含有载波 f_1、f_2 的分量。

（2）连续谱的形状随着 $|f_2 - f_1|$ 的大小而异。$|f_2 - f_1| > f_s$ 出现双峰；$|f_2 - f_1| < f_s$ 出现单峰。

（3）2FSK 信号的频带宽度

$$B_{2\text{FSK}} = |f_2 - f_1| + 2f_s = 2f_D + 2f_s = (2 + h)f_s \qquad (4-19)$$

式（4-19）中，$f_s = \dfrac{1}{T_s} = R_S$ 是基带信号的带宽；$f_D = \dfrac{\Delta f}{2} = \dfrac{f_2 - f_1}{2}$ 为频偏；$h = \dfrac{f_2 - f_1}{R_s} = \dfrac{\Delta f}{R_s}$ 为偏移率（或频移指数）。

可见，当码元速率 f_s 一定时，2FSK 信号的带宽比 2ASK 信号的带宽要宽 $2f_D$。通常为了便于接收端检测，又使带宽不致过宽，可选取 $f_D = f_s$，此时 $B_{2\text{FSK}} = 4f_s$，是 2ASK 带宽的两倍，相应地，系统频带利用率只有 2ASK 系统的 1/2。

3. 2FSK 信号的解调

如图 4-42 所示，"0""1"信号分别用不同的载波承载（分别乘坐不同的交通工具），在接收端，如果收到的是"汽车"（载波 f_1），则接收为信号"1"；如果收到的是"飞机"（载波 f_2），则接收为信号"0"。

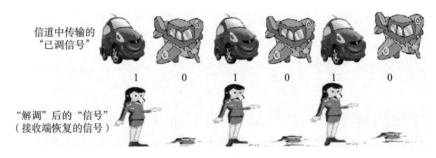

图 4-42　2FSK 解调示例

2FSK 解调思路是将二进制频率键控信号分解成两路 2ASK 信号分别进行解调，有相干解调和非相干解调两种方式。

1）相干解调

2FSK 相干解调框图如图 4-43 所示。

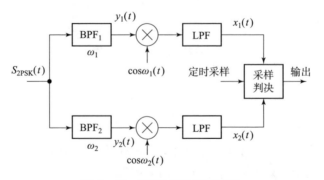

图 4-43　2FSK 相干解调框图

设 ω_1 代表"1"码，ω_2 代表"0"码。BPF1 和 BPF2 可将两者分开，把代表"1"码的 $y_2(t)$ 和代表"0"码的 $y_2(t)$ 分成两路 ASK 信号，采用相干解调方式解调。采样判决可恢复原数据序列。

判决准则：$x_1 > x_2$ 判为"1"，$x_1 < x_2$ 判为"0"。

2）非相干解调

包络检波器取出两路的包络 $x_1(t)$ 和 $x_2(t)$。对包络采样并判决，可恢复原数字序列。
判决准则：$x_1 > x_2$ 判为"1"，$x_1 < x_2$ 判为"0"。2FSK 非相干解调框图如图 4-44 所示。

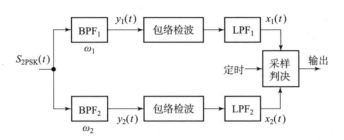

图 4-44　2FSK 非相干解调框图

2FSK 非相干解调各点波形如图 4-45 所示。

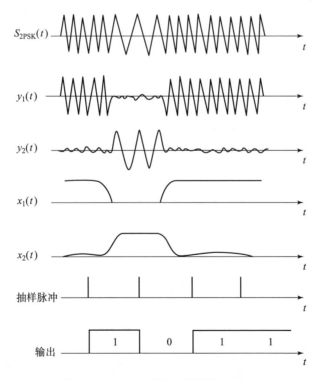

图 4-45　2FSK 非相干解调各点波形

4. 2FSK 系统仿真

1）2FSK 相干解调

（1）2FSK 相干解调仿真模型图。

2FSK 相干解调仿真模型如图 4 – 46 所示。

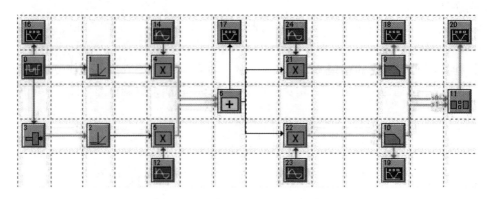

图 4 – 46   2FSK 相干解调仿真模型

2FSK 相干解调仿真模型各图符参数设置如表 4 – 3 所示。

表 4 – 3   2FSK 相干解调仿真各图符参数设置

图符编号	库/名称	参数
0	Source/PN Seq	Amp = 1 V, Offset = 0 V, Rate = 10 Hz, Phase = 0deg, No levels = 2
1、2	Function/Non Linear/Half Rctfy	Zero Point = 0 V
3	Operator：Logic/Not	Threshold = 0.5 V, True Output = 1, False Output = – 1
9、10	Operator：Liner Sys Filters/Analog/Lowpass	Low Cuttoff = 15 Hz
11	Operator：Logic/Compare	Select Comparison = a > = b, True Output = 1 False Output = – 1
12、23	Source：Sinusoid	Amp = 1 V, Req = 100 Hz, Phase = 0deg
14、24	Source：Sinusoid	Amp = 1 V, Freq = 50 Hz, Phase = 0deg

2FSK 相干解调各点波形如图 4 – 47 所示。

（2）2FSK 相干解调各点波形分析。

图 4 – 47 中 2FSK 相干解调各点波形分析如下。

（a）输入的二进制基带波形：

输入的基带信号是二进制双极性伪随机码（PN 序列），频率为 10Hz，从图 4 – 47（a）中可看出输入的序列为 "1 – 1111"。

（b）2FSK 调制信号（已调信号）：

从图 4 – 47（b）中可以看出 2FSK 调制的结果，当发送的双极性基带的码元为 "1" 时有频率 50 Hz 的载波为其进行调制，当发送的双极性基带的码元为 " – 1" 时有频率 100 Hz 的载波为其进行调制。

（c）2FSK 相干解调 "1" 码低通滤波输出波形：

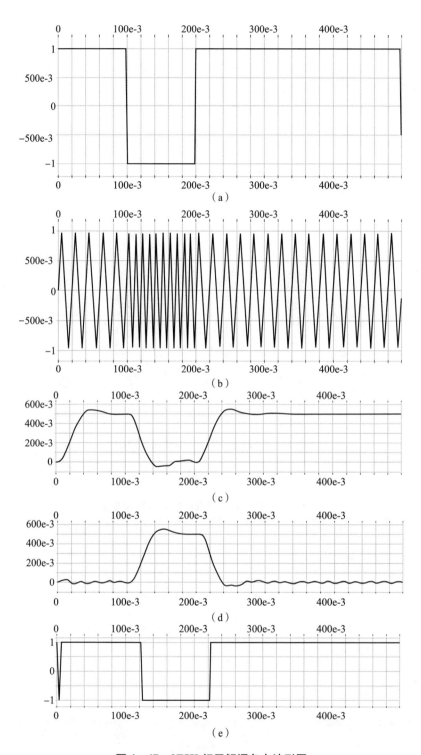

图 4 – 47　2FSK 相干解调各点波形图

（a）基带信号波形（t16）；（b）2FSK 已调信号波形（t17）；（c）2FSK 解调后"1"码波形（t18）；

（d）2FSK 解调后"0"码波形（t19）；（e）2FSK 解调后波形（t20）

图 4 - 47（c）是发送双极性码元"1"时对应的低通滤波输出波形。

（d）2FSK 相干解调"0"码低通滤波输出波形：

图 4 - 47（d）是发送双极性码元"- 1"时对应的低通滤波输出波形。

（e）2FSK 相干解调判决输出波形。

（c）、（d）波形判决后的输出波形，判决规则是（c）波形取值大于（d）波形取值输出"1"，否则输出"0"（- 1）。

由图 4 - 47 可以看出 2FSK 相干解调出来的波形与输入的原基带信号基本保持一致，有一点延迟，但在允许范围内，仿真正确。

2）2FSK 非相干解调

（1）2FSK 非相干解调仿真模型。

2FSK 非相干解调波形仿真模型如图 4 - 48 所示，时钟频率为 500 Hz。

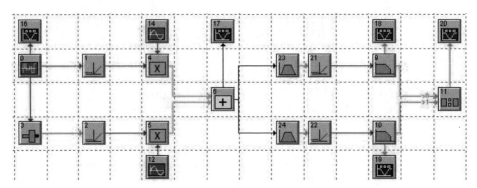

图 4 - 48　2FSK 非相干解调仿真模型

2FSK 非相干解调各图符参数设置如表 4 - 4 所示。

表 4 - 4　2FSK 非相干解调各图符参数设置

图符编号	库/名称	参数
0	Source/PN Seq	Amp = 1 V, Offset = 0 V, Rate = 10 Hz, Phase = 0deg No levels = 2
1、2、21、22	Function/Non Linear/Half Rctfy	Zero Point = 0 V
3	Operator/Logic/Not	Threshold = 0. 5 V, True Output = 1, False Output = - 1
9、10	Operator/Liner Sys Filters/Analog/Lowpass	Low Cuttoff = 15 Hz
11	Operator/Logic/Compare	Select Comparison = a > = b, True Output = 1, False Output = - 1
12	Source/Sinusoid	Amp = 1 V, Freq = 100 Hz, Phase = 0 deg
14	Source/Sinusoid	Amp = 1 V, Freq = 50 Hz, Phase = 0 deg
23	Operator/Liner Sys Filters/Analog/Bandpass	Low Cuttoff = 40 Hz, Hi Cuttoff = 60 Hz
24	Operator/Liner Sys Filters/Analog/Bandpass	Low Cuttoff = 90 Hz, Hi Cuttoff = 110 Hz

（2）2FSK 非相干解调各点波形分析。

2FSK 非相干解调各点波形如图 4-49 所示，各点波形分析如下。

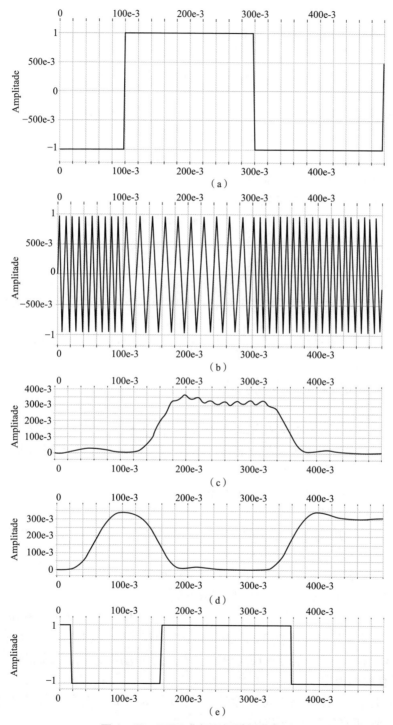

图 4-49　2FSK 非相干解调各点波形

（a）基带信号波形（t16）；（b）2FSK 已调信号波形（t17）；（c）解调后 1 码波形（t18）；

（d）解调后 0 码波形（t19）；（e）判决输出波形（t20）

（a）输入的二进制基带波形：

输入的基带信号是二进制双极性伪随机码（PN 序列），可看出输入的序列为"－111－1－1"。

（b）2FSK 调制信号（已调信号）：

可以看出 2FSK 调制的结果，当发送的基带码元为"1"时，有载波 1 进行调制，发送码元为"－1"时，有载波 2 进行调制，因为 2FSK 是双极性码。

（c）解调后 1 码波形：

2FSK 的调制信号经过带通滤波器、半波整流电路、低通滤波器后，得到低通滤波输出波形。此图是发送码元"1"对应的低通滤波输出波形。

（d）解调后 0 码波形：

此图是发送码元"0"对应的低通滤波输出波形。

（e）2FSK 非相干解调的判决输出波形：

可以看出 2FSK 非相干解调出来的波形与输入的原基带信号基本保持一致，虽有一点延迟，但在允许范围内，仿真正确。

2FSK 的非相干解调的判决器在最后的输出判决时起着非常重要的作用，最佳判决电压是需要考虑的，在仿真时取峰值的一半为判决电压。

相干解调需要插入两个相干载波，而非相干解调不需要载波，因此包络检波时设备较简单。

对于 2FSK 系统，大信噪比条件下使用包络检波，小信噪比条件下使用相干解调。

4.2.3　仿真二进制相位调制 2PSK

2PSK 用二进制数字基带信号控制高频载波的相位，使载波的相位随着数字基带信号变化而变化。例如，"1"码用载波的 0 相位表示，"0"码用载波的 π 相位表示，反之亦可。利用载波相位的绝对数值传送数字信息。

2PSK 包括绝对调相和相对（差分）调相。

1. 2PSK 信号的调制

绝对调相 2PSK 利用载波初相位的绝对值（固定的某一相位）来表示数字信号"1"或"0"。

2PSK 调制框图及 2PSK 信号波形图如图 4－50 所示。

图中，"1"用 0 相位调制，"0"用 π 相位调制。

对于 2PSK 信号来说，就是用基带信号（"0"或"1"）控制载波的相位。由于整个圆周为 2π，对于二进制调制，即把 2π 分为 2 份，1 份相位选 0 相位，另一份相位则选 π 相位。如图 4－51 所示，"1"信号选用 0 相位，"0"信号选用 π 相位（反相）。

2. 2PSK 信号的带宽

2PSK 信号是双极性脉冲序列的双边带调制，而 2ASK 信号是单极性脉冲序列的双边带调制，因而 2PSK 带宽与 2ASK 相同。

2PSK 功率谱如图 4－52 所示。

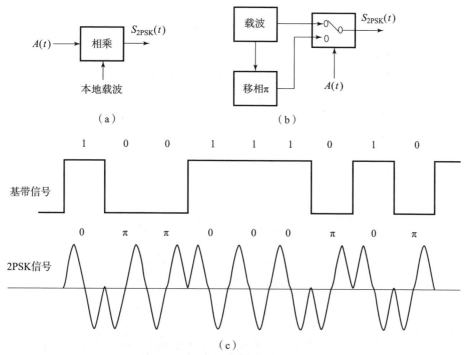

图 4 – 50 2PSK 调制框图及波形图

（a）2PSK 模拟调制；（b）2PSK 开关键控调制；（c）2PSK 波形图

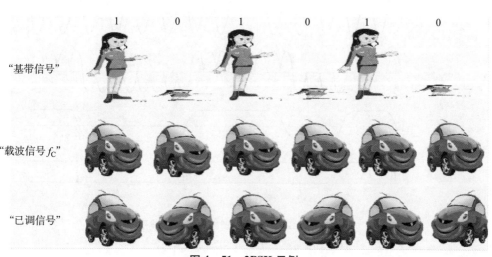

图 4 – 51 2PSK 示例

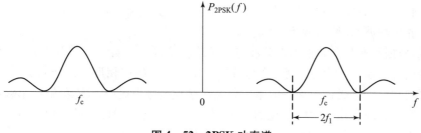

图 4 – 52 2PSK 功率谱

2PSK 信号带宽为 $\qquad B_{2PSK} = 2f_s = \dfrac{2}{T_s}$ $\qquad$ (4 – 20)

3. 2PSK 信号的解调

2PSK 信号相当于 DSB – SC 信号，只能采用相干解调方式解调。

由于 PSK 信号的解调必须用相干解调方法，功率谱中没有载频，而此时如何获得同频同相的载频就成了关键问题。采用相干载波，必须具有和发送端载波同频同相的本地载波，但本地相干载波的提取较为困难。

图 4 – 53 是 2PSK 相干解调框图及各点波形，图中假定用于解调的本地载波与发送端的载波同频同相。

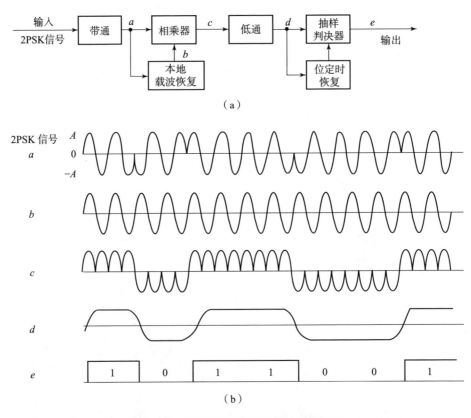

（a）

图 4 – 53　2PSK 相干解调框图及各点波形

（a）2PSK 相干解调框图；（b）2PSK 相干解调各点波形

在图 4 – 54 中，"0""1"信号分别用载波的不同相位来表示，可以理解为交通工具的反向，在接收端，如果收到的是正向汽车（0 相位载波），则接收为"1"，如果收到的是反向汽车（π 相位载波），则接收为"0"。

2PSK 信号相干解调，如果本地载波与发送载波不同相，会造成错误判决，这种现象称为相位模糊或者"倒π"现象。例如本地载波与发送载波相位相反，采样判决器输出将与发送的数字序列相反，造成错误。一般本地载波从接收信号中提取，发送信号在传输过程中会受到噪声的影响，使其相位随机变化而产生相位误差，这种相位误差难以消除。因而 2PSK 信号容易产生误码，实际中 2PSK 信号不常被采用。

图4-54　2PSK 解调示例

4. 2PSK 系统仿真

2PSK 相干解调。

1）2PSK 相干解调仿真模型

2PSK 相干解调仿真模型如图4-55所示。

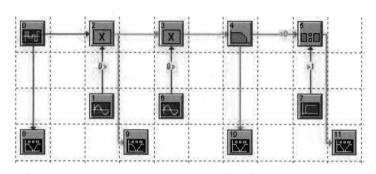

图4-55　2PSK 相干解调仿真模型

2PSK 相干解调仿真模型中各图符参数设置表如表4-5所示。

表4-5　2PSK 相干解调仿真模型中各图符参数设置表

图符编号	库/名称	参数
0	Source/PN Seq	Amp = 1 V, Offset = 0 V, Rate = 10 Hz, Phase = 0deg No levels = 2
4	Operator/Liner Sys Filters/Analog/Lowpass	Low Cuttoff = 12 Hz
5	Operator/Logic/Compare	Select Comparison = a > = b, True Output = 1, False Output = -1
1、6	Source/Sinusoid	Amp = 1 V, Freq = 20 Hz, Phase = 0deg
7	Source/Aperiodic/Step Fct	Amp = 0 V, Start Time = 0sec, Offset = 0 V

2）图4-56中2PSK 相干解调各点波形分析

（a）输入的二进制基带波形。

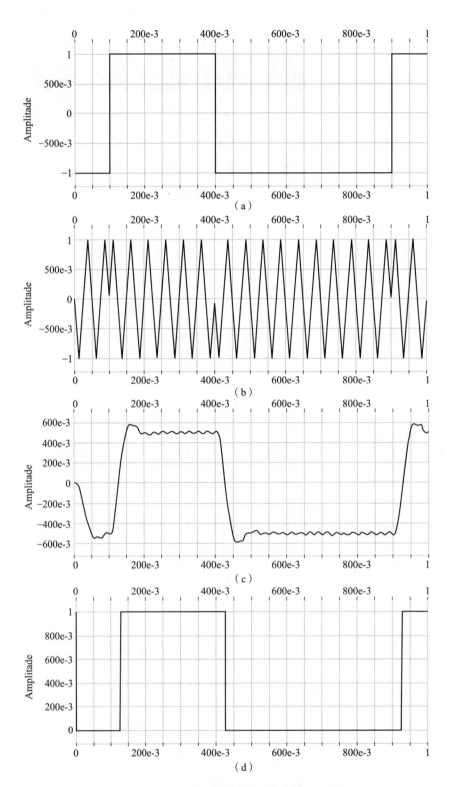

图 4 – 56　2PSK 相干解调各点波形

（a）基带信号（t8）；（b）已调信号（t9）；（c）解调后信号（t10）；（d）判决接收信号（t11）

输入的基带信号是二进制双极性伪随机码（PN 序列），频率为 10 Hz，可看出输入的序列为"$-1111-1-1-1-11$"。

（b）2PSK 调制信号（已调信号）：

可以看出 2PSK 调制的结果，当发送的双极性基带的码元为"1"时有相位为 0 的载波为其进行调制，当发送的双极性基带的码元为"-1"时有相位为 π 的载波为其进行调制。

（c）2PSK 相干解调的低通滤波输出波形：

可以看出 2PSK 相干解调中已调信号与载波相乘输出的波形中含有很多高频成分，我们需要用低通滤波器将这些高频成分滤除，得到需要的直流分量。

可以看出经过低通滤波器后大部分高频成分已经滤除，这样再进行抽样判决就可以解调出原始基带信号。

（d）2PSK 相干解调判决输出波形。

在仿真时我们取"0"作为判决电压，从图 4-56 中可以看出 2PSK 相干解调出来的波形与输入的原基带信号基本保持一致，虽有一点延迟，但在允许范围内，仿真正确。Sink8、Sink10 分别为调制信号、解调信号。它们波形整体一致，但是每段的起点处存在一定的波动误差，产生的主要原因是调制系统的误差。仿真结果准确。同样，由于载波频率太高，已调信号也不是很清楚。

5. 2DPSK 信号的调制

二进制相对调相（差分调相）2DPSK 利用相邻码元载波相位的相对变化来表示数字信号，利用前后相邻码元的载波相对相位变化传递数字信息。相对相位指本码元载波初相与前一码元载波终相的相位差。由于整个圆周相位为 2π，采用二进制时，把圆周二等分，相位差应选 π。相位对可以选 0、π 组合；π/2、3π/2 组合，π/4、5π/4 组合等。简单起见，一般选相位 0、π 组合。

例如，规定，"1"码载波相位变化 π，即与前一码元载波终相差 π，"0"码载波相位不变化，即与前一码元载波终相相同。这种规则也称为"1 变 0 不变"规则。另外就是"0 变 1 不变"规则，"0"码载波相位变化 π，即与前一码元载波终相差 π，"1"码载波相位不变化，即与前一码元载波终相相同。

1）2DPSK 信号的产生

2DPSK 信号的产生有以下两种方式。

（1）差分编码后绝对调相。

由于初始相位不同，2DPSK 信号的相位可以不同；2DPSK 信号的相位并不直接代表基带信号，前后码元的相对相位才决定信息符号。

把 DPSK 波形看作 PSK 波形，所对应的序列是 b_n。b_n 是相对（差分）码，而 a_n 是绝对码，这里是"1"差分码。2DPSK 信号对绝对码来说是相对相移键控，对差分码来说是绝对相移键控。将绝对码变换为相对码，再进行 PSK 调制，就可得到 DPSK 信号。

差分码编码规则为

$$b_n = a_n \oplus b_{n-1} \tag{4-21}$$

其中，b_{n-1} 的初始值可以任意设定。

图 4-57 是绝对码"101100101"的二进制相对调相 2DPSK 波形，图中假设 $b_{n-1}=0$。$a_n=101100101$，则按式（4-20）得到 $b_n=110111001$，然后对 b_n 绝对调相，即 $b_n=1$ 时用

0 相位，$b_n = 0$ 时用 π 相位，得到图 4 - 57 最终的 $S_{2DPSK}(t)$ 波形。

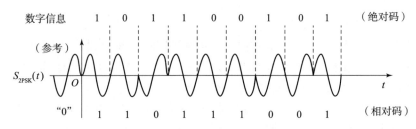

图 4 - 57　绝对码 "101100101" 的二进制相对调相 2DPSK 波形

（2）1 变 0 不变规则。

对 2DPSK 信号用载波相位变化 π，即与前一码元载波终相差 π 表示 "1"；载波相位不变，即与前一码元载波终相相同表示 "0"（1 变 0 不变），即传 "1" 码时相位翻转，传 "0" 码时相位不变。

这里需注意：由于初始相位不同，2DPSK 信号的相位可以不同；2DPSK 信号的相位并不直接代表基带信号；前后码元的相对相位才决定信息符号。

2DPSK 信号的具体实现框图及各点波形如图 4 - 58 所示。

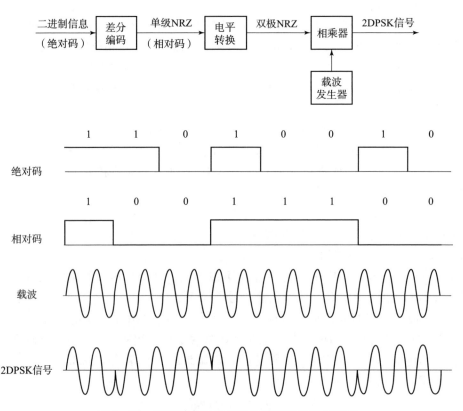

图 4 - 58　2DPSK 信号的具体实现框图及各点波形

表 4 - 6 以码序列 "111001101" 为例对 2PSK 和 2DPSK 进行了比较。

表 4-6 用实例比较 2PSK、2DPSK

基带信号	1 0 1 0	1 0 1 0
初始相位 θ	0	π
2PSK 码元相位 $\Delta\theta$	π 0 π 0	π 0 π 0
2DPSK 码元相位（$\theta+\Delta\theta$）	π π 0 π	0 0 π 0

2DPSK 中，码元的相位并不直接代表基带信号，相邻码元的相位差才代表基带信号。

6. 2DPSK 信号的带宽

2PSK 和 2DPSK 信号应具有相同形式的表达式，不同的是，2PSK 的调制信号是绝对码数字基带信号，2DPSK 的调制信号是原数字基带信号的差分码。2DPSK 信号和 2PSK 信号的功率谱密度是完全一样的。

2DPSK 和 2PSK 信号带宽一样，均为

$$B_{2PSK} = 2f_s = \frac{2}{T_s} \tag{4-22}$$

其与 2ASK 带宽相同，也是码元速率的两倍。

7. 2DPSK 信号的解调

由于 2DPSK 信号的产生有一种方法是先差分编码再绝对调相，借鉴这种思想，2DPSK 信号的解调可以先绝对解调再差分译码完成。

1）相干解调（极性比较法）

2DPSK 信号相干解调出来的是差分调制信号，2PSK 相干解调器之后再接一差分译码器，将差分码变换为绝对码，就可得原调制信号序列。2DPSK 极性比较法解调框图及各点波形如图 4-59 所示。

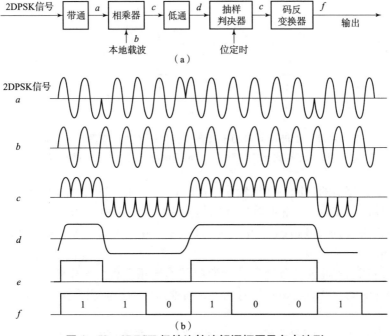

图 4-59 2DPSK 极性比较法解调框图及各点波形

(a) 2DPSK 极性比较法解调框图；(b) 2DPSK 极性比较法解调各点波形

从图 4-59 可以看出，2DPSK 信号解调不存在 "倒 π" 现象，即使相干载波出现倒相，使 b_n 变为 $\overline{b_n}$，差分译码器能使 $a_n = b_n \oplus b_{n-1}$ 恢复出来。

2）差分相干解调（相位比较法）

通过比较前后码元载波的初相位来完成解调，用前一码元的载波相位作为解调后一码元的参考相位，解调器输出所需要的绝对码。要求载波频率为码元速率的整数倍，这时载波的初始相位和末相相位相同。BPF 输出分成两路，一路加到乘法器，另一路延迟一个码元周期，作为解调后一码元的参考载波。2DPSK 差分相干解调（相位比较法）框图及各点波形如图 4-60 所示。

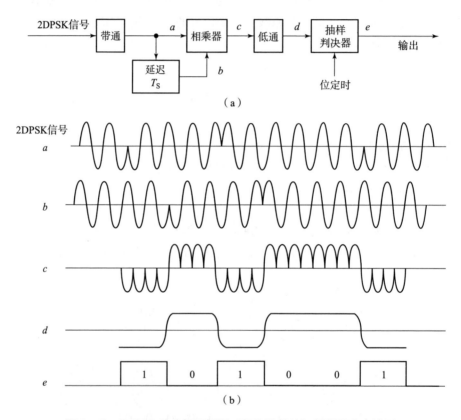

图 4-60　2DPSK 差分相干解调（相位比较法）框图及各点波形

（a）2DPSK 相位比较法解调框图；（b）2DPSK 相位比较法解调各点波形

相乘器完成鉴相器的功能，即比较 a_n 与 b_n（a_{n-1}）的相位，如相同得到正的输出，如相反得到负的输出，实际上，相乘器完成的是同或功能，图中 c 的波形是 a_n 与 a_{n-1} 同或的结果，最后经过判决（判决准则：$x < 0$ 判为 "1"，$x > 0$ 判为 "0"），得到的输出序列与发送的序列 a_n 相同。

差分相干解调法不需要差分译码器和专门的本地相干载波发生器，只需要将 2DPSK 信号延迟一个码元时间，然后与接收信号相乘，再通过低通滤波和采样判决就可以解调出原数字调制序列。

2DPSK 信号产生时是用差分码对载波进行调制，在解调时只要前后码元的相对相位关系不被破坏，即使出现了 "倒 π" 现象，只要能鉴别码元之间的相对关系，就能恢复原二进制绝对码序列，避免了相位模糊问题，应用广泛。

8. 2DPSK 系统仿真

1）2DPSK 相干解调仿真模型

2DPSK 相干解调仿真模型如图 4 – 61 所示，系统抽样频率为 1 000 Hz。

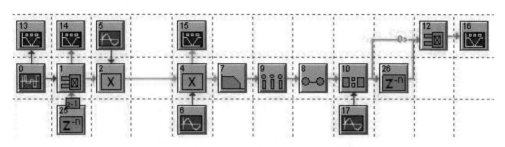

图 4 – 61　2DPSK 相干解调仿真模型

2DPSK 相干解调仿真模型中各图符参数设置如表 4 – 7 所示。

表 4 – 7　2DPSK 相干解调仿真模型中各图符参数设置

编号	图符块属性	类型	参数
0	Source	PN Seq	Amp = 1 V，Offset = 0 V，Rate = 10 Hz，Levels = 2，Phase = 0deg
25，26	Operator	Smpl Delay	Delay = 100Samples，Initial Condition = 0 V Fill Last Register
1、12	Operator	XOR	Threshold = 0，Ture = 1，False = – 1
9	Operator	Sampler	Interpolating，Rate = 1 000 Hz，Aperture = 0sec，Aperture Jitter = 0sec
8	Operator	Hold	Last Value，Gain = 1
5、6	Source	Sinusoid	Amp = 1 V，Freq = 100 Hz，Phase = 0deg
17	Source	Sinusoid	Amp = 1 V，Freq = 1 000 Hz，Phase = 0deg
1	Logic	XOR	Threshold = 0，Ture = 1，False = – 1
10	Operator	Logic/Compare	Select Comparison = a > = b，True Output = 1，False Output = – 1
7	Operator	LinerSys Filters/Analog/Lowpass	Low Cuttoff = 10 Hz

2）图 4 –62 中 2DPSK 相干解调各点波形分析

（a）输入的二进制基带波形（绝对码）：

输入的基带信号（绝对码）是二进制双极性伪随机码（PN 序列），频率为 10 Hz，图 6.3 中可看出输入的序列为 "1 – 1 – 1 – 11 – 1 – 11 – 1 – 1"。

（b）2DPSK 调制中输出的相对码：

输入的基带绝对码经过差分编码器转换成相对码。

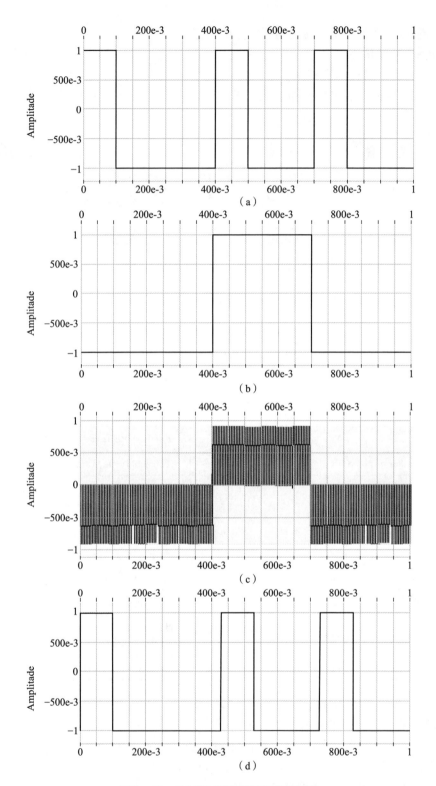

图 4 – 62 2DPSK 相干解调各点波形图

（a）基带信号波形（t13）；（b）差分码波形（t14）；（c）解调后波形（t15）；

（d）差分译码波形（t16）

（c）2DPSK 相干解调后信号波形：

可以看出 2DPSK 相干解调中已调信号与载波相乘输出的波形中含有很多高频成分，需要用低通滤波器将这些高频成分滤除，得到需要的直流分量。

（d）2DPSK 相干解调输出波形：

在仿真时当得到已调信号与载波相乘的波形后，再经过低通滤波器、采样器、保持电路、抽样判决器，得到解调出的相对码。最后经过差分译码器，就可以得到解调出的绝对码（输入的原始基带信号），从图 4-62 中可以看出 2DPSK 相干解调出来的波形与输入的原基带信号基本保持一致，虽有一点延迟，但在允许范围内，仿真正确。

4.2.4　比较二进制数字调制系统

1. 误码率

二进制数字调制系统误码率比较如表 4-8 所示，表中 r 代表信噪比。

表 4-8　二进制系统误码率统计表

调制方式	误码率	
	相干解调	非相干解调
2ASK	$\dfrac{1}{2}\mathrm{erfc}\left(\sqrt{\dfrac{r}{4}}\right)$	$\dfrac{1}{2}e^{-r/4}$
2FSK	$\dfrac{1}{2}\mathrm{erfc}\left(\sqrt{\dfrac{r}{2}}\right)$	$\dfrac{1}{2}e^{-r/2}$
2PSK/2DPSK	$\dfrac{1}{2}\mathrm{erfc}\left(\sqrt{r}\right)$	$\dfrac{1}{2}e^{-r}$

从表 4-8 中可以总结如下。

（1）对同一种数字调制系统，采用相干解调的误码率低于采用非相干解调的误码率；

（2）在误码率一定的情况下，2PSK 所需信噪比最大，2FSK 居中，2ASK 所需信噪比最小；

（3）信噪比一定的情况下，2PSK 系统的误码率低于 2FSK，2FSK 系统的误码率低于 2ASK。

2. 频带宽度

2FSK 系统频带最宽，而 2ASK 系统和 2PSK（2DPSK）系统的频带宽度相同。

3. 对信道特性变化的敏感性

在 2FSK 系统中，判决器根据上下两个支路解调输出样值的大小来作出判决，不需要人为地设置判决门限，因而对信道的变化不敏感。

在 2PSK 系统中，判决器的最佳判决门限为零，与接收机输入信号的幅度无关。因此，接收机总能保持工作在最佳判决门限状态。

对于 2ASK 系统，判决器的最佳判决门限与接收机输入信号的幅度有关，对信道特性变化敏感，性能最差。

对于二进制数字调制系统总结如下。

（1）同类键控系统中，相干方式略优于非相干方式，但相干方式需要本地载波，所以设备较为复杂；

（2）在相同误比特率情况下，对接收峰值信噪比的要求，2PSK 比 2FSK 低 3d B，2FSK 比 2ASK 低 3 dB，所以 2PSK 抗噪性能最好；

（3）在码元速率相同条件下，FSK 占有频带高于 2PSK 和 2ASK。

所以得到广泛应用的是 2DPSK 和非相干的 FSK。

4.2.5 仿真多进制数字调制

1. 多进制调制系统

二进制调制系统中，1 个码元携带 1bit 的信息量，而多进制调制系统中，1 个码元携带若干比特的信息量，进一步提高了频带利用率，因此在实际系统中，大多采用多进制调制系统。下面以多进制相位调制 MPSK 系统为例，介绍多进制调制系统。

MPSK 用具有多个相位状态的正弦波来表示多进制数字基带信号的不同状态。M 进制信号与二进制信号之间的关系：$M = 2^k$。载波的一个相位对应 k 位二进制码元。如果载波有 2^k 个相位，可代表 k 位二进制码元的 M 种组合。

MPSK 分为多进制绝对相移键控（MPSK）和多进制相对（差分）相移键控（MDPSK）。MPSK 信号表达式为

$$S_{\text{MPSK}}(t) = A_0\cos(\omega_c t + \theta_n) \tag{4-23}$$

式 4-23 中，$\theta_n = \dfrac{2\pi}{M}n, n = 0,1,\cdots,M-1$。

MPSK 信号可等效为两个正交载波进行多电平双边带调幅所得已调波之和。带宽与 MASK 信号一样，是调制信号带宽的两倍。

MPSK 信号的 M 个相位与其代表的 k 位二进制码元之间的对应关系。各相位值都是相对于参考相位而言的，通常取 0 相位作为参考相位。对绝对调相，参考相位为未调载波的初相；对相对调相，参考相位为前一码元载波的末相，正为超前，负为落后。采用等间隔的相位差，相位间隔是 $2\pi/M$。

随着 M 的增大，相位间隔会减小，系统可靠性下降，所以 M 不能太大。最常使用的是四相 PSK（4PSK）和八相 PSK（8PSK）。

图 4-63 中（a）是 π/2 相移系统，（b）是 π/4 相移系统，虚线为参考相位。

2. 仿真多进制调制系统

下面以 QPSK（4PSK）系统为例进行 SystemView 仿真。QPSK 仿真模型如图 4-64 所示。图 4-64 中，开始时间为 0 s，采样频率为 9.6 kHz，采样点数为 8 192 个。

图 4-64 中，图符 1 代表"串并变换子系统"，其仿真模型如图 4-65 所示。

图 4-64 中，图符 11 代表"波形恢复子系统"，其仿真模型如图 4-66 所示。

图 4-64 中，图符 12 代表"并串变换子系统"，其仿真模型如图 4-67 所示。

QPSK 仿真模型各图符参数设置表如表 4-9 所示。

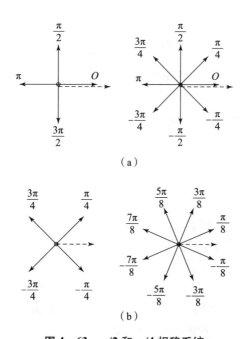

图 4 - 63 π/2 和 π/4 相移系统

（a）π/2 相移系统；（b）π/4 相移系统

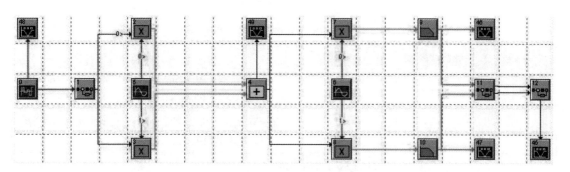

图 4 - 64 4PSK 仿真模型

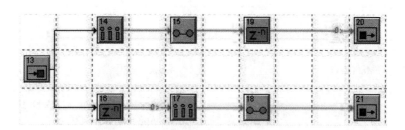

图 4 - 65 串并变换子系统仿真模型

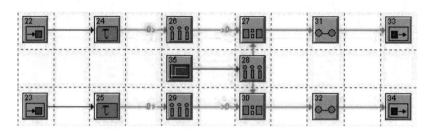

图 4 − 66   波形恢复子系统仿真模型

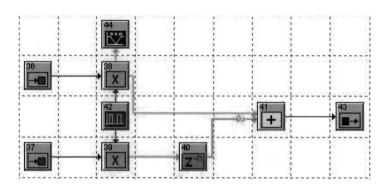

图 4 − 67   并串转换子系统仿真模型

表 4 − 9   QPSK 仿真模型各图符参数设置

编号	图符块属性	类型	参数
0	Source	PN Seq	Amp = 1 V，Offset = 0 V，Rate = 2 400 Hz，Levels = 2，Phase = 0 deg
1、11、12	MetaSys		1 为串并变换子系统，11 为波形恢复子系统，12 为并串变换子系统
9、10	Operator	Liner Sys Filters/Analog/Lowpass	Low Cuttoff = 1 200 Hz
5、6	Source	Sinusoid	Amp = 1V，Freq = 1800Hz，Phase = 0deg
13、22、23、36、37	Meta I/O		input
20、21、33、34、43	Meta I/O		output
14、17、26、28、29	Operator	Sampler	Interpolating，Rate = 1 200 Hz，Aperture = 0 sec，Aperture Jitter = 0 sec
15、18、31、32	Operator	Hold	Last Value，Gain = 1
16、40	Operator	Delays/Smpl Delay	Delay = 4Samples，Initial Condition = 0 V，Fill Last Register

编号	图符块属性	类型	参数
19	Operator	Delays /Smpl Delay	Delay = 8Samples，Initial Condition = 0 V，Fill Last Register
27、30	Operator	Logic/Compare	Select Comparison = a > = b，True Output = 1，False Output = − 1
35	Source	Aperiodic/Step Fct	Amp = 0 V，Start Time = 0，Offset = 0 V
42	Source	Periodic/Pulse Train	Amp = 1 V，Freq = 1 200 Hz，Pulse Width = 416.7 us，Offset = 0 V，Phase = 0 deg
24、25	Operator	Delays/Delay	Delay Type = Non – interpolating，Delay = 383 us

QPSK 仿真部分波形分析如下。

原始信号和 QPSK 信号波形如图 4 − 68 所示。

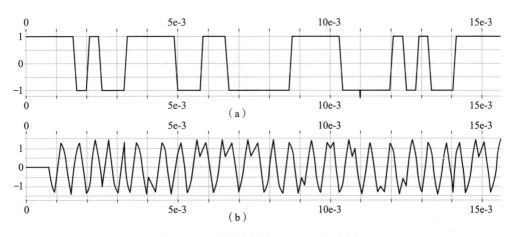

图 4 − 68　原始信号和 QPSK 信号波形

(a) 原始基带信号（t48）；(b) QPSK 信号（t49）

图 4 − 68 中，(a) 是原始码元数字数列（频率为 R），经过串并子程序生成两个频率为 $R/2$ 的并行码元（抽样延迟），然后分别与两载波相乘（此两载波由一正弦信号发生器产生，因为其本身就提供同相和正交两种，故不需要相移器）进行 ASK（幅度键控）调制后得到两路 BPSK 信号，其相加得 QPSK 信号，如图 4 − 68（b）所示。

解调部分的波形如图 4 − 69 所示。

相干解调，QPSK 与同相同频正弦波相乘再经接收低通滤波器滤除高频分量得到同相和正交两路码元，再恢复，两路采样器分别以 1.2 kHz 的采样频率对原采样序列采样。其中一路先经过一个码元宽度的时间延迟，这样一路采第奇数个码元；另一路采第偶数个码元，完成串并变换。为了使两路信号采样后在相位上对齐，采奇数个码元的支路也加入了相应的时间延迟。

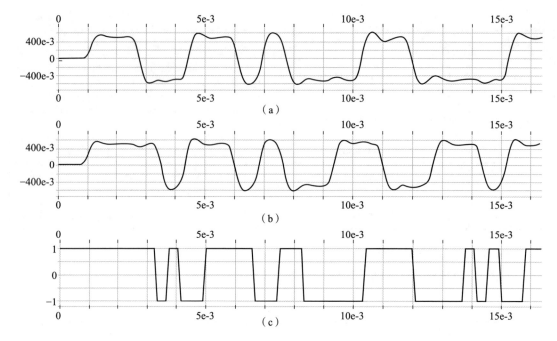

图 4 - 69 解调波形

（a）低通滤波后支路 1 信号（t46）；（b）低通滤波后支路 2 信号（t47）；（c）解调信号（t45）

任务实施

（1）利用 SystemView 仿真软件实现 16QAM 调制解调。

（2）分组探讨二进制数字调制和多进制数字调制的异同点和优缺点。

任务总结

本任务中，分小组完成本项工作。其中，AM 调制解调仿真实验及 FM 软件无线电解调是本任务的关键。学生们将调试解调原理与仿真实验及软件无线电设备解调相结合，将理论与实践充分结合，加深对通信模拟调制解调技术的理解。

自我评价

知识与技能点	你的理解	掌握情况
ASK 调制解调原理		😊 😐 😟 😭
FSK 调制解调原理		😊 😐 😟 😭
PSK 调制解调原理		😊 😐 😟 😭

完全掌握 基本掌握 有些不懂 完全不懂

实训与拓展

（1）收集数字调制技术在现有通信系统的应用相关资料。

（2）多角度总结多进制调制技术的优缺点、行业应用情况。

任务 4.3　探秘新一代调制技术

新一代调制技术主要有正交频分复用技术 OFDM、正交振幅调制技术 QAM、高斯最小频移键控 GMSK 等，这些技术在微波通信、高速数据传输、移动通信中有广泛的应用。

正交频分复用技术 OFDM（Orthogonal Frequency Division Multiplexing），实际上是多载波调制 MCM（Multi – CarrierModulation）的一种。其主要思想是：将信道分成若干正交子信道，将高速数据信号转换成并行的低速子数据流，调制到每个子信道上进行传输。正交信号可以通过在接收端采用相关技术来分开，这样可以减少子信道之间的相互干扰 ICI。每个子信道上的信号带宽小于信道的相关带宽，因此每个子信道上的信号可以看成平坦性衰落，从而可以消除符号间干扰。而且由于每个子信道的带宽仅仅是原信道带宽的一小部分，信道均衡变得相对容易。

正交振幅调制（QAM）指用两路基带信号对两个正交同频载波进行抑制载波双边带调幅。QAM 是一种矢量调制，是幅度和相位联合调制的技术，它同时利用了载波的幅度和相位来传递信息比特，不同的幅度和相位代表不同的编码符号。因此在一定的条件下可实现更高的频带利用率，而且抗噪声能力强，实现技术简单。QAM 是用两个独立的基带数字信号对两个相互正交的同频载波进行抑制载波的双边带调制，利用这种已调信号在同一带宽内频谱正交的性质来实现两路并行的数字信息传输，主要用于高速传输场合。QAM 在中、大容量数字微波通信系统、有线电视网络高速数据传输、卫星通信系统等领域得到广泛应用。

一般的移频键控信号由于相位不连续、频偏较大等原因，其频谱利用率较低。为了减小已调波带宽和对邻道的干扰，调制前对基带信号进行高斯滤波，再进行最小频移键控调制，称为高斯最小频移键控 GMSK（Gaussian Minimum Shift Keying）。GMSK 也称为快速移频键控，是二进制连续相位 FSK 的一种特殊形式。基带信号先经过高斯滤波器（低通滤波器），形成高斯脉冲，再进行 MSK 调制。高斯脉冲无陡峭的边沿，亦无拐点，已调波相位在 MSK 的基础上进一步平滑。其频谱特性优于 MSK。GMSK 使用高斯预调制滤波器进一步减小调制频谱的最小相位频移键控，可以降低频率转换速度。

任务实施

（1）二进制相对调相（差分调相）2DPSK 利用相邻码元载波相位的相对变化来表示数字信号，利用前后相邻码元的载波相对相位变化传递数字信息。

（2）利用软件无线电设备实现 FM 解调。

任务总结

本任务中，分小组完成本项工作。其中，QAM 调制解调原理是本任务的关键。学生们将调制解调原理与仿真实验软件相结合，将理论与实践充分结合，加深对通信系统调制解调技术的理解。

自我评价

知识与技能点	你的理解	掌握情况
OFDM		
QAM		
GMSK		

完全掌握 基本掌握 有些不懂 完全不懂

实训与拓展

（1）结合 5G、Wifi6 等新一代通信技术，查询、整理新一代调制技术相关资料。

（2）搜集整理神舟系列卫星所使用的调制技术。

小结

1. 调制就好比人乘坐交通工具："人"是基带信号；"交通工具"是载波信号；"乘坐交通工具的人"是已调信号。

2. 所谓"键控"，是指一种如同"开关"控制的调制方式。比如对于二进制数字信号，由于调制信号只有两个状态，调制后的载波参量也只能具有两个取值，其调制过程就像用调制信号去控制一个开关，从两个具有不同参量的载波中选择相应的载波输出，从而形成已调信号。

3. 2ASK 用二进制数字基带信号控制载波的幅度，二进制数字序列只有"1""0"两种状态，则调制后的载波也只有两种状态：有载波输出传送"1"，无载波输出传送"0"。

4. 2FSK 信号可看作是两个交错的 ASK 信号之和，一个载频为 f_1，另一个载频为 f_2。

5. 绝对调相 2PSK 利用载波初相位的绝对值（固定的某一相位）来表示数字信号"1"或"0"。

6. 二进制相对调相（差分调相）2DPSK 利用相邻码元载波相位的相对变化来表示数字信号，利用前后相邻码元的载波相对相位变化传递数字信息。

思考题与练习题

4-1　填空题

1. AM 信号的解调方法有两种：（　　　）和（　　　）。

2. 调制信号为双极性方波，调幅度 m 为 1 的 AM 调制，调制效率为（　　　）。

3. 调制信号为正弦波，调幅度 m 为 1 的 AM 调制，调制效率为（　　　）。

4. 设基带信号带宽为 2 kHz，若采用调频指数为 6 的 FM 调制，占用带宽为（　　　）Hz；若采用 DSB 调制，占用带宽为（　　　）Hz。

5. FDM 技术应用广泛，如（　　）、（　　）、（　　）和（　　）等。

6. 2FSK 信号当 $f_2 - f_1 < f_s$ 时其功率谱将出现（　　　）；当 $f_2 - f_1 > f_s$ 时其功率谱将出现（　　　）。

7. 2ASK 信号解调有（　　　）和（　　　）两种方法。

8. PSK 是利用载波的（　　　）来表示符号，而 DPSK 则是利用载波的（　　　）来表示符号。

9. 在数字调制传输系统中，PSK 方式所占用的频带宽度与 ASK 的（　　　），PSK 方式的抗干扰能力比 ASK 的（　　　）。

10. 2DPSK 的解调方法有两种，它们分别是（　　　）和（　　　）。

11. 采用 2PSK 传输中由于提取的载波存在（　　　）现象，该问题可以通过采用（　　　）方式加以克服。

4-2　单项选择题

1. 下列调制方式中，调制效率小于 100% 的是（　　　）。

A. AM 　　　　　B. DSB 　　　　　C. SSB 　　　　　D. VSB

2. 下列调制方式中，通常采用包络检波法解调的是（　　　）。

A. AM 　　　　　B. DSB 　　　　　C. SSB 　　　　　D. VSB

3. 下列调制方式中，频带利用率最高的是（　　　）。

A. AM 　　　　　B. DSB 　　　　　C. SSB 　　　　　D. VSB

4. 如果信号为 $10\cos\omega_c t$，那么该信号的功率是（　　　）。

A. 100 　　　　　B. 50 　　　　　C. $100\cos^2\omega_c t$ 　　　　　D. $50\cos^2\omega_c t$

5. 三种数字调制方式之间，其已调信号占用频带的大小关系为（　　　）。

A. 2ASK = 2PSK = 2FSK 　　　　　　　　B. 2ASK = 2PSK > 2FSK

C. 2FSK > 2PSK = 2ASK 　　　　　　　　D. 2FSK > 2PSK > 2ASK

6. 在数字调制技术中，其采用的进制数越高，则（　　　）。

A. 抗干扰能力越强 　　　　　　　　B. 占用的频带越宽

C. 频谱利用率越高 　　　　　　　　D. 实现越简单

7. 可以采用差分解调方式进行解调的数字调制方式是（　　　）

A. ASK 　　　　　B. PSK 　　　　　C. FSK 　　　　　D. DPSK

8. 以下数字调制中，不能采用包络检波进行解调的是（　　　）。

A. ASK 　　　　　B. OOK 　　　　　C. FSK 　　　　　D. PSK

9. 在等概的情况，以下数字调制信号的功率谱中不含有离散谱的是（　　）。

A. ASK　　　　　　　B. OOK　　　　　　　C. FSK　　　　　　　D. PSK

10. 16QAM 属于的调制方式是（　　）。

A. 混合调制　　　　　B. 幅度调制　　　　　C. 频率调制　　　　　D. 相位调制

11. 对于 2PSK 采用直接法载波同步会带来的载波相位模糊是（　　）。

A. 90°和180°不定　　　　　　　　　　B. 0°和180°不定

C. 90°和360°不定　　　　　　　　　　D. 0°和90°不定

12. 设数字码序列为 0110100，以下数字调制的已调信号波形中为 2PSK 波形的是（　　）。

A.

B.

C.

D.

4-3　判断题

1. 载波信号携带有用信息。　　　　　　　　　　　　　　　　　　　　　　　　（　　）

2. AM 信号只有边带功率分量与调制信号有关，载波功率分量不携带信息。　　（　　）

3. 包络检波器就是一种低通滤波器。　　　　　　　　　　　　　　　　　　　　（　　）

4. 数字调制中三种调制方式占用频带大小的关系是 2FSK > 2PSK = 2ASK。　　（　　）

5. 2DPSK 占用的频带与 2ASK 占用的频带一样宽。　　　　　　　　　　　　　（　　）

6. 2PSK 信号的频谱要比 2ASK 信号的频谱要宽。　　　　　　　　　　　　　　（　　）

7. 采用相对调相可以解决载波相位模糊带来的问题。　　　　　　　　　　　　（　　）

8. 在数字调制中，数字调相可以用调幅的方式来实现。　　　　　　　　　　　（　　）

4-4　简答题

1. 简述什么是调制？

2. 设基带信号 $f(t)$ 的频带范围为（0 Hz $-f_m$Hz），问采用 AM 和调制指数为 5 的 FM 调制方式，调制后信号的带宽是多少？

3. AM 可采用的解调方式有哪些？什么是相干解调？

4-5　计算题

1. 设发送数字信息序列为 11010011，码元速率为 $R_B = 2\ 000$ Bd。现采用 2FSK 进行调制，并设 $f_1 = 2$ kHz 对应 "1"；$f_2 = 4$ kHz 对应 "0"；f_1、f_2 的初始相位为 0°。

试解答：（1）画出 2FSK 信号的波形。（2）计算 2FSK 信号的带宽。

2. 设发送数字信息序列为 011010001，码元速率为 $R_B = 2\ 000$ Bd，载波频率为 4 kHz。

试解答：（1）分别画出 2ASK、2PSK、2DPSK 信号的波形（2）ASK 的规则："1"有载波、"0"无载波；2PSK 的规则："1"为 0°、"0"为 180°；2DPSK 的规则："1"变"0"不变，且设相对码参考码元为"0"。

（2）计算 2ASK、2PSK、2DPSK 信号的带宽。

项目 5

揭秘编码

🎯 项目描述

数字通信系统中有两大类编码，信源编码和信道编码。信源编码的目的是为了提高系统的有效性，而信道编码的目的是为了提高系统的可靠性。本项目包括两个任务：信源编码和信道编码。

🎯 项目分析

本项目依据通信系统处理信号的先后顺序，先介绍了信源编码，主要以语音压缩编码中的 PCM 编码为例，阐述了抽样、量化及编码的相关原理，并通过 SystemView 仿真软件对 PCM 系统进行了仿真。然后介绍了信道编码的基本原理，在此基础上，详细阐述了奇偶校验码、汉明码、循环码、卷积码和 Turbo 码等几种典型的信道编码，并通过 SystemView 仿真软件对奇偶校验码和汉明码进行了仿真。

🎯 学习目标

理解信源编码和信道编码的作用；掌握 PCM 的抽样、量化和编码技术原理；学会几种常用的信道编码方法，如奇偶校验码、汉明码和循环码等；了解卷积码和 Turbo 码。

课程思政：结合信源编码和信道编码的作用，理解两者的矛盾与统一，从通信系统延伸到生态系统，通过生态系统的协调平衡发展，将协调、绿色、环保等元素引入课程。

任务 5.1　理解信源编码

🎯 任务目标

理解信源编码的作用；掌握 PCM 的抽样、量化和编码原理；了解常用的几种信源编码；能够使用 SystemView 仿真软件进行 PCM 系统仿真。

任务分析

本任务从模拟信号数字化传输系统入手，首先介绍了信源编码的作用，接下来重点介绍 PCM 技术原理，包括抽样、量化和编码等，然后简要介绍了常用的几种信源编码，最后利用 SystemView 仿真软件对 PCM 系统进行了仿真，验证了原理的正确性。

知识准备

信源编码主要是利用信源的统计特性，解决信源的相关性，去掉信源冗余信息，从而达到压缩信源输出的信息率、提高系统有效性的目的。信源编码包括语音压缩编码、各类图像压缩编码及多媒体数据压缩编码。另外将信源的模拟信号转化成数字信号，以实现模拟信号的数字化传输也属于信源编码。

信源编码的作用之一是设法减少码元数目和降低码元速率，即通常所说的数据压缩；作用之二是将信源的模拟信号转化成数字信号，以实现模拟信号的数字化传输。

本节信源编码是仅针对模拟信号的数字化传输进行的编码。数字通信系统有很多优点，应用非常广泛，已经成为现代通信的主要发展趋势。自然界中很多信号都是模拟量，我们要进行数字传输就要将模拟量进行数字化。脉冲编码调制（PCM）技术就是将模拟信号数字化的技术，可分为抽样、量化和编码三个步骤。

模拟信号数字化传输系统框图如图 5 - 1 所示。

图 5 - 1　模拟信号数字化传输系统框图

由图 5 - 1 可见，模拟信号数字化传输一般需经过以下三个步骤：

（1）编码：模数转换（A/D），把模拟信号数字化，将原始的模拟信号转换为时间离散和幅值离散的数字信号；

（2）传输：进入数字传输系统进行数字方式传输；

（3）译码：数模转换（D/A），把数字信号还原为模拟信号。

A/D、D/A 变换的过程通常由信源编码器、信源译码器实现，所以通常将发端的 A/D 变换称为信源编码（如将语音信号的数字化称为语音编码），而将收端的 D/A 变换称为信源译码。

常用到的语音编码方法有波形编码、参数编码和混合编码三种。波形编码指利用抽样定理，恢复原始信号的波形。参数编码指提取语音的一些特征信息进行编码，在接收端利用这些特征参数合成语声。混合编码指波形编码和参数编码方式的混合。脉冲编码调制（PCM）属于波形编码的一种。

5.1.1　抽样

模拟信号数字化的第一步是在时间上对信号进行离散化处理，即将时间上连续的信号处理成时间上离散的信号，这一过程称之为抽样。抽样是把时间上连续的模拟信号变成一系列时间上离散的抽样值的过程。通过抽样得到一系列在时间上离散的幅值序列称为样值序列。这些样值序列的包络线仍与原模拟信号波形相似，我们把它称为脉冲幅度调制（Pulse Amplitude Modulation，PAM）信号。具体地说，就是某一时间连续信号 $f(t)$，仅取 $f(t_0)$，$f(t_1)$，$f(t_2)$，…各离散点数值，就变成了时间离散信号，如图 5-2 所示。

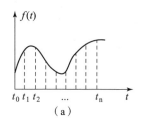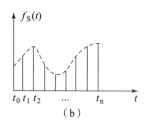

图 5-2　模拟信号抽样示意

理论证明：设时间连续信号 $f(t)$，其最高截止频率为 f_m。如果用时间间隔为 $T_s \leqslant 1/2f_m$ 的开关信号对 $f(t)$ 进行抽样，则 $f(t)$ 就可被样值信号 $f_s(t) = f(nT_s)$ 来唯一地表示。或者说，要从样值序列无失真地恢复原时间连续信号，其抽样频率应选为 $f_s \geqslant 2f_m$。这就是著名的奈奎斯特抽样定理，简称抽样定理。无失真所需最小抽样速率 $f_s = 2f_m$ 为奈奎斯特速率，对应的最大抽样间隔 T_s 称为奈奎斯特间隔。

话音信号的最高频率限制在 3 400 Hz，这时满足抽样定理的最低抽样频率应为 $f_s = 6\ 800\ \text{Hz}$，为了留有一定的防卫带，原 CCITT 规定语音信号的抽样频率为 $f_s = 8\ 000\ \text{Hz}$，这样，就留出了 $8\ 000 - 6\ 800 = 1\ 200\ \text{Hz}$ 作为滤波器的防卫带，则抽样周期 $T = 125\ \mu\text{s}$。

抽样后的脉冲信号在幅度上仍然可连续取值，因此是模拟信号。需经量化才能转换成幅度取值有限的数字信号。

5.1.2　量化

由于抽样后的 PAM 信号的幅度仍然是连续的，因此还是模拟信号，若直接送入信道传输，其抗干扰性能仍很差；又因其幅值在一定范围内为无限多个值，若直接转换成二进制数字信号表示，需要无限多位二进制信号与之对应，这是不可能实现的，为此要采用量化的办法。

量化是把信号在幅度域上连续的样值序列用近似的办法将其变换成幅度离散的样值序列。具体的定义是，将幅度域连续取值的信号在幅度域上划分为若干个分级（量化间隔），在每一个分级范围内的信号值取某一个固定的值用来表示。这一近似过程一定会产生误差，称为量化误差。量化误差就是指量化前后信号之差，会产生量化噪声。

1. 均匀量化

量化可以分为均匀量化与非均匀量化两种方式。均匀量化是指各量化分级间隔相等的量化方式，也就是均匀量化是在整个输入信号的幅度范围内，量化级的大小都是相等的。对于均匀量化则是将 $-U \sim +U$ 范围内均匀等分为 N 个量化间隔，则 N 称为量化级数。设量化间隔为 Δ，则 $\Delta = 2U/N$。如量化值取于每一量化间隔的中间值，则最大量化误差为 $\Delta/2$。由于量化间隔相等，为某一固定值，它不能随信号幅度的变化而变化，故大信号时信噪比大，小信号时信噪比小。所以量化信噪比随信号电平的减小而下降。

抽样信号和量化信号的比较如图 5-3 所示。图中，抽样后的信号 $m(nT)$ 仍然是模拟信号，需要把无限个取值变为有限个取值。若把整个取值区间均匀划分为 8 份（$-4\Delta \sim 4\Delta$），而抽样值位于某一份内的样值，最终被量化为该份的中间值，分别为 -3.5Δ、-2.5Δ、-1.5Δ、-0.5Δ、0.5Δ、1.5Δ、2.5Δ 和 3.5Δ，不管抽样后取何值，最终被量化为这 8 个值中的某一个，取值变为有限的 8 个值，完成模拟信号的数字化。量化后的信号，就可以称为数字信号了。

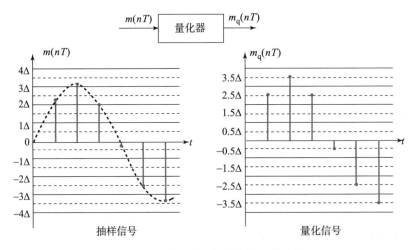

图 5-3　抽样信号与量化信号的比较

2. 非均匀量化

非均匀量化的特点：信号幅度小时，量化间隔小，其量化误差也小；信号幅度大时，量化间隔大，其量化误差也大。采用非均匀量化可以改善小信号的量化信噪比。实现非均匀量化的方法之一是采用压缩扩张技术。

目前，主要有两种对数形式的压缩特性：A 律和 μ 律，A 律编码主要用于 30/32 路一次群系统，μ 律编码主要用于 24 路一次群系统。我国和欧洲采用 A 律编码，北美和日本采用 μ 律编码。两种压缩扩张特性曲线如图 5-4 所示。

A 律表示式是一条平滑曲线，用电子线路很难准确地实现。这种特性很容易用数字电路来近似实现，13 折线特性就是近似于 A 律的特性，一般称为 A 律 13 折线。

目前我国使用的是 A 律 13 折线特性。具体实现的方法是：对 x 轴在 0~1（归一化）范围内以 1/2 递减规律分成 8 个不均匀段，其分段点分别是 1/2、1/4、1/8、1/16、1/32、1/64 和 1/128。对 y 轴在 0~1（归一化）范围内以均匀分段方式分成 8 个均匀段，其分段点

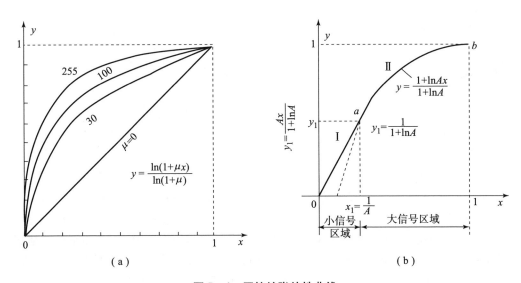

图 5 - 4　压缩扩张特性曲线

（a）μ 律（北美、日本）；（b）A 律（中国、欧洲）

是 1/8、2/8、3/8、4/8、5/8、6/8、7/8 和 1。将 x 轴和 y 轴对应的分段线在 $x-y$ 平面上的相交点相连接的折线就是有 8 个线段的折线，如图 5 - 5 所示。各段折线的斜率如表 5 - 1 所示。

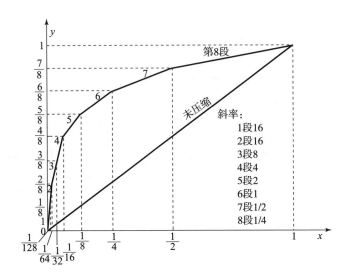

图 5 - 5　A 律 13 折线第一象限

表 5 - 1　各段折线的斜率

折线段号	1	2	3	4	5	6	7	8
斜率	16	16	8	4	2	1	1/2	1/4

图中第一段和第二段折线的斜率相同也即 7 段折线。再加上第三象限部分的 7 段折线，

共 14 段折线，由于第一象限和第三象限的起始段斜率相同，所以共 13 段折线。这便是 A 律 13 折线特性——压缩扩张特性。

5.1.3 编码

编码，就是用一组二进制码组来表示每一个有固定电平的量化值。在语音通信中，通常采用 8 位的 PCM 编码就能够保证满意的通信质量。二进制码具有很好的抗噪声性能，并易于再生，因此 PCM 中一般采用二进制码。

目前 A 律 13 折线 PCM 30/32 路设备所采用的码型是折叠二进制码。这种码是由自然二进码演变而来的。自然码是大家最熟悉的二进制码，从左至右其权值分别为 8、4、2、1，故有时也被称为 8 - 4 - 2 - 1 二进制码。除去最高位，折叠二进码的上半部分与下半部分呈倒影关系（折叠关系）。上半部分最高位为 0，其余各位由下而上按自然二进码规则编码；下半部分最高位为 1，其余各位由上向下按自然码编码。这种码对于双极性信号（话音信号通常如此），通常可用最高位去表示信号的正、负极性，而用其余的码去表示信号的绝对值，即只要正、负极性信号的绝对值相同，则可进行相同的编码。这就是说，用第一位码表示极性后，双极性信号可以采用单极性编码方法。因此采用折叠二进码可以大大简化编码的过程。

在 A 律 13 折线法中采用 8 位折叠二进制码编码。编码用 $c_1 c_2\ c_3\ c_4\ c_5\ c_6 c_7 c_8$ 表示，如表 5 - 2 所示。

表 5 - 2　PCM 8 位编码结构

极性码	段落码	段内码
c_1	$c_2 c_3 c_4$	$c_5 c_6 c_7 c_8$

PCM 8 位码的码位安排如表 5 - 3 所示。

表 5 - 3　PCM 8 位码的码位安排

极性码	幅度码		极性码	幅度码	
	段落码	段内码		段落码	段内码
c_1	$c_2\ c_3\ c_4$	$c_5\ c_6 c_7 c_8$	c_1	$c_2\ c_3\ c_4$	$c_5\ c_6 c_7 c_8$
0	000	0000	1	100	1000
	000	0001		100	1001
	000	0010		100	1010
	001	0011		101	1011
	010	0100		110	1100
	010	0101		110	1101
	010	0110		110	1110
	011	0111		111	1111

表 5 – 3 中：

极性码：$c1$，共 1bit。对于正信号，$c1 = 1$；对于负信号，$c1 = 0$。

段落码：$c2c3$ $c4$，共 3 bit，可以表示 8 种斜率的段落。段落码表示该样值位于 8 个大段的哪个大段中。如果位于第一段，段落码是 000，第二段段落码是 001，依次类推。

段内码：每一段均匀划分为 16 份，段内码表示该样值位于所在的大段落中的 16 小段中的哪一段。如果位于第一段，段落码是 0000，第二段段落码是 0001，依次类推。

段落码和段内码，用于表示量化值的绝对值，这 7 位码总共能表示 $2^7 = 128$ 种量化值。

可以看出，每个大段的量化级都是 16 等分，但不同段落的量化间隔是不同的。

需要指出，在上述编码方法中，虽然各段内的 16 个量化级是均匀的，但因段落长度不等，故不同段落间的量化级是非均匀的。当输入信号小时，段落短，量化间隔小；反之，量化间隔大。

在 13 折线中，第一、二段最短，斜率最大，其横坐标 x 的归一化动态范围只有 1/128，再将其等分为 16 小段后，每一小段的动态范围只有 （1/128） × （1/16） = 1/2 048。这就是最小量化间隔，将此最小量化间隔 （1/2 048） 称为 1 个量化单位，用 Δ 表示，即 $\Delta = 1/2\ 048$。第 8 段最长，其横坐标 x 的动态范围为 1/2。将其 16 等分后，每段长度为 1/32。假若采用均匀量化而仍希望对于小电压保持有同样的动态范围 1/2 048，则需要用 11 位的码组才行。

根据 13 折线的定义，以最小的量化间隔 Δ 作为最小计量单位，可以计算出 A 律 13 折线每一个量化段的电平范围、起始电平和各段落内量化间隔 Δ_i。A 律 13 折线有关参数如表 5 – 4 所示。

表 5 – 4 A 律 13 折线有关参数

段落序号 $i = 1 \sim 8$	电平范围 （Δ）	段落码	段落起始电平	量化间隔 Δ_i（Δ）
8	1 024 ~ 2 048	111	1 024	64
7	512 ~ 1 024	110	512	32
6	256 ~ 512	101	256	16
5	128 ~ 256	100	128	8
4	64 ~ 128	011	64	4
3	32 ~ 64	010	32	2
2	16 ~ 32	001	16	1
1	0 ~ 16	000	0	1

语音信号的抽样频率为每秒钟 8 000 次，在采用 A 律 13 折线非均匀量化编码器时，每个样值被编码成 8 bit，则每路话音的数据带宽为 $8\ 000 \times 8 = 64$ kbit/s，也就是每秒钟在线路上必须通过 64 000 个 "0" 或者 "1"，才能保证有足够的线路宽度供一路话音通过而不至于发生语音信号失真。因此一般称 64 kbit/s 为一路话音的带宽。当然，如果每路话音安排的不是 8 bit，而是 16 bit、32 bit，则每路话音的带宽会发生相应变化。

【例 5 – 1】设输入电话信号抽样值的归一化动态范围在 – 1 ~ + 1 内，将此动态范围划分为 4 096 个量化单位，即将 1/2 048 作为 1 个量化单位 Δ 。当输入抽样值为 +1 270 Δ 时，试按照 13 折线 A 律特性编码，并求量化误差。

解：设编出的 8 位码组用 $c1$ $c2$ $c3$ $c4$ $c5$ $c6$ $c7$ $c8$ 表示，则

（1）确定极性码 $c1$：因为输入抽样值 +1 270 为正极性，所以 $c1 = 1$。

（2）确定段落码 $c2$ $c3$ $c4$：由段落码编码规则表可见，1 024 < 1 270 < 2 048

则 $c2$ $c3$ $c4 = 111$，并且得知抽样值位于第 8 段落内。

（3）第 8 段台阶高度 $\Delta_8 = 64\Delta$

$$（1\ 270 - 1\ 024）/64 = 3\ 余\ 54$$

因此位于第 4 段，段内码为 0011。

段内码 0011 表示的量化值应该是第 8 大段落的第 3 小段的中间值，即

$$1\ 024 + 3 \times 64 + 64/2 = 1\ 248（量化单位）$$

最终编码 $c1$ $c2$ $c3$ $c4$ $c5$ $c6$ $c7$ $c8 = 11110011$。

（4）量化误差：1 248 - 1 270 = -22 Δ。

【例 5 - 2】设某一电平的 A 律 13 折 PCM 编码为 11110011，求该电平的实际数值（归一化）。

解：$c1 = 1$ 说明样值为正极性。

$c2$ $c3$ $c4 = 111$ 说明在第 8 段，起点电平为 1 024 Δ。

$c5$ $c6$ $c7$ $c8 = 0011$ 说明位于第 4 小段，第 8 大段的段内台阶高度为 $\Delta_8 = 64\Delta$，故对应偏移电平为 64 $\Delta \times 3 + 32\Delta = 224\Delta$。

因此该电平的实际数值为 1 024 Δ + 224 Δ = 1 248 Δ。

5.1.4　常用的信源编码

最原始的信源编码就是莫尔斯电码，另外 ASCII 码和电报码都是信源编码。现代通信应用中常见的信源编码方式有 Huffman 编码、算术编码、L - Z 编码，这三种都是无损编码。另外还有一些有损的编码方式。

另外，在数字电视领域，信源编码包括通用的 MPEG - 2 编码和 H. 264（MPEG - Part10 AVC）编码等。

常用到的语音信源编码方法有波形编码、参数编码和混合编码三种。波形编码指利用抽样定理，恢复原始信号的波形，比特率通常在 16 ~ 64 kbit/s 范围内，接收端重建信号的质量好。如 PCM（脉冲编码调制）、ADPCM（自适应差分脉冲编码调制）、DM（增量调制）等。参数编码是利用信号处理技术，提取语音信号的特征参量，再变换成数字代码，其比特率在 4.8 kbit/s 以下，但接收端重建（恢复）信号的质量不够好。如 LPC（线性预测编码）。混合编码是介于波形编码和参数编码之间的一种编码，即在参数编码的基础上，引入了一定的波形编码的特征，来达到改善自然度的目的，其比特率在 4.8 ~ 16 kbit/s。如 GSM 系统中使用的规则脉冲激励线性预测编码技术（RPE - LTP）、CDMA 系统中采用的 QCELP（Qualcomm 码激励线性预测）、EVRC（增强型变速率编解码）和 AMR（自适应多速率编解码）。

1. QCELP（Qualcomm 码激励线性预测）

QCELP 是美国 Qualcomm 通信公司的专利语音编码算法，是北美第二代数字移动电话的

语音编码标准（IS－95）。QCELP 算法被认为是到目前为止效率最高的一种算法。该算法可依靠门限值来调整速率，门限值随着背景噪声的变化而变化，这样自适应的算法就抑制了背景噪声，使得在噪声比较大的环境中，也能得到良好的话音质量，其话音质量可以与有线电话媲美。

CDMA 蜂窝系统容量是以前其他移动通信系统容量的 4～5 倍，而且服务质量、覆盖范围都比以前好。为了适应这种发展趋势，CDMA 系统采用了一种非常有效的数字语音编码技术：Qualcomm 码激励线性预测（QCELP）编码。IS－95 采用 QCELP 语言编码方式。

2. EVRC（增强型变速率编解码）

EVRC 即增强型变速率编解码，是一种对话音进行分析和合成的编、译码器，也称话音分析合成系统或话音频带压缩系统。它是压缩通信频带和进行保密通信的有力工具。声码器在发送端对语言信号进行分析，提取出语言信号的特征参量加以编码和加密，以取得和信道的匹配，经信息道传递到接收端，再根据收到的特征参量恢复原始语言波形。分析可在频域中进行，对语言信号做频谱分析，鉴别清浊音，测定浊音基频，进而选取清－浊判断、浊音基频和频谱包络作为特征参量加以传送。分析也可在时域中进行，利用其周期性提取一些参数进行线性预测，或对语言信号做相关分析。根据工作原理，声码器可以分成：通道式声码器、共振峰声码器、图案声码器、线性预测声码器、相关声码器、正交函数声码器。它主要用于数字电话通信，特别是保密电话通信。

3. AMR（自适应多速率编解码）

AMR（自适应多速率编解码），是由 3GPP 制定的应用于第三代移动通信 W－CDMA 系统中的语音压缩编码，更加智能地解决了信源和信道编码的速率分配问题，使无线资源的配置和利用更加灵活和高效。AMR 支持八种速率：12.2 kbit/s、10.2 kbit/s、7.95 kbit/s、7.40 kbit/s、6.70 kbit/s、5.90 kbit/s、5.15 kbit/s 和 4.75 kbit/s。此外，它还包括低速率（1.80 kbit/s）的背景噪声编码模式。AMR 语音编码器是基于代数码激励线性预测（ACELP）的编码模式，编码器输入为 8 kHz 采样 16 比特量化的线性 PCM 编码，编码操作以 20 ms 语音为一帧，即 160 个样点。发送端编码器提取 ACELP 模型参数（线性预测系数、自适应和固定码本索引及增益）进行传输，接收端译码器再根据这些参数构成的激励信号合成出重建的语音信号。

5.1.5 PCM 系统仿真

1. 仿真目的

（1）掌握 PCM 的取样定理。

（2）掌握 PCM 系统传输的原理。

2. 仿真内容

（1）取样定理仿真。

（2）脉冲编码调制系统仿真。

3. 仪器与设备

SystemView 仿真软件。

4. 仿真步骤

脉冲编码调制（PCM）是将模拟信号变换成数字信号的一种编码方式，主要包括取样、量化和编码三个过程。

1）取样定理仿真

取样定理是模拟信号数字化的理论基础，它告诉我们：对于一个频带被限制在 $0 \sim f_H$ 内的模拟信号，如果取样频率 $f_s \geq 2f_H$，则可以用低通滤波器从取样序列恢复原来的模拟信号；如果取样频率 $f_s < 2f_H$，就会产生混叠失真。。

（1）取样定理仿真模拟。

模拟信号取样和恢复的 SystemView 仿真模拟如图 5-6 所示。

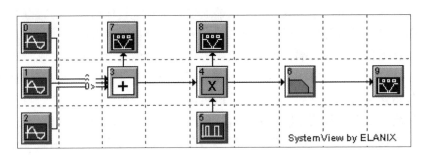

图 5-6　取样定理仿真模型

图 5-6 中，图符 0、1、2 产生幅度为 1 V、频率分别为 8 Hz、10 Hz、12 Hz 的正弦波，通过图符 3 相加，作为模拟信号源。图符 5 产生周期脉冲序列。图符 4 将模拟信号源与周期脉冲序列相乘得到取样信号序列，完成取样。图符 6 是一个 Butterworth 低通滤波器，用来从取样序列中恢复原模拟信号，其截止频率应大于信号的最高频率，本例中取截止频率为 14 Hz。图符 7、8、9 分别显示原模拟信号、取样序列和通过低通滤波器恢复的模拟信号的波形。图 5-6 中各图符参数设置见表 5-5。

表 5-5　取样定理仿真各图符参数设置

编号	图符块属性	类型	参数
0	Source	Periodic/sinusoid	Amp = 1 v, Freq = 8 Hz, Phase = 0deg
1	Source	Periodic/sinusoid	Amp = 1 v, Freq = 10 Hz, Phase = 0deg
2	Source	Periodic/sinusoid	Amp = 1 v, Freq = 12 Hz, Phase = 0deg
5	Source	Periodic/pulse train	Amp = 1 v, Freq = 30 Hz, pulse width = 1e - 3sec, offset = 0 V, phase = 0deg
6	Operator	Filters/syste/linear sysfilter/amalog/butterworth/lowpass	Lowcut off = 14 Hz

（2）仿真演示。

① $f_s \geq 2f_H$ 时。

信号源产生的模拟信号最高频率为 12 Hz，将图符 5 的频率设置成 40 Hz，宽度设置成 0.001 s，即取样频率为 40 Hz，大于模拟信号最高频率的两倍。

设置系统时间：样点取样为 1 024，取样频率 1 000 Hz。运行系统，模拟信号源、取样序列和恢复的信号波形如图 5 - 7 所示。

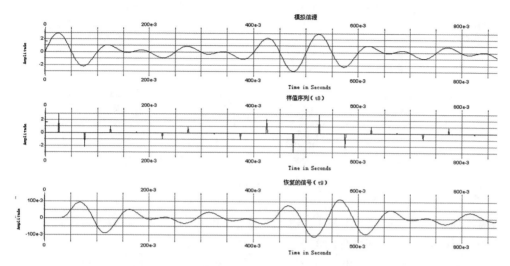

图 5 - 7　模拟信号源、取样序列和恢复的信号波形

对比 5 - 7 中模拟信源波形和恢复信号的波形，不难看出，在该取样频率下，信号能够被完整地恢复，没有失真。

②$f_s < 2f_H$ 时。

在输入信号相同的情况下，将取样频率改为 20 Hz（将图符 5 的频率改为 20 Hz），重新运行系统，得到的恢复信号波形如图 5 - 8 所示。对比图 5 - 7 中模拟信号波形与图 5 - 8 中波形，可以看出，取样频率降低后，恢复信号的失真十分明显。

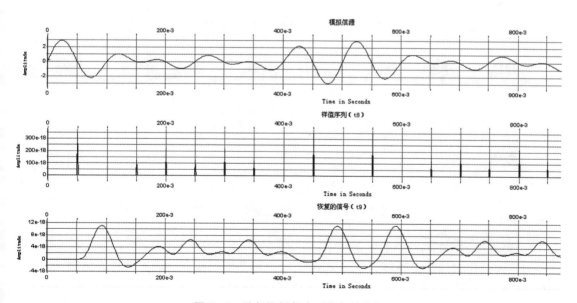

图 5 - 8　降低取样频率后恢复的信号

（3）取样定理证明过程中的频谱仿真。

为能更清楚地显示取样和恢复过程中的频谱变化，将模拟信号改为频率扫描信号，即将图符0、1、2、3去掉，用频率扫描信号源代替。仿真功率谱模型如图5-9所示。

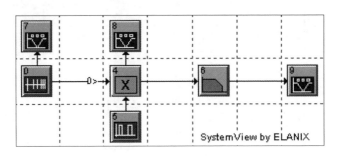

图5-9　仿真功率谱模型

设置图符0参数：振幅为1 V，起始频率为10 Hz，终止频率35 Hz。将图符5的取样频率改为100 Hz，将图符6的截止频率设置为40 Hz。

系统运行时间：样点数4 096，取样频率1 000 Hz。运行系统，进入分析窗，观察原模拟信号、取样后序列和恢复的信号的频谱，如图5-10所示。

由图5-10可见，取样序列的频谱是原模拟信号频谱的周期重复，重复周期为取样频率，本例中取样频率为100 Hz。改变取样频率，再运行系统，可清楚地看出这一点。

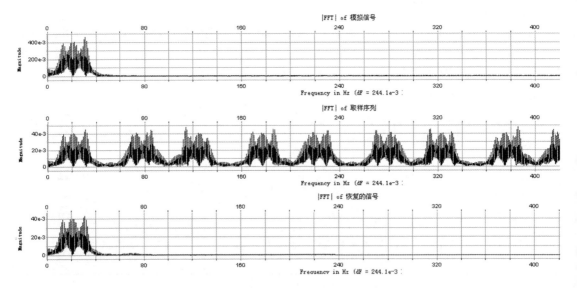

图5-10　取样及恢复过程中的频谱图

2）脉冲编码调制系统仿真

为扩大量化器的动态范围，PCM系统一般采用非均匀量化，压扩特性有A律和μ律两种。

（1）脉冲编码调制系统仿真模型。

基于PCM系统基本原理的SystemView仿真模型如图5-11所示。

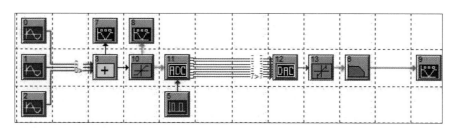

图 5 - 11 基于 PCM 系统基本原理的 SystemView 仿真模型

图 5 - 11 中，图符 0、1、2 产生频率分别为 5 Hz、10 Hz 和 15 Hz 的正弦信号，图符 3 对它们进行相加，模拟信号源。图符 10 是压缩器，对模拟信号进行预处理，采用 A 律特性。图符 11 是模数转换器，完成对模拟信号的取样、量化和编码，取样时钟由图符 5 提供。图符 12 是接收端的数模转换器，完成对码组的译码。图符 13 对译码后的样值进行扩张处理，消除发送端压缩器对信号的影响。图符 6 是个低通滤波器，从接收的取样序列恢复原模拟信号。图 5 - 11 中各图符参数设置见表 5 - 6。

表 5 - 6 PCM 系统仿真各图符参数设置表

编号	图符块属性	类型	参数
0	Source	Periodic/sinusoid	Amp = 1 v，Freq = 5 Hz，Phase = 0deg
1	Source	Periodic/sinusoid	Amp = 1 v，Freq = 10 Hz，Phase = 0deg
2	Source	Periodic/sinusoid	Amp = 1 v，Freq = 15 Hz，Phase = 0deg
5	Source	Periodic/pulse train	Amp = 1 v，Freq = 40 Hz，pulse width = 1e - 3sec，offset = 0 V，phase = 0deg
6	Operator	Filters/syste/linear sys filter/amalog/butterworth/lowpass	Lowcut off = 40 Hz
10	Optional library/comm	Processors/compand	Compander type = A - law，max input = 3 V
13	Optional library/comm	Processors/d - compand	Compander type = A - law，max input = 3 V
11	Optional library/logic	Processors/mixed sinal/ADC	Gate delay = 0 v，false output = 0 v，max input = 3 v，threshold = 0.5 v，No. bits = 8，Rise time = 0s，true output = 1 v，min input = - 3 v
12	Optional library/logic	Processors/mixed sinal/DAC	Gate delay = 0 v，max input = 3 v，threshold = 0.5 v，No. bits = 8，min input = - 3 v

（2）仿真演示。

系统运行时间：样点数 2 048，取样速率为 1 000 Hz。

① 编码位数（量化电平数）对系统性能的影响。

双击图符 11 和图符 12 并选择参数按钮，将编码位数（No. Bits）设置为 2。运行系统，原模拟信号和恢复的信号的波形图如图 5 - 12 所示。

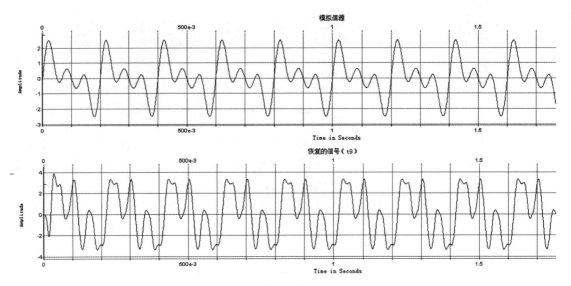

图 5 - 12   原模拟信号和恢复的信号的波形图（编码位数为 2）

对比发送的模拟信号和接收端恢复的信号，可以看出接收信号有较大的失真。

重新将模数转换器和数模转换器的编码位数设置为 4，运行系统，输入输出波形如图 5 - 13 所示。

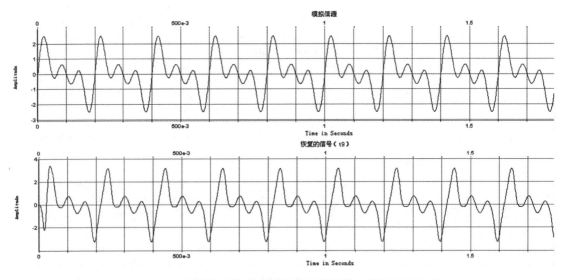

图 5 - 13   原模拟信号和恢复的信号的波形图（编码位数为 4）

由图 5 - 13 所示的波形图看出，增加编码位数可减少接收波形的失真。本例中当编码位数增至 4 位时，接收信号已基本没有失真。

②压缩器对信号的影响。

图符 8 显示压缩器的输出波形，如图 5 - 14 所示。

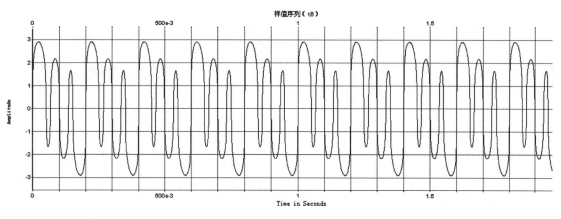

图 5 – 14　压缩器输出波形

从图 5 – 14 中可以看出，信号源波形经压缩器压缩后，其波形已经发生了明显的失真，为能正确恢复原模拟信号，接收端必须采用扩张器来消除由于压缩而引入的信号失真，扩张器与压缩器的特性互补。

任务实施

（1）搜集资料，找出奈奎斯特抽样定理的理论依据，理解抽样在模拟信号转换为数字信号中的作用。

（2）对比均匀量化，理解非均匀量化的特点，掌握我国语音编码中采用的 A 律 13 折线的非均匀量化方法。

（3）通过具体的编码实例，掌握 A 律 13 折线编码方法。

（4）搜集资料，小组分享三种常用的信源编码方法及其应用。

（5）利用仿真软件对 PCM 系统进行仿真，理解 PCM 的基本原理。

任务总结

本任务详细阐述了 PCM 的技术原理，使学生理解了模拟信号数字化的抽样、量化和编码过程，并通过仿真进一步验证和加深了对 PCM 编码的理解。不但锻炼了学生的动手操作能力，也培养了学生钻研、探究的科学精神。

自我评价

知识与技能点	你的理解	掌握情况
抽样		😊 😐 😟 😭
量化		😊 😐 😟 😭

续表

知识与技能点	你的理解	掌握情况
编码		
常用的信源编码		
PCM 系统仿真		

 完全掌握　　基本掌握　　有些不懂　　完全不懂

实训与拓展

（1）搜集资料，查找在移动通信系统中常用的信源编码，并进行分享。

（2）根据所学，设计一个与本任务中不同的 PCM 系统，并利用仿真软件进行仿真。

任务 5.2　掌握信道编码

任务目标

理解信道编码的作用及基本原理；掌握码重和码距等基本概念；理解奇偶校验码编译码原理，能分析其纠检错能力；重点掌握汉明码和循环码的编译码方法；了解卷积码和 Turbo 码。

任务分析

本任务从信道编码的基本原理入手，首先介绍了差错控制编码的基本思想。在掌握码重和码距等基本概念的基础上，分析了汉明距离与纠检错能力的关系。然后通过奇偶校验码，分析了简单线性分组码的编码思想，重点介绍了汉明码和循环码等线性分组码的编译码方法，简单介绍了卷积码的编码和 Turbo 码。最后通过 SystemView 仿真软件对奇偶校验码和汉明码进行了仿真。

知识准备

信道编码是在信源编码的基础上，按一定规律加入一些新的监督码元，以实现纠错的编码，从而保证了通信系统的传输可靠性，克服了信道中的噪声和干扰。它根据一定的（监督）规律在待发送的信息码元中（人为地）加入一些必要的（监督）码元，在接收端利用这些监督码元与信息码元之间的监督规律，发现和纠正差错，以提高信息码元传输的可靠

性。信道编码的目的是试图以最少的监督码元为代价，换取可靠性最大程度的提高。

5.2.1 信道编码基本原理

信号在传输过程中不可避免地会发生差错，即出现误码。造成误码的原因很多，但主要原因可以归纳为两方面：一是信道特性不理想造成的码间干扰；二是噪声对信号的干扰。对于前者通常通过均衡方法加以改善乃至消除，因此，常把信道中的噪声作为造成传输差错的主要原因。差错控制是对传输差错采取的技术措施，目的是提高传输的可靠性。

差错控制的基本思想是通过对信息序列做某种变换，使原来彼此独立的、没有相关性的信息码元序列，经过某种变换后，产生某种规律性（相关性），从而在接收端有可能根据这种规律性来检查，进而纠正传输序列中的差错。变换的方法不同就构成不同的编码和不同的差错控制方式。差错控制的核心是抗干扰编码，即差错控制编码，简称纠错编码，也叫信道编码。

1. 基本原理

差错控制的核心是差错控制编码，不同的编码方法，有不同的检错或纠错能力，差错控制编码一般是在用户信息序列后插入一定数量的新码元，这些新插入的码元称为监督码元。它们不受用户的控制，最终也不发送给接收用户，只是系统在传输过程中为了减少传输差错而采用的一种处理过程。如果信道的传输速率一定，加入差错控制编码，就降低了用户输入的信息速率，新加入的码元越多，冗余度越大，检错纠错越强，但效率越低。由此可见，通过差错控制编码提高传输的可靠性是以牺牲传输效率为代价的。

差错控制编码是通过增加冗余码来达到提高可靠传输的目的的。正如生活中我们运送货物，需要为货物打好包装，易碎的物品放在箱子内，再放入减震装置一样，这样做的目的是为了货物不丢失或不容易破碎，如图5-15所示。

图5-15 差错控制编码类别生活实例——货物的可靠运送

在二进制编码中，1位二进制编码可表示两种不同的状态，2位二进制编码可表示4种不同的状态，3位二进制编码可表示8种不同的状态，n位二进制编码可表示2^n种不同的状态。在n位二进制编码的2^n种不同的状态中，能表示有用信息的码组称为许用码组，不能表示有用信息的码组称为禁用码组。下面举例说明差错控制编码的基本原理。

（1）如果要传送A和B两个信息，可以用1位二进制编码表示，例如，用"0"码表示信息A，用"1"码表示信息B。在这种情况下，若传输中产生错码，即"0"错成"1"，或"1"错成"0"，接收端都无从发现，因此这种情况没有检错和纠错能力。

（2）如果分别在"0"和"1"后面附加一个"0"和"1"，变为"00"和"11"，还是传送 A 和 B 两个信息，即"00"表示 A，"11"表示 B。2 位二进制编码可表示 4 种不同的状态，即 00、01、10 和 11。"00"和"11"为许用码组，"01"和"10"为禁用码组。这时，在传输"00"和"11"时，若发生 1 为错码，则变为"01"或"10"，成为禁用码组，接收端可知传输错误。这表明附加一位码以后，码组具有了检出 1 位错码的能力。但因译码器不能判决哪位是错码，所以不能予以纠正，这表明没有纠正错码的能力。

（3）若在信息码之后附加两位监督码，即用"000"表示 A，"111"表示 B。3 位二进制编码可表示 8 种不同的状态，即 000、001、010、011、100、101、110、111。"000"和"111"为许用码组，"001"、"010"、"011"、"100"、"101"、"110"为禁用码组。此时，在传输"000"和"111"时，若产生一位错误，则码组将变为禁用码组，接收端可以判决传输出错。不仅如此，接收端还可以根据"大数"法则来纠正一个错误，即 3 位码中如有 2 个或 3 个"0"码，则判为"000"码，如有 2 个或 3 个"1"码，则判为"111"码。此时，还可以纠正一位错码。如果在传输过程中产生两位错码，也将变为禁用码组，此时可以检测出错码，但不能纠错。

归纳起来，若要传送 A 和 B 两个信息，若用 1 位码表示，则没有检错和纠错能力；若用 2 位码表示（加 1 位监督码），则可以检错 1 位，不能纠错；若用 3 位码表示（加 2 位监督码），最多可以检错 2 位，并能纠错 1 位。如表 5 - 7 所示。

表 5 - 7　差错控制编码原理举例

编码方法	信息		检、纠错能力
	A	B	
1 位编码方法	0	1	无检、纠错能力
2 位编码方法	00	11	检错 1 位，不能纠错
3 位编码方法	000	111	检错 2 位，纠错 1 位

由此可见，差错控制编码之所以具有检错和纠错能力，是因为在信息码之外附加了监督码，即码的检错和纠错能力是用信息量的冗余度来换取的。

在纠错编码中，信息传输效率也称为编码效率，用 R 表示。定义为

$$R = \frac{k}{n} \tag{5 - 1}$$

式中，k 为信息码元的数目，n 为编码后码组的总数目（$n = k + r$，r 为监督码元的数目）。显然，R 越大，编码效率越高，它是衡量编码性能的一个重要参数。对于一个好的编码方案，不但要求它的检错纠错能力强，而且还要求它的编码效率高，但两方面的要求是矛盾的，在设计中要全面考虑。人们研究的目标就是寻找一种编码方法，使所加的监督码元最少而检错、纠错能力又高，且便于实现。

2. 码重和码距的概念

（1）码重。

在信道编码中，定义码组中非零码元的数目为码组的重量，简称码重。例如"010"码组的码重为 1，"011"码组的码重为 2。如电传、电报及条形码中广泛地使用的恒比码，其许用码组长度相等，码重也相等，因此"0"和"1"的个数比值恒定。常用的恒比码是一

种非线性码。若码长为 n，重量为 W，则这类码的码字个数为 C_n^W，禁用码字数目为 $2^n - C_n^W$。该码的检错能力很强，除成对出现的错误不能发现外，所有其他类型错误均能发现。5.2.4 中讲到的循环码中，一个循环节内的各码组的码重也都相等。可见码重是一些编码规则中经常需要考虑的一个重要因素。

（2）码距与汉明距离。

把两个码组中对应码位上具有不同二进制码元的个数定义为两码组的距离，简称码距。例如，"00" 与 "01" 的码距为 1，"110" 与 "101" 的码距为 2。

而在一种编码中，任意两个许用码组间的距离的最小值，称为这一编码的汉明（Hamming）距离，用 d_{min} 来表示。例如，"011"、"110" 与 "101" 三个许用码组组成的码组集合中的两两码距都为 2，因此该编码的汉明距离为 2。

3. 汉明距离与检错和纠错能力的关系

为了说明汉明距离与检错和纠错能力的关系，把 3 位码元构成的 8 个码组用一个三维立方体来表示，如图 5 – 16 所示。图中立方体的各顶点分别为 8 个码组，每个码组的 3 位码元的值就是此立方体各顶点的坐标。从图中可以看出，码距对应于各顶点之间沿立方体各边行走的几何距离（最少边数）。

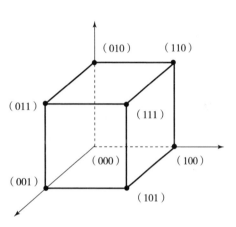

图 5 – 16　码距的几何解释

下面将具体讨论一种编码的最小码距（汉明距离）与这种编码的检错和纠错能力的数量关系。在一般情况下，对于分组码，有以下结论。

（1）为检测 e 个错码，要求最小码距

$$d_{min} \geq e + 1 \qquad (5-2)$$

或者说，若一种编码的最小距离为 d_{min}，则它一定能检出 $e \leq d_{min} - 1$ 个错码。式（5 – 2）可以通过图 5 – 17（a）来说明。图中 c 表示某码组，当误码不超过 e 个时，该码的位置将不超过以 c 为圆心、以 e 为半径的圆（实际上是多维的球）。只要其他任何许用码组都不落入此圆内，则 c 码组发生 e 个误码时就不可能与其他许用码组相混。这就证明了其他许用码组必须位于以 c 为圆心、以 $e+1$ 为半径的圆上或圆外，所以，该码的最小码距 d_{min} 为 $e+1$。

（2）为纠正 t 个错码，要求最小码距

$$d_{min} \geq 2t + 1 \qquad (5-3)$$

或者说，若一种编码的最小距离为 d_{min}，则它一定能纠正 $t \leq (d_{min} - 1)/2$ 个错码。式（5 – 3）可以通过图 5 – 17（b）来说明。图中 C_1 和 C_2 分别表示任意两个许用码组，当各自错码不超过 t 个时，发生错码后两个许用码组的位置移动将分别不会超过以 C_1 和 C_2 为圆心、以 t 为半径的圆。只要这两个圆不相交，则当错码小于 t 个时，可以根据它们落在哪个圆内就能判断为 C_1 或 C_2 码组，即可以纠正错误。而以 C_1 和 C_2 为圆心的两个圆不相交的最近圆心距离为 $2t+1$，这就是纠正 t 个错误的最小码距了。

（3）为纠正 t 个错码，同时检测 e（$e>t$）个错码，要求最小码距

$$d_{min} \geq e + t + 1 \qquad (5-4)$$

在解释（5 – 4）之前，先来说明什么是"纠正 t 个错码，同时检测 e 个错码"（简称纠检结合）。在某些情况下，要求对于出现较频繁但错码数很少的码组，按前向纠错方式工

作；同时对一些错码数较多的码组，在超过该码的纠错能力后，能自动按检错重发方式工作，以降低系统的总误码率。这种方式就是"纠检结合"。

在上述"纠检结合"系统中，差错控制设备按照接收码组与许用码组的距离自动改变工作方式。若接收码组与某一许用码组间的距离在纠错能力 t 范围内，则将按纠错方式工作；若与任何许用码组间的距离都超过 t，则按检错方式工作。

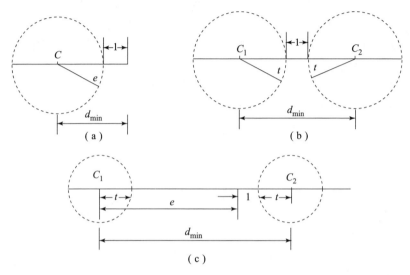

图 5-17 汉明距离 d_{min} 与检错 e 和纠错能力 t 的关系

(a) $d_{min} \geq e + 1$；(b) $d_{min} \geq 2t + 1$；(c) $d_{min} \geq e + t + 1$

我们可以用图 5-17（c）来说明式（5-4）。图中 C_1 和 C_2 分别表示任意两个许用码组，在最不利的情况下，c_1 发生 e 个错码而 C_2 发生 t 个错码，为了保证这时两码组仍不发生相混，则要求以 C_1 圆心、以 e 为半径的圆必须与以 C_2 圆心、以 t 为半径的圆不发生交叠，即要求最小码距 $d_{min} \geq e + t + 1$。同时，还可以看到若错码超过 t 个时，两圆有可能相交，因而不再有纠错能力，但仍可检测 e 个错码。

可以证明，在随机信道中，采用差错控制编码，即使只能纠正（或检测）这种码组中 1~2 个错误，也可以使误码率下降几个数量级。这就表明，就算是较简单的差错控制编码也具有较大实际应用价值。当然，如在突发信道中传输，由于误码是成串集中出现的，所以上述只能纠正码组中 1~2 个错码的编码，其效用就不像在随机信道中那样显著了，需要采用更为有效的纠错编码。

4. 信道编码的分类

从不同的角度出发，信道编码有不同的分类方法。

（1）按码组的功能分，有检错码和纠错码两类。一般来说，在译码器中能够检测出错码，但不知道错码的准确位置的码，称为检错码，它没有自动纠正错误的能力。如在译码器中不仅能发现错误，而且知道错码的准确位置，自动进行纠正错误的码，则称为纠错码。

（2）按码组中监督码元与信息码元之间的关系分，有线性码和非线性码两类。线性码是指监督码元与信息码元之间呈线性关系，即可用一组线性代数方程联系起来；非线性码指的是监督码元与信息码元之间是非线性关系。

（3）按照信息码元与监督码元的约束关系，又可分为分组码和卷积码两类。所谓分组码是将信息序列以每 k 个码元分组，通过编码器在每 k 个码元后按照一定的规则产生 r 个监督码元，组成长度为 $n=k+r$ 的码组，每一码组中的 r 个监督码元仅监督本码组中的信息码元，而与别组无关。分组码一般用符号（n，k）表示，前面 k 位（a_{n-1}，a_{n-2}，$\cdots$，a_r）为信息位，后面附加 r 个监督位（a_{r-1}，a_{r-2}，$\cdots$，a_0）。如图 5 - 18 所示。

图 5 - 18 分组码的结构

在卷积码中，每组的监督码元不但与本组码的信息码元有关，而且还与前面若干组的信息码元有关，即不是分组监督，而是每个监督码元对它的前后码元都实行监督，前后相连，有时也称连环码。

（4）按照信息码元在编码前后是否保持原来的形式不变，可划分为系统码和非系统码。系统码的信息码元和监督码元在分组内有确定的位置，而非系统码中信息码元则改变了原来的信号形式。系统码的性能大体上与非系统码相同，但是在某些卷积码中，非系统码的性能优于系统码，由于非系统码中的信息位已经改变了原有的信号形式，这对观察和译码都带来了麻烦，因此较少应用，而系统码的编码和译码相对比较简单些，所以得到了广泛应用。

信道编码的分类如图 5 - 19 所示。

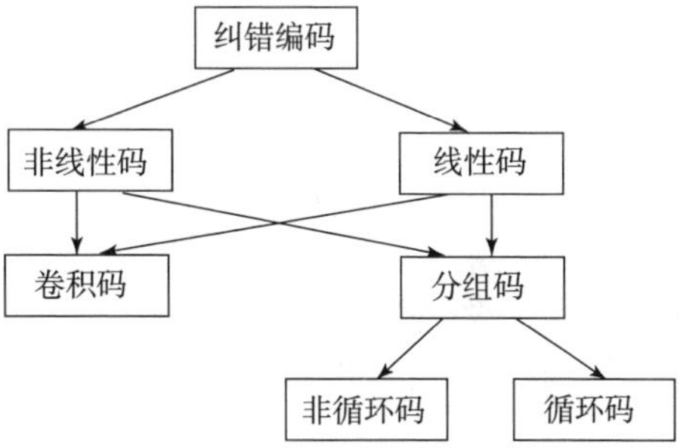

5.2.2 奇偶校验码

图 5 - 19 信道编码的分类

1. 奇偶校验码

这是一种最简单的检错码，又称奇偶监督码，在数据通信中得到了广泛的应用。奇偶校验码分为奇校验码和偶校验码，两者的构成原理是一样的。其编码规则是先将所要传输的数据码元（信息码）分组，在分组信息码元后面附加 1 位监督位，使得该码组中信息码和监督码合在一起后"1"的个数为偶数（偶监督）或奇数（奇监督）。表 5 - 8 是按照偶监督规则插入监督位的。

表 5 - 8 奇偶校验码

消息	信息位	监督位	消息	信息位	监督位
晴	0 0	0	阴	1 0	1
云	0 1	1	雨	1 1	0

在接收端检查码组中"1"的个数，如发现不符合编码规律就说明产生了差错，但是不能确定差错的具体位置，即不能纠错。这种奇偶校验码只能检测出奇数个错误，而不能检测出偶数个错误，但是可以证明出错位数为 $2t-1$（奇数）概率总比出错位数为 $2t$（偶数）概率大得多（t 为正整数），即错一位码的概率比错两位码的概率大得多，错三位码的概率比错四位码的概率大得多。因此，绝大多数随机错误都能用简单奇偶校验查出，这正是这种方法被广泛用于以随机错误为主的计算机通信系统的原因。但这种方法难于对付突发差错，所以在突发错误很多的信道中不能单独使用。最后指出，奇偶校验码的最小码距为 2，所以没有纠错能力。

2. 水平奇偶校验码

为了提高上述奇偶校验码的检错能力，特别是弥补不能检测突发错误的缺陷，引出了水平奇偶校验码。其构成思路：将信息码序列按行排成方阵，每行后面加一个奇或偶校验码，即每行为一个奇偶校验码组（如表 5-9 所示，以偶校验码为例），但发送时采用交织的方法，即按方阵中列的顺序进行传输：11101，11001，10000，…，10101，到了接收端仍将码元排成与发送端一样的方阵形式，然后按行进行奇偶校验。由于这种差错控制编码是按行进行奇偶校验的，因此称为水平奇偶校验码。

表 5-9　水平奇偶校验码

信息码元										监督码元
1	1	1	0	0	1	1	0	0	0	1
1	1	0	1	0	0	1	1	0	1	0
1	0	0	0	0	1	1	1	0	1	1
0	0	0	1	0	0	0	0	1	0	0
1	1	0	0	1	1	1	0	1	1	1

可以看出，由于在发送端是按列发送码元而不是按码组发送码元，因此把本来可能集中发生在某一码组的突发错误分散在了方阵的各个码组中，因此可得到整个方阵的行监督。采用这种方法可以发现某一行上所有奇数个错误，以及所有长度不大于方阵中行数（表 5-9 例中为 5）的突发错误，但是仍然没有纠错能力。

3. 二维奇偶校验码

二维奇偶校验码是将水平奇偶校验码改进而得，又称为水平垂直奇偶校验码。它的编码方法是在水平校验基础上对方阵中每一列再进行奇偶校验，发送时按行或列的顺序传输。到了接收端重新将码元排成发送时的方阵形式，然后每行、每列都进行奇偶校验。如表 5-10 所示。

表 5–10　二维奇偶校验码

	信息码元										监督码元
	1	1	1	0	0	1	1	0	0	0	1
	1	1	0	1	0	0	1	1	0	1	0
	1	0	0	0	0	1	1	1	0	1	1
	0	0	0	1	0	0	0	0	1	0	0
	1	1	0	0	1	1	1	0	1	1	1
监督码元	0	1	1	0	1	1	0	0	0	1	1

（1）这种码比水平奇偶校验码有更强的检错能力。它能发现某行或某列上奇数个错误和长度不大于方阵中行数（或列数）的突发错误。

（2）这种码还有可能检测出一部分偶数个错误。当然，若偶数个错误恰好分布在矩阵的 4 个顶点上时，这样的偶数个错误是检测不出来的。

（3）这种码还可以纠正一些错误，例如，某行某列均不满足监督关系而判定该行该列交叉位置的码元有错，从而纠正这一位上的错误。

二维奇偶校验码检错能力强，又具有一定的纠错能力，且容易实现，因而得到了广泛的应用。

5.2.3　汉明码

前面介绍的奇偶校验码是一种线性分组码，本节的汉明码和下节的循环码也属于线性分组码。汉明码是一种典型的线性分组码，因此本节将介绍线性分组码的编译码。

1. 线性分组码

线性码是指监督码元和信息码元之间满足一组线性方程的码；分组码是监督码元仅对本码组中的码元起监督作用，或者说监督码元仅与本码组的信息码元有关。既是线性码又是分组码的编码就叫线性分组码。线性分组码是信道编码中最基本的一类，下面研究线性分组码的一般问题。

1）线性分组码的基本概念

线性分组码的构成是将信息序列划分为等长（k 位）的序列段，共有 2^k 个不同的序列段。在每一个信息段之后附加 r 位监督码元，构成长度为 $n = k + r$ 的分组码 (n, k)，当监督码元与信息码元的关系为线性关系时，构成线性分组码。

在 n 位长的二进制码组中，共有 2^n 个码字。但由于 2^k 个信息段仅构成 2^k 个 n 位长的码字，称这 2^k 码字为许用码字，而其他 $(2^n - 2^k)$ 个码字为禁用码字。禁用码字的存在可以发现错误或纠正错误。

2）线性分组码的监督矩阵和生成矩阵

如前所述，(n, k) 线性分组码中 $(n-k)$ 个附加的监督码元是由信息码元的线性运算产生的，下面以 $(7, 4)$ 线性分组码为例来说明如何构造这种线性分组码。

$(7, 4)$ 线性分组码中，每一个长度为 4 的信息分组经编码后变换成长度为 7 的码组，

用 $c_6 c_5 c_4 c_3 c_2 c_1 c_0$ 表示这 7 个码元，其中 $c_6 c_5 c_4 c_3$ 为信息码元，$c_2 c_1 c_0$ 为监督码元。监督码元可按下面方程组计算。

$$\begin{cases} c_2 = c_6 \oplus c_5 \oplus c_4 \\ c_1 = c_6 \oplus c_5 \oplus c_3 \\ c_0 = c_6 \oplus c_4 \oplus c_3 \end{cases} \qquad (5-5)$$

利用式（5-5），每给出一个 4 位的信息组，就可以编码输出一个 7 位的码字。由此得到 16（2^4）个许用码组，信息位与其对应的监督位列于表 5-11 中。

表 5-11 （7，4）线性分组码的编码表

信息位	监督位	信息位	监督位
$c_6 c_5 c_4 c_3$	$c_2 c_1 c_0$	$c_6 c_5 c_4 c_3$	$c_2 c_1 c_0$
0 0 0 0	0 0 0	1 0 0 0	1 1 1
0 0 0 1	0 1 1	1 0 0 1	1 0 0
0 0 1 0	1 0 1	1 0 1 0	0 1 0
0 0 1 1	1 1 0	1 0 1 1	0 0 1
0 1 0 0	1 1 0	1 1 0 0	0 0 1
0 1 0 1	1 0 1	1 1 0 1	0 1 0
0 1 1 0	0 1 1	1 1 1 0	1 0 0
0 1 1 1	0 0 0	1 1 1 1	1 1 1

式（5-5）的监督方程组可以改写为

$$\begin{cases} c_6 \oplus c_5 \oplus c_4 \oplus c_2 = 0 \\ c_6 \oplus c_5 \oplus c_3 \oplus c_1 = 0 \\ c_6 \oplus c_4 \oplus c_3 \oplus c_0 = 0 \end{cases} \qquad (5-6)$$

进一步，写成矩阵形式为

$$\begin{bmatrix} 1 & 1 & 1 & 0 & 1 & 0 & 0 \\ 1 & 1 & 0 & 1 & 0 & 1 & 0 \\ 1 & 0 & 1 & 1 & 0 & 0 & 1 \end{bmatrix} \begin{bmatrix} c_6 \\ c_5 \\ c_4 \\ c_3 \\ c_2 \\ c_1 \\ c_0 \end{bmatrix} = \begin{bmatrix} 0 \\ 0 \\ 0 \end{bmatrix} \qquad (5-7)$$

上式中监督矩阵 H、编码后码矩阵 C，零矩阵 0 分别为

$$H = \begin{bmatrix} 1 & 1 & 1 & 0 & 1 & 0 & 0 \\ 1 & 1 & 0 & 1 & 0 & 1 & 0 \\ 1 & 0 & 1 & 1 & 0 & 0 & 1 \end{bmatrix}$$

$$C = \begin{bmatrix} c_6 c_5 c_4 c_2 c_3 c_1 c_0 \end{bmatrix}$$

$$\mathbf{0} = \begin{bmatrix} 000 \end{bmatrix}$$

则式（5-7）可简记为

$$\mathbf{H}\mathbf{C}^{\mathrm{T}} = \mathbf{0}^{\mathrm{T}} \text{ 或 } \mathbf{C}\mathbf{H}^{\mathrm{T}} = \mathbf{0} \tag{5-8}$$

右上标"T"表示将矩阵转置。例如，$\mathbf{H}^{\mathrm{T}}$ 是 $\mathbf{H}$ 的转置，即 $\mathbf{H}^{\mathrm{T}}$ 的第一行为 $\mathbf{H}$ 的第一列，$\mathbf{H}^{\mathrm{T}}$ 的第二行为 $\mathbf{H}$ 的第二列等。

由于式（5-8）来自监督方程，因此称 $\mathbf{H}$ 为线性分组码的监督矩阵。监督矩阵的作用就是对编码进行监督，如果无错，则式（5-8）运算结果为零矩阵，如果有错，则结果就为非零矩阵。只要监督矩阵 $\mathbf{H}$ 给定，编码对监督位和信息位的关系就完全确定了。从式（5-7）可看出，$\mathbf{H}$ 的行数就是监督关系式的数目，它等于监督码元的数目 r，而 $\mathbf{H}$ 的列数就是码长 n，这样 $\mathbf{H}$ 为 $r \times n$ 阶矩阵。矩阵 $\mathbf{H}$ 的每行元素"1"表示相应码元之间存在着偶监督关系。例如，$\mathbf{H}$ 的第一行 1110100 表示监督位 c_2 是由信息位 $c_6 c_5 c_4$ 的模 2 和决定的。

式（5-7）中的监督矩阵 $\mathbf{H}$ 可以分成两部分

$$\mathbf{H} = \begin{bmatrix} \overbrace{\begin{matrix} 1 & 1 & 1 & 0 \\ 1 & 1 & 0 & 1 \\ 1 & 0 & 1 & 1 \end{matrix}}^{k} & \vdots & \begin{matrix} 1 & 0 & 0 \\ 0 & 1 & 0 \\ 0 & 0 & 1 \end{matrix} \end{bmatrix} = \begin{bmatrix} \mathbf{P} \vdots \mathbf{I}_r \end{bmatrix} \tag{5-9}$$

式中，$\mathbf{P}$ 为 $r \times k$ 阶矩阵，$\mathbf{I}_r$ 为 $r \times r$ 阶单位方阵。我们将具有 $[\mathbf{P} \vdots \mathbf{I}_r]$ 形式的 $\mathbf{H}$ 矩阵称为典型形式的监督矩阵。一般形式的 $\mathbf{H}$ 矩阵可以通过行的初等变换将其化为典型形式。

式（5-5）也可以改写成

$$\begin{bmatrix} c_2 \\ c_1 \\ c_0 \end{bmatrix} = \begin{bmatrix} 1 & 1 & 1 & 0 \\ 1 & 1 & 0 & 1 \\ 1 & 0 & 1 & 1 \end{bmatrix} \begin{bmatrix} c_6 \\ c_5 \\ c_4 \\ c_3 \end{bmatrix} \tag{5-10}$$

比较式（5-9）和式（5-10），可以看出式（5-10）等式右边前部矩阵即为 $\mathbf{P}$。对式（5-10）两侧做矩阵转置，得

$$\begin{bmatrix} c_2 c_1 c_0 \end{bmatrix} = \begin{bmatrix} c_6 c_5 c_4 c_3 \end{bmatrix} \begin{bmatrix} 1 & 1 & 1 \\ 1 & 1 & 0 \\ 1 & 0 & 1 \\ 0 & 1 & 1 \end{bmatrix} = \begin{bmatrix} c_6 c_5 c_4 c_3 \end{bmatrix} \mathbf{P}^{\mathrm{T}} = \begin{bmatrix} c_6 c_5 c_4 c_3 \end{bmatrix} \mathbf{Q} \tag{5-11}$$

式中 $\mathbf{Q}$ 为一 $k \times r$ 阶矩阵，它为矩阵 $\mathbf{P}$ 的转置，即

$$\mathbf{Q} = \mathbf{P}^{\mathrm{T}} \tag{5-12}$$

式（5-11）表明，信息位给定后，用信息位的行矩阵乘以 $\mathbf{Q}$ 矩阵就可计算出各监督位，即

$$\begin{bmatrix} 监督码 \end{bmatrix} = \begin{bmatrix} 信息码 \end{bmatrix} \cdot \mathbf{Q} \tag{5-13}$$

要得到整个码组，将 $\mathbf{Q}$ 的左边加上一个 $k \times k$ 阶单位方阵，就构成一个新的矩阵 $\mathbf{G}$，即

$$G = [I_k \vdots Q] = \begin{bmatrix} 1 & 0 & 0 & 0 & \vdots & 1 & 1 & 1 \\ 0 & 1 & 0 & 0 & \vdots & 1 & 1 & 0 \\ 0 & 0 & 1 & 0 & \vdots & 1 & 0 & 1 \\ 0 & 0 & 0 & 1 & \vdots & 0 & 1 & 1 \end{bmatrix} \qquad (5-14)$$

G 称为生成矩阵，由于由它可以产生整个码组，即有

$$C = [\text{信息码}] \cdot G$$
$$[c_6 c_5 c_4 c_3 c_2 c_1 c_0] = [c_6 c_5 c_4 c_3] \cdot G \qquad (5-15)$$

式（5-15）表明，如果找到了码的生成矩阵 G，则编码方法就完全确定了。这就是该矩阵为什么称之为生成矩阵的原因。具有 $[I_k \cdot Q]$ 形式的生成矩阵称为典型生成矩阵。由典型生成矩阵得出的码组中，信息位不变，监督位附加于其后，这种编码才是系统码。

例如，表5-11中第3个码组中的信息码0010，根据式（5-15）可求出整个码组

$$C = [c_6 c_5 c_4 c_3 c_2 c_1 c_0] = [c_6 c_5 c_4 c_3] \cdot G$$

$$= [0010] \begin{bmatrix} 1000 & \vdots & 111 \\ 0100 & \vdots & 110 \\ 0010 & \vdots & 101 \\ 0001 & \vdots & 011 \end{bmatrix} = [0010101]$$

可见，所求得的码组正是表5-11中第3个码组。

我们要求，生成矩阵 G 和监督矩阵 H 的各行是线性无关的。任一码组 C 都是 G 的各行的线性组合。实际上，G 的各行本身就是一个许用码组。非典型形式的生成矩阵可以经过运算化成典型形式。

【例5-3】某（7，4）线性分组码，监督方程如下，（1）求监督矩阵 H 和生成矩阵 G。（2）如信息码为0010，求整个码组 C。

$$c_2 = c_6 \oplus c_5 \oplus c_3$$
$$c_1 = c_6 \oplus c_4 \oplus c_3$$
$$c_0 = c_5 \oplus c_4 \oplus c_3$$

解：（1）将已知监督方程改写为

$$c_6 \oplus c_5 \oplus c_3 \oplus c_2 = 0$$
$$c_6 \oplus c_4 \oplus c_3 \oplus c_1 = 0$$
$$c_5 \oplus c_4 \oplus c_3 \oplus c_0 = 0$$

由此得出监督矩阵 H 为

$$H = \begin{bmatrix} 1 & 1 & 0 & 1 & \vdots & 1 & 0 & 0 \\ 1 & 0 & 1 & 1 & \vdots & 0 & 1 & 0 \\ 0 & 1 & 1 & 1 & \vdots & 0 & 0 & 1 \end{bmatrix} = [P \vdots I_r] \quad Q = P^T = \begin{bmatrix} 1 & 1 & 0 \\ 1 & 0 & 1 \\ 0 & 1 & 1 \\ 1 & 1 & 1 \end{bmatrix}$$

生成矩阵 G 为

$$G = [I_k \vdots Q] = \begin{bmatrix} 1 & 0 & 0 & 0 & \vdots & 1 & 1 & 0 \\ 0 & 1 & 0 & 0 & \vdots & 1 & 0 & 1 \\ 0 & 0 & 1 & 0 & \vdots & 0 & 1 & 1 \\ 0 & 0 & 0 & 1 & \vdots & 1 & 1 & 1 \end{bmatrix}$$

（2）信息码为 0010 时，整个码组 C 为

$$C = [信息码] \cdot G = [0010] \cdot \begin{bmatrix} 1000110 \\ 0100101 \\ 0010011 \\ 0001111 \end{bmatrix}$$

$$= [0010011]$$

3）线性分组码的检错和纠错

线性分组码的监督矩阵 H 和生成矩阵 G 是紧密联系在一起的。由生成矩阵 G 生成的 (n, k) 线性分组码，传送后可以用监督矩阵 H 来检验收到的码字是否满足监督方程，即是否有错，因此有的文献也称 H 为线性分组码的校验矩阵。表 5 – 12 所示为线性分组码检错、纠错各矩阵之间的关系。

表 5 – 12　线性分组码检错、纠错各矩阵之间的关系

发送码组矩阵	接收码组矩阵	差错图案	校正子
$C = [C_{n-1} C_{n-2} \cdots C_0]$	$R = [r_{n-1} r_{n-2} \cdots r_0]$	$E = R - C = [e_{n-1} e_{n-2} \cdots e_0]$	$S = RH^{\mathrm{T}}$

收发码组之差（模 2）为

$$E = R - C = [e_{n-1} e_{n-2} \cdots e_0] \tag{5 – 16}$$

其中

$$e_i = \begin{cases} 0 & 当 r_i = c_i \\ 1 & 当 r_i \neq c_i \end{cases} \quad i = 1, 2, \cdots, n - 1$$

E 称为错误图样或差错图案。当 $e_i = 0$ 表示该位接收码元无错；若 $e_i = 1$，则表示该位接收码元有错。例如，若发送码组 $C = [1000111]$，接收码组 $R = [1000011]$，则错误图样 $E = [0000100]$。

式（5 – 16）也可写作

$$R = C + E = C \oplus E \tag{5 – 17}$$

在接收端计算

$$S = RH^{\mathrm{T}} = (C + E)H^{\mathrm{T}} = CH^{\mathrm{T}} + EH^{\mathrm{T}} \tag{5 – 18}$$

由于 $CH^{\mathrm{T}} = 0$，所以

$$S = EH^{\mathrm{T}} \tag{5 – 19}$$

S 称为接收码组 R 的校正子。由此可见，校正子 S 只与错误图样 E 有关，可以用校正子 S 作为判别错误的参量，如果 $S = 0$，则接收到的是正确码字；若 $S \neq 0$，则说明 R 中存在着差错。注意，校正子 S 是一个 $1 \times r$ 阶矩阵，也就是说校正子 S 的位数与监督码元个数 r 相等。

2. 汉明码

汉明码是一种能够纠正一位错码且编码效率较高的线性分组码。它是 1950 年由美国贝尔实验室提出来的，是第一个设计用来纠正错误的线性分组码，汉明码及其变形已广泛地在数据存储系统中被作为差错控制码得到应用。

二进制汉明码中 n 和 k 服从以下规律

$$(n,k) = (2^r - 1, 2^r - 1 - r) \qquad (5-20)$$

式中 r 为监督码组个数，$r = n - k$，当 $r = 3$，4，5，6，7，8，…时，有（7，4），（15，11），（31，26），（63，57），（127，120），（255，247），…汉明码。

【例 5 - 4】已知某汉明码的监督矩阵

$$H = \begin{bmatrix} 1 & 0 & 1 & 1 & \vdots & 1 & 0 & 0 \\ 0 & 1 & 1 & 1 & \vdots & 0 & 1 & 0 \\ 1 & 1 & 1 & 0 & \vdots & 0 & 0 & 1 \end{bmatrix} = (P \vdots I_r)$$

试求：（1）n，k，以及编码效率 η 分别是多少？

（2）验证 1111001 和 0100010 是否有错，若有错，请纠正。

（3）若信息码元为 1001，写出其对应的汉明码组。

解：（1）$n = 7$，$k = 4$，编码效率 $\eta = 4/7$。

（2）汉明码具有纠正一位错误的能力，所以本例（7，4）汉明码，接收码组错一位时，对应的错误图样为：$E_6 = [1000000]$，$E_5 = [0100000]$，$E_4 = [0010000]$，$E_3 = [0001000]$，$E_2 = [0000100]$，$E_1 = [0000010]$，$E_0 = [0000001]$。

错误图样 E 的下标数字表示接收码组中对应位置码元错误。例如 E_6 表示接收码组（$r_6 r_5 r_4 r_3 r_2 r_1 r_0$）中 r_6 错误，E_5 表示接收码组中 r_5 错误，以此类推。

根据 $S = EH^T$，可计算出校正子与错误码元位置对应关系，如表 5 - 13 所示。

表 5 - 13　汉明码校正子与错误码元位置对应关系

$s_2 s_1 s_0$	错码位置	$s_2 s_1 s_0$	错码位置
001	r_0	101	r_6
010	r_1	011	r_5
100	r_2	111	r_4
110	r_3	000	无错

对接收码组 1111001，根据 $S = EH^T$，可得

$$S = \begin{bmatrix} 1111001 \end{bmatrix} \begin{bmatrix} 101 \\ 011 \\ 111 \\ 110 \\ 100 \\ 010 \\ 001 \end{bmatrix} = \begin{bmatrix} 110 \end{bmatrix} = \begin{bmatrix} s_2 s_1 s_0 \end{bmatrix}$$

由表 5 - 13 可以判断：当接收码组为 1111001 时，r_3 错误，纠正为 1110001。同理，当接收码组为 0100010 时

$$S = \begin{bmatrix} 0100010 \end{bmatrix} \begin{bmatrix} 101 \\ 011 \\ 111 \\ 110 \\ 100 \\ 010 \\ 001 \end{bmatrix} = \begin{bmatrix} 001 \end{bmatrix} = \begin{bmatrix} s_2 s_1 s_0 \end{bmatrix}$$

由表 5-13 可以判断：当接收码组为 0100010 时，r_0 错误，正确的码组为 0100011。

（3）由监督矩阵

$$H = \begin{bmatrix} 1 & 0 & 1 & 1 & \vdots & 1 & 0 & 0 \\ 0 & 1 & 1 & 1 & \vdots & 0 & 1 & 0 \\ 1 & 1 & 1 & 0 & \vdots & 0 & 0 & 1 \end{bmatrix} = (P \vdots I_r)$$

对应的生成矩阵

$$G = (I_k \vdots Q) = (I_k \vdots P^{\mathrm{T}}) = \begin{bmatrix} 1 & 0 & 0 & 0 & \vdots & 1 & 0 & 1 \\ 0 & 1 & 0 & 0 & \vdots & 0 & 1 & 1 \\ 0 & 0 & 1 & 0 & \vdots & 1 & 1 & 1 \\ 0 & 0 & 0 & 1 & \vdots & 1 & 1 & 0 \end{bmatrix}$$

信息码元 1001 对应的汉明码组

$$C = \begin{bmatrix} 1001 \end{bmatrix} \cdot \begin{bmatrix} 1000101 \\ 0100011 \\ 0010111 \\ 0001110 \end{bmatrix} = \begin{bmatrix} 1001011 \end{bmatrix}$$

5.2.4　循环码

1. 循环码的特性

循环码是一种线性分组码，它除了具有线性分组码的封闭性之外，还具有循环性。循环性是指循环码中任一许用码组经过循环移位后（左移或右移）所得到的码组仍为该码中一个许用码组。表 5-14 给出一种（7，3）循环码的全部许用码组，由此表可以直观看出这种码的循环性。例如，表中的第 2 码组向右移一位得到第 5 码组，第 5 码组向右移一位得到第 7 码组，等等；表中的第 2 码组向左移一位得到第 3 码组，第 3 码组向左移一位得到第 6 码组，等等，如图 5-20 所示。

表 5-14　（7，3）循环码的一种码组

码组编号	信息位			监督位				码组编号	信息位			监督位			
	c_6	c_5	c_4	c_3	c_2	c_1	c_0		c_6	c_5	c_4	c_3	c_2	c_1	c_0
1	0	0	0	0	0	0	0	5	1	0	0	1	0	1	1
2	0	0	1	0	1	1	1	6	1	0	1	1	1	0	0
3	0	1	0	1	1	1	0	7	1	1	0	0	1	0	1
4	0	1	1	1	0	0	1	8	1	1	1	0	0	1	0

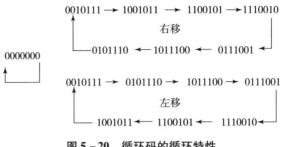

图 5 – 20　循环码的循环特性

2. 循环码的码多项式

为了便于用代数理论来研究循环码，把长为 n 的码组与 $n-1$ 次多项式建立一一对应关系，即把码组中各码元当作是一个多项式的系数。若一个码组 $C = (c_{n-1}, c_{n-2}, \cdots, c_1, c_0)$，则用相应的多项式表示为

$$C(x) = c_{n-1}x^{n-1} + c_{n-2}x^{n-2} + \cdots + c_1x + c_0 \tag{5-21}$$

称 $C(x)$ 为码组 C 的码多项式。

表 5 – 14 中的（7，3）循环码中任一码组可以表示为

$$C(x) = c_6x^6 + c_5x^5 + c_4x^4 + c_3x^3 + c_2x^2 + c_1x + c_0$$

例如，表 5 – 14 中的第 7 码组（1100101）可以表示为

$$\begin{aligned}
C(x) &= 1 \cdot x^6 + 1 \cdot x^5 + 0 \cdot x^4 + 0 \cdot x^3 + 1 \cdot x^2 + 0 \cdot x^1 + 1 \\
&= x^6 + x^5 + x^2 + 1
\end{aligned}$$

在码多项式中，x 的幂次仅是码元位置的标记。多项式中 x^i 的存在只表示该对应码位上是 "1" 码，否则为 "0" 码，我们称这种多项式为码多项式。由此可知码组和码多项式本质上是相同的，只是表示方法不同而已。在循环码中，一般用码多项式表示码组。

3. 循环码的生成多项式

循环码是一种特殊的具有循环特性的线性分组码，其编译码除了可以采用一般线性分组码的生成矩阵和监督矩阵的方法外，还可以采用多项式的运算方法，这需要先找到循环码的生成多项式。循环码可以使用生成多项式 $g(x)$ 来进行编码，对于生成多项式 $g(x)$ 有一定的要求，下面来看看生成多项式 $g(x)$ 的特点。

一个 (n, k) 循环码共有 2^k 个许用码组，其中有一个码组，前 $(k-1)$ 位码元均为 "0"，第 k 位码元为 "1"，第 n 位（最后一位）码元为 "1"，其他码元无限制（既可以是 "0"，也可以是 "1"）。此码组可以表示为

$$(\underset{k-1}{\underbrace{00\cdots0}}\ 1\quad g_{n-k-1}\cdots g_2 g_1\quad 1)$$

之所以第 k 位码元和第 n 位（最后一位）码元必须为 "1"，其原因如下。

（1）在 (n, k) 循环码中，除全 "0" 码组外，连 "0" 的长度最多只能有 $k-1$ 位。否则，在经过若干次循环移位后，将得到一个 k 位信息位全为 "0"，但督码位不全为 "0" 的码组，这在线性码中显然是不可能的（信息位全为 "0"，督码位也必定全为 "0"）；

（2）若第 n 位（最后一位）码元不为 "1"，该码组（前 $k-1$ 位码元均为 "0"）循环右移后，将成为前 k 位信息位都是 "0"，而后面 $(n-k)$ 位监督位不都为 "0" 的码组，这

是不允许的。

以上证明 $(000\cdots01g_{n-k-1}\cdots g_{2}g_{1}1)$ 为 (n,k) 循环码的一个许用码组，其对应的多项式为

$$g(x) = x^{n-k} + g_{n-k-1}x^{n-k-1} + \cdots + g_{1}x + 1 \qquad (5-22)$$

这样的码多项式只有一个。因为如果有两个最高次幂为 $(n-k)$ 次的码多项式，则由循环码的封闭性可知，把这两个码字相加产生的码字连续前 k 位都为 "0"。这种情况不可能出现，所以在 (n,k) 循环码中，最高次幂为 $(n-k)$ 次的码多项式只有一个，$g(x)$ 具有唯一性。

根据循环码的循环特性及公式 $(5-22)$，$xg(x)$，$x^{2}g(x)$，$\cdots$，$x^{k-1}g(x)$ 所对应的码组都是 (n,k) 循环码的一个许用码组，连同 $g(x)$ 对应的码组共构成 k 个许用码组。这 k 个许用码组便可构成生成矩阵 G。所以将 $g(x)$ 称为生成多项式。

归纳起来，(n,k) 循环码的 2^{k} 个许用码组中，只有一个码组前 $(k-1)$ 位码元均为 0，第 k 位码元为 1，第 n 位（也就是最后一位）码元为 1，此码组对应的多项式即为生成多项式 $g(x)$，其最高幂次为 $(n-k)$ 次。

【例 5 – 5】求表 5 – 14 所示的 $(7,3)$ 循环码的生成多项式。

解：表 5 – 14 所示的 $(7,3)$ 循环码对应的生成多项式的码组为第 2 个码组 0010111，生成多项式为

$$g(x) = x^{4} + x^{2} + x + 1$$

可以证明，生成多项式 $g(x)$ 必定是 $x^{n}+1$ 的一个因式。这一结论为寻找循环码的生成多项式指出了一条道路，即循环码的生成多项式应该是 $x^{n}+1$ 的一个 $(n-k)$ 次因子。

例如，$x^{7}+1$ 可以分解为

$$x^{7} + 1 = (x+1)(x^{3}+x^{2}+1)(x^{3}+x+1) \qquad (5-23)$$

为了求出 $(7,3)$ 循环码的生成多项式 $g(x)$，就要从上式中找到一个 $n-k=7-3=4$ 次的因式，从 $(5-23)$ 中不难看出，这样的因式有两个，即

$$(x+1)(x^{3}+x^{2}+1) = x^{4}+x^{2}+x+1 \qquad (5-24)$$

$$(x+1)(x^{3}+x+1) = x^{4}+x^{3}+x^{2}+1 \qquad (5-25)$$

以上两式都可以作为 $(7,3)$ 循环码的生成多项式。不过，选用的生成多项式不同，产生出的循环码的码组就不同。利用式 $(5-24)$ 作为生成多项式产生的循环码如表 5 – 14 所示。

4. 循环码的编码方法

编码的任务是在已知信息位的条件下，求得循环码的码组，而我们要求得到的是系统码，即码组前 k 位为信息位，后 $(n-k)$ 位是监督位。

设信息位对应的码多项式为

$$m(x) = m_{k-1}x^{k-1} + m_{k-2}x^{k-2} + \cdots + m_{1}x + m_{0} \qquad (5-26)$$

其中系数 m_{i} 为 1 或 0。

信息码多项式 $m(x)$ 的最高幂次为 $(k-1)$。将 $m(x)$ 左移 $(n-k)$ 位成为 $x^{n-k}m(x)$，其最高幂次为 $(n-1)$。$x^{n-k}m(x)$ 的前一部分为连续 k 位信息码（m_{k-1}，m_{k-2}，$\cdots$，m_{0}），后一部分为 $(n-k)$ 位的 "0"，$n-k=r$ 正好是监督码的位数。所以在它的后一部分添上监督码，就编出了相应的系统码。

循环码的任何码多项式都可以被 $g(x)$ 整除，即 $C(x) = h(x)g(x)$。用 $x^{n-k}m(x)$ 除以 $g(x)$，得

$$\frac{x^{n-k}m(x)}{g(x)} = q(x) + \frac{r(x)}{g(x)} \tag{5-27}$$

式中 $q(x)$ 为商多项式，余式 $r(x)$ 的最高次幂小于 $(n-k)$ 次，将式（5-27）改写成

$$x^{n-k}m(x) + r(x) = q(x) \cdot g(x) \tag{5-28}$$

式（5-28）表明：多项式 $x^{n-k}m(x) + r(x)$ 为 $g(x)$ 的倍式。根据式（5-27）或式（5-28），$x^{n-k}m(x) + r(x)$ 必定是由 $g(x)$ 生成的循环码中的码组，而余式 $r(x)$ 即为该码组的监督码对应的多项式。

根据上述原理，编码步骤可归纳如下。

（1）用 x^{n-k} 乘以信息码多项式 $m(x)$ 得到 $x^{n-k}m(x)$。

这一运算实际上是把信息码后附上 $(n-k)$ 个"0"。例如，信息码为 110，它相当于 $m(x) = x^2 + x$。当 $n - k = 7 - 3 = 4$ 时，$x^{n-k}m(x) = x^4(x^2 + x) = x^6 + x^5$，它相当于 1100000。

（2）用 $g(x)$ 除 $x^{n-k}m(x)$，得到商 $q(x)$ 和余式 $r(x)$，即

$$\frac{x^{n-k}m(x)}{g(x)} = q(x) + \frac{r(x)}{g(x)}$$

例如，若选用 $g(x) = x^4 + x^2 + x + 1$ 作为生成多项式，则

$$\frac{x^{n-k}m(x)}{g(x)} = \frac{x^6 + x^5}{x^4 + x^2 + x + 1} = (x^2 + x + 1) + \frac{x^2 + 1}{x^4 + x^2 + x + 1}$$

显然，$r(x) = x^2 + 1$。

（3）求多项式 $C(x) = x^{n-k}m(x) + r(x)$。

$$C(x) = x^{n-k}m(x) + r(x) = x^6 + x^5 + x^2 + 1$$

本例编出的码组 1100101，这就是表 5-14 中的第 7 个码组。读者可按此方法编出其他码组。可见，这样编出的码就是系统码了。

【例 5-6】已知一种（7，3）循环码，生成多项式为 $g(x) = x^4 + x^3 + x^2 + 1$，求信息码为 111 时，编出的循环码组。

解：（1）写出码多项式

$$m(x) = x^2 + x + 1$$

（2）用 x^{n-k} 乘以信息码多项式 $m(x)$ 得到

$$x^{n-k}m(x) = x^4(x^2 + x + 1) = x^6 + x^5 + x^4$$

（3）用 $g(x)$ 除 $x^{n-k}m(x)$，得到商 $q(x)$ 和余式 $r(x)$

$$\frac{x^6 + x^5 + x^4}{x^4 + x^3 + x^2 + 1} = x^2 + \frac{x^2}{x^4 + x^3 + x^2 + 1}$$

其中，余式 $r(x) = x^2$

（4）求多项式 $C(x) = x^{n-k}m(x) + r(x)$

$$C(x) = x^6 + x^5 + x^4 + x^2$$

信息码为 111 时，编出的循环码组为 1110100。

【例 5-7】已知信息码为 1101，生成多项式 $G(x) = x^3 + x + 1$，编一个（7，4）循环码。

解：（1）写出码多项式
$$m(x) = x^3 + x^2 + 1$$
（2）用 x^{n-k} 乘以信息码多项式 $m(x)$ 得到
$$x^{n-k}m(x) = x^3(x^3 + x^2 + 1) = x^6 + x^5 + x^3$$
（3）用 $g(x)$ 除 $x^{n-k}m(x)$，得到商 $q(x)$ 和余式 $r(x)$
$$\frac{x^6 + x^5 + x^3}{x^3 + x + 1} = x^3 + x^2 + x + 1 + \frac{1}{x^3 + x + 1}$$
余式 $r(x) = 1$
（4）求多项式 $C(x) = x^{n-k}m(x) + r(x)$
$$C(x) = x^6 + x^5 + x^3 + 1$$
信息码为 1101 时，编出的循环码组为 1101001。

【例 5-8】使用生成多项式 $g(x) = x^4 + x^3 + 1$ 产生 $m(x) = x^7 + x^6 + x^5 + x^2 + x$ 对应的循环码组。

解：$g(x)$ 的最高幂次为 $n-k=4$，$m(x)$ 的最大幂次是 7，表示信息码元为 8，此循环码为（12，8）循环码。

（1）用 x^{n-k} 乘以信息码多项式 $m(x)$ 得到
$$x^{n-k}m(x) = x^4(x^7 + x^6 + x^5 + x^2 + x) = x^{11} + x^{10} + x^9 + x^6 + x^5$$
（2）用 $g(x)$ 除 $x^{n-k}m(x)$，得到商 $q(x)$ 和余式 $r(x)$
$$\frac{x^{11} + x^{10} + x^9 + x^6 + x^5}{x^4 + x^3 + 1} = x^7 + x^5 + x^4 + x^2 + x + \frac{x^2 + x}{x^4 + x^3 + 1}$$
余式 $r(x) = x^2 + x$。
利用多项式除法规则进行运算，过程如下

(3) 求多项式 $C(x) = x^{n-k}m(x) + r(x)$

$$C(x) = x^{11} + x^{10} + x^9 + x^6 + x^5 + x^2 + x$$

对应的循环码组为 111001100110。

5. 循环码的解码方法

1) 检错的实现

接收端解码的要求有两个：检错和纠错。达到检错目的的解码原理十分简单。由于任一码组多项式 $C(x)$ 都应能被生成多项式 $g(x)$ 整除，所以在接收端可以将接收码组多项式 $R(x)$ 用原生成多项式 $g(x)$ 去除。当传输中未发生错误时，接收码组与发送码组相同，即 $R(x) = C(x)$，故码组多项式 $R(x)$ 必定能被 $g(x)$ 整除；若码组在传输中发生错误，则 $R(x) \neq C(x)$，$R(x)$ 被 $g(x)$ 除时可能除不尽而有余项，即有

$$\frac{R(x)}{g(x)} = q'(x) + \frac{r'(x)}{g(x)} \tag{5-29}$$

因此，我们就以余项是否为零来判别码组中有无错码。这里还需指出一点，如果信道中错码的个数超过了这种编码的检错能力，恰好使有错码的接收码组能被 $g(x)$ 整除，这时的错码就不能检出了，这种错误称为不可检错误。

2) 纠错的实现

在接收端为纠错而采用的解码方法自然比检错时复杂。若要纠正错误，需要知道错误图样 $E(x)$，以便纠正错误。原则上纠错解码可按以下步骤进行。

(1) 用生成多项式 $g(x)$ 除接收码组 $R(x) = C(x) + E(x)$（模 2 加），得到余式 $r'(x)$；

(12) 按余式 $r'(x)$ 用查表的方法或通过某种运算得到错误图样 $E(x)$；

(3) 从 $R(x)$ 中减去 $E(x)$（模 2 加），得到纠错后的原发送码组 $C(x)$。

6. 循环冗余校验码（CRC）

在数据通信中，广泛采用循环冗余校验（Cyclic Redundancy Check，CRC），循环冗余校验码就简称 CRC 码。CRC 码采用了循环码的多项式除法生成监督位的方法。CRC 的特点是检错能力极强，开销小，易于用编码器及检测电路实现。从其检错能力来看，它所不能发现的错误的概率仅为 0.004 7% 以下。从性能上和开销上考虑，均远远优于奇偶校验及算术和校验等方式。因而，在数据存储和数据通信领域，CRC 无处不在：著名的通信协议 X.25 的 FCS（帧检错序列）采用的是 CRC-ITU，WinRAR、NERO、ARJ、LHA 等压缩工具软件采用的是 CRC-32，磁盘驱动器的读写采用了 CRC-16，通用的图像存储格式 GIF、TIFF 等也都用 CRC 作为检错手段。

5.2.5 卷积码

近年来，随着大规模集成电路的发展，电路实现技术水平获得较大程度的提高，卷积码在众多通信系统和计算机系统中得到了越来越广泛的应用。在数据通信中，特别值得一提的是采用卷积码与调制技术相结合而形成的新型的调制技术 TCM 技术。它的出现，使得数据调制解调器的传输速率和性能都产生了较大飞跃。研究和应用都已说明，在差错控制系统中卷积码是一种极具吸引力、颇有前途的差错控制编码。

卷积码又称连环码，首先是由伊利亚斯（P. Elias）于 1955 年提出来的。它与前面讨论的分组码不同，是一种非分组码。在同等码率和相似的纠错能力下，卷积码的实现往往要比分组码简单。由于在以计算机为中心的数据通信中，数据通常是以分组的形式传输或重传的，因此分组码似乎更适合于检测错误，并通过反馈重传纠错，而卷积码主要应用于前向纠错数据通信系统中。另外，卷积码不像分组码有严格的代数结构，至今尚未找到严密的数学手段，把纠错性能与码的结构十分有规律地联系起来。因此本节仅讨论卷积码的基本原理。

1. 卷积码的基本概念

在 (n, k) 分组码中，任何一段规定时间内编码器产生的 n 个码元的一个码组，其监督位完全决定于这段时间中输入的 k 个信息位，而与其他码组无关。这个码组中的 $(n-k)$ 个监督位仅对本码组起监督作用。为了达到一定的纠错能力和编码效率，分组码的码组长度 n 通常都比较大。编译码时必须把整个信息码组存储起来，由此产生的延时随着 n 的增加而线性增加。

为了减少这个延迟，人们提出了各种解决方案，其中卷积码就是一种较好的信道编码方式。这种编码方式同样是把 k 个信息比特编成 n 个比特，但 k 和 n 通常很小，特别适宜于以串行形式传输信息，减小了编码延时。

与分组码不同，卷积码编码器在任何一段规定时间内产生的 n 个码元，其监督位不仅取决于这段时间中的 k 个信息位，而且还取决于前 $(N-1)$ 段规定时间内的信息位。换句话说，监督位不仅对本码组起监督作用，还对前 $(N-1)$ 个码组也起监督作用。这 N 段时间内的码元数目 nN 称为这种码的约束长度。通常把卷积码记作 (n, k, N)，其编码效率为 $R = k/n$。

卷积码的纠错能力随着 N 的增加而增大，在编码器复杂程度相同的情况下，卷积码的性能优于分组码。另一点不同的是：分组码有严格的代数结构，但卷积码至今尚未找到如此严密的数学手段，把纠错性能与码的结构十分有规律地联系起来，目前大都采用计算机来搜索好码。

2. 卷积码的编码

1）卷积码编码器的一般结构

图 5-21 示出了 (n, k, N) 卷积码编码器的一般结构。它由输入移位寄存器、模 2 加法器、输出移位寄存器三部分构成。输入移位寄存器共有 N 段，每段有 k 级，共 $N \times k$ 位寄存器，信息序列由此不断输入。输入端的信息序列进入这种结构的输入移位寄存器即被自动分段，每段 k 位，对应每一段的 k 位输出的 n 个比特的卷积码，与包括当前段在内的已输入的 N 段的 Nk 个信息位相关联。一组模 2 加法器共 n 个，它实现卷积码的编码算法；输出移位寄存器，共有 n 级。输入移位寄存器每移入 k 位，它输出 n 个比特的编码。

2）卷积码编码原理

下面通过一个简单的例子来说明卷积码的编码原理。图 5-22 是一个 $(2, 1, 3)$ 卷积码编码器。与一般结构相比，输出移位寄存器用转换开关代替，转换开关每输出一个比特转换一次，这样，每输入一个比特，经编码器产生两个比特。图 5-22 中，m_1，m_2，m_3 为移位寄存器，假设移位寄存器起始状态全为"0"，即 m_1，m_2，m_3 为"000"。c_1 与 c_2 表示为

$$c_1 = m_1 \oplus m_2 \oplus m_3$$
$$c_2 = m_1 \oplus m_3 \tag{5-30}$$

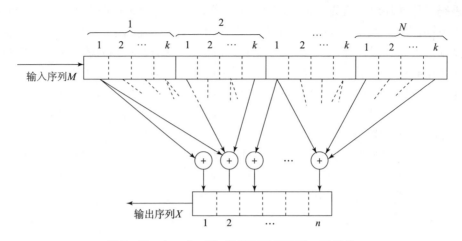

图 5-21 （n，k，N）卷积码编码器的一般结构

m_1 表示当前的输入比特，而移位寄存器 $m_3 m_2$ 存储以前的信息，表示编码器状态。

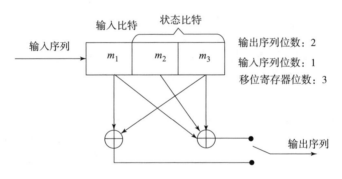

图 5-22 （2，1，3）卷积码编码器

表 5-15 列出了编码器的状态变化过程，当第一个输入比特为 "1" 时，即 $m_1=1$，因为 $m_3 m_2=00$，所以输出码元 $c_1 c_2=11$；第二个输入比特为 "1"，这时 $m_1=1$，$m_3 m_2=01$，$c_1 c_2=01$，以此类推。为保证输入的全部信息位（11010）都能通过移位寄存器，还必须在输入信息位后加 3 个 "0"。

表 5-15　编码器的状态变化过程

m_1	1	1	0	1	0	0	0	0
$m_3 m_2$	00	01	11	10	01	10	00	00
$c_1 c_2$	11	01	01	00	10	11	00	00
状态	a	b	d	c	b	c	a	a

表 5-15 中用 a，b，c 和 d 分别表示移位寄存器 $m_3 m_2$ 的 4 种可能状态，即 a 表示 $m_3 m_2=00$，b 表示 $m_3 m_2=01$，c 表示 $m_3 m_2=10$，d 表示 $m_3 m_2=11$。

5.2.6　Turbo 码

1993 年两位法国教授 Berrou、Glavieux 和他们的缅甸籍博士生 Thitimajshima 在 ICC 会议上发表 "Near Shannon limit error – correcting coding and decoding：Turbo codes"，提出了一种全新的编码方式——Turbo 码。它巧妙地将两个简单分量码通过伪随机交织器并行级联来构造具有伪随机特性的长码，并通过在两个软入/软出（SISO）译码器之间进行多次迭代实现了伪随机译码。它的性能远远超过了其他的编码方式，得到了广泛的关注和发展，并对当今的编码理论和研究方法产生了深远的影响，信道编码学也随之进入了一个新的阶段。

对于 Turbo 码的研究，最初集中于对其译码算法、性能界和独特编码结构的研究，经过十多年来的发展历程，已经取得了很大的成果，在各方面也都走向使用阶段。Turbo 码由于很好地应用了香农信道编码定理中的随机性编译码条件，而获得了接近香农理论极限的译码性能。它不仅在信噪比较低的高噪声环境下性能优越，而且具有很强的抗衰落、抗干扰能力。

Turbo 码与其他通信技术的结合包括 Turbo 码与调制技术（如网格编码调制 TCM）的结合、Turbo 码与均衡技术的结合（Turbo 码均衡）、Turbo 码编码与信源编码的结合、Turbo 码译码与接收检测的结合，等等。Turbo 码与 OFDM 调制、差分检测技术相结合，具有较高的频率利用率，可有效地抑制短波信道中多径时延、频率选择性衰落、人为干扰与噪声带来的不利影响。

信道编码技术可改善数字信息在传输过程中由于噪声和干扰造成的误差，提高系统可靠性。因而提供高效的信道编译码技术成为 3G 移动通信系统中的关键技术之一。3G 移动通信系统所提供的业务种类的多样性、灵活性，对差错控制编译码提出了更高的要求。WCDMA 和 cdma2000 方案都建议采用除与 IS – 95 CDMA 系统类似的卷积编码技术和交织技术之外的 Turbo 编码技术。

5.2.7　信道编译码仿真

1. 仿真目的

（1）掌握奇偶校验码的编译码；

（2）掌握（7，4）汉明码的编译码。

2. 仿真内容

（1）奇偶校验码编译码仿真；

（2）（7，4）汉明码编码与译码的仿真。

3. 仪器与设备

SystemView 仿真软件。

4. 仿真步骤

（1）奇偶校验码编译码仿真。

以长度为 4 的偶校验码为例构建仿真模型。码长为 4 的码字可表示为 $a_3a_2a_1a_0$，其中 $a_3a_2a_1$ 为信息元，a_0 为监督元，根据偶校验码的编码规则，可得监督元与信息元之间的关

系为

$$a_0 = a_3 \oplus a_2 \oplus a_1 \tag{5-31}$$

当给定信息元 $a_3a_2a_1$ 时，由式（5-31）即可得出监督元 a_0，三位信息元与一位监督元组成一个码字 $a_3a_2a_1a_0$。

经过信道传输后，接收端收到的码字为 $b_3b_2b_1b_0$。接收端译码器检查码字 $b_3b_2b_1b_0$ 中"1"码元的个数，当"1"码元的个数为偶数时，说明接收码字没有错误，否则，说明接收码字有错。因此偶校验码的译码可以通过对码字求异或运算来完成，计算式为

$$S = b_3 \oplus b_2 \oplus b_1 \oplus b_0 \tag{5-32}$$

当 $S=0$ 时，接收码字中无错误，当 $S=1$ 时，接收码字中有错误。

根据以上偶校验码的编码、译码方式即可构建相应的仿真系统。如图 5-23 所示。

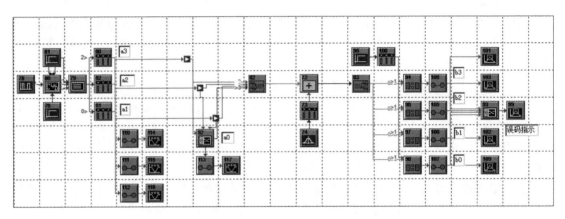

图 5-23　偶校验码的编码、译码仿真系统

编码器仿真模型如图 5-24 所示。

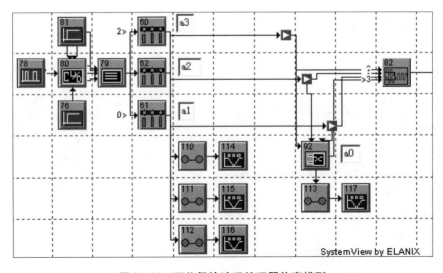

图 5-24　四位偶检验码编码器仿真模型

图 5 - 24 中，图符 78 产生周期为 1s、脉冲宽度为 0.5s 的矩形脉冲序列，作为图符 80 计数器的计数脉冲。图符 80 是一个十六进制计数器，保证它工作在计数状态的使能信号由图符 81 和图符 76 提供，图符 76 提供高电平信号，图符 81 提供低电平信号。由于图符 80 的输出状态只用了低三位 $Q_2Q_1Q_0$，$Q_2Q_1Q_0$ 每 8 个时钟循环一次，所以图符 80 在这个仿真模型中充当八进制计数器。图符 79 是个可编程存储器（PROM），有三个地址线 $A_2A_1A_0$，共有八个存储单元，每个单元可存放八位二进制。本例中存放的八个数据分别为 $(00)_H$、$(01)_H$、$(02)_H$、$(03)_H$、$(04)_H$、$(05)_H$、$(06)_H$、$(07)_H$，这些数据中的低三位作为偶校验编码的信息。编码信息可随机产生，但为了便于观察，这个例子中采用固定数据。双击图符 79，进入参数设置区可改变存储数据。图符 60、61 和 62 对编码信息再采样，使信息速率为 1 Hz，$a_3a_1a_0$ 每秒送出一个数据。图符 110、111 和 112 是取样保持器，目的是使图符 114、115、116 显示的 $a_3a_1a_0$ 波形为方波。图符 92 是异或门，完成表达式（5 - 31）所示的编码，输出校验位 a_0。图符 113 为保持电路，图符 117 显示 a_0。图符 82 为时分多路复用器，它将输入的并行数据以串行方式输出。双击图符，进入参数设置区，将输入端数设置为 4 个，每秒输入一次数据。设置系统的运行时间：取样速率为 256 Hz，取样点数为 3 072。运行系统，得到输入信息和编码输出的波形如图 5 - 25 所示。

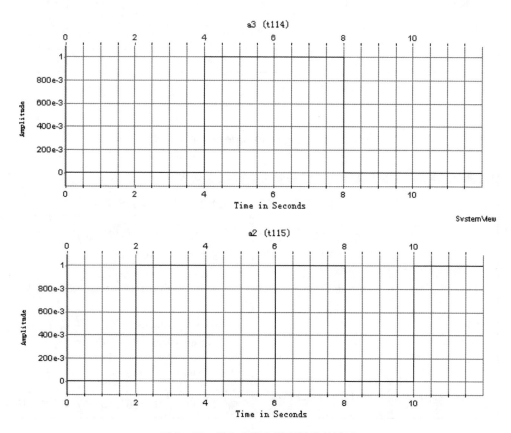

图 5 - 25　输入信息和编码输出的波形

183

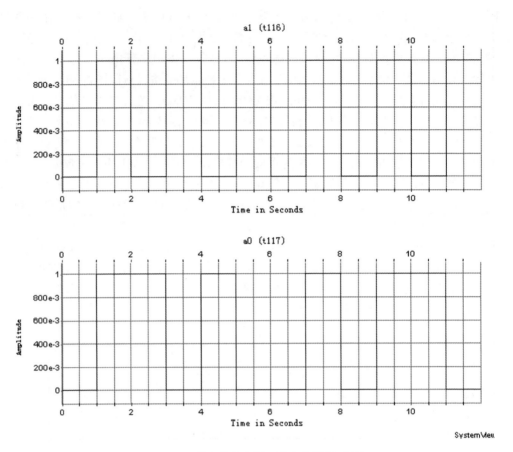

图 5 – 25　输入信息和编码输出的波形（续）

四位偶检验码编码器仿真模型图中各图符参数设置如表 5 – 16 所示。

表 5 – 16　四位偶检验码编码器仿真模型图中各图符参数设置

编号	图符块属性	类型	参数
60 – 62	Operator	Sample/Hold/ReSample	Sample Rate = 1 Hz
76	Source	Aperiodic/Step Fct	Amp = 1 V，Start Time = 0sec，Offset = 0 V
81			
78	Source	Periodic/Pulse Train	Amp = 1 V，Offset = – 500 e – 3 V，Frequency = 1 Hz，Phase = 0deg，Pulse Width = 500 e – 3 V
79	Logic	FF/Latch/Reg/PROM	Gate Delay = 0 s，Threshold = 500 e – 3，True Output = 1 V，False Output = 0 V，D0 = 100，D1 = 302，D2 = 504，D3 = 706，Rise Time = 0s
80	Logic	Counters/Cntr – U/D	Gate Delay = 0 s，Threshold = 500 e – 3，True Output = 1 V，False Output = 0 V，Rise Time = 0 s，Fall Time = 0 s

续表

编号	图符块属性	类型	参数
82	Comm	Modulators/TD Mux	Number of Inputs = 4，Time per Inputs = 1sec
92	Logic	Gates/Buffers/XOR	Gate Delay = 0 s，Threshold = 500 e − 3，True Output = 1 V，False Output = 0 V，Rise Time = 0 s，Fall Time = 0s
110 − 113	Operator	Sample/Hold/Hold	Hold Value：Last Sample，Gain = 1
114 − 117	Sink	Graphic/Systemview	Custom Sink Name：a3 − a0

　　偶监督码的译码器仿真模型如图 5 −26 所示。图符 83 是分路器，它完成的工作与图符 82 完成的工作刚好相反，它将来自信道的串行数据转换为输出的并行数据。其参数的设置与图符 82 的参数设置相同，双击图符可观察到其设置的参数为：输出端数为 4，每 1 s 输出一次数据。图符 94、96、97、98 是比较器，当输入的数据大于图符 95 提供的门限电平时，输出为 1，否则，输出为 0。图符 105、106、107 及 108 是保持器，使输出码字 $b_3b_2b_1b_0$

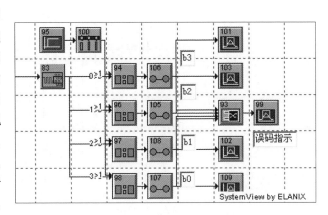

图 5 − 26　偶监督码的译码器仿真模型

的每个码元间隔内的电平保持恒定。图符 93 对接出码字 $b_3b_2b_1b_0$ 进行译码，即根据式（5 − 32）计算 S，图符 99 显示译码结果。

　　双击图符 74，进入参数设置区，将噪声的标准偏差设置为 0.2 V。运行系统，进入分析窗，更新数据，关闭与编码有关的波形窗口，适当调整剩余波形图，得到接收码字中的各位码元及译码结果波形如图 5 − 27 所示。显然，当接收码字有错误时译码指示器显示正脉冲。增大噪声，可发现错码出现的频率也增大。译码器输出波形与输出波形相比，有两个码元宽度的延迟，本例中延迟时间为 2 s。延迟时间是由编码器端的多路复用器和译码器端的分路器引起的，它们各引起了一个码元宽度的时间延迟。

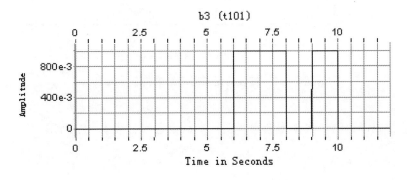

图 5 − 27　接收码元及译码结果波形

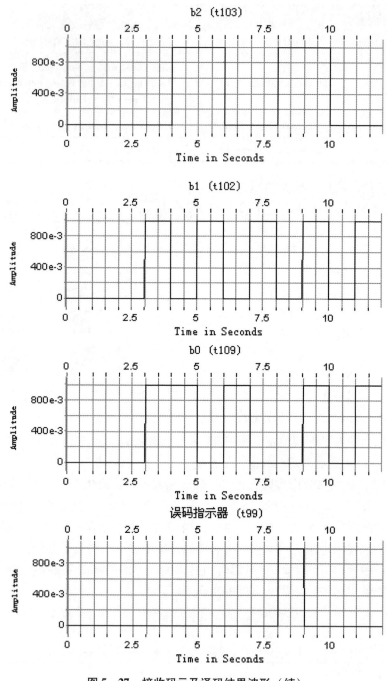

图 5 - 27　接收码元及译码结果波形（续）

偶监督码译码器仿真模型图中各图符参数设置表如表 5 - 17 所示。

表 5 – 17　偶监督码译码器仿真模型图中各图符参数设置表

编号	图符块属性	类型	参数
83	Comm	Demodulators/TD Dmux	Number of Inputs = 4，Time per Inputs = 1sec
93	Logic	Gates/Buffers/XOR	Gate Delay = 0 s，Threshold = 500 e – 3， True Output = 1 V，False Output = 0 V， Rise Time = 0 s，Fall Time = 0s
94	Logic	Compare	Select Comparison：a≥b，True Output = 1 V， False Output = 0 V
96 – 98			
95	Source	Aperiodic/Step Fct	Amp = 500e – 3 V，Start Time = 0sec，Offset = 0 V
99	Sink	Analysis	Custom Sink Name：误码指示器
100	Operator	Sample/Hold/ReSample	Sample Rate = 1 Hz
101 – 103	Sink	Analysis	Custom Sink Name：b3/b1/b2/b0
109			
105 – 108	Operator	Sample/Hold/Hold	Hold Value：Last Sample，Gain = 1

（2）（7，4）汉明码编码与译码的仿真。

设（7，4）汉明码的码元表示为 $a_6 a_5 a_4 a_3 a_2 a_1 a_0$ ，其中 $a_6 a_5 a_4 a_3$ 为信息码元， $a_2 a_1 a_0$ 为监督码元，监督码与信息元之间关系为

$$\begin{cases} a_2 = a_6 \oplus a_5 \oplus a_4 \\ a_1 = a_6 \oplus a_5 \oplus a_3 \\ a_0 = a_6 \oplus a_4 \oplus a_3 \end{cases} \qquad (5-33)$$

编码器每接收到四位信息码元，根据式（5 – 33）计算出三位监督码元，四位信息码元与三位监督码元组成一个（7，4）汉明码的码字，（7，4）汉明码许用码组如表 5 – 18 所示。

表 5 – 18　（7，4）汉明码许用码组

信息位	监督位	信息位	监督位
$a_6 a_5 a_4 a_3$	$a_2 a_1 a_0$	$a_6 a_5 a_4 a_3$	$a_2 a_1 a_0$
0000	000	1000	111
0001	011	1001	100
0010	101	1010	010
0011	110	1011	001
0100	110	1100	001
0101	101	1101	010
0110	011	1110	100
0111	000	1111	111

译码器译码时，首先计算接收码字 $b_6b_5b_4b_3b_2b_1b_0$ 的伴随式 S，计算公式为 $S = BH^T$，对于式（5 – 33）所示监督关系的监督矩阵，伴随式 $S = (S_2S_1S_0)$ 为

$$\begin{cases} S_2 = b_6 + b_5 + b_4 + b_2 \\ S_1 = b_6 + b_5 + b_3 + b_1 \\ S_0 = b_6 + b_4 + b_3 + b_0 \end{cases} \tag{5 – 34}$$

根据表 5 – 19 可知，当 $S_2S_1S_0 = 111$ 时，b_6 有错误；当 $S_2S_1S_0 = 110$ 时，b_5 有错误；当 $S_2S_1S_0 = 101$ 时，b_4 有错误；当 $S_2S_1S_0 = 011$ 时，b_3 有错误。用译码器对伴随式进行译码，产生纠错信号，对错误码元进行纠正。译码时，可只检查信息位中的错误，并将其纠正。

表 5 – 19　（7，4）码校正子与误码位置

$S_2S_1S_0$	误码位置	$S_2S_1S_0$	误码位置
001	b_0	101	b_4
010	b_1	110	b_5
100	b_2	111	b_6
011	b_3	000	无错

（7，4）汉明码编码器原理图如图 5 – 28（a）所示，（7，4）汉明码译码器原理图如图 5 – 28（b）所示。

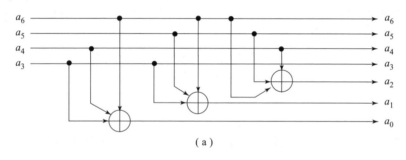

（a）

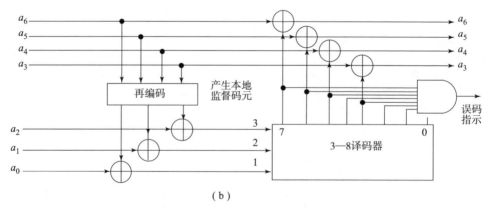

（b）

图 5 – 28　（7，4）汉明码编译码器原理图

（a）（7，4）汉明码编码器原理图；（b）（7，4）汉明码译码器原理图

（7，4）汉明码的编、译码器仿真模型如图 5 – 29 所示。

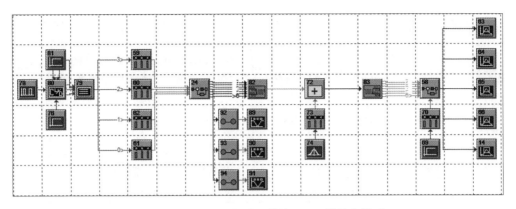

图 5 – 29　（7，4）汉明码的编、译码器仿真模型

根据（7，4）汉明码的编码方式构建的编码器仿真模型如图 5 – 30 所示。

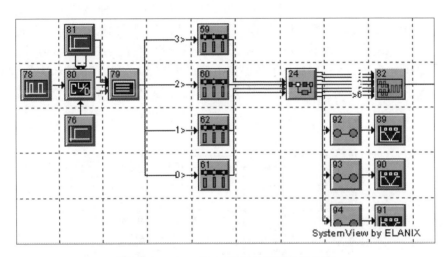

图 5 – 30　（7，4）汉明码编码器仿真模型

（7，4）汉明码编码器仿真模型图中各图符参数设置如表 5 – 20 所示。

表 5 – 20　（7，4）汉明码编码器仿真模型图中各图符参数设置

编号	图符块属性	类型	参数
59 – 62	Operator	Sample/Hold/ReSample	Sample Rate = 1 Hz
76	Source	Aperiodic/Step Fct	Amp = 1 V，Start Time = 0sec，Offset = 0 V
81			
78	Source	Periodic/Pulse Train	Amp = 1 V，Offset = – 500 e – 3 V，Frequency = 1 Hz，Phase = 0deg，Pulse Width = 500 e – 3 V
79	Logic	FF/Latch/Reg/PROM	Gate Delay = 0 s，Threshold = 500 e – 3， True Output = 1 V，False Output = 0 V，D0 = 100，D1 = 302，D2 = 504，D3 = 706，Rise Time = 0 s

续表

编号	图符块属性	类型	参数
80	Logic	Counters/Cntr – U/D	Gate Delay $= 0$ s, Threshold $= 500$ e $– 3$, True Output $= 1$ V, False Output $= 0$ V, Rise Time $= 0$ s, Fall Time $= 0$ s
82	Comm	Modulators/TD Mux	Number of Inputs $= 7$, Time per Inputs $= 1$ sec
24	MetaSys		
92 – 94	Operator	Sample/Hold/Hold	Hold Value: Last Sample, Gain $= 1$
89 – 91	Sink	Graphic/Systemview	Custom Sink Name: a2 – a0

图 5 – 20 中，图符 78、81、80、76 和 79 的功能和参数的设置与图 5 – 23 中的相同，每一秒送出一组数据。由于（7，4）汉明码码字中信息位为四位，因此四位信息码元输出端的取样器有四个，分别是图符 59、60、61 和 62。图符 24 是求监督码元的子系统。双击图符 24 可见其内部构成如图 5 – 31 所示。图符 0、1、2、3 是输入图符，图符 4、5、6、7、8、9、10 是输出图符。图符 11、12 和 13 是异或电路，完成式（5 – 33）所示的计算，求得三位监督码元。图符 92、93、94 是保持电路，图符 89、90、91 显示三位监督码元的波形。图符 82 是时分多路复用器，将输入的七位并行数据（码字）转换成串行输出数据。

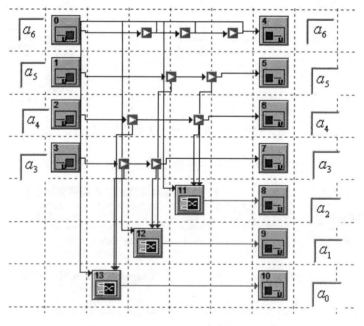

图 5 – 31　监督码元子系统

监督码元子系统仿真模型图中各图符参数设置如表 5 – 21 所示。

表 5 – 21　监督码元子系统仿真模型图中各图符参数设置

编号	图符块属性	类型	参数
0 – 3	Input		
4 – 10	Output		
11 – 13	Logic	Gates/Buffers/XOR	Gate Delay = 0 s，Threshold = 500 e – 3，True Output = 1 V，False Output = 0 V，Rise Time = 0 s，Fall Time = 0 s

设置系统运行时间：取样速率为 256 Hz，取样点数为 3 072。为便于观察编码结果，将图符 79 中八个存储单元的数据顺序设置为 $(00)_H$、$(01)_H$、$(02)_H$、$(03)_H$、$(04)_H$、$(05)_H$、$(06)_H$、$(07)_H$，每个数据中的低四位作为编码信息。运行系统，当上述数据顺序输入时，相应的监督码元波形如图 5 – 32 所示。

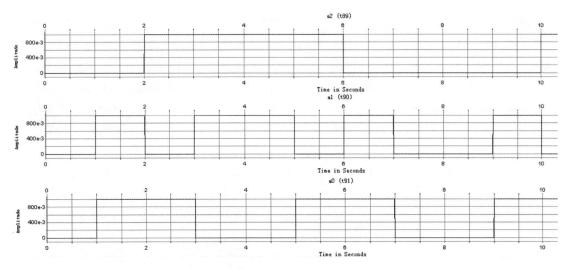

图 5 – 32　监督码元波形

由图 5 – 32 可知，每秒输出三位监督码元 $a_2 a_1 a_0$，当图符 79 中的数据顺序输出时，$a_2 a_1 a_0$ 分别是 000、011、101、110、110、101、100、000，与表 5 – 14 中左边一列监督元比较，可见编码结果正确。改变图符 79 中的数据，运行系统，可得到其他信息输入时的监督码元，从而可得到 (7，4) 汉明码的全部码字。

(7，4) 汉明码译码器的仿真模型如图 5 – 33 所示。图符 83 是个分路器，将接收到的七位 8 串行数据转换成并行输出，每秒输出数据一次。图符 69、70 给图符 58 中的 3/8 译码器提供使能信

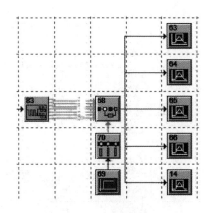

图 5 – 33　(7，4) 汉明码译码器的仿真模型

号。图符 63、64、65、66 显示译码输出信息，在接收码字中出现误码时图符 14 输出一个正脉冲。

（7，4）汉明码译码器仿真模型图中各图符参数设置如表 5 – 22 所示。

表 5 – 22　（7，4）汉明码译码器仿真模型图中各图符参数设置

编号	图符块属性	类型	参数
14	Sink	Analysis	Custom Sink Name：误码指示器
63 – 66	Sink	Analysis	Custom Sink Name：译码输出 a6 – a3
58	MetaSys		
69	Source	Aperiodic/Step Fct	Amp = 0 V，Start Time = 0sec，Offset = 0 V
70	Operator	Sample/Hold/ReSample	Sample Rate = 1 Hz
83	Comm	Demodulators/TD Dmux	Number of Inputs = 7，Time per Inputs = 1sec

图 5 – 33 中，图符 58 是译码子系统，其仿真模型如图 5 – 34 所示。图符 34、35、36 分别根据式（5 – 34）计算伴随式。图符 49 是 3/8 译码器，$s_2 s_1 s_0$ 作为其地址输入信号，当 $s_2 s_1 s_0$ = 000 时，意味着接收码字中的码元没有错误，此时 3/8 译码器的 Q_0 输出低电平，误码指示器输出为 0、当 $s_2 s_1 s_0$ 不全为零时，接收码字有错误，3/8 译码器输出端 Q_0 为高电平，误码指示器输出一个正脉冲。同时，3/8 译码器中还有一个输出端输出为低电平，此低电平信号作为纠错信号，对接收码字中的相应位进行纠正。根据此（7，4）汉明码伴随式与错误位置的关系，3/8 译码器的输出 $Q_7 Q_6 Q_5 Q_3$ 可分别作为 b_6、b_5、b_4 和 b_3 的纠错信号。由于 3/8 译码器输出端低电平有效，因而对每个纠错信号取非后，再与相应的接收码元异或，可将接收码字中的错误码元加以纠正。图符 54、55、56、57 分别对 3/8 译码器的输出 $Q_7 Q_6 Q_5 Q_3$ 进行取非，图符 50、51、52、53 分别将纠错信号与相应的接收码字异或。

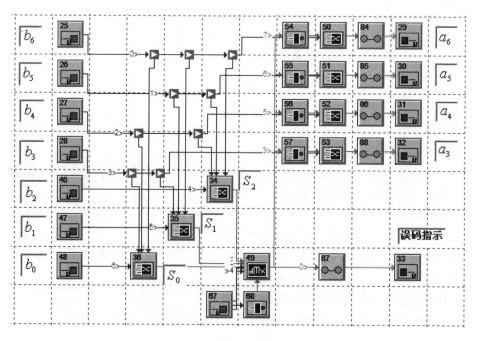

图 5 – 34　译码子系统仿真模型

译码子系统仿真模型图中各图符参数设置如表 5 – 23 所示。

表 5 – 23　译码子系统仿真模型图中各图符参数设置

编号	图符块属性	类型	参数
25 – 28	Input		
46 – 48			
67			
29 – 33	Output		
34 – 36	Logic	Gates/Buffers/XOR	Gate Delay = 0 s，Threshold = 500 e – 3，True Output = 1 V，False Output = 0 V，Rise Time = 0 s，Fall Time = 0 s
50 – 53			
49	Logic	Mux/Demux/dMux – D – 8	Gate Delay = 0s，Threshold = 500 e – 3，True Output = 1 V，False Output = 0 V，Rise Time = 0 s，Fall Time = 0 s
54 – 57	Logic	Gates/Buffers/Invert	Gate Delay = 0 s，Threshold = 500 e – 3，True Output = 1 V，False Output = 0 V，Rise Time = 0 s，Fall Time = 0 s
68			
84 – 88	Operator	Sample/Hold/Hold	Hold Value：Last Sample，Gain = 1

将图符 74 的标准偏差设置为 0.25 V，运行系统，进入分析窗，更新数据，单击工具栏上的 ▦ 和 ▬ 重新排列波形窗口。关闭与编码有关的波形窗口，对译码输出波形的位置做适当调整，得到的译码器输出信息与误码指示器波形如图 5 – 35 所示。由图 5 – 35 可见，当发送信息 0100 所对应的码字时，接收码由于信道噪声的影响发生了错误，译码指示器输出一个正脉冲（此时伴随式 $s_2 s_1 s_0 \neq 000$），但译码后的输出信息却是正确的。如果想对比接收码字与译码后输出信息（或码字），可对仿真稍做修改，在分路器的输出端增加一些接收显示器即可。

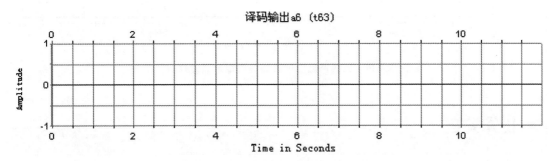

图 5 – 35　译码器输出信息与误码指示器波形

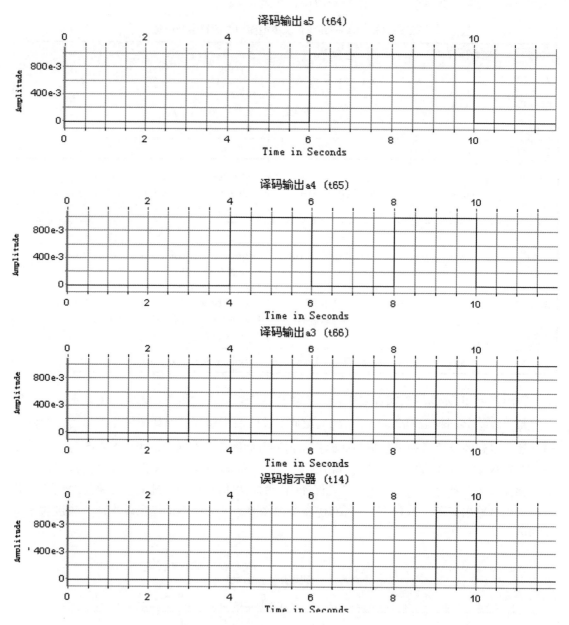

图 5 – 35　译码器输出信息与误码指示器波形（续）

🌀 任务实施

（1）通过具体实例，理解信道编码的基本思想以及汉明距离与检错、纠错能力的关系。

（2）对比奇偶校验码，分析水平奇偶校验码和二维奇偶校验码的检错、纠错能力。

（3）通过汉明码实例，掌握汉明码的编译码方法，搜集资料，分享汉明码的应用。

（4）通过循环码实例，掌握循环码的编译码方法，搜集资料，分享循环码的应用。

（5）对比线性码，分析非线性码的特点，了解卷积码的编译码方法及应用。

（6）利用仿真软件对信道编译码进行仿真，理解信道编码的原理。

任务总结

本任务分析了信道编码的基本思想和原理，学生掌握了奇偶校验码、汉明码和循环码的编译码方法，了解了卷积码和 Turbo 码。通过仿真验证巩固了理论知识，不但提高了学生的动手能力，还加强了学生的逻辑分析和推理能力，通过学习不同的编码技术增强了学生的创新意识。

自我评价

知识与技能点	你的理解	掌握情况
信道编码基本原理		😊 😐 😟 😭
奇偶校验码		😊 😐 😟 😭
汉明码		😊 😐 😟 😭
循环码		😊 😐 😟 😭
卷积码		😊 😐 😟 😭
Turbo 码		😊 😐 😟 😭
信道编译码仿真		😊 😐 😟 😭

完全掌握　基本掌握　有些不懂　完全不懂

实训与拓展

（1）设计一个 4 位奇校验码的编译码器，利用仿真软件完成仿真。

（2）搜集移动通信系统中常用的信道编码的相关资料，进行小组分享。

小结

1. 脉冲编码调制 PCM，包括抽样、量化、编码三个过程。抽样实现了模拟信号的时间离散，量化实现了信号的幅度离散，编码实现了数字信号的二进制序列表示。

2. 设时间连续信号 $f(t)$，其最高截止频率为 f_m。如果用时间间隔为 $T_s \leq 1/2f_m$ 的开关信号对 $f(t)$ 进行抽样，则 $f(t)$ 就可被样值信号 $f_s(t) = f(nT_s)$ 来唯一地表示。或者说，要从样值序列无失真地恢复原时间连续信号，其抽样频率应选为 $f_s \geq 2f_m$。这就是著名的奈奎斯特抽样定理，简称抽样定理。无失真所需最小抽样速率 $f_s = 2f_m$ 为奈奎斯特速率，对应的最大抽样间隔 T_s 称为奈奎斯特间隔。

3. 非均匀量化是根据信号的不同区间来确定量化间隔的，量化间隔随信号抽样值的不同而变化。信号抽样值小时，量化间隔 Δv 也小；信号抽样值大时，量化间隔 Δv 也大。

4. 目前，主要有两种对数形式的压缩特性：A 律和 μ 律，A 律编码主要用于 30/32 路一次群系统，μ 律编码主要用于 24 路一次群系统。我国和欧洲采用 A 律编码，北美和日本采用 μ 律编码。

5. 差错控制的基本思想是通过对信息序列做某种变换，使原来彼此独立的、没有相关性的信息码元序列，经过某种变换后，产生某种规律性（相关性），从而在接收端有可能根据这种规律性来检查，进而纠正传输序列中的差错。

6. 汉明码是一种能够纠正一位错码且编码效率较高的线性分组码。循环码是一种线性分组码，它除了具有线性分组码的封闭性之外，还具有循环性。

7. 卷积码又称连环码，首先是由伊利亚斯（P. Elias）于 1955 年提出来的。它与分组码不同，是一种非分组码。在同等码率和相似的纠错能力下，卷积码的实现往往要比分组码简单。

8. 作为商用 3G 移动通信系统的关键技术之一，Turbo 码也将逐渐获得较好的理论支持并且得到进一步开发和完善。

🌀 思考题与练习题

5-1　编 A 律 13 折线 8 位码，设最小量化间隔单位为 1Δ，已知抽样脉冲值为 +321Δ 和 -2 001Δ。试求：（1）此时编码器输出的码组；（2）计算量化误差。

5-2　已知 8 个码组为 000000、001110、010101、011011、100011、101101、110110、111000，求该码组的最小码距。

5-3　上题给出的码组若用于检错，能检出几位错码？若用于纠错，能纠正几位错码？

5-4　一码长为 $n = 15$ 的汉明码，监督位应为多少？编码效率为多少？

$$H = \begin{bmatrix} 1110100 \\ 1101010 \\ 1011001 \end{bmatrix}$$

5-5　已知汉明码的监督矩阵

求：（1）n 和 k 是多少？

（2）编码效率是多少？

（3）生成矩阵 G。

（4）若信息位全为"1"，求监督码元。

（5）校验 0100110 和 0000011 是否为许用码字，若有错，请纠正。

5-6　已知 (7, 3) 线性分组码的生成矩阵为

$$G = \begin{bmatrix} 1000111 \\ 0101110 \\ 0011101 \end{bmatrix}$$

求：（1）所有的码字。

（2）监督矩阵 H。

（3）最小码距及纠、检错能力。

（4）编码效率。

5 – 7　已知（15，5）循环码的生成多项式 $g(x) = x^{10} + x^8 + x^5 + x^4 + x^2 + x + 1$，求信息码 10011 所对应的循环码。

项目 6

认知定时与同步

📀 项目描述

通过日常使用的定位、导航，引入通信系统的定时系统、同步系统和北斗卫星导航系统，分析原子钟的种类和应用，学习同步载波同步、码元同步、群同步和网同步的实现方法，理解我国同步网的等级结构。学会用 SystemView 进行同步的仿真。

📀 项目分析

本项目中涉及的定时系统和同步系统是通信系统正常工作的基础，通过分析高精度时钟源和卫星导航系统，更好地认知理解定时与同步的作用，为锻炼持续的学习能力和理论联系实际的职业素养提供基础。

📀 学习目标

在理解定时系统作用的基础上，结合原子钟的应用和北斗卫星导航系统的发展历程，理解载波同步、码元同步、群同步和网同步的实现，并实现从理论学习到软件仿真的设计与实施。

课程思政：结合我国北斗卫星导航系统发展过程中的重大工程和关键人物，认识我国卫星通信发展过程的技术创新和工匠精神，通过典型事件，激发学生的爱国热情和攻关精神。

任务 6.1 认识定时系统

📀 任务目标

理解通信系统中定时的作用，了解作为基准时钟的原子钟的类型以及在通信系统中的应用。

任务分析

通信系统是一个复杂庞大的系统，组成数字信号的码元序列需要在收发端保持相同的步骤，理解收发定时系统的作用，进一步了解原子钟的类型和应用。

知识准备

数字信号由一些等长的码元序列组成，用这些码元在时间上的不规律性表示不同的信息。要使这些数字信号不发生错误或保持这些码元排列规律的正确性，发送端和接收端都要有稳定而准确的定时脉冲。以控制接收端和发送端的各部分电路始终按规定的节拍工作，这就是定时。

6.1.1　认识收发定时系统

发定时系统就是产生各种定时脉冲的系统，一般采用高精度的时钟脉冲发生器作为主时钟，然后经过分频，得到相应频率的路脉冲、位脉冲等，如图6-1所示。目前使用的主时钟类型主要有原子钟、振荡器等，也可以采用GPS、北斗等定时系统的外基准定时信号。

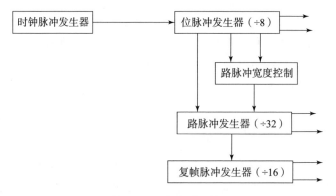

图6-1　发定时系统

在点与点之间进行数字传输时，接收端为了正确地再生所传递的信号，必须产生一个时间上与发送端信号同步的、位于最佳取样判决位置的脉冲序列，这就是收定时系统，可由收到的信码或锁相法获得。

6.1.2　认识原子钟

1. 原子钟的类型

原子频率标准简称原子钟，是根据原子物理学及量子力学的原理制造的高准确度和高稳定度的振荡器。原子钟是最精确的频率和时间标准装置，它以所用原子特定能级跃迁辐射的电磁波频率为参考频率，通过电子学频率自动控制方法，对使用频率源进行频率或相位锁定，从而得到方便使用的、与原子参考标准同样准确和稳定的标准频率信号。将该频率信号一个周期一个周期地加起来，再规定好一个起点，便成为原子钟。

常用的原子钟有铷钟、氢钟、铯钟。为什么选这几种元素作为原子钟呢？以铯钟为例。铯原子的第六层即最外层的电子绕着原子核旋转的速度，总是极其精确地在几十亿分之一秒的时间内转完一圈，稳定性比地球绕轴自转高得多。利用铯原子的这个特点，人们制成了一种新型的钟——铯原子钟，规定一秒就是铯原子"振动"九十一亿九千二百六十万一千七百七十次，即相当于铯原子的最外层电子旋转这么多圈所需要的时间。这就是"秒"的最新定义。

铯钟具有良好的长期稳定性和准确度，但体积、质量和功耗大，使用寿命短；铷钟不需要真空系统和致偏磁铁，具有较小的体积、质量和功耗，短期稳定性和准确度较好，但长期稳定性能不如铯钟；氢钟具有铯钟和铷钟所达不到的性能优势，但对温控要求严格，体积、质量和功耗也较大。

2. 原子钟的应用

自 20 世纪 50 年代发明原子钟以来，原子钟获得愈来愈广泛的工业应用，特别是在通信和导航领域。原子钟在通信领域的同步网中向通信设备提供基准时钟，作为第一级基准时钟。今天知名度很高的导航卫星全球定位系统，原子钟是实现授时功能的基础，实现定位功能的前提，原子钟性能直接决定着导航定位精度和授时精度。没有原子钟，要远距离定位到几十米、甚至几厘米，是根本无法想象的。原子钟的应用主要有以下几个方面。

1）航海需要原子钟

20 世纪初，早期的航海家们都是依靠星空图来驾驭自己的航线的，他们需要知道准确的时间来仰望天空，确定船只不会偏离航线，所以需要在船上安装精确的时钟。当时普遍使用的海事计时表，是依靠弹簧驱动的机械表，每天会有零点几秒的误差。到了 21 世纪，随着海上行程越来越长，对时间精确性要求越来越高，原子钟这种走时精准的计时工具取代了旧式的弹簧钟和摇摆式时钟。

原子钟通常使用铯原子或铷原子的自然振动，可以提供稳定的滴答声。目前的原子钟，在几百万年的时间里误差也不会超过 1s，非常精确。最近，美国航天局基础物理项目组的科学家们表示，他们已经将原子钟的误差进一步缩小。原子钟的用途很多，除了验证地心引力理论、指导太空飞船外，还能解决许多现实问题。

2）原子钟与全球定位系统

全球定位系统（Global Positioning System，GPS）是美国从 20 世纪 70 年代开始研制的。这套系统历时 20 年，耗资 200 亿美元，于 1994 年全面建成，具备海、陆、空全方位实时三维导航与定位能力，是新一代卫星导航与定位系统。

目前的全球定位系统是美国第二代卫星导航系统，它由空间部分、地面监控部分和用户接收机三大部分组成。全球定位系统的空间部分使用 24 个高度约 2.02 万千米的卫星组成，每一个卫星装载有 4 个原子钟，卫星的分布使得在全球任何地方、任何时间都可观测到 4 颗以上的卫星。通过从三个不同角度测量轨道传来的时间信号，使地面上的全球定位系统接收器能够精确判断自己所在的位置。

全球定位系统人造卫星上的原子钟误差只有 $1/10^{12}$ s，也就是说，每过 32 000 年，原子钟误差才会达到 1s。而在不同行星之间飞行的太空飞船上的原子钟，其精确度更高。

3）原子钟"登"上国际空间站

在稳定度为 $1/10^{15}$ s 的原子钟设计过程中，一种叫作"激光制冷"的新技术起到了关键作用。20 世纪科学家们发现，向原子发射激光束可以冷却原子，低温使得原子的自然振动频率能更精确地测量，这样冷的原子成为原子钟最好的"钟摆"。由于国际空间站处于失重状态，可以为原子钟提供这样的条件，在冷却过的失重的原子钟内，缓慢移动的原子能够维持更长时间的稳定性。

4）北斗上的原子钟

2020 年 6 月 23 日 9 时 43 分，中国西昌卫星发射中心搭载着北斗三号最后一颗全球组网卫星准确进入预定的地球静止轨道，北斗可以为全球用户提供更加完备的时空信息服务。其中，与人们日常生活息息相关的，要数全天时、全天候、高精度全球定位导航授时服务了。这项服务的实现离不开一个核心装置，即卫星的"心脏"——原子钟。星载原子钟是导航卫星的关键技术，中国的北斗卫星同时配置了星载铷原子钟和星载氢原子钟。

任务实施

（1）根据内容的学习，理解生活中的定时应用。

（2）搜集信息，查找原子钟的发展历程。

（3）搜集整理全球卫星导航系统和区域卫星导航系统。

任务总结

本任务中，分小组完成本项工作，其中，定时系统的作用是本任务的关键。学生们通过本部分的理论学习，了解我国原子钟的发展，在此基础上对原子钟的应用进行深入地学习，不断提供理论联系实际的能力，拓展通信原理的知识面。

自我评价

知识与技能点	你的理解	掌握情况
收发定时系统		😊 😐 ☹ 😭
原子钟的类型		😊 😐 ☹ 😭
原子钟的应用		😊 😐 ☹ 😭

😊完全掌握 😐基本掌握 ☹有些不懂 😭完全不懂

实训与拓展

（1）搜集我国原子钟的发展历程和应用。

（2）整理全球卫星导航系统和区域卫星导航系统资料。

任务 6.2 认知我国北斗卫星导航系统

◎ 任务目标

了解我国北斗卫星导航系统的发展战略，梳理发展阶段，理解北斗一号、北斗二号和北斗三号的特征和功能区别。

◎ 任务分析

从宣布我国北斗三号全球卫星导航系统建成开通的新闻入手，梳理其发展脉络，从双星定位的北斗一号，到三种轨道星座的区域导航的北斗二号，直到发展到今天的世界范围内技术领先的北斗三号，向全球提供定位、导航及授时服务，彰显了中国力量。

◎ 知识准备

6.2.1 了解我国北斗卫星导航系统

北斗系统是我国自主研发的卫星导航定位系统（BeiDou Navigation Satellite System，BDS），建设与 GPS 相比起步较晚，但发展速度非常快，其发展计划分成三步走战略，如表 6-1 所示。

表 6-1 北斗系统发展战略

中文名称	中文简称	英文名称	英文缩写	建成时间（年）	服务范围	卫星数量
北斗卫星导航试验系统	北斗一号	BeiDou navigation satellite demonstration system	BDS-1	2000	中国	2
北斗卫星导航区域系统	北斗二号	BeiDou navigation satellite (regional) system	BDS-2	2012	亚太地区	14
北斗卫星导航全球系统	北斗三号	BeiDou navigation satellite (global) system	BDS-3	2020	全球	30

2020 年 7 月 31 日上午 10 时 30 分，我国国家领导人宣布北斗三号全球卫星导航系统即北斗三号建成开通，正式向全世界提供定位、导航及授时服务。北斗三号作为向世界展示中国最新科技成果的名片，代表了中国最新的科技进步成果。

6.2.2 认知北斗一号

我国早在 20 世纪 60 年代末就准备开始研制导航卫星——"灯塔"，但后来由于多种原因而终止。20 世纪 80 年代初，随着我国经济和技术的飞速发展，综合国力的不断增强，我国又开始积极探索适合国情的卫星导航定位系统的技术途径和方法。1983 年，中国科学院陈芳允院士创造性地提出采用"双星定位"的设计方案，即利用两颗 GEO 轨道卫星实现国内导航定位。

所谓"双星定位"就是通过采用卫星无线电测定业务方式来确定用户的位置。它是以两颗卫星的已知坐标为圆心，各自以测定的本星至用户机距离为半径，形成两个球面，用户机必然位于这两个球面交线的圆弧上。电子高程地图提供一个以地心为球心、以球心至地球表面高度为半径的非均匀球面，求解圆弧线与地球表面交点即可获得用户位置。

1989 年，我国首次利用通信卫星进行了"双星定位"演示验证试验，实现了地面目标利用两颗卫星快速定位、通信、授时的一体化服务，证明了该技术的正确性和可行性，为我国第一代北斗卫星导航系统——北斗一号启动实施奠定了基础。1993 年初，中国空间技术研究院提出了卫星总体方案，初步确定了卫星技术状态和总体技术指标。1994 年，我国第一代卫星导航系统北斗一号工程立项。

经过不断攻关，2000 年，我国建成了由两颗北斗一号 GEO 轨道卫星组成的国内导航卫星试验系统，如图 6 - 2 所示。2003 年和 2007 年，我国又发射第 3 颗、第 4 颗北斗一号 GEO 轨道卫星，进一步增强了系统的性能。定位精度为 20 m，授时精度为 100 ns，用户每次能发 120 个字的短信。

这两颗北斗一号卫星运行在经度相距 60°的对地同步轨道（Geosynchronous Orbit，GEO）上，使我国成为世界上第三个拥有卫星导航系统的国家。此外，北斗一号也是世界上第一个有源卫星导航定位系统。所谓有源方式又叫主动式，即用户进

图 6 - 2　由两颗北斗一号导航试验卫星组成的"双星定位"系统示意

行导航定位时要主动向卫星发送信号。北斗一号"双星定位"系统不仅可全天候、全天时提供有源导航定位和精密授时，还能进行双向数字区域短报文通信服务；不仅能使用户知道自己的所在位置，还可以告诉别人自己所在的位置，特别适用于需要导航与移动数据通信相结合的用户。

6.2.3　认知北斗二号

不过，北斗一号系统也存在一些明显的先天不足，例如，它在定位精度、用户容量、定位的频率次数、隐蔽性等方面均受到限制，而且无法测速。为此，我国于 2004 年立项研制

了北斗二号卫星导航系统，其方案是在国际上首次实现采用卫星无线电测定业务（Radio Determination Satellite Service，RDSS）和卫星无线电导航业务（Radio Navigation Satellite System，RNSS）相结合的集成体制方式来为用户提供导航、定位和授时（Positioning，Navigation，and Timing，PNT）等服务。

北斗二号系统由运行在 3 种轨道的卫星组成，其中，GEO 轨道卫星具备卫星无线电导航业务、卫星无线电测定业务功能；倾斜地球同步轨道（Inclined GeoSynchronous Orbit，IGSO）卫星、中圆地球轨道（Medium Earth Orbit，MEO）卫星具备卫星无线电导航业务功能。所以，北斗二号系统既能为用户提供卫星无线电导航服务（低、中、高动态连续服务，用户自主完成连续定位和测速），又具有位置报告及短报文通信功能，弥补了北斗一号的不足之处。

该系统具体工作过程：用户被动测量来自至少 4 颗在卫星时钟控制下的导航卫星连续发送的无线电导航信号，并根据这些卫星信号的不同传输时间来测定用户到这些卫星的不同距离，然后通过用户终端的数学运算得到用户的三维坐标与速度。

2000 年 4 月 18 日，国际电信联盟批准了我国申报的导航卫星频率和轨道，北斗二号卫星导航系统正式取得了合法地位。

2007 年 4 月 14 日，我国第一颗北斗二号卫星顺利升空。经过 3 天的在轨测试，北京终于收到了首颗北斗二号卫星发射的信号，并得到了国际电信联盟的官方认定，使我国正式合法拥有了申报的空间位置和频率资源。

2012 年，我国建成了由 14 颗北斗二号卫星（5 颗 GEO 卫星 + 5 颗 IGSO 卫星 + 4 颗 MEO 卫星）组成的区域导航卫星星座，如图 6 - 3 所示。北斗二号系统在兼容北斗一号系统基础上，采用了混合星座，增加了无源定位体制，为亚太地区用户提供定位、测速、授时和短报文通信服务。定位精度为 10 m，测速精度为 0.2 m/s，授时精度为 50 ns，短信的字数每次仍为 120 个字。

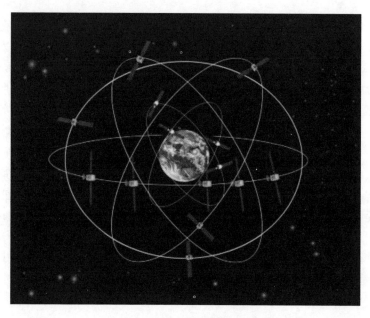

图 6 - 3　北斗二号区域导航星座

6.2.4 认知北斗三号

在"北斗"卫星导航系统的发展战略上，采用"先国内有源、再区域无源、最后全球无源"这一"三步走"的"北斗"发展战略。作为"三步走"发展战略的最后一步，我国在 2009 年正式启动了北斗三号的建设。

1. 3 种轨道卫星

从 2017 年 11 月 5 日发射首批北斗三号 MEO 轨道卫星起，我国正式开始建造"北斗"全球卫星导航系统。2020 年 6 月 23 日，我国终于建成了由 30 颗北斗三号卫星（3 颗 GEO 卫星 + 3 颗 IGSO 卫星 + 24 颗 MEO 卫星）组成的全球卫星导航星座，如图 6 - 4 所示。其中，MEO 卫星具备卫星无线电导航业务和星间链路功能，IGSO 卫星、GEO 卫星具备卫星无线电导航业务、卫星无线电测定业务、星间链路功能。北斗三号全球卫星导航系统全球范围定位精度优于 10 m，根据最新测算，全球实测定位精度均值为 2.34 m。

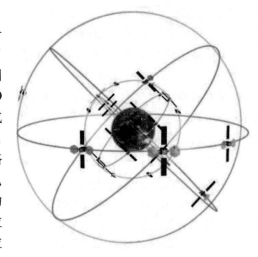

图 6 - 4　北斗三号全球卫星导航星座

2020 年 6 月 23 日发射的最后一颗北斗三号卫星是 GEO 卫星，它与前两颗北斗三号 GEO 卫星均具备无线电导航、无线电测定、星基增强、精密单点定位、功率增强、站间时间同步和定位六大本领。北斗三号 GEO 卫星与 IG-SO 卫星都采用东方红三号 B 平台。

2. 性能明显提高

与北斗二号系统相比，北斗三号系统除了把服务区域由区域扩大到全球覆盖外，在定位精度和授时精度方面明显提高，短信字数、卫星寿命大大增加。例如，卫星寿命由 8 年提高到 10 ~ 12 年，区域短报文提升至 1 000 个汉字。北斗三号系统还按照国际标准，增加了全球搜救、全球位置报告和星基增强等拓展服务。由于有星基增强服务功能，所以可为应急通信、飞机起降提升热点服务能力，满足特殊用户的需求。北斗三号系统的服务能力较北斗二号拓展了 10 倍，在通信、电力、金融、测绘交通、渔业、农业、林业等领域，更多的人可以享受到北斗三号系统的普惠服务。

北斗三号系统最大特色就是星座首次采用了星间链路技术，实现了星间数据传输和精密测量，可快速建立与中轨卫星、高轨卫星、地面之间的信息链路，满足卫星一站式测控需要，从而大幅提高卫星测定轨精度，提升电文注入频度，并解决了境外监测卫星的难题，大大减少了对地面站的依赖，提高了卫星自主导航的能力。

星载原子钟被称为导航卫星的"心脏"。北斗三号卫星上的原子钟精度由北斗二号卫星的每 30 万年误差 1 s，提高到每 300 万年误差 1 s，综合指标达到国际领先水平，这对提高定位和授时精度至关重要。

3. 与其他全球卫星导航系统的比较

1）3种轨道卫星组成的混合星座

美俄全球导航卫星星座都运行在 MEO 轨道，这样可以很好地覆盖全球。而北斗三号系统采用独特的3种轨道卫星组成混合星座，且高轨卫星更多，这样既能用 MEO 轨道卫星实现全球覆盖、全球服务，又可用高轨道卫星抗遮挡能力强的优点，尤其在低纬度地区性能特点更为明显，为亚太大部分地区用户提供更高性能的 PNT 服务，首次实现导航定位、短报文通信、差分增强三种服务融为一体。

2）全球首个三频信号服务的卫星导航系统

美国"全球定位系统"（GPS）使用的是双频信号，它可以减弱电离层延迟的影响。北斗三号系统是提供三频信号服务的卫星导航系统，可以构建更复杂模型消除电离层延迟的高阶误差，并且能提高载波相位模糊度的解算效率，理论上还可以提高载波收敛速度。

3）拥有美俄导航卫星各自的优点

"北斗"卫星导航系统与美国 GPS 系统一样用码分多址方式传输信息，而不像俄罗斯"格洛纳斯"（GLONASS）系统采用频分多址方式传输信息，目的是大大降低用户接收机的成本，以便地面应用；在 MEO 轨道卫星入轨方式和星座优化设计上，"北斗"卫星导航系统不像 GPS 系统那样把卫星布置在6个轨道面上，而是与 GLONASS 系统一样，采用3个轨道面均匀分布的对称星座设计，这样有利于"一箭多星"发射，从而降低发射成本。

4）世界上首个集定位、授时和报文通信于一体的全球卫星导航系统

免费发送短报文是其独有的一种重要功能，很多时候是"救命"的法宝。把导航与通信紧密结合起来，很适用于交通运输、调度指挥、搜索营救、地理信息实时查询等需要把导航与移动数据通信相结合的用户。定位与指挥调度集于一体，事件内容与发生的地点、时间在一封短信中完成，摆脱了"先定位再报告"的弊病。北斗三号全球卫星导航系统具有实时导航、快速定位、精确授时、位置报告和短报文通信服务五大功能，兼具星基增强、国际搜救等多种服务能力。

"北斗"卫星导航系统的建设实践，实现了在区域快速形成服务能力、逐步扩展为全球服务的发展路径，丰富了世界卫星导航事业的发展模式。北斗三号系统的建成，形成了满足我国国民生产建设需要的 PNT 系统设施。随着"北斗"卫星导航系统应用的发展，其必将面对更多、更新、更高的需求。预计2035年前，我国将建成以北斗卫星导航系统为核心的天地一体（包括太空、地面、水下、室内）、覆盖无缝、安全可信、高效便捷的国家综合 PNT 体系，满足国家安全和国民经济需求，以更强的功能、更优的性能服务全球，造福人类。

任务实施

（1）回顾我国北斗三号向全世界提供定位、导航和授时服务的新闻事件。

（2）通过对北斗卫星导航系统的发展阐述，强化北斗三号的强大功能和科技创新的认知。

（3）分工协作，完成各种卫星导航系统资料收集和学习，查找基于北斗的各种系统应用。

任务总结

本任务中，分小组完成本项工作，其中深入领会我国北斗卫星导航系统的科技创新是本任务的关键。通过理论学习，了解了我国卫星领域的重大工程，了解了北斗一号、北斗二号和北斗三号的功能。

自我评价

知识与技能点	你的理解	掌握情况
北斗卫星导航系统发展战略		
北斗一号		
北斗二号		
北斗三号		

完全掌握 基本掌握 😟有些不懂 😭完全不懂

实训与拓展

（1）收集我国卫星通信的相关资料。
（2）分析北斗三号中的科技创新。
（3）查找基于北斗的各种系统应用。

任务 6.3 认知同步系统

任务目标

了解什么是同步，同步有哪些类型？理解载波同步、码元同步、群同步和网同步的实现方法，了解我国数字同步网的等级结构和各级时钟源，并学会使用 SystemView 软件进行定时脉冲、导频插入等仿真。

任务分析

从同步系统的重要性，引出同步的实现方式，解析每种同步方法的概念，有助于理解同

步对于通信系统正常工作起到的作用，通过 SystemView 软件仿真，进一步理解同步实现过程。

知识准备

6.3.1　了解同步技术

同步技术是整个通信系统有序、可靠、准确运行的支撑，因此同步的性能好坏直接影响到整个通信系统的性能好坏。同步本身虽然不包含所要传送的信息，但只有收发设备之间建立了同步后才能开始传送信息，所以同步是进行信息传输的前提。同步性能的好坏将直接影响通信系统的性能。如果出现同步误差或失去同步就会直接导致通信质量下降，降低通信系统性能，甚至使通信中断。在数字通信系统中，同步包括载波同步、码元同步、群同步和网同步四种。

1. 载波同步

在数字频带传输系统中，采用相干解调时，接收端需要产生一个与接收信号中的调制载波同频同相的相干载波。这个载波的获取称为载波提取或载波同步。在学习数字调制技术过程中，我们了解到要想实现相干解调，必须有相干载波。因此，载波同步是实现相干解调的先决条件。对载波同步的要求是发送载波同步信息所占的功率尽量小，频带尽量窄。

2. 码元同步

码元同步又称时钟同步或时钟恢复。对于二进制码元而言，码元同步又称为位同步。在数字通信系统中，不管采用基带传输，还是频带传输，都需要码元同步。任何消息都是通过一连串码元序列传送的，所以接收时需要知道每个码元的起止时刻，以便在恰当的时刻进行采样判决。接收端必须提供一个位同步脉冲序列，该序列的重复频率与码元速率相同，相位与最佳取样判决时刻一致。我们把提取这种定时脉冲序列的过程称为码元同步。

码元同步与载波同步是截然不同的两种同步方式。在模拟通信中，没有码元同步的问题，只有载波同步的问题，而且只有接收机采用同步解调时才有载波同步的问题。但在数字通信中，一般都有码元同步的问题。对码元同步信号的要求有两点：一是使收信端的位同步脉冲频率和发送端的码元速率相同；二是使收信端在最佳接收时刻对接收码元进行抽样判决。

为了解决上述载波同步和码元同步问题，原则上有两类方法。第一类方法是采用插入辅助同步信息方法，即在频域或时域中插入同步信号。例如，按照频分复用原理，发送端在空闲频谱处插入一个或几个连续正弦波作为导频信号，接收端则提取出此导频信号，由其产生相干载波。也可以按照时分复用原理，在不同时隙周期性地轮流发送同步信息和用户信息。插入的辅助导频可以等于载波频率，也可以是其他频率。这类方法建立同步的时间快，但是占用了通信系统的频率资源和功率资源。第二类方法是不用辅助同步信息，直接从接收信号中提取同步信息。这类方法的同步建立时间较长，但是节省了系统占用的频率资源和功率资源。

3. 群同步

在数字通信中，信息流是用若干码元组成一个个"字"，又用若干个"字"组成

"句"。在接收这些数字信息时，必须知道这些"字""句"的起止时刻，否则接收端无法正确恢复信息。在数字时分多路通信系统中，各路信码都安排在指定的时隙内传送，形成一定的帧结构。在接收端为了正确地分离各路信号，首先要识别出每帧的起始时刻，从而找出各路时隙的位置。接收端必须产生与字、句和帧起止时间相一致的定时信号。我们称获得这些定时序列的过程为群（字、句、帧）同步。

4. 网同步

载波同步、码元同步、群同步技术可以保证两点间的数字通信有序、准确、可靠地进行。为了保证通信网内各用户之间可靠地通信和交换数据，全网必须有一个统一的时间标准时钟，这就是网同步的问题。在数字通信网中，为了使数字信号能在各转接站点进行有效的交换和转接，要求通信网中各转接站点的时钟频率和相位统一协调，需要采用网同步技术。

6.3.2 认知载波同步

载波同步又称载波恢复，即在接收设备中产生一个和接收信号的载波同频同相的本地振荡，供给解调器作相干解调用。当接收信号中包含离散的载频分量时，在接收端需要从信号中分离出信号载波作为本地相干载波；这样分离出的本地相干载波频率必然和接收信号载波频率相同，但是为了使相位也相同，可能需要对分离出的载波相位做适当调整。

若接收信号中没有离散载频分量，如在 2PSK 信号中（"1"和"0"以等概率出现时），则接收端需要用较复杂的方法从信号中提取载波。这种从接收信号中提取同步载波的方法称为直接法（或自同步法）。因此，在这些接收设备中需要有载波同步电路，以提供相干解调所需的相干载波；相干载波必须与接收信号的载波严格地同频同相。

有些调制信号，本身不含有载波，或者虽含有载波分量，但很难从已调信号的频谱中把它分离出来。对这些信号的载波提取，可以用插入导频法（外同步法）。所谓插入导频，就是在已调信号频谱中额外插入一个低功率的线谱，以便作为载波同步信号在接收端加以恢复，此线谱对应的正弦波称为导频信号。

插入导频分为频域插入和时域插入两种。频域插入是插入的导频在时间上是连续的，即信道中自始至终都有导频信号传送，如图 6-5（a）所示。时域插入导频方法是按照一定的时间顺序，在指定的时间内发送载波标准，即把载波标准插到每帧的数字序列中，一般插入在帧同步脉冲之后，如图 6-5（b）所示。

我们希望提取的载频和接收信号的载频尽量保持同频同相，但是实际上无论使用何种方法，提取出的载波相位总是存在一定的误差。相位误差有两种，一种是电路参量引起的恒定误差；另一种是由噪声引起的随机误差。对于相位键控信号而言，载波同步不良引起的相位误差，会直接影响接收信号的误码率。

从开始接收到信号（或从系统失步状态）至提取出稳定的载频所需要的时间称为同步建立时间。显然我们要求此时间越短越好。在同步建立时间内，由于相干载频的相位还没有调整稳定，所以不能正确接收码元。

从开始失去信号到失去载频同步的时间称为同步保持时间。显然希望此时间越长越好。长的同步保持时间有可能使信号短暂丢失时，或接收断续信号时，不需要重新建立同步，保持连续提供稳定的本地载频。

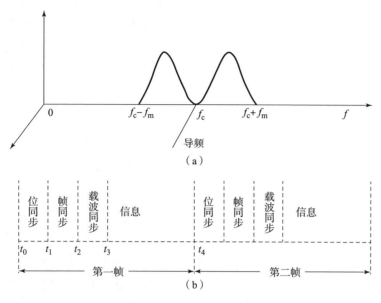

图 6 - 5　插入导频示意

（a）频域插入；（b）时域插入

6.3.3　认知码元同步

码元同步是正确取样判决的基础，只有数字通信才需要，并且不论基带传输还是频带传输都需要码元同步；所提取的码元同步信息是频率等于码速率的定时脉冲，相位则根据判决时信号波形决定，可能在码元中间，也可能在码元终止时刻或其他时刻。

在接收数字信号时，为了对每个接收码元抽样判决，必须知道每个接收码元准确的起止时刻。这就是说，在接收端需要产生与接收码元严格同步的时钟脉冲序列，用它来确定每个码元的抽样判决时刻。时钟脉冲序列是周期性的归零脉冲序列，其周期与接收码元周期相同，且相位和接收码元的起止时刻对正。当码元同步时，此时钟脉冲序列和接收码元起止时刻保持着正确的时间关系。码元同步技术则是从接收信号中获取同步信息，使此时钟脉冲序列和接收码元起止时刻保持正确关系的技术。

二进制码元传输系统的码元同步可以分为两大类。

1. 外同步法

外同步法又称辅助信息同步法。它在发送码元序列中附加码元同步用的辅助信息，需要在信号中另外加入包含码元定时信息的导频或数据序列，以达到提取码元同步信息的目的。常用的外同步法是于发送信号中插入频率为码元速率（1/T）或码元速率的倍数的同步信号。在接收端利用一个窄带滤波器，将其分离出来，并形成码元定时脉冲。这种方法的优点是设备较简单；缺点是需要占用一定的频带宽带和发送功率。然而，在宽带传输系统中，如多路电话系统中，传输同步信息占用的频带和功率为各路信号所分担，每路信号的负担不大，所以这种方法还是得到不少实际应用的。

例如概率相等的 PSK 信号，信号中不包含载频分量。为了用相干接收法接收这种信号，可以在发送信号中另外加入一个或几个导频信号。在接收端可以用窄带滤波器将其从接收信号中滤出，用以辅助产生相载频。插入导频法与载波同步时的插入导频法类似，基带信号频谱的零点处插入所需的位定时导频信号，如图 6 – 6 所示。

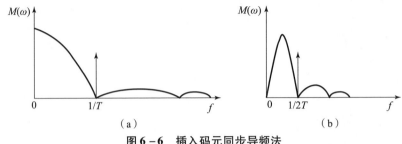

（a）　　　　　　　　　　　　　（b）

图 6 – 6　插入码元同步导频法

2. 自同步法

自同步法不需要辅助同步信息，直接从信息码元中提取出码元定时信息。显然，这种方法要求在信息码元序列中含有码元定时信息，分为两种，即开环同步法和闭环同步法。由于二进制等先验概率的不归零（NRZ）码元序列中没有离散的码速率频谱分量，故需要在接收时对其进行某种非线性变换，才能使其频谱中含有离散的码元速率频谱分量，并从中提取码元定时信息，有滤波法和锁相环法两种，滤波法如图 6 – 7 所示。

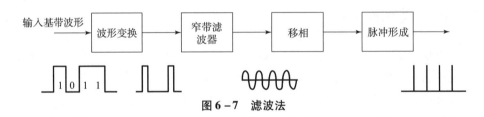

图 6 – 7　滤波法

目前多采用锁相环代替简单的窄带滤波器，因为锁相环的性能比后者的性能好，可以改善提取出的载波的性能。

在开环法中就是采用这种方法提取码元同步信息的。在闭环同步中，则用比较本地时钟周期输入信号码元周期的方法，将本地时钟锁定在输入信号上。闭环法更为准确，但是也更为复杂。

6.3.4　认知群同步

群同步又称帧同步或字符同步，在数字通信中，通常用若干个码元表示一定的意义。例如，用 7 个二进制码元表示一个字符，因此在接收端需要知道组成这个字符的 7 个码元的起止位置；在采用分组码纠错的系统中，需要将接收码元正确分组，才能正确地解码。又如，传输数字图像时，必须知道一帧图像信息码元的起始和终止位置才能正确恢复这帧图。为此，在绝大多数情况下，必须在发送信号中插入辅助同步信息，即在发送数字信号序列中周期性地插入标示一个字符或一帧图像码元的起止位置的同步码元，否则接收端将无法识别连续数字序列中每个字符或每帧的起始码元位置，这种方法称为起止式同步法。在某些特殊情况下，发送数字序列采用了特殊的编码，仅靠编码本身含有的同步信息，无须专设群同步码元，使接收端也能够自动识别码组的起止位置。为了使接收到的码元能够被理解，需要知道其如何分组。一般来说，接收端需要利用群同步码去划分接收码元序列。群同步码的插入有两种方法：一种是集中插入，另一种是分散插入。

1. 起止式同步法

在数字电传机中广泛使用的是起止式同步法。在电传机中，常用的是五单位码。为标志每个字的开头和结尾，在五单位码的前后分别加上 1 个单位的起码（低电平）和 1.5 个单位的止码（高电平），共 7.5 个码元组成一个字，如图 6 - 8 示。接收端根据高电平第一次转到低电平这一特殊标志来确定一个字的起始位置，从而实现字同步。

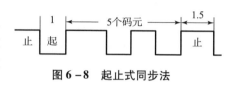

图 6 - 8 起止式同步法

这种 7.5 单位码（码元的非整数倍）给数字通信的同步传输带来了一定困难。另外，在这种同步方式中，7.5 个码元中只有 5 个码元用于传递消息，因此传输效率较低。

2. 插入法

集中插入法，又称连贯式插入法，将标志码组开始位置的群同步码插入于一个码组的前面，如图 6 - 9（a）所示。这里的群同步码是一组符合特殊规律的码元，它出现在信息码元序列中的可能性非常小。接收端一旦检测到这个特定的群同步码组，就马上知道了这组信息码元的"头"。所以这种方法适用于要求快速建立同步的地方，或间断传输信息并且每次传输时间很短的场合。检测到此特定码组时可以利用锁相环保持一定时间的同步。为了长时间地保持同步，则需要周期性地将这个特定码组插入于每组信息码元之前。

分散插入法，又称间隔式插入法，是将一种特殊的周期性同步码元序列分散插入在信息码元序列中。在每组信息码元前插入一个（也可以插入很少几个）群同步码元即可，如图 6 - 9（b）所示。因此，必须花费较长时间接收若干组信息码元后，根据群同步码元的周期特性，从长的接收码元序列中找到群同步码元的位置，从而确定信息码元的分组。这种方法的好处是对于信息码元序列的连贯性影响很小，不会使信息码元组之间分离过大；但是它需要较长的同步建立时间，故适用于连续传输信息的场合，如电话系统中。

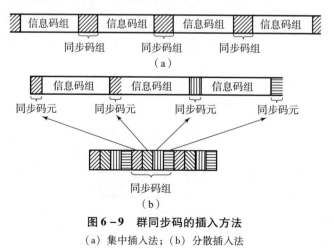

图 6 - 9 群同步码的插入方法
（a）集中插入法；（b）分散插入法

实现帧同步，通常采用的方法是起止式同步法和插入特殊同步码组的同步法。而插入特殊同步码组的方法有两种：一种为连贯式插入法，另一种为间隔式插入法。

3. 巴克码组

连贯式插入法的关键是寻找实现帧同步的特殊插入码组，要满足以下两点要求：

（1）具有明显的可识别特征，以便接收端能够容易地将同步码和信息码区分开来；

（2）这个码组的码长应当既能保证传输效率高（不能太长），又能保证接收端识别容易（不能太短）。

符合上述要求的特殊码组有：全 0 码、全 1 码、1 与 0 交替码、巴克码、PCM30/32 基帧帧同步码 0011011。巴克码是一种有限长的非周期序列，目前已找到的巴克码组如表 6 - 2 所示。

表 6 - 2　巴克码组

n	巴克码组
2	+ +（11）
3	+ + -（110）
4	+ + + -（1110）；+ + - +（1101）
5	+ + + - +（11101）
7	+ + + - - + -（1110010）
11	+ + + - - - + - - + -（11100010010）
13	+ + + + + - - + + - + - +（1111100110101）

6.3.5　认知网同步

在由多个通信对象组成的数字通信网中，为了使各站点之间保持同步，还需要解决网同步问题。例如，在时分复用通信网中，为了正确将来自不同地点的两路时分多路信号合并，就需要调整两路输入多路信号的时钟，使之同步后才能合并。又如，在卫星通信网中，卫星上的接收机接收多个地球站发来的时分制信号时，各地球站需要随时调整其发送频率和码元时钟，以保持全网同步。

同步网是由节点时钟设备和定时链路组成的一个实体网，负责为各种业务网提供定时，以实现各种业务网的同步，是电信网能够正常运行的支撑系统。同步网的基本功能是准确地将同步信息从基准时钟向同步网的各下级或同级节点传递，从而建立并保持全网同步。

1. 节点时钟设备

节点时钟设备主要包括独立型定时供给设备和混合型定时供给设备。独立型节点时钟设备是数字同步网的专用设备，主要包括：铯原子钟、铷原子钟、晶体钟、大楼综合定时系统（BITS）以及由全球定位系统（GPS 和 GLONASS）或北斗定位系统组成的定时系统。混合型定时供给设备是指通信设备中的时钟单元，它的性能满足同步网设备指标要求，可以承担定时分配任务，如交换机时钟等。

2. 定时分配

定时分配就是将基准定时信号逐级传递到同步通信网中的各种设备。定时分配包括局内定时分配和局间定时分配。

1）局内定时分配

局内定时分配是指在同步网节点上直接将定时信号送给各个通信设备。即在通信楼内直接将同步网设备（BITS）的输出信号连接到通信设备上。此时，BITS跟踪上游时钟信号，并滤除由于传输所带来的各种损伤，重新产生高质量的定时信号，用此信号同步局内通信设备。

2）局间定时分配

局间定时分配是指在同步网节点间的定时信号的传递。局间定时信号的传递是通过在同步网节点间的定时链路，将来自基准时钟的定时信号逐级向下传递。上游时钟通过定时链路将定时信号传递给下游时钟。下游时钟提取定时，滤除传输损伤，重新产生高质量的定时信号提供给局内设备，并再通过定时链路将定时信号传递给它的下游时钟。

3. 我国数字同步网

1）我国同步网等级结构

我国同步网等级结构，如图6-10所示。

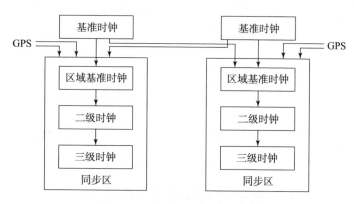

图6-10　我国同步网等级结构

我国同步网第一级是基准时钟，由铯原子钟或北斗/GPS配铷钟组成。它是数字网中最高等级的时钟，是其他所有时钟的唯一基准。在北京国际通信大楼安装三组铯钟，武汉长话大楼安装两组超高精度铯钟及两个北斗/GPS，这些都是超高精度一级基准时钟（Primary Reference Clock，PRC）。

第二级为有保持功能的高稳时钟（受控铷钟和高稳定度晶体钟），分为A类和B类。上海、南京、西安、沈阳、广州、成都等六个大区中心及乌鲁木齐、拉萨、昆明、哈尔滨、海口等五个边远省会中心配置地区级基准时钟（Local Primary Reference，LPR，二级标准时钟），此外还增配北斗/GPS定时接收设备，它们均属于A类时钟。全国30个省、市、自治区中心的长途通信大楼内安装的大楼综合定时供给系统，以铷（原子）钟或高稳定度晶体钟作为二级B类标准时钟。A类时钟通过同步链路直接与基准时钟同步，并受中心局内的局内综合定时供给设备时钟同步。B类时钟应通过同步链路受A类时钟控制，间接地与基准时钟同步，并受中心内的局内综合定时供给设备时钟同步。

各省内设置在汇接局（Tm）和端局（C5）的时钟是第三级时钟，采用有保持功能的高稳定度晶体时钟，其频率偏移率可低于二级时钟。通过同步链路与第二级时钟或同等级时钟同步，需要时可设置局内综合定时供给设备。

另外第四级时钟是一般晶体时钟，通过同步链路与第三级时钟同步，设置在远端模块、数字终端设备和数字用户交换设备当中。

2）我国数字同步网的工作方式

我国数字同步网的工作方式为基准时钟之间是准同步方式，同步区内采用主从同步方式。

准同步方式是指各交换节点的时钟彼此是独立的，但它们的频率精度要求保持在极窄的频率容差之中，网络接近于同步工作状态。网络结构简单，各节点时钟彼此独立工作，节点之间不需要由控制信号来校准时钟的精度。

主从同步方式指数字网中所有节点都以一个规定的主节点时钟作为基准，主节点之外的所有节点或者是从直达的数字链路上接收主节点送来的定时基准，或者是从经过中间节点转发后的数字链路上接收主节点送来的定时基准，然后把节点的本地振荡器相位锁定到所接收的定时基准上，使节点时钟从属于主节点时钟。

主从同步方式是在整个通信网中的某一站设置一个高稳定的主时钟源，它产生的时钟从主时钟源逐站传送至网内的各站，如图 6 - 11 所示，因而保证网内各站的频率和相位都相同。

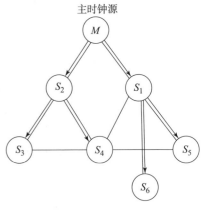

图 6 - 11　主从同步示意

6.3.6　仿真同步

插入导频法主要用于接收信号频谱中没有离散载频分量，或即使含有一定的载频分量，也很难从接收信号中分离出来的情况。对这些信号的载波提取，可以用插入导频法。

插入导频同步法仿真模型如图 6 - 12 所示。

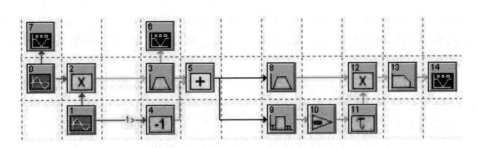

图 6 - 12　插入导频同步法仿真模型

插入导频同步法仿真模型中各图符参数设置如表 6 - 3 所示。

表 6-3　插入导频同步法仿真模型中各图符参数设置

编号	图符块属性	类型	参数
0	Source	Sinusoid	Amp = 1 V，Freq = 50 Hz，Phase = 0deg
1	Source	Sinusoid	Amp = 1 V，Freq = 1 000 Hz，Phase = 0deg
3	Operator	Liner Sys Filters/Analog/Bandpass	Low Cuttoff = 950HzHi Cuttoff = 1 050 Hz
4	Source	Gain/Scale/Negate	
8	Operator	Liner Sys Filters/Analog/Bandpass	Low Cuttoff = 900HzHi Cuttoff = 1 100 Hz
9	Operator	Liner Sys Filters/Fir/Bandpass	999 to 1 001 Hz，Taps = 1 076
10	Source	Gain/Scale/Gain	Gain = - 1. 5
11	Source	Delays/Delay	Delay = 250e - 6
13	Operator	Liner Sys Filters/Analog/Lowpass	Low Cuttoff = 100 Hz

　　图符 0 为调制信号，与乘法器相连。图符 1 为载波信号，频率为 1 000 Hz，它的一个输出端（正弦端时称为插入非正交导频，余弦端时称为插入正交导频）与乘法器相连，另一端（余弦端）经反相器与加法器相连。在接收端，用到了带通滤波器（图符 8）和窄带滤波器（图符 9）。移相电路用到了延时电路（延时 250 ns，因为载波频率为 1 000 Hz，移相 90°等价于延时 250 ns）。

　　插入正交导频时接收端解调出不含直流成分的调制信号，插入非正交导频信号时接收端解调出含有直流成分的调制信号，如图 6-13 所示。

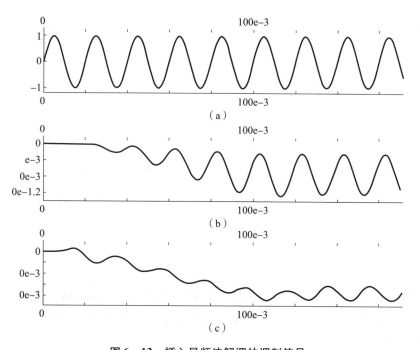

图 6-13　插入导频法解调的调制信号

（a）调制信号；（b）插入正交导频解调后不含直流成分的调制信号；

（c）插入非正交导频解调后含有直流分量的调制信号

任务实施

(1) 通过同步的作用，引出同步技术的类型。
(2) 分工协作，完成同步系统的理解和学习。
(3) 讲解我国数字同步网的等级结构。
(4) 建立插入导频同步法模型，用 SystemView 软件仿真。

任务总结

本任务中，分小组完成本项工作，其中理解同步的作用是本任务的关键。在此基础上，对各种同步技术进行深入地学习，通过理论联系实际，进一步理解我国同步网的结构。

自我评价

知识与技能点	你的理解	掌握情况
同步技术类型		
我国数字同步网		
同步的仿真		

完全掌握 基本掌握 有些不懂 完全不懂

实训与拓展

(1) 用 SystemView 软件进行定时脉冲仿真。
目的要求：通过使用 SystemView 软件，产生定时脉冲，理解定时的作用。
(2) 用 SystemView 软件进行同步仿真。
目的要求：通过软件仿真，直观理解各种同步过程。

小结

1. 要使这些数字信号不发生错误或保持这些码元排列规律的正确性，发送端和接收端都要有稳定而准确的定时脉冲，以控制接收端和发送端的各部分电路始终按规定的节拍工作，这就是定时。
2. 原子频率标准简称原子钟，是根据原子物理学及量子力学的原理制造的高准确度和高稳定度的振荡器。原子钟是最精确的频率和时间标准装置。

3. 常用的原子钟有铷钟、氢钟、铯钟。

4. 北斗系统是由我国自主研发的卫星导航定位系统（BeiDou Navigation Satellite System，BDS），其发展计划分成三步走战略。

5. 北斗三号全球卫星导航系统向全世界提供定位、导航及授时服务。

6. 同步指收发双方的载波、码元速率及各种定时标志都应步调一致，不仅要求同频，还要求相位相同。模拟通信网的同步是传输系统中两端载波机间的载波频率的同步。数字通信网的同步是网内各数字设备内时钟间的同步。同步按照作用的不同一般分为载波同步、码元同步、群同步和网同步。

7. 载波同步是指在相干解调时，接收端需要提供一个与接收信号中的调制载波同频同相的相干载波，实现方法有直接法（或自同步法）和插入导频法（或外同步法）。

8. 要实现接收判决时刻对准每个接收码元的特定时刻，就要求接收端必须提供一个位定时脉冲序列，该序列的重复频率与码元速率相同，相位与最佳取样判决时刻一致。我们把提取这种定时脉冲序列的过程称为位同步。

9. 为了使接收端能正确分离各路信号，在发送端必须提供每帧的起止标记，在接收端检测并获取这一标志的过程，称为帧同步，也称为群同步。实现帧同步，通常采用的方法是起止式同步法和插入特殊同步码组的同步法。插入特殊同步码组的方法有两种：一种为连贯式插入法，另一种为间隔式插入法。

10. 同步网是由节点时钟设备和定时链路组成的一个实体网，负责为各种业务网提供定时，以实现各种业务网的同步，是电信网能够正常运行的支撑系统。

11. 我国数字同步网的工作方式是：基准时钟之间是准同步方式，同步区内采用主从同步方式。

◎ 思考题与练习题

6-1 什么是定时？

6-2 原子钟是用哪些材料做成的？

6-3 原子钟应用场合有哪些？

6-4 我国北斗卫星导航系统具有哪些功能？

6-5 北斗三号与其他卫星导航系统相比，具有哪些方面的科技创新？

6-6 什么是同步？同步有哪些分类？

6-7 什么是载波同步，如何实现？

6-8 什么是码元同步，如何实现？

6-9 什么是群同步，如何实现？

6-10 什么是网同步？

6-11 简述我国同步网的等级结构。

6-12 简述同步网中的时钟等级和同步方式。

6-13 简述使用 SystemView 软件进行同步仿真的流程。

项目 7

仿真数据通信系统

项目描述

结合数据通信系统的网络结构、组成原理，剖析数据通信的信源编码、信道编码技术，进一步理解数据通信的调制解调技术，配合同步技术，建立数据通信仿真系统。

项目分析

本项目中涉及的编码、调制、解调技术是在传统原理基础知识上的升级，需要具有持续的学习能力和理论联系实际的职业素养。

学习目标

在已有通信原理知识的基础上，结合数据通信系统的实际，完成从数据通信系统理论到实践仿真的设计与实施。

课程思政：结合数据通信技术发展和物联网、大数据等新一代通信技术的研究，认识我国互联网产业发展的必要性，通过大数据、物联网、云计算、人工智能和移动互联网等技术发展的学习，激发学生的民族自尊心和自豪感。

任务 7.1　认知数据通信系统

任务目标

画出数据通信系统的信号处理过程。

任务分析

理解数据通信信号处理流程，分析从计算机到局域网、城域网再到广域网的信号处理过程。从通信信号处理角度来看，数据通信系统可抽象为相应模型。

知识准备

7.1.1 数据通信网

数据通信网络结构一般分为骨干网、城域网和接入网。骨干网由骨干节点组成。城域网由核心节点、汇聚节点和业务控制节点组成。接入网由接入节点组成。如图7-1所示。

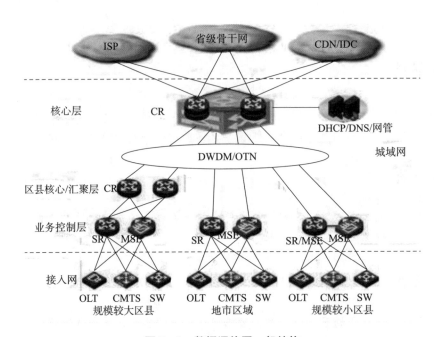

图7-1 数据通信网一般结构

骨干网分为国家骨干网和省级骨干网。骨干网络是整个网络的核心，作为城域网的上一级网络，承担着城域网访问外网的出口及城域网之间互通的枢纽作用。由于 IP 网络承载的业务类型越来越丰富，网络的流量随之越来越高，网络的重要性也日益提高，各运营商在提供传统 Internet 上网业务的同时，都在积极开展增值业务。

7.1.2 数据通信系统模型

计算机出现以后，为了实现远距离的资源共享，计算机技术与通信技术相结合，产生了数据通信。数据通信是为了实现计算机与计算机之间或终端与计算机之间信息交互而产生的一种通信技术，是计算机（或其他数据终端）与通信相结合的产物。要实现大量数据终端间的通信，首先需要了解数据通信系统信号的处理流程。

从信号处理的角度，数据通信可抽象为相应模型，如图7-2所示。

计算机网络作为典型的数据通信系统，包含了图7-2中各部分功能模型。

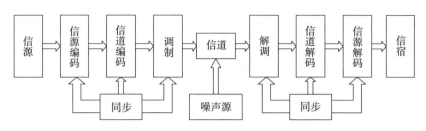

图 7 - 2　数据通信系统信号模型图

计算机、上网的手机等终端设备是计算机网络的信源，服务器是计算机网络的信宿。由于计算机网络实现的是双向通信，在计算机、手机等作信宿的时候，服务器则是信源。信源编码由语音编码器、视频编码器等实现，信道编码进行差错控制，实际中多采用循环冗余校验码，常见的调制采用 PSK 调制，同步信号是系统统一提供的。计算机网络的信道是电缆、光缆等，噪声来自各种噪声和干扰。

图 7 - 2 中，各部分又都离不开同步系统的支持。

1. 信源

信源的功能是把原始信息变换成原始电信号，例如，计算机网络中的计算机、服务器、终端等，都属于信源设备，其作用是将用户的文字、语音、视频等信号转换为适合在网络中传输的电信号。信宿的功能和信源相反，将电信号变换成人类能够理解的语音、文字等原始信息。

2. 信源编码

信源编码的主要任务有两个：一是将信源送出的模拟信号数字化，即对连续信息进行模/数（A/D）转换，用一定的数字脉冲组合来表示信号的一定幅度。例如，PCM 编码就是实现模拟信号数字化主要采用的信源编码技术。二是提高信号传输的有效性。也就是说，在保证一定传输质量的情况下，用尽可能少的数字脉冲来表示信源产生的信息，故信源编码也称作频带压缩编码或数据压缩编码。需要说明的是，压缩编码的方式并不是每个数据通信系统均需进行的，视情况需要而采用。

计算机网络中的语音编码、视频编码等都属于信源编码，接收端的信源译码则实现和发送端信源编码相反的功能。

3. 信道编码

信道编码主要解决数据通信的可靠性问题，故又称作抗干扰编码或纠错编码。数字信号在信道中传输，不可避免地会受到噪声干扰，并有可能导致接收信号的错误判断，产生错码。信道编码就是为了减小这种错误判断出现的概率而引入的编码。具体来说，就是将信源编码输出的数字信号，人为地按一定规律加入一些多余数字代码，形成新的传输码字，接收端按约定好的规律进行检错和纠错，以达到在接收端可以发现和纠正错误的目的。

计算机网络中，发送端为了提高传输可靠性，降低传输过程中干扰和噪声对信号的影响，会采用信道编码，实际中多采用循环冗余校验码。接收端的信道译码则实现和发送端信道编码相反的功能。

4. 数字调制

编码器输出的信号是数字基带信号（编码脉冲序列），若将基带信号直接送至信道中去传输，则称这种传输方式为基带传输。基带传输一般使用有线信道，且传输距离有限。为了进行远距离传输，需要借助高频振荡信号（称为载波）来运载。将数字基带信号调制到高频信号上的过程称为数字调制，利用调制技术来传输数字信号的方式称为频带传输。它的主要功能是提高信号在信道上的传输效率，达到信号远距离传输的目的。根据数字信号控制高频信号的参数不同，数字调制可分为数字调幅（又称振幅键控 ASK）、数字调频（移频键控 FSK）和数字调相（移相键控 FSK）。

在计算机网络中，大多数的信号频带都是较低的，因此大多数信道不宜直接传输基带信号，因为这些信号在传输中会产生极大的衰减和失真，不适合远距离传输，解决办法是通过调制解调器，将基带信号搬到高频载波上去，即"调制"。而"解调"则与此相反，是恢复原来信号的过程。

5. 同步

同步系统是数字通信系统的重要组成部分。所谓同步，是指通信系统的收、发双方具有统一的时间标准，使它们在工作中步调一致。同步通常包括载波同步、位（码元）同步和群（帧）同步等。同步对于数字通信是至关重要的。如果同步存在误差或失去同步，则通信过程中就会出现大量的误码，导致整个通信系统失效。可见，同步问题是数字通信中一个重要的实际问题。

实际的数据通信系统框图与图 7 – 1 可能不同。例如，如果通信距离不远，且容量不大，信道一般采用电缆，即采用基带传输方式，就不需要调制和解调部分；如果对抗干扰性能要求不高，数据通信系统同样可以不需要信道编码和信道解码部分。

🌀 任务实施

（1）结合图 7 – 1 数据通信系统的信号处理模型，查找数据通信系统的信源编码、信道编码、调制等技术原理。

（2）结合数据处理流程，画出数据通信系统的信号处理流程图。

（3）分工协作，完成技术原理资料收集和学习，编写相应的技术原理说明。

🌀 任务总结

本任务中，分小组完成资料采集、技术准备等工作。其中，结合数据通信系统的信号处理过程进行技术原理资料的采集与学习是本任务的关键。学生们通过前期的理论学习，了解了数据通信系统的信号处理流程，在此基础上对具体的技术原理与关键技术进行深入地学习，不但能提高理论联系实际的能力，同时有助于进一步理解数据通信系统的组成原理。

自我评价

知识与技能点	你的理解	掌握情况
数据通信网		😊 😵 😣 😭
数据通信系统模型		😊 😵 😣 😭
数据通信系统的信号处理过程		😊 😵 😣 😭

😊完全掌握 😵基本掌握 😣有些不懂 😭完全不懂

实训与拓展

（1）收集从局域网到城域网的数据处理过程。
（2）分析数据通信系统数据处理技术。

任务 7.2 分析数据通信系统的信源编码

任务目标

分析已经学过的通信系统 PCM 等信源编码技术，理解编码原理和应用场景。结合数据通信系统的发展研究数据通信系统信源编码的关键技术，利用仿真系统实现信源编码的仿真。

任务分析

数据通信系统中常用的编码技术有信源编码和信道编码。随着数据通信系统的发展，编码技术也在不断发展。编码技术的发展，有助于理解编码的演进与发展，进而深入理解数据通信的编码原理。

知识准备

7.2.1 信源编码简介

数据通信系统的终端种类非常多，包括计算机、电话机、手机、平板电脑、手提终端等，对于不同类型的终端设备，会用到不同的信源编码技术。

（1）计算机类数字终端：主要是信源压缩类编码。

压缩类信源编码的目标就是使信源减少冗余，更加有效、经济地传输。最原始最常见的信源编码有：莫尔斯电码、ASCII 码和电报码。常用的线路码型曼彻斯特编码、HDB3 编码等也属于信源编码。现代通信应用中常见的信源编码方式有：Huffman 编码、算术编码、L - Z 编码，它们都是无损编码。

视频压缩的目标是在尽可能保证视觉效果的前提下减少视频数据率。视频压缩编码标准有 MPEG - 4、H263、H. 263 + 、H. 264 等。

（2）电话机类模拟终端：主要采用 PCM 编码。目前的移动通信语音编码技术，吸取了波形编码、预测编码和参量编码的优点，是混合编码。例如，GSM 系统采用了 RPE - LTP（Regular Pulse Excitation - Long Term Prediction，规则脉冲激励长期线性预测编码），CDMA 采用了 QCELP 编码（Qualcomm 码激励线性预测），WCDMA 采用了 AMR（A-daptive Multi Rate）语言编码方案，4G 采用了 VoLTE 技术，支持高码率的 AMR - WB 编码。5G 由于采用的是非独立组网方案，因此，语音通信时，语音编码方案与 4G 相同。

7.2.2　霍夫曼编码

霍夫曼编码（Huffman Coding）是一种无压缩编码方式，是可变字长编码（VLC）的一种。霍夫曼编码是 Huffman 于 1952 年提出一种编码方法，该方法完全依据字符出现概率来构造异字头的平均长度最短的码字，因此也被称为最佳编码。霍夫曼编码的主要目的是根据使用频率来最大化节省编码的存储空间。

霍夫曼编码思路如下：

假如有 A、B、C、D、E 五个字符，出现的频率（权值）分别为 5、4、3、2、1。

第一步：先取两个最小权值作为左右子树构造一棵树，即取 1、2 构成树，其结点为 1 + 2 = 3，如图 7 - 3 所示。图中，虚线所示为新生成的结点。

第二步：把新生成的权值为 3 的结点放到剩下的集合中，这时集合变成 {5，4，3，3}，再根据第一步，取最小的两个权值构成第二棵树，如图 7 - 4 所示。

第三步：把新生成的权值为 6 的结点放到剩下的集合中，所以集合变成 {6，5，4} 再依次建立霍夫曼树，如图 7 - 5 所示。

图 7 - 3　第一棵霍夫曼树

图 7 - 4　第二棵霍夫曼树

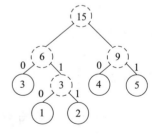

图 7 - 5　第三棵霍夫曼树

将图 7 - 5 中各实线圈中权值替换对应的字符即为最终霍夫曼树，如图 7 - 6 所示。

从图 7-6 可以看出，各字符对应的编码分别为：A 的编码是 11，B 的编码是 10，C 的编码是 00，D 的编码是 011，E 的编码是 010。

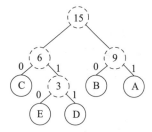

图 7-6　最终生成的霍夫曼树

霍夫曼编码是一种无前缀编码，解码时不会混淆。霍夫曼编码主要应用在数据压缩、加密解密等场合。如果考虑到进一步节省存储空间，就应该将出现概率大（占比多）的字符用尽量少的 0-1 进行编码，也就是更靠近根（节点少），这就是最优二叉树霍夫曼树的基本思想。

7.2.3　曼彻斯特编码

1. 曼彻斯特编码原理

曼彻斯特编码（Manchester Encoding），也叫作相位编码（PE），是一个同步时钟编码技术，被物理层使用来编码一个同步位流的时钟和数据。曼彻斯特编码通过电平的高低转换来表示"0"或"1"，每位中间的电平转换既表示了数据代码，也作为定时信号使用。曼彻斯特编码常常用在以太网中。

差分曼彻斯特码，又叫条件双相码（CDP 码），是改进型的曼彻斯特编码。其特点是在每一位周期的中间，波形都有变化，如果在两位周期交界处电平没有变化，则表示"1"；有变化，则表示"0"（在信号位中间总是将信号反相；在信号位开始时不改变信号极性，表示逻辑"1"；在信号位开始时改变信号极性，表示逻辑"0"）。

识别差分曼彻斯特编码的方法：主要看两个相邻的波形，如果后一个波形和前一个的波形相同，则后一个波形表示 0，如果波形不同，则表示 1。

曼彻斯特编码和差分曼彻斯特编码如图 7-7 所示。

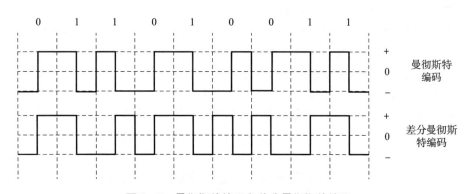

图 7-7　曼彻斯特编码和差分曼彻斯特编码

曼彻斯特编码是将时钟和数据包含在信号流中，在传输代码信息的同时，也将时钟同步信号一起传输到对方。曼彻斯特编码的每一个码元都被调制成两个电平，所以数据传输速率只有调制速率的 1/2。

有保证的跳变的存在使信号可以自计时，也可以使接收器正确对准。接收器可以识别它是否在半个比特周期内未对齐，因为在每个比特周期内将不再总是存在过渡。与更简单的

NRZ 编码方案相比，这些好处的代价是带宽需求增加了一倍。

曼彻斯特编码方法主要具有以下优点：1 个比特的中间有一次电平跳变，两次电平跳变的时间间隔可以是 $T/2$ 或 T；利用电平跳变可以产生收发双方的同步信号；曼彻斯特编码是一种自同步的编码方式，即时钟同步信号就隐藏在数据波形中。在曼彻斯特编码中，每一位的中间有一跳变，该跳变既可作为时钟信号，又可作为数据信号。因此，发送曼彻斯特编码信号时无须另发同步信号。

曼彻斯特和差分曼彻斯特编码是原理基本相同的两种编码，后者是前者的改进。他们的特征是在传输的每一位信息中都带有位同步时钟，因此一次传输可以允许有很长的数据位。曼彻斯特编码的每个比特位在时钟周期内只占一半，当传输“1”时，在时钟周期的前一半为高电平，后一半为低电平；而传输“0”时正相反。这样，每个时钟周期内必有一次跳变，这种跳变就是位同步信号。它在每个时钟位的中间都有一次跳变，传输的是“1”还是“0”，是在每个时钟位的开始有无跳变来区分的。

差分曼彻斯特编码比曼彻斯特编码的变化要少，因此更适合传输高速的信息，被广泛用于宽带高速网中。然而，由于每个时钟位都必须有一次变化，所以这两种编码的效率仅可达到 50% 左右；不归零码数字信号可以直接采用基带传输，所谓基带就是指基本频带。基带传输就是在线路中直接传送数字信号的电脉冲，这是一种最简单的传输方式，近距离通信的局域网都采用基带传输。基带传输时，需要解决数字数据的数字信号表示以及收发两端之间的信号同步问题。

2. 曼彻斯特编码应用

对于传输数字信号来说，最简单最常用的方法是用不同的电压电平来表示两个二进制数字，即数字信号由矩形脉冲组成。按数字编码方式，可以划分为单极性码和双极性码，单极性码使用正（或负）的电压表示数据；双极性码是三进制码，1 为反转，0 为保持零电平。根据信号是否归零，还可以划分为归零码和非归零码，归零码码元中间的信号回归到 0 电平，而非归零码遇 1 电平翻转，零时不变。

在超视距通信系统中，接收信号电平由于多径传输会呈现出较大的衰落现象，当通信的一方或双方快速运动时，接收信号亦存在着较大的多普勒频移，其多普勒频移的大小与运动速度成正比。在通信的传输速率较高时，由于大多普勒频移的存在，接收端载波的提取和位同步的提取会受到较大的影响，进而解调性能将会下降。

为了解决这一问题，可对多普勒频移进行估算并采取补偿措施，也可采用扩频通信或者复杂的纠错编码来降低大多普勒频移对通信性能的影响。但当硬件平台资源和频带受限时，上述方法由于计算复杂硬件资源有限或者所需频带过宽将不再适用。以实现通信速率为 600 bit/s、信道存在 300 Hz 多普勒频移的超视距传输的工程需要为例，基于差分曼彻斯特软译码的抗大多普勒调制解调方法计算简单，通过将差分曼彻斯特编码、差分解调和分集合并等措施有机结合，在有效地平滑电平衰落的同时，可达到在硬件平台资源和频带受限的超视距低速传输系统中具有抗大多普勒频移的能力。

由于信道上存在较大的多普勒频移，无法从接收信号中提取相干载波的频率和相位信息，从而无法通过逆调的方式实现信号的相干解调；即使采用具有较大抗频偏能力的差分解调方式，也无法在通信速率为 600 bit/s、信道存在 300 Hz 的多普勒频移时实现接收信号的有效解调。

　　在硬件平台资源和频带受限的条件下，基于差分曼彻斯特编码与差分解调联合设计方法，采用差分曼彻斯特编码提高码片速率，可增强差分解调的抗频偏能力，进而有效地降低大多普勒对解调器性能的影响。但提高码片速率会使得解调器工作在低信噪比下时产生性能损失，采用曼彻斯特软译码方式，可将曼彻斯特编码带来的信噪比分散进行有效的合并，因此解调性能损失不会因差分曼彻斯特编码倍数提高而线性加大，通过有效的数字处理方式，可将性能损失控制在可接受的范围内。由于通信系统工作在超视距信道条件下，接收信号的电平亦会存在较大的衰落现象，必须采取分集措施来有效地平滑衰落，提高信号的平稳接收能力，从而实现低速通信系统在超视距、大多普勒信道条件下的有效通信。

7.2.4　曼彻斯特编码仿真

　　曼彻斯特编码仿真模型如图 7－8 所示。

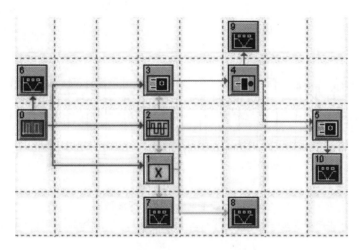

图 7－8　曼彻斯特编码仿真模型

　　曼彻斯特编码仿真模型中各图符参数设置见表 7－1。

表 7－1　曼彻斯特编码仿真模型中各图符参数设置

图符编号	库/名称	参数
0	Source/Periodic/Pulse Train	Amp = 1 V，Offset = 0 V，Rate = 10 Hz，Phase = 0deg，Pulse Width = 20e － 3
2	Comm/Filter/Data/PN Gen	Register Length = 4，True Output = 1，Seed = － 1，False Output = 0，Clock Thresh = 500e － 3
3、5	Logic/Gates/Buffer/OR	Gate Delays = 0s，Threshold = 500e － 3，True Output = 1，False Output = 0，Rise Time = 0，Fall Time = 0
4	Logic/Gates/Buffer/Invert	Gate Delays = 0s，Threshold = 500e － 3，True Output = 1，False Output = 0，Rise Time = 0，Fall Time = 0

　　曼彻斯特编码仿真中部分波形如图 7－9 所示。图中，（a）是 1 码的曼彻斯特编码，

（b）是 0 码的曼彻斯特编码，（c）是全码的曼彻斯特编码。

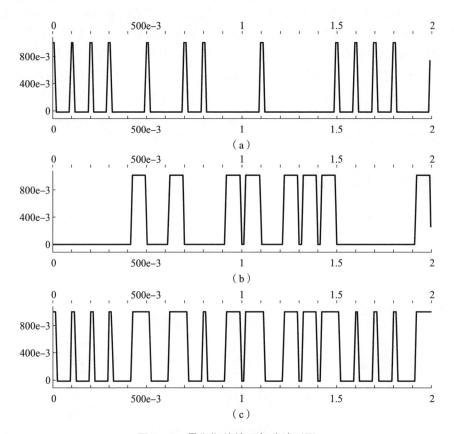

图 7 – 9　曼彻斯特编码部分波形图

（a）1 码的曼彻斯特编码；（b）0 码的曼彻斯特编码；（c）全码的曼彻斯特编码

◎ 任务实施

（1）结合曼彻斯特编码、差分曼彻斯特编码，分别探讨这两种编码的异同点和在网络中的应用情况。

（2）利用 SystemView 完成差分曼彻斯特编码仿真。

（3）分工协作，完成技术原理资料收集和学习，编写相应的技术原理说明。

◎ 任务总结

本任务中，分小组完成各项工作。其中，结合曼彻斯特编码方案的学习，进行技术原理资料的采集与学习是本任务的关键。学生们通过前期的理论学习，了解了曼彻斯特编码的原理，可以结合仿真软件进行实现。通过理论联系实际的学习与实践，达到逐步深入理解的目的，有助于培养学生可持续发展的能力。

任务 7.3　理解数据通信系统的信道编码

任务目标

分析学过的通信系统信道编码技术，理解信道编码原理和应用场景。结合计算机网络的发展研究数据通信系统信道编码的关键技术，利用仿真系统实现信道编码的仿真。

任务分析

随着计算机网络的不断发展，信道编码技术也在不断发展中。了解信道编码技术的发展，有助于理解信道编码技术的演进过程，进而深入理解数据通信的信道编码原理。

知识准备

信道编码又称为差错控制编码，采用信道编码的目的是提高数据通信系统的可靠性。常见的差错控制编码有分组码、CRC 校验码等。

7.3.1　数据通信系统的差错控制

数据通信系统传输的比特流，在传输过程中不可避免会出现差错。一方面，线路本身电气特性所产生的随机噪声（热噪声）是信道固有的、随机存在的，解决办法是提高信噪比来减少或避免干扰。另一方面，局部性的噪声如外界特定的短暂原因所造成的冲击噪声，是产生差错的主要原因。

差错分为位错（比特差错）和帧错，如图 7 - 10 所示。位错指的是比特位出错，是实际系统中主要的差错类型。帧错包括帧丢失、帧重复、帧失序等类型。

图 7 - 10　差错类型

由于通信线路的改善，所以数据通信系统也不断采取更加灵活的通信方法，不同的网段会采取不同的通信策略。图 7 - 11 中，链路层为网络层提供服务时，如果是通信线路质量较好的有线传输链路，可以选择无确认、无连接服务；如果是通信线路较差的无线传输链路，可以选择有确认、无连接或有确认、面向连接的服务。

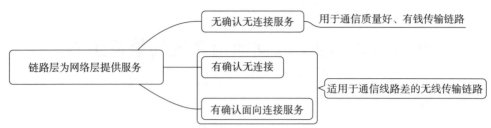

图 7-11 链路层为网络层提供的不同服务

在数据通信系统中，差错控制的主要方式有以下三种：

1. 检错重发 ARQ（见图 7-12）：利用差错控制编码

发送端：待发送数据进行差错编码，然后发送。

接收端：利用差错编码检测数据是否出错，若出错，接收端请求发送端重发数据加以纠正。

图 7-12 检错重发 ARQ

在检错重发方式中，发送端发送经过编码的、能够发现错误的码组，接收端接收后如果判断有错，就通过反向信道把这一错误信息反馈给发送端，发送端接收到这一信息后将重新发送信息，直到接收端接收到了正确的信息。实际网络中主要采用检错重发方式。

2. 前向纠错（Forward Error Correction，FEC）（见图 7-13）：利用纠错编码

发送端：对数据进行纠错编码，然后发送。

接收端：收到数据，利用纠错编码进行差错检测，且纠错。

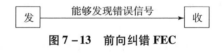

图 7-13 前向纠错 FEC

在前向纠错方式中，发送端发送能够纠正错误的码组，接收端接收到这些码组后，通过译码能够发现和纠正传输过程中发生的错码。前向纠错方式不需要反馈信道，传输延时小，系统的时效性好，但设备比较复杂。

适用于单工链路、对实时性要求比较高的应用。

3. 混合纠检错 HFC（见图 7-14）

混合纠错方式是检错重发方式和前向纠错方式的结合。

发送端：发送的编码有一定的纠错功能和较强的检错功能。

接收端：接收到信息后经过译码能够纠正一定的错码，当接收端错误超过了自己的纠正能力时，还可以检查错误，此时发送一个反馈信息，要求发送端重发该码组。

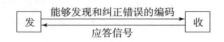

图 7-14 混合纠检错 HFC

优点：原理简单，易于实现，无须差错编码。

缺点：需要相同传输能力的反向信道，传输效率低，实时性差。

混合纠错方式是前向纠错和检错重发方式的折中，其实时性和编译码设备的复杂性也介于前向纠错和检错重发方式之间。

数据链路层和传输层差错控制的比较。

要传送如下数据：数据 a：1000，数据 b：1100，数据 c：1110。传送情况：发送端 S 发送的是"1000 1100 1110"，接收端 R 接收的是"1010［未收到］1110"。分别分析数据链路层和传输层对数据的处理过程。

数据链路层的"差错控制"是这样处理数据的：

（1）对于发送端 S 发送的"数据 a 1000"，接收端 R 接收到的却是"1010"，显然，左数第三位的 0 由于某种原因变为 1 了，好在数据链路层的差错控制可以发现这个错误（具体参看数据链路层），所以我们得知接收的数据 a 是错误的，扔掉即可。

（2）对于发送端 S 发送的"数据 b 1100"，接收端 R 未收到任何数据，数据链路层的"差错控制"在此也无能为力了。

（3）对于发送端 S 发送的"数据 c 1110"，接收端 R 接收到"1110"，经数据链路层的"差错控制"方法——CRC 检验，发现无误，正常接收。

由此可见，仅用循环冗余检验 CRC 差错检测技术只能做到无差错接收。即"凡是接收端数据链路层接收的帧都是正确的"。

传输层的"差错控制"是这样处理数据的：

传送的数据是想经过数据链路层处理后再给运输层的，即运输层收到的信号绝不存在"0 变为 1 或 1 变为 0 的情况"（因为这是数据链路层的差错控制所做的）。

（1）对于发送端 S 发送的"数据 a 1000"，由于数据链路层发现该数据有误，所以就把它仍丢了。这对运输层而言，就是未收到，所以要求发送端 S 重传。

（2）对于发送端 S 发送的"数据 b 1100"，运输层仍未收到，所以要求发送端 S 重传。

（3）对于发送端 S 发送的"数据 c 1110"，经数据链路层处理后交给运输层，运输层先发送端 S 返回确认帧，表示已经收到。

对于数据链路层而言，只保证接收到的数据没问题，至于中间丢失的数据压根不管。而传输层则对中途丢失的数据也做管理，它会通知发送端说："数据 b 怎么没有发？再发一遍"。

7.3.2　CRC－16 编码

CRC 校验码是利用除法及余数的原理来做错误侦测的。实际应用时，发送装置计算出 CRC 值并随数据一同发送给接收装置，接收装置对收到的数据重新计算 CRC 并与收到的 CRC 相比较，若两个 CRC 值不同，则说明信号出现错误。

根据应用环境与习惯的不同，CRC 又可分为 CRC－12 码、CRC－16 码、CRC－CCITT 码、CRC－32 码等几种标准。CRC－12 码通常用来传送 6－bit 字符串。CRC－16 及 CRC－CCITT 码则用来传送 8－bit 字符，其中 CRC－16 为美国采用，而 CRC－CCITT 为欧洲国家所采用。CRC－32 码大都被采用在一种称为 Point－to－Point 的同步传输中。

数字通信原理

CRC-16 码由两个字节构成，在开始时，CRC 寄存器的每一位都预置为 1，然后把 CRC 寄存器与 8-bit 的数据进行异或。之后对 CRC 寄存器从高到低进行移位，在最高位（MSB）的位置补零，而最低位（LSB，移位后已经被移出 CRC 寄存器）如果为 1，则把寄存器与预定义的多项式码进行异或，否则如果 LSB 为零，则无须进行异或。重复上述的由高至低的移位 8 次，第一个 8-bit 数据处理完毕，用此时 CRC 寄存器的值与下一个 8-bit 数据异或并进行如前一个数据似的 8 次移位。所有的字符处理完成后 CRC 寄存器内的值即为最终的 CRC 值。

下面为 CRC 的计算过程：

（1）设置 CRC 寄存器，并给其赋值 FFFF（十六进制数）。

（2）将数据的第一个 8-bit 字符与 16 位 CRC 寄存器的低 8 位进行异或，并把结果存入 CRC 寄存器。

（3）CRC 寄存器向右移一位，MSB 补零，移出并检查 LSB。

（4）如果 LSB 为 0，重复第三步；若 LSB 为 1，CRC 寄存器与多项式码相异或。

（5）重复第 3 与第 4 步直到 8 次移位全部完成。此时一个 8-bit 数据处理完毕。

（6）重复第 2 至第 5 步直到所有数据全部处理完成。

（7）最终 CRC 寄存器的内容即为 CRC 值。

7.3.3　BCH 编码

BCH 码是循环码的一个重要子类，是以三个发现者博斯（Bose）、查德胡里（Chaudhuri）和霍昆格姆（Hoequenghem）的名字的开头字母命名的。它具有纠正多个错误的能力，BCH 码有严密的代数理论，是目前研究最透彻的一类码型。它的生成多项式 g（D）与最小码距之间有密切的关系，人们可以根据所要求的纠错能力方便地构造出 BCH 码。它的译码电路也容易实现，是线性分组码中应用最普遍的一类编码。BCH 编码是一类重要的循环码，能纠正多个错误。

1. BCH 码基本原理

BCH 码是一种有限域中的线性分组码，具有纠正多个随机错误的能力，通常用于通信和存储领域中的纠错编码。

BCH 码定义如下：给定任意一个有限域 GF（q）及其扩展域 GF（q^m），其中 q 是素数或素数的幂，m 为正整数。对于任意一个码元取自扩展域 GF（q^m）的循环码（n，k），其中 $n = 2^{m-1}$，其生成多项式 $g（x）$ 具有 $2t$ 个连续的根 $\{a^1, a^2, a^3, \ldots, a^{2t-1}, a^{2t}\}$，则由生成多项式 $g（x）$ 编码产生的循环码称为 q 进制的 BCH 码，记为（n，k，t）。当码长 $n = 2^{m-1}$，称为本原 BCH 码，否则称为非本原 BCH 码。

最常用的 BCH 码是二进制的 BCH 码。二进制 BCH 码的所有码元都是由 0 和 1 构成的，便于硬件电路的实现。如无说明，本文以下讨论的 BCH 码都是二进制 BCH 码。二进制本原 BCH 码具有以下重要参数：

码长：$n = 2^m - 1$

校验位长度：$n - k <= m * t$

BCH 码的生成多项式是 GF（q^m）的 $2t$ 个最小多项式最小公倍式的乘积，纠错能力为 t

234

的 BCH 码生成多项式为 $g(x) = LCM\{m_1(x), m_2(x), \ldots, m_{2t-1}(x), m_{2t}(x)\}$，其中 LCM 表示最小公倍式，$m(x)$ 为最小多项式。

由多项式理论知道，如果有限域 $GF(2^m)$ 中的元素 a^i 是 m 次既约多项式 $m_i(x)$ 的根，则 $(a^i)^2$，$(a^i)^4$，$(a^i)^8$，$\ldots$ 也是 $m_i(x)$ 的根，$(a^i)^2$，$(a^i)^4$，$(a^i)^8$，$\ldots$ 称为共轭根系。如果两个根共轭，则它们具有相同的最小多项式。因此生成多项式 $g(x) = LCM\{m_1(x), m_2(x), \ldots, m_{2t-1}(x), m_{2t}(x)\} = m_1(x) * m_3(x) * \ldots * m_{2t-1}(x)$ 通过以上步骤就可以求出 BCH 码的生成多项式，得到生成多项式就可以对信息进行编码。

BCH 码编码原理如下：

将未编码的 k 位数据记为多项式：

$m(x) = m_0 + m_1 x^1 + m_2 x^2 + \ldots + m_{k-1} x^{k-1}$；其中 m_i 属于 $\{0, 1\}$。

将生成多项式记为：

$g(x) = g_0 + g_1 x^1 + g_2 x^2 + \ldots + g_r x^r$，其中 $r = mt$，校验位记为 $r(x)$，则

$$r(x) = x^r m(x) \bmod g(x)$$

编码后的 BCH 码字多项式可记为：

$$C(x) = x^r m(x) + x^r m(x) \bmod g(x)$$

BCH 编码实现的关键是通过除法电路得到校验位多项式。编码的过程可总结为：

将 $m(x)$ 左移 r 位，得到 $x^r m(x)$；

用生成多项式 $g(x)$ 除以 $x^r m(x)$，得到校验位多项式 $r(x)$；

得到码元多项式 $C(x) = x^r m(x) + x^r m(x) \bmod g(x)$。

2. BCH 码的常见种类

1）戈雷码（Golay）

(23, 12) 码是一个特殊的非本原 BCH 码，称为戈雷码，它的最小码距 7，能纠正 3 个错误，其生成多项式为

$$g(D) = D^{11} + D^9 + D^7 + D^6 + D^5 + D + 1$$

它也是目前为止发现的唯一能纠正多个错误的完备码。

2）扩展 BCH 码

实际应用中，为了得到偶数码长，并增加检错能力，可以在 BCH 码的生成多项式中乘 $D+1$，从而得到 $(n+1, k+1)$ 扩展 BCH 码。扩展 BCH 码相当于将原有 BCH 码再加上一位的偶校验，它不再有循环性。

3）缩短 BCH 码

几乎所有的循环码都存在它另一种缩短形式 $(n-s, k-s)$。实际应用中，可能需要不同的码长不是 $2^m - 1$ 或它的因子，我们可以从 $(2^m - 1, k)$ 码中挑出前 s 位为 0 的码组构成新的码，这种码的监督位数不变，因此纠错能力保持不变，但是没有了循环性。

7.3.4 BCH 码仿真

对于 BCH 编码译码的 SytemView 仿真的问题，由于 SytemView 直接提供 BCH 编码译码图符，因此不需要再从基本的逻辑电路起步来建立 BCH 模型。要使用 SystemView 提供的

BCH 编码图符，首先拖一个 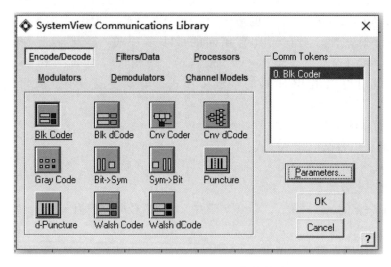到工作区域，双击该按钮，打开通信库设置窗口，如图 7 – 15 所示。

图 7 – 15　（15，11）RS 码仿真模型图

选择其中的 Blk Coder 图符，然后单击 "Parameters..." 按钮，这是 SystemView 将跳出 Block Encoder（分组码编码器）窗口供用户设置分组码的参数，如图 7 – 16 所示。

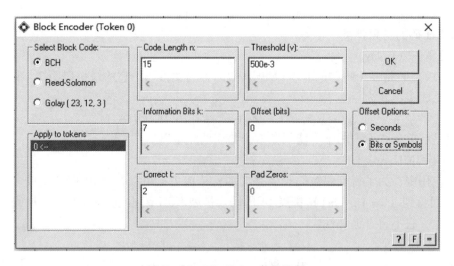

图 7 – 16　Blk Coder 参数设置

由于要进行 BCH 编码，在 Select Block Code（选择分组码类型）中选择 BCH 单选项。然后在右面的文本框中分别输入码长 n、信息位长 k 和纠错能力 t，其他参数不要动。这里分别输入 15、7 和 2，也就是进行（15，7）BCH 码的编码。如果用户输入的参数不能满足 BCH 编码的更求，将跳出图 7 – 17 所示提示窗口提示用户输入的参数有错误，并给出 SystemView 认为可能正确的参数，单击 "是" 按钮接受 SystemView 提供的参数，完成对图符的设置；单击 "否" 按钮返回图 7 – 16 所示的窗口重新输入 BCH 编码器图符的各项参数。

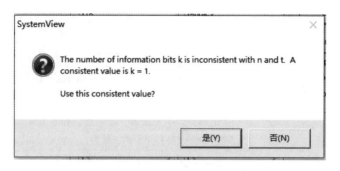

图 7 - 17 BCH 编码参数错误提示

输入正确的参数后单击 "OK" 按钮完成对 BCH 编码图符的设置。需要特别指出的是，由于 SystemView 提供的该编码图符对每个采样均认为是一位数据，因此信号源产生的数据不能直接送入 BCH 编码器，必须先按信息源实际的数据速率进行重新采样，然后才能送入编码器；否则系统的仿真将产生错误。BCH 译码器图符同样处于通信库中，即图 7 - 15 中所示的 BlkCoder 图符。其参数设置窗口也和图 7 - 16 所示的窗口相同，按编码前相同的参数设置即可。

需要注意的是，数据输入译码器图符前也要按数据的实际速率进行重新采样，该速率不是输入编码器图符的速率，而是经编码器处理后的所得到的实际数据的速率。例如，在这个例子中进行（15, 7）BCH 编码解码仿真，设编码前数据的速率是 10 Hz，那么编码后数据的速率应该是 $10 \times (15 \div 7) = 21.428\,57$ Hz，所以数据送入解码器前重新采样的采样速率应该是 21.42857 Hz。

设置完编码解码图符后，再设置外围电路图符和接收器图符，就完成了一个完整的 BCH 编码译码 SystemView 仿真模型，最后完成的仿真模型如图 7 - 18 所示。

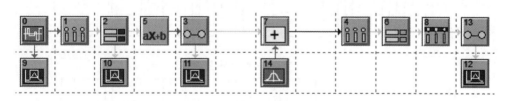

图 7 - 18 BCH 编码译码模型

其中图符 0 用于模拟信号源，图符 1 和图符 4 为采样器，图符 2 和图符 6 分别为 BCH 编译码器，图符 3 和图符 13 为保持电路，图符 5（线性变换图符）用于对编码后的信号进行电平变换，将编码器图符 2 输出的单极性信号变成双极性信号。图符 14（中高斯噪声图符）和图符 7（加法器图符）一起模拟一个干扰信道，改变高斯噪声的大小可以模拟不同噪声情况下 BCH 编码方式的传输性能。

系统的时间设置为：采样点数为 512，采样频率为 100 Hz，系统中各个图符的参数设置如表 7 - 2 所示。

表7-2　BCH 编码各图符参数设置表

图符编号	库/图符名称	参数
0	Source/PN Seq	Amp = 1 v，OFFSET = 0 v，Rate = 10 Hz，levels = 2，Phase = 0
1	Operator/Sampler	Non – Interp Right，Rate = 10 Hz，Apeture = 0 s，aperture Jitter = 0 s
2	Comm/Blk Coder	BCH，Code Length n = 15，Info bits k = 7，Correcet t = 2，threshhold = 0 v，Offset = 0 v
3、13	Operator/Hold	Last Value，Gain = 1
4	Operator/Smpler	Non – Interp Right，Rate = 21. 428 751 Hz，Apeture = 0s，aperture Jitter = 0 s
5	Function/Poly	– 1 + （2x）
6	Comm/Blk dCoder	BCH，Code Length n = 15，Info bits k = 7，Correcet t = 2，threshhold = 0 v，Offset = 0 v
7	Adder	
8	Operator/ReSmpler	Rate = 10Hz
14	Source/Gauss Noise	Std Dev = 1v，Mean = 0v
9 ~ 12	Sink/Graphic/Systemview	

编码前后的波形如图 7 – 19 所示，注意编码后波形相对于编码前波形由于 BCH 编码器引入了固有延迟。

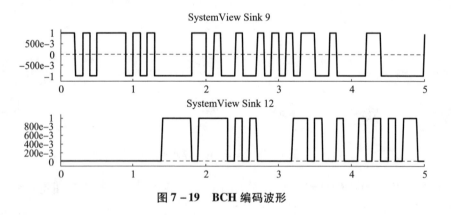

图 7 – 19　BCH 编码波形

任务实施

（1）结合图 7 – 18，利用 SystemView 实现 BCH 信道编码。

（2）分工协作，完成技术原理资料收集和学习，编写相应的技术原理说明。

任务总结

本任务中，分小组完成本任务各项工作。其中，结合数据通信系统的信道编码实例进行技术原理资料的采集与学习是本任务的关键。在此基础上，对信道编码进行深入地学习，通过理论联系实际，进一步理解信道编码的功能与作用。

自我评价

知识与技能点	你的理解	掌握情况
数据通信系统的信道编码		
CRC – 16 编码		
BCH 编码		

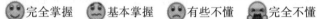完全掌握　基本掌握　有些不懂　完全不懂

实训与拓展

（1）收集数据通信系统信道编码的编码方案。
（2）联系生活实际，介绍信道编码的原理。

任务 7.4　探索数据通信系统的调制技术

任务目标

理解数据通信系统中 ADSL MODEM、光纤 MODEM 等调制解调原理。

任务分析

通过对不同数据通信系统调制技术实现原理的分析与仿真实践，理解调制技术的发展历程与不同调制技术的优缺点。

知识准备

7.4.1　ADSL MODEM

数据通信系统的调制解调技术主要由调制解调器完成。

1. ADSL MODEM

在 ADSL 宽带技术中，由 ADSL Modem 实现调制解调功能，ADSL Modem 的实物如图 7 – 20 所示，主要的接口有电话线接口、局域网接口 LAN、电源接口等接口。

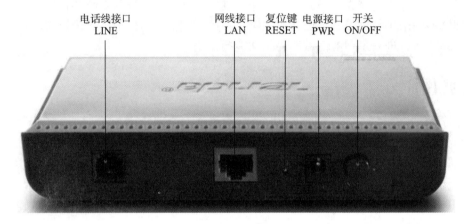

图 7 – 20   ADSLMode 实物

ADSL 系统网络结构如图 7 – 21 所示。PC 发出的数字信号经过 ADSL Modem 后，变成适合在电话线信道传输的模拟信号，接收端完成相反的功能。ADSL Modem 采用的是离散多音调制 DMT。

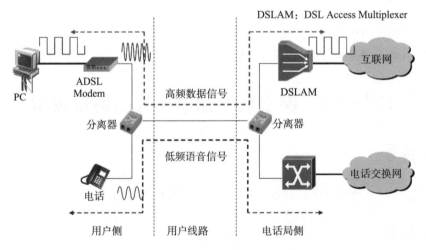

图 7 – 21   ADSL 系统网络结构

离散多音频（Discrete Multitone，DMT）调制是指高效利用信道，通过对不同的子信道发送不同长度的比特来得到最大信息流量的多载波调制（Multi – Carrier Modulation，MCM）的一种特殊形式。DMT 子信道划分如图 7 – 22 所示。

DMT 调制技术采用频分复用的方法，把 4 kHz 以上一直到 1.1 MHz 的高端频谱划分为 256 个子信道，每个子信道占据 4 kHz 带宽（严格讲是 4.312 5 kHz），并使用不同的载波（不同的音调）进行数字调制。其中 1 ~ 5 为语音通道，6 ~ 38 信道为双工信道模式，即可以

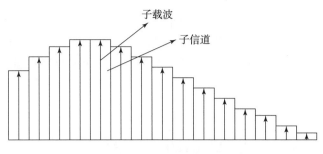

图 7 – 22　DMT 子信道划分示意

同时进行下行数据和上行数据的传输，39 ~ 256 为下行数据信道。这种做法相当于在一对用户线上使用许多小的调制解调器并行地传送数据。

7.4.2　光纤 MODEM

在光接入技术中，由光 MODEM（光网络单元 ONU，也称为光猫）实现调制解调功能。

所谓光猫，是泛指将光以太信号转换成其他协议信号的收发设备。光猫分为 E1 光猫、以太网光猫、V35 光猫等，就是根据客户的需求配置相应的业务接口，E1 光猫是经过光纤来传输 E1 信号，以太网光猫是经过光纤来传输 2M 以太网信号，V35 光猫是经过光纤来传输 V35 信号。

光猫的本质实际上就是把光以太信号变换成一种协议信号的收发设备。简单讲这个设备实际上就是 MODEM 的俗称，具有调制解调的一种作用。光猫的实物如图 7 – 23 所示，主要有电源接口、VoIP 接口、IPTV 接口、局域网接口 LAN、光纤接口等接口。对于光猫来讲，它实际上也为单端口的光端机，主要是针对一些特殊的用户环境进行的设计。光猫是利用光纤来进行点到点式的一种光传输的终端设备。这个设备可以说是在本地网承担一个中继传输的作用，可以应用于这个基站的光纤终端相关传输，最终通过租用这个线路设备来实现联通。

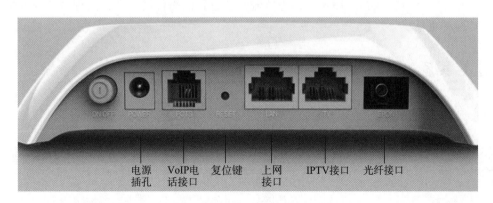

图 7 – 23　光猫实物

光猫是一种类似于基带 MODEM（数字调制解调器）的设备，和基带 MODEM 不同的是接入的是光纤专线，是光信号。基带调制解调器由发送、接收、控制、接口、操纵面板及电源等部分组成。数据终端设备以二进制串行信号形式提供发送的数据，经接口转换为内部逻辑电平送入发送部分，经调制电路调制成线路要求的信号向线路发送。接收部分接收来自线路的信号，经滤波、反调制、电平转换后还原成数字信号送入数字终端设备。

光猫经电光转换和接口协议的转换后接入路由器，属于广域网接入的一种，也就是常常说到的光纤接入，一般客户端存在光纤的地方都需要光猫对光信号进行转换。

7.4.3 ADSL MODE 和光纤 MODEM 的对比

在网络普及初期，中国电信采用电话线来传输网络信号，信号源端有一个调制解调器将网络信号（数字信号）转化为模拟信号在电话线中传输，而为了将电话线中的模拟信号转化为网络信号（数字信号），在我们的家庭网络设备中就需要一个"猫"来完成这项任务。ADSL 猫和光猫在系统中的信号处理过程如图 7 – 24 所示。

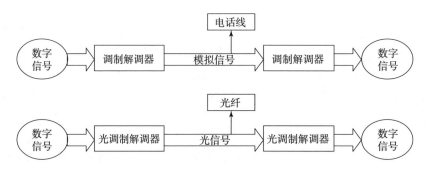

图 7 – 24　ADSL 猫和光猫在系统中的信号处理过程

随着网络迅速发展，电话线所能承载的网络带宽有限，从最开始接触到的 4M 到 6M 再到后面的 10M、20M，但是这远远满足不了人们日益增长的网络需求，那么光纤和光猫开始担当起网络应用中的重要角色。

百兆及以上宽带就需要依赖光纤作为传输介质进行网络传输，那么同理也需要光猫来担当信号转换的重任。

◎ 任务实施

（1）结合调制技术原理，利用 SystemView 实现的 QAM64 调制。

（2）查找数据通信系统技术资料，掌握家用宽带猫的调制过程与原理。

（3）分工协作，完成技术原理资料收集和学习。理解数据通信系统中，各类编码与调制技术的应用，借助 System View 的工具对数据通信系统信号处理过程进行分析。

◎ 任务总结

本任务中，分小组完成本任务各项工作，其中，结合数据通信系统调制实例进行技术原理资料的采集与学习是本任务的关键。在此基础上，对 DMT 的原理进行深入地学习，理解调制技术的进步对数据通信系统的影响。

自我评价

知识与技能点	你的理解	掌握情况
ADSL 猫原理		😊 😐 ☹ 😭
光猫原理		😊 😐 ☹ 😭
ADSL 猫与光猫的比较		😊 😐 ☹ 😭

😊完全掌握　😐基本掌握　☹有些不懂　😭完全不懂

实训与拓展

（1）收集 DMT 的调制方案。

（2）利用图解方式，介绍 FBMC 新型调制技术的原理。

任务 7.5　解析数据通信系统的同步技术

任务目标

理解数据通信系统中是如何实现同步的。

任务分析

同步技术是整个通信系统有序、可靠、准确运行的支撑，因此同步的性能好坏直接影响到整个通信系统的性能好坏。通过分析数据通信系统的同步原理，理解网络同步、节点同步、传输信道同步原理。

知识准备

7.5.1　数据通信系统中的同步

同步技术是整个通信系统有序、可靠、准确运行的支撑，因此同步的性能好坏直接影响到整个通信系统的性能好坏。同步本身虽然不包含所要传送的信息，但只有收发设备之间建立了同步后才能开始传送信息，所以同步是进行信息传输的必要前提。同步性能的好坏将直接影响着通信系统的性能。如果出现同步误差或失去同步就会直接导致通信质量下降，降低通信系统性能，甚至使通信中断。

在数据通信系统中，不管采用基带传输，还是频带传输，都需要位同步。任何消息都是通过一连串码元序列传送的，所以接收时需要知道每个码元的起止时刻，以便在恰当的时刻进行采样判决。接收端必须提供一个位同步脉冲序列，该序列的重复频率与码元速率相同，相位与最佳取样判决时刻一致。我们把提取这种定时脉冲序列的过程称为位同步。

位同步是数字通信中非常重要的一种同步技术。在模拟通信中，没有位同步的问题，只有载波同步的问题，而且只有接收机采用同步解调时才有载波同步的问题。但在数字通信中，一般都有位同步的问题。对位同步信号的要求有两点：一是使收信端的位同步脉冲频率和发送端的码元速率相同；二是使收信端在最佳接收时刻对接收码元进行抽样判决。

在数字通信中，信息流是用若干码元组成一个个"字"，又用若干个"字"组成"句"。在接收这些数字信息时，必须知道这些"字""句"的起止时刻，否则接收端无法正确恢复信息。在数字时分多路通信系统中，各路信码都安排在指定的时隙内传送，形成一定的帧结构。在接收端为了正确地分离各路信号，首先要识别出每帧的起始时刻，从而找出各路时隙的位置。接收端必须产生与字、句和帧起止时间相一致的定时信号。我们称获得这些定时序列的过程为群（字、句、帧）同步。

在计算机数据通信系统中，接收端为了正确恢复所传输的内容，必须知道每个码元序列的起始与结束位置。由于数据的信号结构是遵照通信协议事先规定好的，因此在接收端很容易得到一帧信息。

在计算机通信网络中主要的群同步方式分为起止式同步法（用于异步通信系统）和插入特殊同步码组（用于同步通信系统），插入特殊同步码组又分为连贯式插入法和间歇式插入法。

在数据通信网中，为了使数字信号能在各转接站点进行有效的交换和转接，要求通信网中各转接站点的时钟频率和相位统一协调，需要采用网同步技术。

由计算机网络系统组成的分布式系统，若想协调一致进行，尤其是 IT 行业的"整点开拍""秒杀""Leader 选举"、通信行业的"同步组网"之类业务处理，毫秒级甚至微秒级的时间同步都是数据通信系统的重要基础。

1. 相关术语

1）世界时

世界时 UT，可以简单理解为按照地球自转一周来计量 24 小时的时间标准，由于地球自转速率的变化，世界时的秒长会有微小的变化，每天的快慢可以达到千分之几秒。

2）TAI 时间

世界时不准，因此国际组织定义了 TAI 时间，即国际原子时（International Atomic Time），其起点是 1958 年的开始（世界时 UT），TAI 是以铯原子钟走秒连续计时的时间。

3）UTC 时间

计算机网络普遍使用的 UTC 时间（协调世界时），由国际计量局 BIPM 综合全世界多个守时实验室的钟组计算得到，为了使 UTC 时间与地球自转 1 天的时间（世界时 UT）协调一致，每隔 1~2 年，BIPM 会通告在 UTC 时间 6 月 30 日或 12 月 31 日最后一分钟"加一秒"

或"减一秒"等闰秒调整。也就是说，UTC 时间会出现 60 s 或少了 1 s 的情况。

由于存在闰秒，UTC 时间与 TAI 时间是有差别的，$UTC = TAI - n$，这个 n 在 2016 年 1 月是 36 s，也就是说 UTC 时间比 TAI 时间慢了 36 s。

4）北京时间

北京时间也就是东八区时间，在 UTC 时间基础上加 8 小时，中国的北京标准时间由位于陕西的国家授时中心发播。

5）GPS 时间

由 GPS 系统通过卫星信号发播的原子时间，GPS 时间用自 1980 年 1 月 6 日零点（UTC 时间）起的星期数和该星期内的秒数来表示。

工程上，GPS 接收机会根据闰秒数将 GPS 时间换算为我们通常使用的 UTC 时间。GPS 时间的源头是美国海军天文台的守时原子钟组。

6）北斗（BDS）时间

由北斗卫星导航系统通过卫星信号发播的原子时间，同样，北斗接收机会根据闰秒数将北斗时间换算为我们通常使用的 UTC 时间。

北斗时间的时钟源是位于北京的解放军时频中心的守时原子钟组。

7）频率

时间的导数就是频率，机械发条、石英晶体振荡器、原子钟等各种时钟源通过产生频率信号，按照频率均匀打拍计数，模拟时间的等间隔流逝，就有了可见的"时间"。

8）频率准确度

手表有准和不准的，反映的就是频率准不准，时钟频率和标准频率的偏差可以用频率准确度来衡量。$1E-9$ 量级表示 1 s 会差 1 ns，我们使用的个人电脑，它的守时时钟是个 32.768 kHz 的石英晶振，准确度大概只有 $2E-5$ 量级（20 ppm），也就是说 1 s 会差 0.02 ms，1 天会跑偏大概 2 s。

9）时间同步

广义的"时间同步"包括的时间和频率的同步。上级时钟将时间频率信号通过各种有线（以太网、SDH 数字网、同轴电缆、电话等）、无线（卫星、长波、电台、微波、WIFI、Zigbee 等）链路传递给下级时钟，下级时钟接收时间频率信息后，与上级时钟保持相位、频率的一致。

2. 时间同步原理

1）单向授时

上级时钟主动发播时间信息，下级用户端被动接收时间信息，并调整本地时钟使时差控制在一定范围内。

要想提高授时精度，用户端必须计算出时间信息在传播链路中的延时，GPS/北斗等卫星授时，可以通过用户端定位与卫星之间距离确定电磁传输延时，消除大部分误差，而电缆、网络等如果是单向授时方式就无法准确计算单向链路时延了。

2）双向授时

用户端将接收的时间信息原路返回给上级时钟服务端，服务端将往返时间除以二即得到单向链路时延，再把单向时延告诉客户端，在此基础上，客户端得到服务端更准确的时间信息。比如：北斗单向卫星授时精度 100 ns，双向卫星授时精度可做到 20 ns。

3）网络时间同步

网络时间同步，特指在计算机网络内的服务器与客户端之间利用网络报文交换实现的时间同步。

鉴于计算机网络传输路径的不确定性和中间路由交换设备转发报文时间的不确定性，通过单播或多播实现的单向网络授时是不可靠的。因此，前辈们发明的网络时间同步技术NTP/PTP 等，基本原理都是通过对网络报文打时间戳（标记），往返交换报文计算传输时延和同步误差。

4）频率同步

频率同步指的是主从时钟的频率误差保持在一定范围内，频率同步有两种类型：

第一种是直接传递模拟频率信号，比如用电缆或光缆传递 10 MHz、5 MHz、2.048 MHz 等标准频率，或者传递 bit 位宽脉冲；

第二种是通过测量得到的主从时钟时差，通过锁定主从相差实现频率锁定（PLL），或者间接计算频率偏差，完成频率修正。

7.5.2　数据通信系统同步实例

计算机网络时间同步只是时间同步的一种应用场景，其时间传递的链路可能是 SDH 网、以太网、WIFI 无线网络等。

实例一：NTP 协议

NTP（Network Time Protocol）网络时间协议基于 UDP 诞生于 1985 年，用于网络时间同步的协议，使网络中的计算机时钟同步到 UTC，再配合各个时区的偏移调整就能实现精准同步对时功能。提供 NTP 对时的服务器有很多，比如微软的 NTP 对时服务器，利用 NTP 服务器提供的对时功能，可以使网络设备时钟系统能够正确运行。目前仍在大部分的计算机网络中起着同步系统时间的作用。

1. 基本原理

服务器和客户端之间通过二次报文交换，确定主从时间误差，客户端校准本地计算机时间，完成时间同步，有条件的话进一步校准本地时钟频率。

2. 时间同步过程

服务器在 UDP 的 132 端口提供授时服务，客户端发送附带 t1 时间戳（Timestamp）的查询报文给服务器，服务器在该报文上添加到达时刻 t2 和响应报文发送时刻 t3，客户端记录响应报到达时刻 t4。NTP 时间同步过程如图 7 − 25 所示。

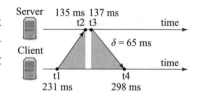

图 7 − 25　NTP 时间同步过程

图 7 − 25 中，客户端和服务端都有一个时间轴，分别代表着各自系统的时间，当客户端想要同步服务端的时间时，客户端会构造一个 NTP 协议包发送到 NTP 服务端，客户端会记下此时发送的时间 t1，经过一段网络延时传输后，服务器在 t2 时刻收到数据包，经过一段时间处理后在 t3 时刻向客户端返回数据包，再经过一段网络延时传输后，客户端在 t4 时刻收到 NTP 服务器数据包。特别声明，t1 和 t4 是客户端时间系统的时间、t2 和 t3 是 NTP 服务端时间系统的时间，它们是有区别的。对于时间要求不

那么精准的设备，直接使用 NTP 服务器返回 t3 时间也没有太大影响。但是作为一个标准的通信协议，它是精益求精且容不得过多误差的，于是必须计算上网络的传输延时。

图 7 – 25 中，主从直接来回链路的时延 δ：

$$\delta = (t4 - t1) - (t3 - t2) = (298 - 231) - (137 - 135) = 67 - 2 = 65 \ (ms)$$

因此，假设来回网络链路是对称的，即传输时延相等，那么可以计算客户端与服务器之间的时间误差 σ：

$$\sigma = t2 - t1 - \delta/2 = [(t2 - t1) + (t3 - t4)]/2 = 135 - 231 - 32.5 = -128.5 \ (ms)$$

客户端调整自身的时间 σ，即可完成一次时间同步。

3. 计时方式

NTP 采用 UTC 时间计时，NTP 时间戳包括自 1900 – 01 – 01 00：00：00 开始的 UTC 总秒数，当前秒的亚秒数。

当正闰秒时，60 s 和下一分钟的 0 s 的 NTP 总秒数是一致的，因此 NTP 报文专门定义了闰秒指示域来提示。

4. 误差分析

局域网内计算机利用 NTP 协议进行时间同步，时间同步精度在 5 ms 左右，主要误差包括：

（1）计算机打时间戳的位置在应用层，受协议栈缓存、任务调度等影响，不能在网络报文到来时马上打戳；

（2）各种中间网络传输设备带来的传输时延不确定性以及链路的不对称性，将进一步降低 NTP 时间同步精度。

实例二：PTP 协议

为克服 NTP 的各种缺点，PTP（Precision Time Protocol，精确时间同步协议）应运而生，最新协议是 IEEE1588v2，可实现亚微秒量级的时间同步精度。

1. 基本原理

主从节点在网络链路层打时间戳，利用支持 IEEE1588 协议的 PHY 片，精准记录时间同步网络报文接收或发送的时刻。交换机、路由器等网络中间节点准确记录时间同步报文在其中停留的时间，实现对链路时延的准确计算。

2. 时间同步过程

PTP 默认使用组播协议，二层或四层 UDP 组播都可以，一般我们使用基于 UDP 组播，使用 319 和 320 两个端口。

PTP 定义了三种角色：OC、BC 和 TC。我们一般接触的是 OC：主时钟和从时钟，交换机、路由器一般是 BC 或 TC。

由于硬件性能有限，网络报文发送时记录的时刻信息，可以在随后的 Follow_Up 跟随报文中发出，这就是 PTP 的双步模式（Two – step）。

两 OC 主从时钟之间的同步过程如图 7 – 26 所示。

（1）主时钟向从时钟发送 Sync 报文，并在本地记录发送时间 t1；从时钟收到该报文后，记录接收时间 t2。

（2）时钟发送 Sync 报文之后，紧接着发送一个携带有 t1 的 Follow_Up 报文。

（3）从时钟向主时钟发送 Delay_Req 报文，用于发起反向传输延时的计算，并在本地记录发送时间 t3；主时钟收到该报文后，记录接收时间 t4。

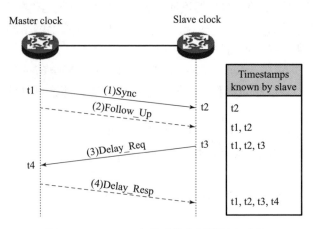

图 7 – 26　两 OC 主从时钟之间的同步过程

（4） 主时钟收到 Delay_Req 报文之后，回复一个携带有 t4 的 Delay_Resp 报文。

3. 时差计算

与 NTP 一样的原理，从时钟根据拥有的 t1 ~ t4 这四个时间戳，由此可计算出主、从时钟间的往返总延时为

$$\delta = (t4 - t1) - (t3 - t2)$$

假设网络是对称的，从时钟相对于主时钟的时钟偏差为

$$\sigma = t2 - t1 - \delta/2 = ((t2 - t1) + (t3 - t4))/2$$

4. 计时方式

与 NTP 不同，PTP 采用 TAI 世界原子时间计时，而且 PTP 计时的起点与 unix 时间一致，即 UTC 时间 1970 年 1 月 1 日 0 点。

PTP 主钟会告知从钟，当前 UTC 相对于 TAI 的累计偏移量，从钟据此计算当前准确的 UTC 时间。

5. 误差分析

PTP 能准确记录报文发送和接收的时间，也能计算中间链路的延时，剩下影响最大的就是网络链路的不对称性了。

在实际工程中，网络中间链路设备不支持 PTP 协议，大大降低了 PTP 的同步精度。目前，PTP 主要应用在通信同步网、电力同步网等行业网络系统里。

6. 同步拓扑

PTP 域中所有的时钟节点都按一定层次组织在一起，可通过 BMC（Best Master Clock，最佳主时钟）协议动态选举出最优时钟，最优时钟的时间最终将被同步到整个 PTP 域中。

充分利用各行业已有的 SDH 通信网络，利用 PTP – E1 信号转换设备，架设 PTP 同步网络，除了需要考虑链路倒换问题之外，SDH 网络的时延稳定性可大幅提升网络时间同步精度。

实例三：SyncE 同步以太网

以太网最早只能传输数据信号，有另外独立的频率同步网络，随着以太网的快速发展，SyncE（Synchronized Ethernet）同步以太网技术诞生后，企业们有了新的选择。

1. 基本原理

时钟节点利用以太网（1 000 M、1 G、10 G 等）物理层的空闲间隙，传递位宽时钟信

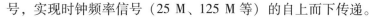

号，实现时钟频率信号（25 M、125 M 等）的自上而下传递。

2. 协议控制

类似于 SDH 网络等时间间隔传递的 SSM 同步状态信息，同步以太网（Sync－E）利用链路层 ESMC 协议封装传递 SSM 信息，SSM 信息包含时钟质量信息，接收端据此选择合适的上级网络时钟。

3. 应用

一般商业 PHY 片提供 SyncE 功能选项，开启该功能模式，即可利用 PHY 恢复出来的频率信号，校准本地时钟频率或分频后用于本地计时。

7.5.3 SyncML 同步协议

随着数据同步技术越来越重要，在该领域制定相应的协议标准也慢慢地成为大家的共识。然而各厂商提供的解决方案又有很大的局限性，过于依赖设备、应用和系统本身。在数据同步领域，还没有统一的标准直到 SyncML 同步协议（SyncML Sync Protocol）的出现才填补了这个空缺。SyncML 协议诞生于 2000 年，当时由 Ericsson、IBM、Lotus、Nokia、Motorola、Psion、Palm Inc. 等几家大的行业领导者共同研究创建，之后便迅速地得到大家的支持。随着 SyncML 协议的不断向前发展和完善，各种以 SyncML 协议为基础的服务也不断出现，SyncML 在数据同步领域得到了越来越多的运用，各种增值业务也是层出不穷，其中手机通讯录的同步是 SyncML 协议的主要应用，其他数据同步如邮件、日历等也有相关的应用。

SyncML（Synchronization Markup Language）是一种与平台无关的信息同步标准协议，它支持多种设备，增强了系统的移植性；支持多种网络传输协议（HTTP、WSP、OBEX 等）和网络环境（包括有线网络和无线网络），支持通用的个人数据格式（vCard、vCalender 等），为应用层的设计提供了极大的便利。同时 SyncML 是一个开放性的协议，它为移动设备与服务器之间的数据同步提供了很好的协议支持。

以 SyncML 同步协议为基础的数据同步过程，从整个框架上来看，就是服务器端和客户端的两个应用程序 A 和 B，分别通过调用两端的 SyncML 同步接口，将需要同步的数据信息采用 XML/WBXML 的数据格式封装起来，然后通过下层的 HTTP/WSP/OBEX 等数据传输协议来进行交互的过程。SyncML 协议是数据同步的核心部分：向上，它提供应用层数据同步的访问接口；向下，它负责将同步数据封装打包为 SyncML 数据对象，并转交给传输层将其发送出去，同时监控、管理整个数据交互的过程。

SyncML 同步架构如图 7－27 所示。

SyncML 协议的基本框架主要可分为六个部分，它们分别是：应用、同步引擎、同步服务代理、SyncML 数据对象、SyncML 接口和 SyncML 适配器。其各部分的功能如下：

（1）应用：数据同步服务的请求者和响应者。在图 7－27 中，应用 B 是客户端，请求同步操作；应用 A 是服务器端，负责响应客户端的同步请求，并提供同步服务。

（2）同步引擎：位于服务器端，负责同步过程中的数据分析，包括数据的修改、检测和解决冲突等。该模块也可位于客户端，但由于一般终端设备的处理能力有限，因此建议将其放在服务器端为妥。

（3）同步服务代理：负责通过 SyncML 协议来完成数据同步操作，调用 SyncML 协议提

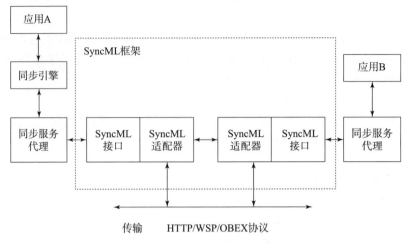

图 7 - 27 SyncML 同步架构

供的接口。

（4）SyncML 数据对象：客户端和服务器端间的数据交互对象，为同步数据。在 SyncML 协议中，SyncML 数据对象负责在传输协议的基础上，在同步的双方间传递数据信息。

（5）SyncML 接口：SyncML 同步协议为上层应用提供的接口，建立在底层的通信协议之上，并且与应用无关，由 SyncML 行动组织定义。

（6）SyncML 适配器：负责同步过程中数据的收发，完成客户端与服务器端的数据交互，同时维护两端的网络连接。

数据同步过程如图 7 - 28 所示，描述了客户端和服务器端在同步时的数据交互的过程。二者将自身修改的数据发送给对方，以完成数据的交互；各自收到交互数据后，更新本地数据库，完成同步过程。在整个 SyncML 同步过程中，有两个重要的角色：

（1）SyncML Client：客户端。是指在同步过程中，包括客户端同步代理在内的，能发送自身修改数据信息，并能接收服务器端响应，同时按照服务器的响应更新自己状态的终端设备，如 PC、智能手机、PDA 设备、Pad 等。

（2）SyncML Server：服务器端。是指在同步过程中，提供用户需要的 SyncML 同步服务，并在客户端请求同步时，给予响应的同时完成自身数据库的更新，并返回客户修改信息的服务器，一般为 PC 机或服务器设备。

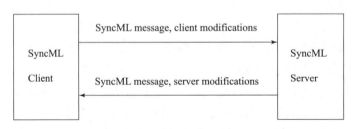

图 7 - 28 数据同步过程

以 SyncML 协议为基础的数据同步过程，从应用层来看，就是由客户端（一般同步过程由客户端发起）将自己的同步请求信息发送到服务器，并等待服务器的应答；而服务器收到客户端发过来的修改信息后，先对数据进行分析，检查客户的同步要求，并判断客户请求的同步类型是否符合要求。

当一切都符合要求后，通知客户端，可以进行同步操作，此时客户端将修改的数据发送给服务器，服务器开始对客户端的数据进行处理，按照客户端的修改更新服务器数据库，并把处理的结果和服务器端的修改要求返还给客户端。客户端同样将接收到的数据分析，并按照服务器端的修改要求，修改数据，更新本地数据库，当客户端修改完成后，将自己的状态再次发送给服务器，服务器根据此状态来判断客户端是否同步成功，若成功，则服务器将删除服务器端的信息修改请求（表明该信息已被修改成功），并反馈给客户端，通知同步成功；若失败，则继续保留服务器端的信息修改要求，这样，确保了当客户端下次继续同步操作时，该信息能够再次发送到客户端。

SyncML 协议的数据同步交互过程如图 7 – 29 所示。

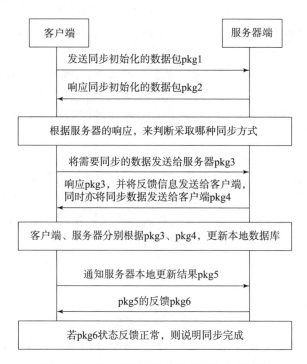

图 7 – 29　SyncML 协议的数据同步交互过程

在这个过程中，SyncML 同步的执行的各个阶段都伴随着客户、服务器两端的数据交互，因此在分析同步交互过程时，对数据包的分析也不可少。

图 7 – 29 中各数据包的含义分别如下：

（1）pkg1：同步发起时，客户端发给服务器端的数据包。该数据包中包含有该设备用户的信息、该设备的信息、请求同步的业务、请求的同步类型、同步锚等信息。

（2）pkg2：服务器端针对客户端 pkg1 的反馈，同时确定同步的类型。服务器收到 pkg1 后，根据包中信息，验证用户，检查设备信息，同时根据同步锚来判断用户请求的同步类型是否符合要求。当同步锚一致时，说明上次同步是成功的，此时用户可只进行双向同步，即只需要将修改了的数据发送过来即可；当同步锚不一致时，说明上次同步是失败的或者是该设备的第一次同步，此时，则需要进行慢同步，需要将全部的数据都发送过来。

（3）pkg3：客户端发送的修改数据。客户端根据服务器的反馈 pkg2，决定了同步的类型后，将自身的修改数据记录（Change Log）发送给服务器端，请求对这些修改数据的同步操作。

（4）pkg4：服务器端对 pkg3 的反馈和服务器端的修改数据。当服务器端收到客户端的同步数据后（pkg3），按照修改的要求，更新服务器端的该用户数据，同时生成新的客户—服务器数据记录映射表（IDMap），由设备号（DeviceID）、客户端 ID（LUID）和服务器端 ID（GUID）组成。并返回一个更新结果的状态，通知给客户端；同时将自身的修改数据记录（Chang Log）一起发送给客户端，然后等待客户端的响应。

（5）pkg5：客户端针对 pkg4 的反馈。客户接收到服务器端的修改信息，同样按照修改要求，更新客户端的用户数据，并返回一个更新后结果的状态。在此之前，客户端接收到服务器端的 pkg4 后，根据服务器返回的状态，判断 pkg3 中的修改数据服务器是否更新成功，若成功，则删除自身 Change Log 中的记录，说明这些修改信息已经同步成功；若失败，则保留 Change Log，以便下次同步时，修改信息还在。

（6）pkg6：服务器针对 pkg5 的反馈。数据包 pkg5 到达服务器端后，服务器根据客户端返回的状态，来判断 pkg4 中发给客户端的修改数据是否修改成功。同上，若成功，则删除服务器端的 Change Log 中的记录，同时更新 IDMap 中的映射关系；若失败，则保留，以便下次同步操作。

同步完成后，根据同步是否成功，来设置客户端和服务器端的同步锚 Anchor。当同步成功时，将客户端和服务器端的同步锚设置为一致（同步锚可以为同步结束时的时间戳），这样当下一次进行同步时，就可双向同步了，从而减小同步过程中的数据量；当同步失败时，则客户端与服务器端同步锚不一致，这样进行下次同步时，当检查到同步锚不一致时，就会设置为慢同步，需将全部数据进行一次同步。

🌀 任务实施

（1）结合同步技术原理，画出无线接口同步流程。

（2）查找数据通信系统技术资料，描述数据通信系统终端、调制解调器、交换机、路由器等设备间同步过程与原理。

（3）分工协作，完成技术原理资料收集和学习，编写相应的技术原理说明。

🌀 任务总结

同步技术是整个通信系统有序、可靠、准确运行的支撑，因此同步的性能好坏直接影响到整个通信系统的性能好坏。通过分析数据通信系统的同步原理，理解网络同步、节点同步、传输信道同步原理。本任务中，分小组完成本项工作，其中，结合数据通信系统同步实例进行技术原理资料的采集与学习是本任务的关键。在此基础上，对同步的原理进行深入的学习。

自我评价

知识与技能点	你的理解	掌握情况
网络同步与节点同步		
帧同步		
比特同步		

☺完全掌握　☺基本掌握　☹有些不懂　😭完全不懂

实训与拓展

（1）收集互联网的同步方案。

（2）利用图解方式，介绍计算机网络同步的原理。

小结

1. 从信号处理的角度，数据通信可抽象为相应模型，包括信源编码、信道编码、调制、同步等内容。

2. 数据通信系统的编码技术主要包括信源编码和信道编码两大类。在数据通信系统中，对于不同的终端设备，需要用到不同的信源编码技术。

3. 数据通信系统的终端种类非常多，包括计算机、电话机、手机、平板电脑、手提终端等，对于不同类型的终端设备，会用到不同的信源编码技术。

4. 信道编码又称为差错控制编码，常见的差错控制编码有分组码、CRC 校验码等。

5. 同步技术使整个通信系统有序、可靠、准确运行的支撑，因此同步的性能好坏直接影响到整个通信系统的性能好坏。

6. 同步模块是数据通信系统的心脏，它为系统中的其他每个模块馈送正确的时钟信号。

思考题与练习题

7-1　画图说明数据通信系统信号处理模型。

7-2　简述 CRC-16 的计算过程。

7-3　简述数据通信系统的同步技术。

7-4　简述数据通信系统的调制技术。

项目 8

仿真移动通信系统

项目描述

结合移动通信系统的组成原理，剖析移动通信的信源编码、信道编码，进一步理解移动通信的扩频和加扰技术，分析移动通信的调制技术，配合同步技术，建立移动通信仿真系统。

项目分析

本项目中涉及的编码、调制、同步技术是在传统原理基础知识上的升级，需要具有持续的学习能力和理论联系实际的职业素养。

学习目标

在已有通信原理知识的基础上，结合移动通信系统的实际，完成从移动通信系统理论到实践仿真的设计与实施。

课程思政：结合移动通信技术发展和关键技术的研究，认识我国芯片产业发展的必要性，通过典型事件，激发学生的爱国热情和攻关精神。

任务 8.1　认知移动通信系统

任务目标

画出移动通信系统的信号处理过程。

任务分析

理解移动通信信号处理流程，分析从手机到基站、基站到系统的信号处理过程。从移动通信信号处理角度来看,移动通信系统可抽象为相应模型。

从信号处理的过程来看,我们可以总结出 3G 到 5G 移动通信系统的信号处理模型,如图 8 – 1 所示。2G 移动通信系统的信号处理模型与此相似,但在 GSM 和 5G 系统中,没有扩频处理过程。

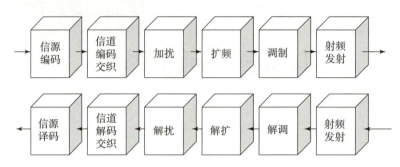

图 8 – 1 3G 到 5G 移动通信系统的信号处理模型

知识准备

8.1.1 移动通信特点

移动通信是有线与无线相结合的通信方式,移动通信的特点体现在以下几个方面:

1. 利用无线电波进行信息传输

移动通信是指通信双方至少有一方在移动中进行信息传输和交换,这包括移动体(车辆、船舶或行人等)和移动体之间的通信,移动体和固定点(固定无线电台或有线用户)之间的通信。因此,移动通信必须利用无线电波进行信息传输。

2. 无线电波传播条件复杂

由于用户使用的移动台位置的不确定性,必须使用无线电波来传输信息。电波沿直线传播,由于移动体来往于建筑群或障碍物之间,移动台的不断运动导致接收信号强度和相位随时间、地点不断变化,由于地形、地物的影响,会使电波多径传播而造成多径衰落和阴影效应,会严重地影响通信的质量。

3. 在强干扰条件下工作

在移动通信中,通信质量的好坏不仅取决于设备性能,还与外部的噪声和干扰有关,噪声的来源主要是人为的噪声,其次,基站和各移动台的工作频率相互干扰,移动台位置和地区分布密度也随时变化。这些因素往往会使通信中的干扰变得很强。最常见的干扰有互调干扰、邻道干扰、同信道干扰等。因此,移动通信系统要求有较好的抗干扰措施。

4. 具有多普勒效应

由于移动台常常快速移动,这样就会产生多普勒效应,即电波的传播特性发生快速随机起伏,使接收电波产生频移,严重影响通信质量。

5. 移动通信系统的网络管理复杂

移动台经常在移动中使用,这种移动是不规则的,而且某些系统中不通话的移动台发射

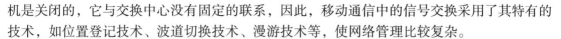

机是关闭的，它与交换中心没有固定的联系，因此，移动通信中的信号交换采用了其特有的技术，如位置登记技术、波道切换技术、漫游技术等，使网络管理比较复杂。

6. 频带的利用率要求高

随着移动通信业务量的不断增加，有限的频率资源满足不了与日俱增的用户需求，移动通信可以利用的频率资源越来越少。为缓和用户数量大与利用的波道数有限的矛盾，除开发新频段之外，还采取了有效利用频率的各种措施，如加压缩频带、缩小信道间隔、多信道共享等，即采用频谱和无线频道有效利用技术。频谱拥挤问题是影响移动通信发展的关键问题之一。

8.1.2 移动通信的多址方式

移动通信与有线通信的最大差异在于固定通信是静态的，而移动通信是动态的。为满足多个移动用户同时进行通信，必须解决以下两个问题，首先是动态寻址，其次是对多个地址的动态划分与识别，这就是所谓多址技术。多址技术的目标在于解决多个用户共享公共通信资源问题。通过对不同资源的不同分割方式，就形成不同的多址方式。

复用与多址的技术本质是一样的，当复用技术应用于"点到点"的通信方式时，通常叫作"多路复用"，如微波通信、电话数字中继（PCM）；当复用技术应用于"点到多点"的通信方式时，通常叫做"多址接入"，例如多个手机同时与基站进行的通信。与多路复用技术类似，任何一种多址技术都要求不同用户发射的信号相互正交。FDMA 在频域中是正交的；TDMA 在时域中是正交的；CDMA 用户的特征波形是正交的。

1. FDMA

频分多址 FDMA：将所有的带宽划分成正交的频道，再分配给不同的用户使用。

频分多址 FDMA 优点：窄带信道，复杂度低，允许连续时间传送信号和进行信道估计。

频分多址 FDMA 缺点：基站需采用多个无线电设备，由于连续时间传送信号而导致越区切换复杂，信道专用（空闲的用户也占有信道造成浪费），很难为一个用户分配多个信道。

目前 FDMA 没有在现有数字系统中单独使用。

2. TDMA

时分多址是把时间分割成周期性的帧，每一帧再分割成若干个时隙。在频分双工（FDD）中，上行链路和下行链路的帧分别在不同的频率上；在时分双工（TDD）中，上下行帧都在相同的频率上。

各个移动台在上行帧内只能按指定的时隙向基站发送信号。为了保证在不同传播时延情况下，各移动台到达基站处的信号不会重叠，通常上行时隙内必须有保护间隔，在该间隔内不传送信号。基站按顺序在预定的时隙中向各移动台发送信息。

不同通信系统的 TDMA 的帧长度和帧结构是不一样的。典型的帧长在几毫秒到几十毫秒之间。如：GSM 系统的帧长为 4.6 ms（每帧 8 个时隙），DECT 系统的帧长为 10 ms（每帧 24 个时隙），PACS 系统的帧长为 2.5 ms（每帧 8 个时隙）。

TDMA 中的信道数为每个基站使用的载波数乘以每载波的时隙数。TDMA 中的空闲信道选取是选择某个载频上的某个空闲的时隙。图 8 – 2 所示为两种典型的 TDMA 时隙结构。

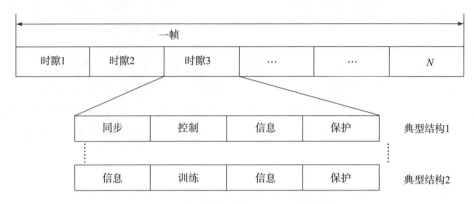

图 8 – 2   两种典型的 TDMA 时隙结构

每个 TDMA 时隙中，一般要专门划出部分比特用于控制和信令信息的传输。在时隙中插入自适应均衡器所需要的训练序列，在上行链路的每个时隙中留出一定的保护间隔。在每个时隙中还要传输同步序列，同步序列和训练序列可以分开传输，也可以合二为一。

3. CDMA

码分多址以扩频技术为基础，利用不同码型实现不同用户的信息传输。

在 CDMA 系统中，用户根据各自的伪随机（PN）序列，动态改变其已调信号的中心频率。各用户中心频率可在给定的系统带宽内随机改变，该系统带宽通常要比各用户已调信号（如 FM、FSK、BPSK 等）的带宽大得多。

FDMA、TDMA、CDMA 三种多址方式的比较如图 8 – 3 所示。

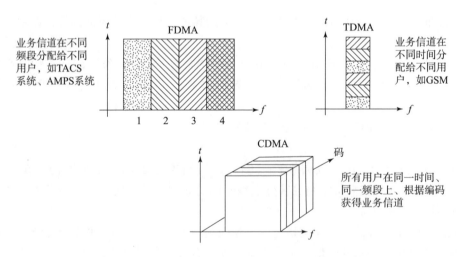

图 8 – 3   FDMA、TDMA、CDMA 三种多址方式的比较

任务实施

（1）结合图 8 – 1 移动通信系统的信号处理模型，查找 5G 移动通信系统的编码、调制、

扩频、交织等技术原理。

（2）结合移动数据处理流程，画出 5G 移动通信系统的信号处理流程图。

（3）分工协作，完成技术原理资料收集和学习，编写相应的技术原理说明。

任务总结

分小组完成本项工作，结合移动通信系统的信号处理过程进行技术原理资料的采集与学习是本任务的关键。通过前期的理论学习，了解了移动通信系统的处理流程，在此基础上对具体的技术原理与关键技术进行深入地学习，提高理论联系实际的能力，为理解通信系统的组成原理打下基础。

自我评价

知识与技能点	你的理解	掌握情况
移动通信特点		😊 😐 😟 😫
多址方式的种类与作用		😊 😐 😟 😫
移动通信系统的数据处理过程		😊 😐 😟 😫

😊完全掌握　😐基本掌握　😟有些不懂　😫完全不懂

实训与拓展

（1）收集从 2G 到 5G 的数据处理过程。

（2）分析移动通信系统数据处理技术的变化。

任务 8.2　分析移动通信系统的信源编码

任务目标

分析学过的通信系统的信源编码技术，理解编码原理和应用场景。结合 5G 的发展，研究移动通信系统信源编码的关键技术。利用仿真系统实现相关编码的仿真。

任务分析

移动通信中常用的编码技术有信源编码和信道编码，即：

$$\text{编码技术} \begin{cases} \text{信源编码(语音编码)} \\ \text{信道编码} \end{cases}$$

随着移动通信系统的发展,编码技术也在不断地发展,总结从 2G 到 5G 系统的发展过程,编码技术的发展有助于理解编码的演进与发展,进而深入理解移动通信的编码原理。

知识准备

8.2.1 信源编码简介

移动通信中,信源编码主要是指语音编码。语音编码技术的主要作用是降低语音编码速率,提高语音质量。语音编码技术是将语音波形通过采样、量化,然后利用二进制码表示出来,即将模拟信号转变为数字信号,然后在信道中传输;语音解码技术是上述过程的逆过程。语音编解码技术要尽可能地使语音信号的原始波形在接收时无失真地恢复。

一个好的移动语音编码技术应具有以下几方面特点:编码速率低,话音质量好;抗噪声干扰和抗误码的能力强;编译码延时小;编译码器复杂度低,便于大规模集成;功耗小,以便应用于手持机。

音频数据是多媒体数据的一种,常用的多媒体数据压缩编码的算法都可用于音频数据压缩,但人类的语音有其自身的特点,针对这些特点展开压缩的效果会更好。

目前的移动通信语音编码技术,吸取了波形编码、预测编码与参量编码的优点,是混合编码。例如,GSM 系统采用的 RPE – LTP (Regular Pulse Excitation – Long Term Prediction,规则脉冲激励长期线性预测编码),CDMA 采用了 QCELP 编码(Qualcomm 码激励线性预测),WCDMA 采用了 AMR (Adaptive Multi Rate) 语言编码方案,4G 采用了 VoLTE 技术,支持高码率的 AMR – WB 编码。5G 由于现在采用的是非独立组网方案,因此,语音通信时,语音编码方案与 4G 相同。

衡量语音编码的指标主要包括:编码质量、编码速率、编解码复杂程度、编解码的时延。编码质量可以用 MOS (Mean Opinion Score) 判分。MOS 得分采用五级评分标准,如表 8 – 1 所示。编解码的复杂程度以不影响信息实时处理为前提。编解码时延一般不应超过 100 ms,否则需要采取回声抵消或回声抑制等措施。

表 8 – 1　MOS 判分五级标准

MOS 评分	质量级别	失真级别
5	优	不察觉
4	良	刚有察觉
3	可	有察觉且稍觉可厌
2	差	明显察觉且可厌但可忍受
1	坏	不可忍受

8.2.2 语音编码标准

表 8 - 2 列出了广泛用于多媒体技术和通信中的编码算法和标准。下面简单介绍常用的语音编码标准。

表 8 - 2 语音编码算法与标准

分类	算法	算法名称	数据率/ (kbit · s^{-1})	标准	应用场合	质量评分
波形编码	PCM	均匀量化			公共网 ISDN 配音	4.0 ~ 4.5
	A (μ)	A (μ) 律	64	G. 711		
	APCM	自适应量化	32	G. 721		
	DPCM	差分量化				
	ADPCM	自适应差分量化	32	G. 721		
			16 ~ 40	G. 726		
			16 ~ 40	G. 727		
	SB – ADPCM	子带 – 自适应差分量化	48 ~ 64	G. 722		
参数编码	LPC10 – E	线性预测编码	2.4	FS – 1015	保密话音	2.5 ~ 3.5
	MELP	混合激励 LPC	2.4			
混合编码	CELP	码本激励 LPC	4.8	FS – 1016	军事通信	3.7 ~ 4.0
	VSELP	矢量和激励 LPC	8		移动通信	
	RPE – LTP	长时预测规则脉冲激励 LPC	13.2	GSM		
	LD – CELP	低时延码激励 LPC	16	G. 728	公用网 ISDN	
	CS – ACELP	共轭结构 – 代数码激励 LPC	8	G. 729	IP – Voc 移动通信	
	MP – MLQ – ACELP	多脉冲 – 极大似然量化 – 代数码激励	5.3/6.3	G. 723.1	PSTN H. 324	
变换编码	SQVH	标量量化矢量哈夫曼编码	24, 32	G. 722.1	公共网	4.2
	MPEG	多子带感知编码	128		CD	5.0
	AC – 3	感知编码	300		音响	5.0

1. G. 711 标准

G. 711 是由国际电联定义的一种音频编码方式,又称 ITU – T G. 711 1992 年制定了 G. 711 (64 kbit/s) A 率或 μ 律 PCM 编码标准。

2. G. 721 标准

1984 年 ITU 公布了 G. 721 标准,采用自适应差值脉冲编码(ADPCM),ADPCM 只采样声音样本中增量变化的部分，数据速率为 32 kbit/s。G. 711 和 G. 721 适用于 200 ~ 3 400 Hz 窄带话音信号，已广泛应用于公共电话网。

3. G. 722 标准

针对宽带语音（50 ~ 7 000 kHz）国际电联制定了 G. 722 编码标准，可用于综合业务数字网的 B 通道上传输音频数据。G. 722 建议公布于 1988 年，适用于 50 ~ 7 000 Hz 音频编码系统。编码系统采用子带 – 自适应差分脉冲编码技术（SB – ADPCM），比特率为 64 kbit/s。SB – ADPCM 技术将整个频带分为高低两个子带，用 ADPCM 分别对每个子带编码。

SB – ADPCM（子带 – 自适应差分脉冲编码）是将现有的带宽分成两个独立的子带信道分别采用差分脉码调制算法。子带压缩技术是以子带编码理论为基础的一种编码方法。其基本思想是将信号分解为若干子频带内的分量之和，然后对各子带分量根据其不同的分布特性采取不同的压缩策略以降低码率。

G. 722 是一种宽带语音编码方式，它相对于 G. 711 采样频率由 8 kHz 扩展为 16 kHz，提高了语音质量。G. 722 将信号划分为高频和低频两个子带，每个子带中的信号都采用 AD-PCM（Adaptive Differential Pulse Code Modulation）进行编码。在最后比特率的计算中，低频部分被分配到比较多的资源（8 kbit/s × 6 bit），高频部分（多为摩擦声、噪声等辅助音）被分配到比较少的资源（8 kbit/s × 2 bit），两者相加即为 64 kbit/s。

图 8 – 4 是 G. 722 音频编解码器原理示意。发送器将音频信号转换成 16 kHz、14 bit 的数字序列，SB – ADPCM 编码器将其调制到 64 kbit/s。解码器执行编码器的逆操作，可对 64、56 或 48 kbit/s 音频编码解码。接收器从 14 bit 的 16 kHz 抽样序列中重构音频信号。当 64 kbit/s 内有辅助数据通道时，需要增加数据插入装置和数据分解装置。数据插入装置在发送端，每 8 bit 增加 1 ~ 2 bit 音频数据，进而提供 8 kbit/s 或 16 kbit/s 的辅助数据通道。

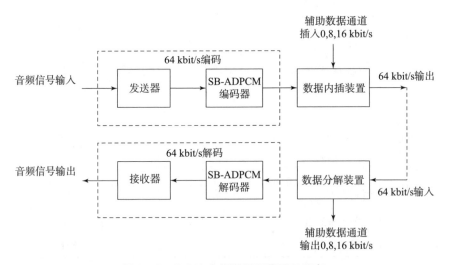

图 8 – 4　G. 722 音频编解码器原理示意

SB – ADPCM 结合了波形编码和子带编码的优点。波形编码具有编码质量高、实现简单的特点，而子带编码具有高压缩比、高信噪比的优势。SB – ADPCM 编码可以把噪声限制在各自的子带内，防止了子带间噪声的互扰，同时，可根据不同子带的信息量设计独立的预测编码器、分配不同的量化比特数，使编码数据速率最低。由于低频子带较高频子带量化精细，因此，低频带比高频带划分窄、低频带比高频带分配的比特速率多、低频带下采样抽取率比高频带低。SB – ADPCM 编码后每个样点占 8 bit，其中：6 bit 分配给低频带，2 bit 分配给高频带。

4. G. 723. 1 语音编码

随着互联网多媒体的发展，8 kbit/s 以下的高质量语音编码成为热点。ITU – T 于 1995 年提出的 G. 723. 1 标准是极低速率多媒体通信标准系列 H. 324 中的有关语音编码的标准。G. 723. 1 编码器采用了线性预测分析合成的技术，对 8 kHz 取样的 16 bit 的 PCM 数字音频进行处理，以减少实际语音与合成语音之间的差距。G. 723. 1 标准提供了 5. 27 kbit/s 和 6. 3 kbit/s 两种可选速率。相比同速率的其他语音编码器，这两种编码器有较高的音质，较低的时延（30 ~ 40 ms）。5. 27 kbit/s 编码器只搜索一个激励码本，速度很快，存储空间占用较小。

5. G. 728 标准

在短时延码激励（LD – CELP）编码方案的基础上，国际电联在 1992 年和 1993 年分别公布了浮点和定点算法的 G. 728 标准，时延小于 2 ms，话音质量达 MOS 4 分以上。

6. G. 729 语音编码

G. 729 定义了 8 kbit/s 码率的共轭结构代数码本激励（CS – ACELP）语音编解码算法。语言信号经过电话带宽滤波，以 8 kHz 采样，再转换为 16 bit 的 PCM 码，传给编码器编码，输出比特流参数，解码器对比特流参数解码，转换为模拟信号。

CS – ACELP 编码器建立在码本激励模型的基础上，8 kHz 采样信号以 10 ms 为一帧（含 80 个样本），按帧计算 CELP 模型参数（LP 系数、码本增益、基音和码本索引），然后按参数编码传送。帧编码参数的比特分配见表 8 – 3。解码器按参数解码方式得到激励和合成滤波器参数。激励信号经过短时合成滤波器（10 阶 LP 滤波器）滤波得到重构语音信号。长时滤波器是自适应码本滤波器。重构语音还需经过若干个后滤波处理。

表 8 – 3　帧编码参数的比特分配

参数	码字	第一子帧	第二子帧	一帧总比特数
LSP 线谱对	L0，L1，L2，L3			18
基音时延	P1，P2	8	5	13
时延校验位	P0	1		1
四脉冲索引	C1，C2	13	13	26
四脉冲符号	S1，S2	4	4	8
第一级增益量化	GA1，GA2	3	3	6
第二级增益量化	GB1，GB2	4	4	8
共计				80

1988 年 GSM 采用了 13 kbit/s 长时预测规则脉冲激励（RPE – LTP）语音编码标准。1989 年北美数字移动通信采用自适应码本激励。日本的数字移动通信标准采用的是 6. 7 kbit/s 的矢量和激励线性预测（VSELP）技术。

8.2.3　用于移动通信的语音编码

用于移动通信的语音编码见表 8 - 4。其中：GSM 采用了 13kbit/s 长时预测规则脉冲激励 RPE - LTP（Regular Pulse Excitation - Long - Term Prediction）语音编码标准。北美移动通信采用自适应码本激励 ACELP（Adaptive Code Excited Linear Prediction）。日本的移动通信采用的是矢量和激励线性预测 VSELP（Vector Sum Excited Linear Prediction）。

表 8 - 4　用于移动通信的语音编码

标准	服务类型	语音编码	速率（bps）
GSM	蜂窝	RPE - LTP 规则脉冲激励长期预测编码	13
CD - 900	蜂窝	SBC 子带编码	16
IS54	蜂窝	VSELP 矢量和激励线形预测编码器	8
IS - 95	蜂窝	CELP 码本激励线形预测编码器	1.2 ~ 9.6
PDC	蜂窝	VSELP 矢量和激励线形预测编码器	4.5，6.7，11
CT2	无绳	ADPCM	32
DECT	无绳	ADPCM	32
PHS	无绳	ADPCM	32
CS - 1800	蜂窝	RPE - LTP 规则脉冲激励长期预测编码	13
PACS	个人通信	ADPCM	32
WCDMA	蜂窝	AMR	

8.2.4 语音编码发展趋势

语音编码算法呈现窄带话音和宽带音频两种发展趋势。宽带音频编码追求的是 50 ~ 22 kHz 高质量的音频编码，对编码数据率要求不严。窄带话音编码追求的是低比特率下的通信等级质量，以降低速率和降低带宽需求为主要目的。二者的主要技术区别较大，宽带音频编码比较简单，以变换编码、子带编码和心理声学模型为基础；在 2.4 kbit/s 以下要达到通信等级的话音质量，比较困难。例如：CELP 方案在 4 ~ 16 kbit/s 速率上获得了很大成功，但速率低于 4 kbit/s 时，由于码本容量太小，性能下降很快。4 kbit/s 以下低速见表 8 - 5。

表 8 - 5　常见低速语音编码比较

语音编码技术	英文含义	说明
正弦变换编码 STC	Sinusoidal Transfor Coding	STC 是一种谐波激励模型，它认为带宽有限的语音信号可以通过有限的正弦波叠加合成，是基本的语音合成技术。

续表

语音编码技术	英文含义	说明
多带激励语音压缩编码 MBE	Multi – Band – Excitation	MBE 和 STC 都是应用正弦波模型合成语音，不同的是 MBE 要划分子带，在子带的基础上进行分析合成。
混合激励线性预测编码 MELP	Mixed – Excitation Linear Predictive	MELP 采用基于线性预测编码的二元激励模型。
波形插值编码 WI	Waveform Interpolation	WI 也是应用正弦波模型合成语音，所不同的是 WI 只传送部分语音段，分析合成主要针对传送的语音段。

以上四种方案中，MBE 研究得最早，1990 年国际海事卫星组织采纳的 4.15 kbit/s 语音压缩标准 IMBE，就是改进版的 MBE；1996 年 8 月 MELP 成为联邦 2.4 kbit/s 的新标准；STC 和 WI 是近几年提出的新算法，在低比特率语音编码方面潜力大，尤其是在 2.4 kbit/s、1.2 kbit/s 速率下，WI 发展前景很好。但它的缺点是计算量太大，难以实时应用。

8.2.5　GSM 的语音编解码（RPE – LTP）实例

GSM 标准提供了三种语音压缩编码算法：全速率 FR 规则脉冲激励长时预测 RPE – LTP 编码，增强型全速率 EFR 代数码激励线性预测 ACELP 编码和半速率 HR（Half Rate）矢量和激励线性预测 VSELP 编码，可由运营商根据无线资源利用率、信道容量、话音质量等标准选用。

GSM 的语音信号处理常使用的编码形式为 RPE – LTP（Regular Pulse Excitation – Long Term Prediction）语音压缩方法，这种编码方法和 CD 压缩音乐方式不同，它将人的发音模型化为一个气流激发源流过气管与嘴型变化后的效果。该方法是专门针对语音的，所以在高压缩比的情况下仍能得到可理解的语音信号。利用这种技术，语音数据可以压缩到 13 kbit/s，压缩过程中包含了一些类似滤波的过程，再加上向量化（Vector Quantization）中的字典搜寻步骤。

常用在移动通信的信源编码是一种混合编码。所谓混合编码就是：一条路径产生并传送线性预测参数（线性滤波器的数目和增益等）；另一条路径是滤出波形信号低频部分，并传送波形编码。在接收端的语音合成器中，将收到的低频语音信号经过适当组合以及平滑处理后，作为激励信号输入到数字滤波器中用以恢复话音，而数字滤波器由接收到的预测参数所确定。这种改进的线性预测编码，同时对语音信号的特征参数和原信号的部分波形进行了编码，是一种混合编码。

GSM 数字移动通信系统采用 13 kbit/s 的"规则脉冲激励长期预测编码（RPE – LTP）"语音编码技术，它包括预处理、线性预测编码（LPC）分析、短时分析滤波、长时预测和规则码激励序列编码等 5 个主要部分，如图 8 – 5 所示。

图 8 – 5 RPE – LTP 编码过程示意

1. 预处理

预处理离散语音信号和高频预加重。先用 8 kHz 采样频率对输入的模拟语音信号进行采样，得到离散语音信号，滤除其中的直流分量后，再采用一阶有限冲激响应（FIR）滤波器进行高频预加重，得到信号 $S(n)$，加重的目的是加强语音谱中的高频共振峰，提高谱参数估值的精确性。

第一步：偏移补偿

输入信号 $S_0(k)$ 通过一个陷波滤波器进行偏移补偿，得到无偏移信号 $S_{of}(k)$，算法为

$$S_{of} = S_0(k) - S_0(k-1) + \alpha \times S_{of}(k-1) \tag{8-1}$$

$$\alpha = 32\,735 \times 2^{-15}$$

第二步：预加重

信号 $S_{of}(k)$ 经过一节 FIR 滤波器进行预加重，得到 $S(k)$ 再进行分析处理。算法为

$$S(k) = S_{of}(k) + \beta \times S_{of}(k-1) \tag{8-2}$$

$$\beta = 28\,180 \times 2^{-15}$$

2. LPC 分析

LPC 分析的目的是产生滤波参数，供短时分析滤波时使用。语音产生模型可看成是空气通过一组不同大小的圆柱体。短期分析机采用自动相关来计算与模型所用的 8 个圆柱体有关的 8 个反射系数，同时采用一种称为 Schur 递归的技术来有效地求解所得到的方程组。参数被变换成可以更少的位数来进行更佳量化的 LAR（Log – area Ratio）。每帧计算出对数面积比参数 LAR，以供短时分析滤波时使用。

下面按流程介绍 LPC 的分析过程。

1）分帧

按 20 ms 一帧将语音信号 $S(k)$ 进行分割处理，共取 160 个语音样本，编码为 260 bit 编码块。

2）计算自相关系数

编码器采用相关法求解 LPC 参数。分两步：首先求出自相关函数的值，然后解一个线性方程组。由信号 $S(k)$ 求自相关值 ACF 的算法为

$$\text{ACF}(k) = \sum_{i=k}^{159} s(i)s(i-k) \quad k = 0,1,\cdots,8 \tag{8-3}$$

3）利用 Schur 递归，计算 8 阶 FIR 滤波器的反射系数

采用 Schur 递归求解线性方程组，用自相关指 ACF（k）求出反射系数 $r(i)$。分数线是级联声管声道模型中反映界面剂变化的一种参数，与格型网络滤波器中的部分相关系数等效。用 Schur 递归算法求出 8 阶反射系数。

4）反射系数 $r(i)$ 变换为对数面积比（LAR）

由于反射系数分布不均匀，为合理配置量化比特，需要变化为对数面积比（LAR）。计

算方法如下：

$$LAR(i) = \log_{10}\left[\frac{1 + r(i)}{1 - r(i)}\right] \quad 1 \leqslant i \leqslant p \tag{8-4}$$

对数面积比 LAR (i) 是无损声管级联声道模型中面积比取对数的值。LAR (i) 具有均匀幅度分布，且参数见相关性校，利于传输。每个对数面积比参数只需 5 ~ 6 bit，可保证语言质量。

根据压扩特性，采用分段近似公式求 LAR (i)：

$$
\begin{aligned}
LAR(i) &= r(i) & |r(i)| < 0.675 \\
LAR(i) &= sgn[r(i)] \times [2|r(i)| - 0.675] & 0.675 \leqslant |r(i)| \leqslant 0.950 \\
LAR(i) &= sgn[r(i)] \times [8|r(i)| - 6.375] & 0.950 \leqslant |r(i)| \leqslant 1.000
\end{aligned}
$$

$$\tag{8-5}$$

式中，sgn (x) 为符号函数，如果 $x > 0$，则 sgn $= 1$；$x = 0$ 时，sgn $= 0$；$x < 0$，则 sgn $= -1$。

5）对 LAR (i) 量化与编码得到 LARC，将其传给接收端

每个对数面积比参数 LAR (i) 有不同动态范围与分布密度，因而量化时取值范围也不相同。下式给出量化编码算法，$LAR_c(i)$ 量化编码值：

$$LAR_c(i) = Nint[A(i) \times LAR(i) + B(i)]$$

式中，

$$Nint(z) = int\left[z + \frac{1}{2}sng(z)\right] \tag{8-6}$$

函数 Nint $(\ )$ 定义为最接近的四舍五入整数值。系数 $A(i)$ 和 $B(i)$ 的值及量化比特数，参数量化比特分配由表 8-6 给出。

通过对 LAR 量化编码，得到 LAR_c。LAR_c 一方面作为边信息送到解码端，另一方面要对它解码并恢复出量化后的反射系数 r'，以供短时分析滤波使用。

表 8-6   LAR 参数量化比特分配

LAR 参数序号	1.2	3.4	5.6	7.8
量化比特数	6	5	4	3

3. 短时分析滤波

主要用于滤除语音信号样点之间的短时相关性，它让信号 $S(k)$ 经过一个 8 阶格型滤波器，产生一个短时 LP 余量信号 $d(k)$。该滤波器系数是前面 LPC 分析得到的 $LAR_c(i)$ 经过解码、插值及变换求出的。

这部分对信号 S 做 LPC 短时预测分析，产生短时余量信号 d。预测滤波器采用 8 阶格型网络，其反射系数 r'，通过 LAR_c 解码而得。为了使处理后的语音信号各帧之间衔接较好，需对预测参数插值平滑。设当前帧的参数为 LAR'_j，前一帧的参数为 LAR'_{j-1}，则当前帧中实际使用的参数 LAR'_j 由下式确定：

0 ~ 12：$0.75 \times LAR'_{j-1} + 0.25 \times LAR'_j$

13 ~ 26：$0.5 \times LAR'_{j-1} + 0.5 \times LAR'_j$

27 ~ 39：$0.25 \times LAR'_{j-1} + 0.75 \times LAR'_j$

40 ~ 159：LAR'_j

4. 长时预测

长时预测是为了除去语音信号相邻基音周期之间的长时相关性，以便压缩编码速率。长时预测按子帧处理，每一帧分成 4 个子帧。长时预测使用过去子帧中经过处理后恢复出来的短时余量信号 $d'(n)$，对当前子帧的余量信号 $d(n)$ 进行预测。

通过对 $d(n)$ 和 $d'(n)$ 进行互相关运算，获得各个子帧的长时预测系数 b_c 和最佳延时 N_c，分别用 2 bit 和 7 bit 编码，把它们作为编码信息送到解码器。将各个子帧的长时余量信号 $e(n) = d(n) - d'(n)$ 送往 RPE 编码器的前端加权感觉滤波器。

语音信号 S 经短时预测分析之后，其余量信号 d 进入长时预测，进一步去除信号的多余度。长时预测按子帧进行处理，每一帧分为 4 个子帧，每一子帧为 5 ms，含有 40 个样点。长时预测可分为两部分。第一部分为长时分析，估计出预测系数 b 和预测量佳延时样点数 N，然后将它们作为边带信息经编码后（得 b_c 和 N_c）传送到收端。第二部分是利用恢复出的本子帧和时预测系数 N'、b' 和重构短时余量信号 d'，对当前子帧的余量信号进行预测。

为了叙述方便，把标记 $j = 0$，$\cdots$，3 作为子帧数，把并且用 $d(k_j + k)$ 表示对应于子帧的残差信号。其中，$j = 0$，$\cdots$，3；$k_j = k_0 + j \times 40$；$k = 0$，$\cdots$，39，而 k_0 表示当前帧的第一个点。一帧中的 4 个子帧分别对应于一个长时相关延时 N_j（$j = 0$，$\cdots$，3）和一个相应的增益因子 b_j。这些参数分三步计算：

第一步：计算 $d(k_j + 1)$ 与 $d'(k_j + 1)$ 的互相关函数 R_j（Lambda）。

其中，$d(k_j + 1)$ 表示当前子帧的短时余量信号，$i = 0$，$\cdots$，39，$d'(k_j + 1)$ 表示重构短时余量信号，$i = -1$，$\cdots$，-120。延时因子 Lambda ≥ 40 并且 ≤ 120，即信号在当前子帧之外，但又不超过两子帧。

$$R_j(\text{Lambda}) = \sum_{i=0}^{39} d(k_j + i) \times d(k_j + i - \text{Lambda}) \tag{8-7}$$

式中，$j = 0$，$\cdots$，3；$k_j = k_0 + j \times 40$；Lambda $= 40$，$\cdots$，120。

第二步：找出此区域内相关函数峰值的位置 N_j。

$$R_j(N_j) = \max\{R_j(\text{Lambda}); \text{Lambda} = 40, \cdots, 120\} \quad j = 0, \cdots, 3 \tag{8-8}$$

第三步：计算增益因子 b_j。

$$b_j = \frac{R_j(N_j)}{S_j(N_j)} \quad j = 0, \cdots, 3 \tag{8-9}$$

式中，$S_j(N_j) = \sum_{i=0}^{39} d^2(k_j + i - N_j) \quad j = 0 \cdots 3$

为了计算上述各式，重构短时余量信号的最新 120 个取样点必须保存，直到下一帧。

5. 规则码激励序列编码

长时预测之后的余量信号 e 进入这一部分进行规则码序列提取及量化编码。这一部分也按子帧处理，每子帧 40 样点，e 进入这一部分后，先经过加权滤波产生 40 个加权余量信号 X，然后进行 3:1 抽取得到 4 个序列，每个序列只含有 13 个非零样值。选取它们中能量最大的那个序列作为规则码激励脉冲序列，将它的网络位置 M 以及它所含的 13 个非零样点量化编码信息传送到解码器。非零样点量化采用 APCM 方式，先找到最大非零样点，用 6 bit 编码得到 $X_{\max}$。解码后用来对 13 个非要样点做规格化处理，每个规格化后的样点值用 3 bit 编码产生 $X_{\max}$，在编码器中也要对 $x_{\max}$ 解码，以产生量化后的规则码激励脉冲序列 e'。e' 再

同短时余量预测值 d''，得到重构短时余量信号 d'，供下一子帧长时预测用。

解码器主要由 RPE 解码部分、长时预测部分、短时合成部分、后处理组成。

6. 比特分配

GSM 编码方案的语音帧长 20 ms，每帧有 260 bit，总的编码速率为 13 kbit/s。经过激励信号自身编码，把上一组参数组合到 260 bit 的帧中，编码后 260 bit 分配如表 8 – 7 所示。260 bit 再经过信道编码、交织、调制、上变频，得到射频信号形成 GSM 突发发射到无线信道中。

表 8 – 7 编码后 260 bit 分配

LPC 滤波	8 参数	每 5 ms 中比特数	每 20 ms 中比特数
LPT 滤波	Nr（延时参数）	7	28
	br（采样相位）	2	8
激励信号（语音）	子采样相位	2	8
	最大幅度	6	24
	13 个采样	39	156
RPE – LTP 总计			260

RPE – LTP 是一种使用激励帧中固定间隔脉冲的语音编码，长期预报器用于建立精细结构模型（音调）。RPE – LTP 语音编码的具体原理如图 8 – 6 所示。

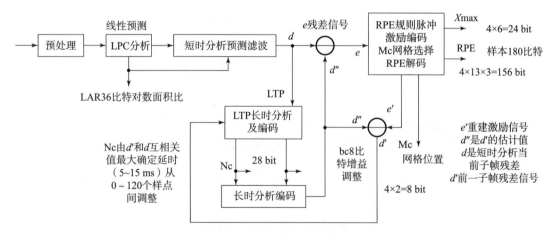

图 8 – 6 RPE – LTP 语音编码的具体原理

RPE – LTP 首先将语音分成 20 ms 为单位的语音块，再将每个块用 8 kHz 抽样，因而每个块就得到了 160 个样本。每个样本在经过 A 率 13 比特（μ 率 14 比特）的量化，因为为了处理 A 率和 μ 率的压缩率不同，因而将该量化值又分别加上了 3 个或 2 个的"0"比特，最后每个样本就得到了 16 比特的量化值。因而在数字化之后，进入编码器之前，就得到了 128 kbit/s 的数据流。这一数据流的速率太高了以至于无法在无线路径下传播，因而我们需要让它通过编码器来进行编码压缩。如果用全速率的译码器的话，每个语音块将被编码为 260 bit，最后形成了 13 kbit/s 的源编码速率，然后将完成信道的编码。

RPE – LTP 特性如下：

（1）取样速率为 8 kHz。

（2）帧长为 20 ms，每帧编码成 260 bit。每帧分为 4 个子帧，每个子帧长 5 ms。

（3）纯比特率为 13 kbit/s

8.2.6　CDMA 中的语音编码实例

1. CELP 码激励线性预测编码

CELP（Code Excited Linear Prediction）编码器的基本原理框图如图 8 – 7 所示，其核心是用线性预测提取声道参数，用一个包含许多典型激励矢量的码本作为激励参数，每次编码时都在这个码本中搜索一个最佳的激励矢量，这个激励矢量的编码值就是这个序列的码本序号。

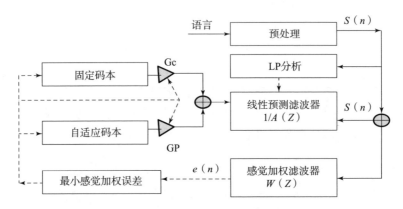

图 8 – 7　CELP 编码器的基本原理框图

具体原理如下。

模拟语音信号经 8 kHz 采样后，首先进行线性预测（LP）分析，去除语音的相关性，将语音信号表示为线性预测滤波器系数，并由此构成编译码器中的合成滤波器。CELP 在 LP 声码器的基础上，引进一定的波形准则，采用了合成分析和感觉加权矢量量化（VQ）技术，通过合成分析的搜索过程搜索到最佳矢量。码本中存储的每一个码矢量都可以代替 LP 余量信号作为可能的激励信号源。

激励由两部分码本组成，分别模拟浊音和清音。CELP 一般用一个自适应码本中的码矢量逼近语音的长时周期性（基音 Pitch）结构：用一个固定的随机码本中的码矢量来逼近语音经过短时、长时预测后的余量信号。CELP 编码算法将预测误差看作纠错信号，将残余分成矢量，然后通过两个码本搜寻来找出最接近匹配的码矢量，乘以各自的最佳增益后相加，代替 LP 余量信号作为 CELP 激励信号源来纠正线性预测模型中的不精确度。

最佳激励搜索是在感觉加权准则下使它产生的合成语音尽量接近原始语音，即将误差激励信号输入 P 阶（一般取 $P = 10$）LP 合成滤波器 $1/A$（Z），得到合成语音信号 $\hat{S}(n)$，$\hat{S}(n)$ 与原始语音 $S(n)$ 的误差经过感觉加权滤波器 W（Z）后得到感觉加权误差 e（n）。CELP 用感觉加权的最小平方预测误差作为搜索最佳码矢量及其幅度的度量准则，使 e（n）

成为均方误差最小的激励矢量（最佳激励矢量）。

CELP 编码器的计算量主要是对码本中最佳码矢量及幅度的搜索。计算复杂度和合成语音的质量取决于码本的大小。

目前常用的 CELP 模型中，激励信号来自两个方面：长时基音预测器（又称自适应码本）和固定的随机码本。自适应码本被用来描述语音信号的周期性（基音信息）。固定的随机码本则被用来逼近语音信号经过短时和长时预测后的线性预测余量信号。

CELP 的解码过程已经包含在编码过程中。在解码时，根据编码传输过来的信息从自适应码本和随机码本中找出最佳码矢量，分别乘以各自的最佳增益并相加，可以得到激励信号 $e(n)$，将其输入到合成滤波器，便可得到合成语音 $\widehat{S}(n)$。

为降低编码速率，可以对一定时间内残差信号可能出现的各种样值的组合按一定规则排列构成一个码本，编码时从本地码本中搜索出一组最接近的残差信号，然后对该组残差信号对应的地址编码并传送，解码端也设置一个同样的码本，按照接收到的地址取出相应的残差信号加到滤波器上完成语音重建，这样可以提高编码效率。这就是 CELP 编码的基本原理。固定码本采用不同的结构形式，就构成不同类型的 CELP。例如，采用代数码本、多脉冲码本、矢量和码本的 CELP 分别称为 ACELP、MP – CELP 和 VSELP 编码。

2. QCELP 受激线性预测编码

CDMA 数字移动电话的语音编码标准中采用了 QCELP 语言编码方式。QCELP 线性预测编码（QualComm Code Excited Linear Predictive）被认为是到目前为止效率最高的一种算法。CDMA 系统中的 QCELP 可变速率声码器，主要原理是提取人说话时声音的一些特征参数，然后将这些特征参数传送到对方，对方根据双方的约定用这些参数将声音还原。可变速率声码器的意思是声码器可以根据人说话声音的大小和快慢改变编码速率。

8.2.7　VoLTE 语音编码（AMR – WB 语音编码）

自适应多速率编码（Adaptive Multi – Rate，简称 AMR）主要用于移动设备的音频编码，压缩比较大，但相对其他的压缩格式质量较差。由于 AMR 主要用于人声，所以效果较好。AMR 的编解码是基于 "3GPP AMR Floating – point Speech Codec" 形成的。2/3 使用的语音编码格式为 AMR – NB，语音带宽范围：300 ~ 3 400 Hz，8 kHz 采样率，VoLTE 使用 AMR – WB 编码，提供语音带宽范围达到 50 ~ 7 000 Hz，16 kHz 采样率，用户可主观感受到话音比以前更加自然。

AMR – WB 语音编码采用的方案是代数码激励线性预测（Algebraic – Code – Excited Linear – Predictions，ACELP）技术，根据其实现功能大致可以分为线性预测（LPC）分析、基音搜索、固定码本搜索三大部分。其中 LPC 分析完成的主要功能是获得 16 阶 LPC 滤波器的 16 个系数，将它们转化为线谱对参数（Linear Spectrum Pair，LSP），并对 LSP 参数进行量化；基音搜索包括开环基音分析和闭环基音分析两部分，目的是获得基音延迟和基音增益这两个参数；代数码本搜索则是为了获得代数码本索引和代数码本增益，还包括了对码本增益的量化。图 8 – 8 给出了 AMR – WB 语音编码算法的信号流程图。

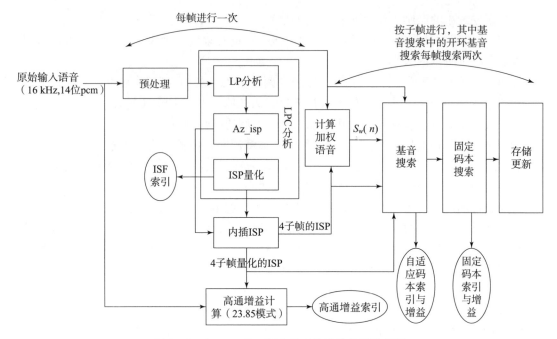

图 8 – 8　AMR – WB 语音编码算法的信号流程图

8.2.8　5G 语音编码

随着 5G 的发展，基于 Voice over 5G（简称 Vo5G）的语音、视频编码标准已经基本完成。

5G 话音方案包括 VoNR、VoeLTE、EPS FB、RAT FB 等众多选项，目前用 Vo5G 统称上述所有 5G 话音方案。Vo5G 是基于 IMS 来提供的，而 VoLTE 会成为 5G 时代的基础话音网络，与 Vo5G 协同一起保障话音服务的连续性。

在 5G 应用场景中，诸如超高清视频、AR/VR 通信和 IoT 这样的场景需要构筑在实时通信能力上，也就是说话音会从消费者话音业务转变为增强的实时通信网络能力，并将在专网和互联网中运行；终端将从手机变成诸如 TV、手表、车、可穿戴设备，甚至是机器人。

◎ 任务实施

（1）结合 AMR – WB 语音编码，分别介绍该编码的三个功能模块线性预测（Linear Predictive Coding，LPC）分析、基音搜索、固定码本搜索的实现方法。

（2）利用 SystemView 完成 AMR – WB 语音编码仿真。

（3）分工协作，完成技术原理资料收集和学习，编写相应的技术原理说明。

◎ 任务总结

本任务中，分小组完成本项工作，其中，结合 AMR – WB 语音编码方案的学习，进行技术原理资料的采集与学习是本任务的关键。学生们通过前期的理论学习，了解了 AMR - WB 编码的原理，可以结合仿真软件进行实现。通过理论联系实际，达到逐步深入理解的目的，有助于培养学生可持续发展的能力。

自我评价

知识与技能点	你的理解	掌握情况
信源编码基本类型		
语言编码标准		
RPE - LTP 语言编码原理		

完全掌握　基本掌握　有些不懂　完全不懂

实训与拓展

（1）收集从 2G 到 5G 的语言编码方案。

（2）分析移动通信系统语言编码方案的变化与发展。

任务 8.3　理解移动通信系统的信道编码

任务目标

分析学过的通信系统的信道编码技术，理解信道编码原理和应用场景。结合 5G 的发展研究移动通信系统信源编码的关键技术。利用仿真系统实现相关编码的仿真。

任务分析

从 2G 到 5G 系统发展过程中，信道编码技术也在不断地发展，了解信道编码技术的发展，有助于理解信道编码技术的演进过程，进而深入理解移动通信的信道编码原理。

知识准备

相对信源编码而言，信道编码是为了对抗信道中的噪声和衰减，通过增加冗余，如校验码等，来提高抗干扰能力以及纠错能力。因此，信道编码是为了与信道的统计特性相匹配，并区分通路和提高通信的可靠性，而在信源编码的基础上，按一定规律加入一些新的监督码元，以实现纠错的编码。这就好像我们运送一批手机一样，为了保证运送途中不损坏手机，通常都用一些泡沫或包装盒等物料将手机包装起来，这种包装使手机所占的容积变大，原来一部车能装 6 000 部手机，包装后就只能装 5 000 部了，显然包装的代价使运送手机的有效个数减少了。同样，在带宽固定的信道中，总的传送码率也是固定的，由于信道编码增加了数据量，其结果只能是以降低传送有用信息码率为代价了。将有用比特数除以总比特数就等于编码效率，不同的编码方式，其编码效率有所不同。

信道编码的目的是为了提高数据传输的可靠性。信道编码就是在传送的信息比特中加入冗余的数据来改善通信链路性能，以使信号具有检错和纠错能力。CDMA2000 系统中有两种信道编码：卷积码和 Turbo 码。

信道编码的基本思想就是根据码序列的相关性来检测和纠正传输过程中产生的差错，但是仅能纠正或检测零星的错误，要纠正连续出现的多个错误，可以先用交织将连续错误比特打散，再进行差错控制。

8.3.1 移动通信系统的数字信号处理实例

下面以 GSM 系统为例进行介绍。GSM 系统终端设备 BTS 的信号形成过程与 GSM 移动台 MS 的基本相同，GSM 移动台原理框图如图 8 - 9 所示。

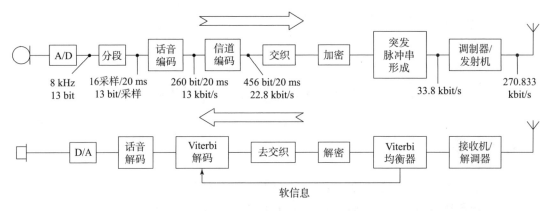

图 8 - 9　GSM 移动台原理框图

GSM 系统的数字信号形成过程：

发送部分电路由信源编码、信道编码、交织、加密、突发脉冲串形成等功能模块组成，完成基带数字信号的形成过程。数字信号经过调制及上变频、功率放大，由天线将信号发射出去。

接收部分电路由高频电路、数字解调等电路组成。数字解调后，进行 Viterbi 均衡、去交织、解密、语音解码，最后将信号还原为模拟信号。

8.3.2 语音编码实例

信源出来的信息首先通过模数转换 A/D。

（1）在移动台 MS 中，可以采用 PCM 编码方式，输出 8 kHz、13 bit 的数字信号。

（2）在 BTS 中，8 bit 的 A 律量化转变为 13 bit 均匀量化信号。

（3）分段过程：按 20 ms 分段。对有声段，进行语音编码产生语音帧；对无声段，分析背景噪声，产生静寂描述帧 SID，在语音结束时发射。

信源出来的信号通过模数转换后，进行语音编码。语音编码器类型有三种：波形编码、参量编码和混合编码。GSM 系统采用混合编码方式——规则脉冲激励长期线性预测（RPE – LTP）。

8.3.3　信道编码实例

信道编码的作用是克服无线信道中传输过程的误码，由于在 GSM 系统中的无线信道为变参信道，传输时误码较为严重，采用信道编码能够检出和校正接收比特流中的差错，克服无线信道的高误码缺点。GSM 中采用分组编码和卷积编码两种编码方式。

GSM 信道编码器对 20 ms 语音段的 260 bit 进行信道编码信道：50 个最重要比特，加上 3 个奇偶校验比特，132 个重要比特，4 个尾比特，一起按 1/2 速率进行卷积编码，得到 378 比特，另外 78 比特不予保护，如图 8 – 10 所示。信道编码的总输出速率为 456 bit/20 ms = 22.8 kbit/s。

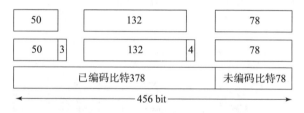

图 8 – 10　GSM 信道编码的比特分配

GSM 系统的信道编码如图 8 – 11 所示。

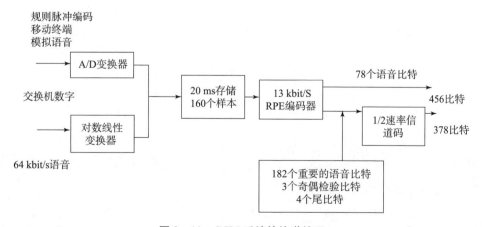

图 8 – 11　GSM 系统的信道编码

8.3.4 交织编码

1. 交织技术原理

在移动通信系统中，由于持续较长的深衰落谷点会影响到相继一串的比特，使得比特差错成串发生——突发错误（突发错误是指一个错误序列，错误序列的长度称为突发长度）。而单单依靠信道编码来保证系统的误码率就不现实。因为，信道编码仅在检测和校正单个差错和不太长的差错串时才有效。

为了解决这一问题，希望能找到把一条消息中的相继比特分散开的方法，即一条消息中的相继比特以非相继方式被发送，所以在信道编码的基础上再进一步采用交织技术。这样，在传输过程中即使发生了成串差错，恢复成一条相继比特串的消息时，也就变成单个（或长度很短）差错，这时再用信道编码纠错功能纠正差错，恢复原消息，这种方法就是交织技术。

交织实际上是把一个消息块原来连续的比特按一定规则分开发送传输，即在传送过程中原来的连续块变成不连续，然后形成一组交织后的发送消息块，在接收端对这种交织信息块复原（解交织）成原来的信息块。

交织编码设计思路而是改造信道，它是通过交织与去交织将一个有记忆的突发信道，改造为无记忆的随机独立差错的信道，然后再用随机独立差错的纠错码来纠错，如图 8 – 12 所示。

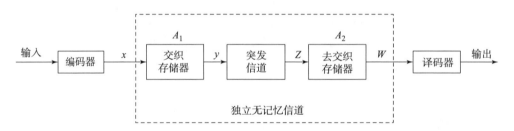

图 8 – 12 分组交织码的实现框图

例如，假设发送一组信息流，交织存储器为一交织存储矩阵 A，它按列写入，按行读出。如下所示：

$$A_1 = \begin{bmatrix} x_1 & x_6 & x_{11} & x_{16} & x_{21} \\ x_2 & x_7 & x_{12} & x_{17} & x_{22} \\ x_3 & x_8 & x_{13} & x_{18} & x_{23} \\ x_4 & x_9 & x_{14} & x_{19} & x_{24} \\ x_5 & x_{10} & x_{15} & x_{20} & x_{25} \end{bmatrix}$$

则交织存储器输出到突发信道的信息为

$$x = (x_1, x_6, x_{11}, x_{16}, x_{21}, x_2, x_7, \cdots, x_5, x_{10}, x_{15}, x_{20}, x_{25})$$

假设突发信道产生两个突发：第一个突发产生于 $x_1, x_6, x_{11}, x_{16}, x_{21}$，连错五位；第二个突发产生于 $x_{13}, x_{18}, x_{21}, x_4$，连错四位。突发信道输出信息为 Z，可表示为

$$x = (\dot{x}_1, \dot{x}_6, \dot{x}_{11}, \dot{x}_{16}, \dot{x}_{21}, x_2, x_7, \cdots, \dot{x}_8, \dot{x}_{13}, \dot{x}_{18} \dot{x}_{23}, x_9, \cdots, x_{25})$$

进入去交织存储器后，它按行写入，按列读出，则得到矩阵

$$A_2 = \begin{bmatrix} \dot{x}_1 & \dot{x}_6 & \dot{x}_{11} & \dot{x}_{16} & \dot{x}_{21} \\ x_2 & x_7 & x_{12} & x_{17} & x_{22} \\ x_3 & x_8 & \dot{x}_{13} & \dot{x}_{18} & \dot{x}_{23} \\ \dot{x}_4 & x_9 & x_{14} & x_{19} & x_{24} \\ x_5 & x_{10} & x_{15} & x_{20} & x_{25} \end{bmatrix}$$

去交织存储器输出为

$$W = (\dot{x}_1, x_2, x_3, \dot{x}_4, x_5, \dot{x}_6, x_7, x_8, x_9, x_{10}, \dot{x}_{11}, x_{12}, \dot{x}_{13}, x_{14}, x_{15}, \dot{x}_{16},$$
$$x_{17}, \dot{x}_{18}, x_{19}, x_{20}, \dot{x}_{21}, x_{22}, \dot{x}_{23}, x_{24}, x_{25})$$

由上述分析可见，经过交织存储器与去交织存储器变换后，原来信道中突发 5 位连错和突发 4 位连错，变成了 W 中的随机性的独立差错。

2. 信道编码后的帧结构

下面以 GSM 为例展开进行介绍。GSM 信道编码后的帧结构是由帧、复帧、超帧、超高帧的分级帧结构，如图 8 – 13 所示。每个突发脉冲序列 156.25 bit，占时 577 μs。

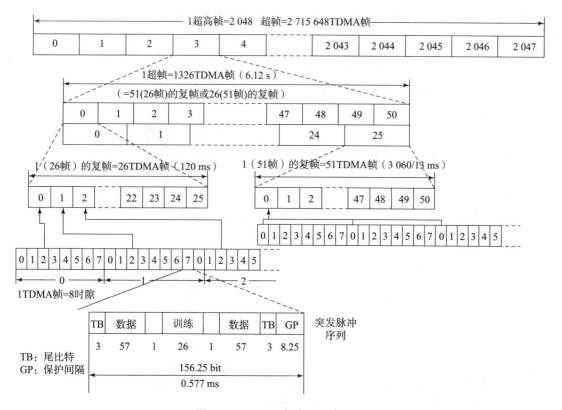

图 8 – 13　GSM 中的分级帧结构

在 GSM 中的分级帧结构中，由普通突发脉冲序列构成帧、复帧、超帧、超高帧的分级帧结构。每个突发脉冲序列共 156.25 bit，占时 577 μs，在一个复帧时隙中发送 8 个时隙组

成一个 4.62 ms 的 TDMA 帧；26 个语音 TDMA 帧组成一个持续时间为 120 ms 的复帧；在控制信道中 51 个帧组成一个复帧；51 个 26 帧的复帧（或 26 个 51 帧的复帧）构成一个超帧；2 048 个超帧组成一个超高帧，总计 2 715 648 个 TDMA 帧，占时 3 小时 28 分 53.7 秒 2 048 个超帧组成一个超高帧，总计 2 715 648 个 TDMA 帧，占时 3 小时 28 分 53.7 秒。

GSM 的语音编码发送速率是 13 kbit/s，这表示在每 20ms 的语音块中有 260 bit。经过信道编码之后，每块包含 456 bit 并且传输速率是 22.8 kbit/s，也就是每时隙有 114 bit。若增加开销比特，如尾比特（6）、训练比特（26）、标记比特（2）和保护时间比特（8），则 1 个时隙长 0.577 ms 的业务信道的总比特数是 156 bit，如图 8-13 所示。

3. 一次交织

交织编码就是把信道编码输出的编码信息编成交错码，使突发差错比特分散，再利用信道编码得到纠正，如图 8-14 所示。

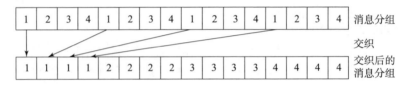

图 8-14　交织编码

通过交织编码可以降低传输中的突发差错。

在 GSM 中，交织方案相对简单。可将 1 个 456 比特的码字排列成以下格式。

4 个全突发——将 456 bit 分成 4 份，每份填入整个突发，这种交织格式采用 4.615 ms × 4 = 18.46 ms。

8 个半突发——将 456 bit 分成 8 份，每份填入半个突发，这种交织格式采用 4.615 ms × 8 = 39.92 ms。4 份分给先前的码字，而另 4 份分给新的部分码字。

一次交织方法：信道编码的信息经交织编码形成 8 子帧，每子帧 114 bit，将分成两段填入普通突发脉冲序列。把编码器 40 ms 的输出共 2 × 456 = 912 bit 组成 8 × 114 的矩阵，横向写入交织矩阵，然后纵向读出，即可取出 8 帧每帧为 114 bit 的数据流，如图 8-15 所示。

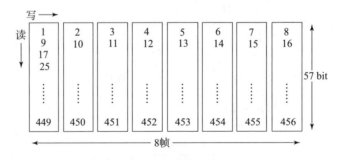

图 8-15　GSM 的一次交织

4. 二次交织

普通突发脉冲序列中，两个 57 bit 间留有间隙，两段语音进行一次交织。如果 2 × 57 bit

取自同一语音帧并插入同一个突发脉冲序列中，那么由于衰落造成突发脉冲串的损失就较严重。若同一普通突发脉冲序列填入不同语音帧信息，可降低接收端出现连续差错比特的可能性，即通过二次交织可降低由于突发干扰引起的损失。重排和交织过程如图 8 – 16 所示。

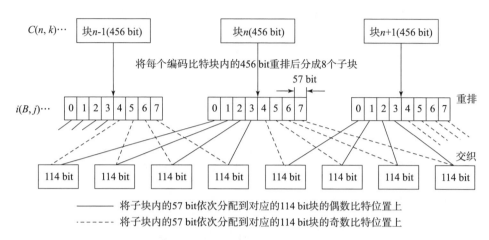

图 8 – 16　重排和交织过程（二次交织）

5. 交织仿真

下面以交织编码为例进行 SystemView 仿真。

交织编码仿真模型如图 8 – 17 所示。

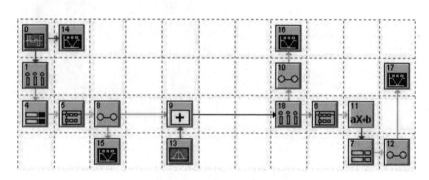

图 8 – 17　交织编码仿真模型

交织编码仿真模型图中各图符参数设置如表 8 – 8 所示。

表 8 – 8　交织编码仿真模型图中各图符参数设置

编号	图符块属性	类型	参数
0	Source	PN Seq	Amp = 1 V，Offset = 0 V，Rate = 10 Hz，Levels = 2，Phase = 0 deg
1	Operator	Sampler	NoN – Interp right，Rate = 10 Hz，Aperture = 0 sec，Aperture Jitter = 0 sec

续表

编号	图符块属性	类型	参数
4	Comm	Blk Coder	BCH, Code length = 15, Info Bits k = 7, Correct t = 2, Threshhold = 500e − 3v, Offset = 0 bit/s
5	Comm	Interleave	Mode = Interleave, Rows = 15sampls, Colums = 15sampls
6	Comm	Interleave	Mode = De − Interleave, Rows = 15sampls, Colums = 15sampls
8、10、12	Operator	Hold	Last Value, Gain = 1
11	Function	Poly	− 1 + 2x
13	Source	Gauss Noise	Std Dev = 1 V, Mean = 0 V
18	Operator	Sampler	NoN − Interp right, Rate = 21.428 751 Hz, Aperture = 0 sec, Aperture Jitter = 0 sec

交织仿真各点波形如图 8 − 18 所示。

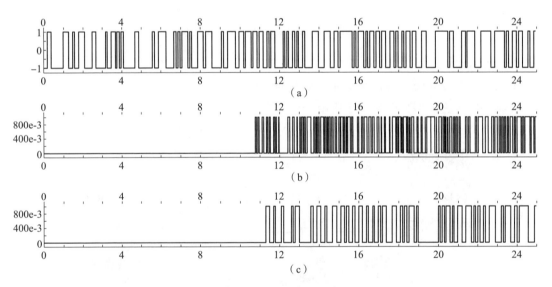

图 8 − 18 交织仿真各点波形

(a) 信号源波形；(b) 交织编码波形；(c) 交织解码波形

8.3.5 移动通信系统的编码过程实例

下面以 GSM 为例，讲述移动通信系统的信息编码过程。GSM 中的编码过程包括：A/D、分段、RPE − LTP、信道编码、交织。信息经交织编码形成 8 帧，每帧 114 bit。将 114 bit 分成两段，填入普通突发脉冲序列。GSM 的编码过程可归纳为如图 8 − 19 所示的示意图。

8.3.6 移动系统的语音编码和信道编码

GSM 系统的语音编码和信道编码的组成框图如图 8 − 20 所示：

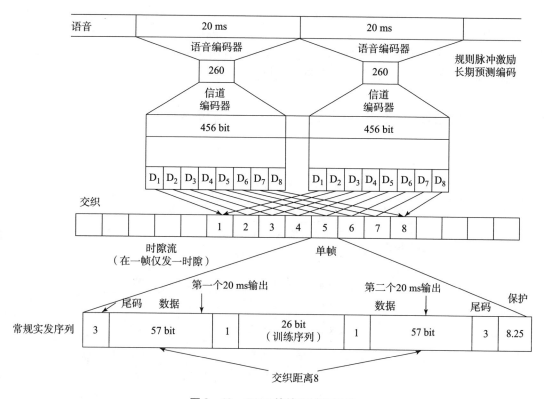

图 8 – 19 GSM 的编码过程示意

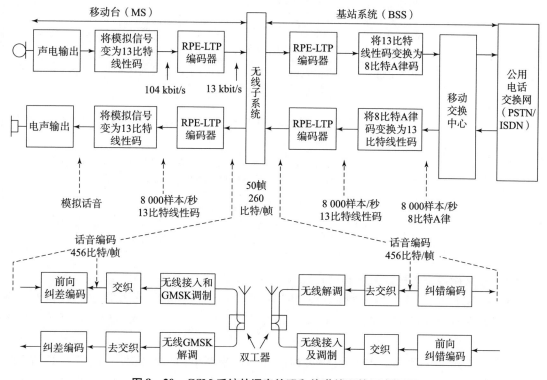

图 8 – 20 GSM 系统的语音编码和信道编码的组成框图

在 GSM 系统中，信道编码采用了卷积、交织等方式。这种方式离编码极限还有一段距离。到了 WCDMA 系统，引入了 Turbo 编码，实现了性能的大跃进，信道编码性能已经非常接近了编码极限。因此，在 LTE 系统中仍然继续沿用 Turbo 编码。在 5G 系统，引入了 LDPC 以及 Polar 编码，其编码性能更接近编码极限。

8.3.7 移动系统中不同信道的交织与编码技术

GSM 系统的信道有以下几种，如表 8 – 9 所示。

表 8 – 9　GSM 系统的信道与传输类型

信道类型	信道分类	信道与传输类型
业务信道 TCH	语音信道	全速语音信道（TCH/FS）
		半速语音信道（TCH/HS）
	数据信道	9.6 kbit/s 全速率数据业务信道（TCH/F9.6）
		4.8 kbit/s 全速率数据业务信道（TCH/F4.8）
		4.8 kbit/s 半速率数据业务信道（TCH/H4.8）
		<2.4 kbit/s 全速率数据业务信道（TCH/F2.4）
		<2.4 kbit/s 半速率数据业务信道（TCH/H2.4）
控制信道 CCH	广播信道	频率纠错信道 FFCH：用于移动台频率纠错
		同步信道 SCH：用于移动台帧同步与基站识别
		广播控制信道 DCCH：用于发送一般信息
	公共控制信道	寻呼信道 PCH：基站寻呼移动台
		随机接入信道 RACH：移动台随机接入网络，上行信道
		准予接入信道 SDCCH：传送连接移动台，下行信道
	专用控制信道	独立专用控制信道 SDCCH：用在分配 TCH 之前呼叫建立过程中传送系统信令
		慢速随路控制信道 SACCH：与一个 TCH 或一个 SDCCH 相关，传送连续信息的连续数据信息，属于上行和下行信道
		快速随路控制信道 FACCH：在专用状态下小区进行切换时，FACCH 占用 TCH 业务信道传送切换的信令信息，当切换完成时 FACCH 信道释放，重新由 TCH 占用资源传送用户业务信息

GSM 中采用以下 4 种信道编码：

（1）卷积码（L，K）用于纠正随机错误：K 是输入块位数，而 L 是输出块位数。在 GSM 中卷积码有 3 种不同码率：1/2 码率（$L/K=2$），1/3 码率（$L/K=3$），以及 1/6 码率（$L/K=6$）。

（2）将费尔码（L，K）作为块码去检测并纠正错误里的单个突发，这里 K 是信息比特，L 是编码比特。费尔码专用于"突发性"差错的检测和纠正，它被级连用于卷积码之后。

（3）奇偶校验码（L，K）用于错误检测。L 是块比特数，K 是信息比特，$L - K$ 是奇偶校验比特。

（4）级联码使用卷积码作内部编码而用费尔码作外部编码。外部编码和内部编码都降低了错误概率并纠正信道码中的大多数错误。和单个编码操作相比，使用级联码的优势是实现的复杂性降低了。

对不同传输方式的交织与编码如表 8 - 10 所示。交织是能将突发错误转换成随机错误的有效方案，尽管它对数据传输非常有效，而对语音传输不是太有效。

表 8 - 10　对不同传输方式的交织与编码

信道和传输方式		输入速率 kbit/s	输入块比特	编码	输出块比特	交织
TCH/FS	la	13	50	奇偶校验码（3 bit），卷积码 1/2	456	8 个半突发
	lb		132	卷积码 1/2		
	ll		78	无		
TCH/F9.6		12	240	卷积码 1/2，每输出 15 bit 打一个孔	456	复杂，22 个不相等突发部分
TCH/H4.8		6	240	卷积码 1/2，每输出 15 bit 打一个孔	456	复杂，22 个不相等突发部分
TCH/F4.8		6	120	附加 32 个空比特，卷积码 1/3	456	复杂，22 个不相等突发部分
TCH/F2.4		3.6	72	卷积码 1/6	456	8 个半突发
TCH/H2.4		3.6	144	卷积码 1/3	456	复杂，22 个不相等突发部分
SCH			25	奇偶校验码（10 bit），卷积码 1/2	78	1 个突发
RACH（+切换接入）			8	奇偶校验码（6 bit），卷积码 1/2	36	1 个接入突发
在 TCH/F 和/H 上的快速辅助信令			184	费尔码 224/184，卷积码 1/2	456	8 个半突发
TCH/8、SACCH；BCCH、PAGCH			184	费尔码 224/184，卷积码 1/2	456	4 个全突发

注：①打孔卷积码是一种缩短卷积码，目的是提高卷积编码效率。

②费尔码是以 $g(x) = (x^{2b-1} + 1)p(x)$ 为生成多项式而生成的 $(n, n - 2b - m + 1)$ 循环码。它能纠正码长为 n 的码字内长度小于或等于 b 的所有单个突发错误，m 为 $p(x)$ 的次数。

任务实施

(1) 结合图 8 – 18 的流程，以 GSM 系统为例，利用 SystemView 实现的信道编码的过程。

(2) 查找 5G 技术资料，描述 5G 移动通信系统中极化编码（Polar）基本原理。

(3) 分工协作，完成技术原理资料收集和学习，编写相应的技术原理说明。

任务总结

本任务中，分小组完成本项工作，其中，结合移动通信系统的数字信号处理实例进行技术原理资料的采集与学习是本任务的关键。在此基础上，对信道编码、交织技术原理进行深入地学习，通过理论联系实际，进一步理解信道编码的功能与作用。

自我评价

知识与技能点	你的理解	掌握情况
交织技术的处理过程		😊 😐 ☹ 😭
信道编码的概念与作用		😊 😐 ☹ 😭
5G 中使用的信道编码技术		😊 😐 ☹ 😭

完全掌握 基本掌握 有些不懂 完全不懂

实训与拓展

(1) 收集从 5G 信道编码中 LDPC 的编码方案。

(2) 利用图解方式，介绍 LDPC 编码方案的原理。

任务 8.4 探秘扩频与加扰

任务目标

理解移动通信系统中，扩频与加扰的原理与功能。

任务分析

结合具体的移动通信系统，分析扩频信号的处理流程，掌握加扰的过程与原理。理解扩频的处理过程，借助 System View 的工具对扩频的信号处理过程进行分析与认知。

知识准备

8.4.1 扩频技术

扩频技术是在 3G 移动通信中广泛采用的一种通信技术。为了克服信道干扰，哈尔凯维奇早在上世纪 50 年代，就已从理论上证明：要克服多径衰落干扰的影响，信道中传输的最佳信号形式应该是具有白噪声统计特性的信号形式。采用伪噪声码的扩频函数很接近白噪声的统计特性，因而扩频通信系统又具有抗多径干扰的能力。

扩频通信是将待传送的信息数据用伪随机编码（扩频序列：Spread Sequence）调制，实现频谱扩展后再传输，接收端则采用相同的编码进行解调及相关处理，恢复原始信息数据。

扩展频谱通信技术（Spread Spectrum Communication）的基本特点是其传输信息所用信号的带宽远大于信息本身的带宽。除此以外，扩频通信还具有以下特征：

➢ 是一种数字传输方式；

➢ 带宽的展宽是利用与被传信息无关的函数（扩频函数）对被传信息进行调制实现的；

➢ 在接收端使用相同的扩频函数对扩频信号进行相关解调，还原出被传信息。

1. 扩频通信的原理

根据香农（C. E. Shannon）在信息论研究中总结出的信道容量公式，即香农公式：

$$C = W \times \log_2 (1 + S/N)$$

式中，C——信息的传输速率，S——有用信号功率，W——频带宽度，N——噪声功率。

由上式可以看出：为了提高信息的传输速率 C，可以从两种途径实现，即加大带宽 W 或提高信噪比 S/N。换句话说，当信号的传输速率 C 一定时，信号带宽 W 和信噪比 S/N 是可以互换的，即增加信号带宽可以降低对信噪比的要求，当带宽增加到一定程度，允许信噪比进一步降低，有用信号功率接近噪声功率甚至淹没在噪声之下也是可能的。扩频通信就是用宽带传输技术来换取信噪比上的好处，这就是扩频通信的基本思想和理论依据。

扩频通信系统由于在发送端扩展了信号频谱，在接收端解扩还原了信息，这样的系统带来的好处是大大提高了抗干扰容限。理论分析表明，各种扩频系统的抗干扰性能与信息频谱扩展后的扩频信号带宽比例有关。一般把扩频信号带宽 W 与信息带宽 $\triangle F$ 之比称为处理增益 G_P，即

$$G_P = \frac{W}{\triangle F} \qquad\qquad (8-10)$$

它表明了扩频系统信噪比改善的程度。除此之外，扩频系统的其他一些性能也大都与 G_P 有关。因此，处理增益是扩频系统的一个重要性能指标。

系统的抗干扰容限 M_J 定义如下。

$$M_J = G_P - \left[\left(\frac{S}{N}\right)_0 + L_S\right] \tag{8-11}$$

式中，$(S/N)_0$——输出端的信噪比，L_S——系统损耗。

由此可见，抗干扰容限 M_J 与扩频处理增益 G_P 成正比，扩频处理增益提高后，抗干扰容限大大提高，甚至信号在一定的噪声湮没下也能正常通信。通常的扩频设备总是将用户信息的带宽扩展到数十倍、上百倍甚至千倍，以尽可能地提高处理增益。

2. 频谱的扩展的实现和直接序列扩频

频谱的扩展是用数字化方式实现的。在一个二进制码位的时段内用一组新的多位长的码型予以置换，新码型的码速率远远高出原码的码速率，由傅里叶分析可知新码型的带宽远远高出原码的带宽，从而将信号的带宽进行了扩展。这些新的码型也叫伪随机（PN）码，码位越长系统性能越高。通常，商用扩频系统 PN 码码长应不低于 12 位，一般取 32 位，军用系统可达千位。

目前常见的码型有：M 序列（最长线性伪随机系列）、GOLD 序列、WALSH 函数正交码。

当选取上述任意一个序列后，如 M 序列，将其中可用的编码，即正交码，两两组合，并划分为若干组，各组分别代表不同用户，组内两个码型分别表示原始信息"1"和"0"。系统对原始信息进行编码、传送，接收端利用相关处理器对接收信号与本地码型进行相关运算，解出基带信号（原始信息）实现解扩，从而区分出不同用户的不同信息。

下面我们以直接序列扩频通信系统为例，来研究扩频通信系统的基本原理，如图 8 - 21 所示：

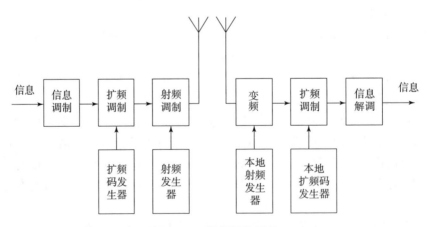

图 8 - 21　扩频通信原理

由图 8 - 21 可见，一般的无线扩频通信系统都要进行三次调制。一次调制为信息调制，二次调制为扩频调制，三次调制为射频调制。接收端有相应的射频解调、扩频解调和信息解调。根据扩展频谱的方式不同，扩频通信系统可分为：直接序列扩频（DS）、跳频（FH）、跳时（TH）、线性调频以及以上几种方法的组合。

　　所谓直接序列扩频（DS－Direct Scquency），是用高码率的扩频码序列在发送端直接去扩展信号的频谱，在接收端直接使用相同的扩频码序列对扩展的信号频谱进行解调，还原出原始的信息。直接序列扩频的频谱扩展和解扩过程如图8－22和图8－23所示。

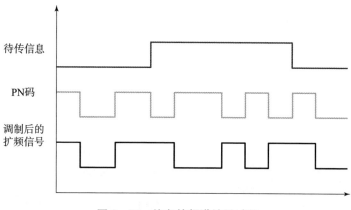

图8－22　信息的频谱扩展过程

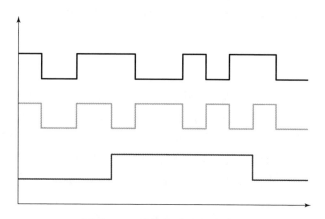

图8－23　扩频信号的解扩过程

　　由图8－22和图8－23我们可以看出：

　　在发端，信息码经码率较高的PN码调制以后，频谱被扩展了。在收端，扩频信号经同样的PN码解调以后，信息码被恢复；

　　信息码经调制、扩频传输、解调然后恢复的过程，类似于PN码进行的二次"模二相加"的过程。在图8－24中我们还可以用能量面积图示概念看出：待传信息的频谱被扩展了以后，能量被均匀地分布在较宽的频带上，功率谱密度下降；扩频信号解扩以后，宽带信号恢复成窄带信息，功率谱密度上升；相对于信息信号，脉冲干扰只经过了一次被模2相加的调制过程，频谱被扩展，功率谱密度下降，从而使有用信息在噪声干扰中被提取出来。

　　研究表明，在信息传输中各种信号之间的差别性能越大越好。理想的传输信息的信号形式应是类似噪声的随机信号，因为取任何时间上不同的两段噪声来比较都不会完全相似。

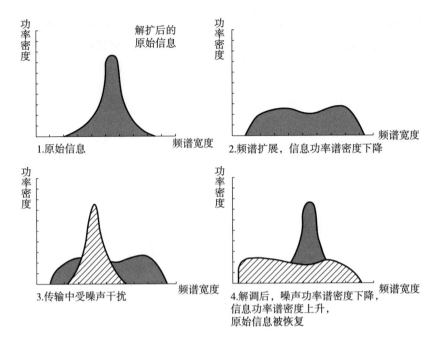

图 8-24　扩频通信中，频谱宽度与功率谱密度示意

8.4.2　加扰

加扰就是用一个伪随机码序列对扩频码进行相乘，对信号进行加密。上行链路物理信道加扰的作用是区分用户，下行链路加扰可以区分小区和信道。在 3G 系统中，码字一共有两种类型的应用，第一种为信道化码（Channelization Code，CH），第二种为扰码（Scrambling Code，SC）。由于在上下行链路中处理方式的不同，导致两种类型码字的作用各不相同。

在下行链路（基站至移动台方向）上，基站向本小区发送信息时，基站首先将各种用户信息分别与各自的信道化码 CH 进行相乘运算，之后将信号叠加，再与扰码进行相乘运算，之后在空中接口上发射。移动台侧先做解扰，然后再解出自己的有用信息。用户信息和 CH 进行相乘运算时，CH 就是扩频序列，通过选择 CH 的正交性，来区分用户信息。所以 CH 无论在上行还是下行链路上，它最基本的作用就是直接扩频，所以 CH 就是扩频码。

信道化码 CH 除了作为扩频码外，还可以作为物理信道的 ID。在 3G 移动系统中，单个用户的业务类型，可以根据需要分配多个物理信道，理论上 2M 速率的实现是通过同时占用多个物理信道实现的，而用户是通过识别不同的 CH 来获得物理信道的服务的，所以 CH 是用来区分在下行链路上的多个物理信道的。空中接口资源在分配时，相当于分配给用户的就是多个 CH。在 TD-SCDMA 系统中，这种分配是由 RNC 来完成的动态分配。

在下行链路上，移动台首先要区分本小区和非本小区信号，这个区分过程就是通过解本小区扰码来实现的。所以系统中每个小区对应一个扰码。

作为扰码，移动台必须首先进行解扰，才能获得自己的有用信息，所以扰码的作用相当于小区的 ID。对移动台来说，由于工作在相同频率，所以可以接收到来自不同小区的无线信号，是一个自干扰系统，但通过扰码，移动台只需要对驻地小区进行解码，因为有用的信息只在本小区的专用信道上发送。

移动系统中，一般用伪随机序列（PN）进行数据加扰和扩谱调制。在传送数据之前，把数据序列转化成"随机的"，类似于噪声的形式，从而实现数据加扰。接收机再用 PN 码把被加扰的序列恢复成原始数据序列。

任务实施

（1）结合图 8−21 扩频通信原理，利用 SystemView 实现的扩频编码。
（2）用 SystemView 建立直接序列扩频的仿真模型。
（3）查找移动通信系统技术资料，描述移动通信系统中加扰的具体过程与原理。

任务总结

本任务中，分小组完成本项工作，其中，结合移动通信系统扩频与加扰实例进行技术原理资料的采集与学习是本任务的关键。在此基础上，对扩频、加扰的原理进行深入地学习，进一步提高理论联系实际的能力。

自我评价

知识与技能点	你的理解	掌握情况
扩频处理过程		😊 😐 ☹ 😫
加扰过程		😊 😐 ☹ 😫
频谱扩展的原理		😊 😐 ☹ 😫

完全掌握　基本掌握　有些不懂　完全不懂

实训与拓展

（1）收集 WCDMA 系统扩频通信的方案。
（2）利用图解方式，介绍加扰的原理。

任务 8.5　掌握移动通信系统的调制技术

任务目标

理解移动通信系统中主要的调制技术（BPSK、QPSK、QAM、OFDM、FBMC）的原理。

任务分析

通过对不同移动通信系统调制技术实现原理的分析与仿真实践，理解调制技术的发展历程与不同调制技术的优缺点。

知识准备

8.5.1　从 2G 到 5G 调制技术的发展

在移动通信系统中，将低频的模拟基带信号搬移到适于信道传输的高频段去发送，这种频谱搬移过程就称为调制，经调制后的信号称为已调信号。已调信号通过信道传输到接收端后，则需要将收到的已调信号再搬移到低频的原始基带频谱上，以恢复原始信号，这一搬移过程称为解调。

在移动通信系统中，经物理信道映射的比特流还需进行数据的基带调制、扩频与扰码处理后，才能进行频带调制，即将基带信号调制到射频上，经天线发射出去。

数据调制是用数据（bit）信号去改变脉冲序列的某些参数，例如，脉冲高度、宽度或相位（脉冲位置）形成脉幅、脉宽或脉位调制。目前常用的数据调制技术有正交幅度调制（QAM）、相位调制（BPSK、QPSK）、正交频分复用技术（OFDM）等。

移动通信系统的调制/解调技术中，最简单的调制/解调技术是在 2ASK、2FSK、2PSK 基础上发展起来的，在 2ASK 基础上，产生了正交幅度调制 QAM，又称星座调制，在 2FSK 向多进制调制技术上发展，产生了 MFSK，在 2PSK 向多进制的方向上发展，产生了 QPSK、OQPSK、MPSK 及 DPSK 等。

在 CDMA 中采用的调制/解调技术包括 BPSK、QPSK、OQPSK、MPSK 等。在前向信道中，主要采用 QPSK 调制技术；反向信道中，采用 OQPSK/HPSK 等调制技术。在 4G 中采用的是 OFDM 调制，在 5G 系统中采用了 OFDM 的改良版 FBMC 调制。

8.5.2　相位调制（BPSK、QPSK）

相位调制在数据传输中，尤其是在中速和中高速的数传机（2 400 ~ 4 800 bit/s）中得到了广泛的应用。相位调制有很好的抗干扰性，在有衰落的信道中也能获得很好的效果。

对应的数字相位调制（PSK）方法常用的有二进制相位调制（2PSK 或 BPSK）及四进制相位调制（QPSK）。

BPSK 是用起始相位不同的载波来传输数字信号的调制方法。例如：传"1"信号时，发起始相位为 π 的载波；传"0"信号时，发起始相位为 0 的载波。

BPSK 信号的典型波形如图 8 – 25 所示。

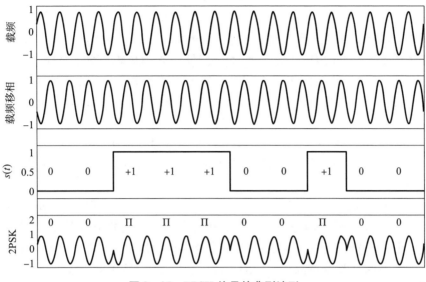

图 8 – 25　BPSK 信号的典型波形

8.5.3　正交幅度调制（QAM）

正交幅度调制（Quadrature Amplitude Modulation，QAM）是一种在两个正交载波上进行幅度调制的调制方式。这两个载波通常是相位差为 90°（$\pi/2$）的正弦波，因此被称作正交载波，这种调制方式因此而得名。

同其他调制方式类似，QAM 通过载波某些参数的变化传输信息。在 QAM 中，数据信号由相互正交的两个载波的幅度变化表示。数字信号的相位 PSK 是幅度不变、相位变化的特殊的正交幅度调制。

在多进制数字调制系统中，通常用星座图（Signal Point Constellation）来表示已调信号。所谓星座图是指信号矢量端点的分布图。以十六进制数字调制为例，采用 16PSK 时的信号星座图，如图 8 – 26（a）所示，采用 16QAM 方式时的信号星座图如图 8 – 26（b）所示。

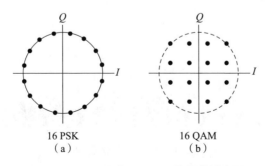

图 8 – 26　16PSK 及 16QAM 信号的星座图

（a）16PSK；（b）16QAM

正交幅度调制星座图上每一个星座点对应发射信号集中的一个信号。设正交幅度调制的发射信号集大小为 N，称之为 $N - QAM$。星座点经常采用水平和垂直方向等间距的正方网格配置，当然也有其他的配置方式。数字通信中数据常采用二进制表示，这种情况下星座点的个数一般是 2 的幂。常见的 QAM 形式有 $16 - QAM$、$64 - QAM$、$256 - QAM$ 等。星座点数越多，每个符号能传输的信息量就越大。但是，如果在星座图的平均能量保持不变的情况下增加星座点，会使星座点之间的距离变小，进而导致误码率上升。因此高阶星座图的可靠性比低阶要差。

由 PSK 与 QAM 星座图可见，为了提高系统的可靠性，应想办法增加信号空间中各信号状态点之间的最小距离。基于这一思想，1960 年，C. R. Chan 提出了振幅和相位联合键控方式（又称 QAM）。

当对数据传输速率的要求高过 $8 - PSK$ 能提供的上限时，一般采用 QAM 的调制方式。因为 QAM 的星座点比 PSK 的星座点更分散，因此星座点之间的距离更大，所以能提供更好的传输性能。但是 QAM 星座点的幅度不是完全相同的，所以它的解调器需要能同时正确检测相位和幅度，不像 PSK 解调只需要检测相位，这增加了 QAM 解调器的复杂性。

8.5.4　OFDM

传统的 FDM（频分复用）理论将带宽分成几个子信道，中间用保护频带来降低干扰，它们同时发送数据。OFDM（Orthogonal Frequency Division Multiplexing）正交频分复用作为一种多载波传输技术，不像常规的单载波技术，如 AM/FM（调幅/调频）在某一时刻只用单一频率发送单一信号，OFDM 在经过特别计算的正交频率上同时发送多路高速信号（如图 8 - 27 所示）。这一结果就如同在噪声和其他干扰中突发通信一样有效利用带宽。OFDM 特点是把信道分成许多正交子信道，各子信道间保持正交，频谱相互重叠，这样减少了子信道间的干扰，提高了频谱利用率。

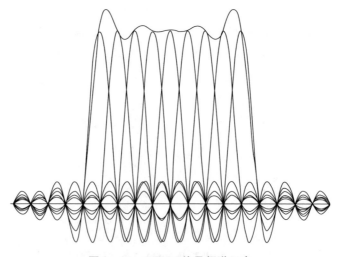

图 8 - 27　OFDM 信号频谱示意

OFDM 的基本原理是将高速串行数据变换成多路相对低速的并行数据，并对不同的载波进行调制。高速信息数据流通过串并变换，分配到速率相对较低的若干子信道中传输，这种并行传输体制大大扩展了符号的脉冲宽度，提高了抗多径衰落的性能。

OFDM 系统比传统的 FDM 系统要求的带宽要少得多。由于使用无干扰正交载波技术，单个载波间无须保护频带，这样使得可用频谱的使用效率更高。

OFDM 的多个载波相互正交，一个信号内包含整数个载波周期，每个载波的频点和相邻载波零点重叠，这种载波间的部分重叠提高了频带利用率。OFDM 每个子信道的频谱均为 $\sin x/x$ 形，各子信道频谱相互交叠，但在每个子信道载频的位置来自其他子信道的干扰为零，如图 8-27 所示。

OFDM 系统结构框图如图 8-28 所示，OFDM 系统的调制和解调分别由 IFFT 和 FFT 完成。首先将串行输入数据变换成并行数据，接下来进行编码和星座图映射，得到频域数据。经过 IFFT 后相当于调制到正交的 N 个子载波，完成正交频分复用。接下来加入循环前缀，进行并/串转换，数/模转换，再调制到高频载波上发送。如果是基带传输，则不需要进行载波调制。

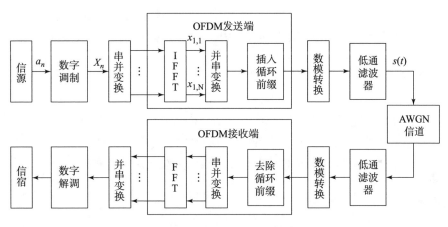

图 8-28   OFDM 系统结构框图

在接收端进行相反的操作，使用 N 个相同的子载波进行 N 路解调，再将这 N 路解调信号并串输出，复现发送的原始信号。经过 FFT 变换后的数据相当于将时域数据再转换成频域数据，即完成了 OFDM 信号的解调。

传统的频分复用方法中各个子载波的频谱是互不重叠的，需要使用大量的发送滤波器和接收滤波器，这样就大大增加了系统的复杂度和成本。同时，为了减少各个子载波间的相互串扰，各子载波间必须保持足够的频率间隔，这样会降低系统的频率利用率。而现代 OFDM 系统采用数字信号处理技术，各子载波的产生和接收都由数字信号处理算法完成，极大地简化了系统的结构。同时为了提高频谱利用率，使各子载波上的频谱相互重叠，但这些频谱在整个符号周期内满足正交性，从而保证接收端能够不失真的复原信号。

8.5.5   FBMC（5G 新型调制技术）

5G 采用了新型调制技术 FBMC。FBMC（Filter-bank Multicarrier，滤波器组多载波技

术）主要为了解决 OFDM 存在的问题。在 OFDM 中，需要引入一个比时延扩展还长的循环前缀，而 FBMC 不需要，这就大大提高了调制效率。

FBMC 原理是：保持符号持续时间不变（没有引入额外的时间开销），在发射及接收端添加额外的滤波器来处理时域中相邻多载波符号之间的重叠。

在接收端，被称为原型滤波器的一种低通滤波器，负责接收端 FFT 之后的信号处理，其设计目的主要是有效的抑制 ISI。

常规的 OFDM 方案可以被认为是具有低通 FIR 原型滤波器的 FBMC 方案。FBMC 的特殊之处在于：FBMC 的原型滤波器并不能解决多径引起的 ISI。为了保证 ISI 被有效抑制，FBMC 在频域中 FFT 系数之间引入额外的系数来获得原型滤波器。

任务实施

（1）结合 QAM 调制原理，利用 SystemView 实现的 QAM64 调制。

（2）查找 5G 移动通信系统技术资料，描述 FBMC 具体过程与原理。

（3）分工协作，完成技术原理资料收集和学习。理解 2G 到 5G 系统中，各类编码与调制技术的应用，借助 System View 的工具对其中一类移动系统的信号处理过程进行分析。

任务总结

本任务中，分小组完成本项工作，其中，结合移动通信系统调制实例进行技术原理资料的采集与学习是本任务的关键。在此基础上，对 BPSK、QPSK、QAM、OFDM、FBMC 的原理进行深入地学习，理解调制技术的进步对移动通信系统更新换代的影响。

自我评价

知识与技能点	你的理解	掌握情况
相位调制		😊 😐 😟 😫
正交幅度调制		😊 😐 😟 😫
OFDM		😊 😐 😟 😫

😊完全掌握 😐基本掌握 😟有些不懂 😫完全不懂

实训与拓展

（1）收集 QAM 的调制方案。

（2）利用图解方式，介绍 FBMC 新型调制技术的原理。

任务 8.6　了解移动通信系统的同步技术

任务目标

理解移动通信系统中是如何实现同步的。

任务分析

同步技术是整个通信系统有序、可靠、准确运行的支撑，因此同步的性能好坏直接影响到整个通信系统的性能好坏。通过分析移动通信系统的同步原理，理解网络同步、节点同步、传输信道同步、无线接口同步、上行和下行同步的原理。

知识准备

8.6.1　移动系统中的同步

在任何通信网络中同步技术都是基础，它作为不可缺失的相对独立系统，为所有通信元素提供基本保证。同步技术是调整通信网中的各种信号使之协同工作的技术。同步技术有网络同步、节点同步、无线接口同步、上行和下行同步等。同步电路失效导致整个系统瘫痪。

8.6.2　移动系统同步实例

不同的移动通信系统的同步技术有共性也有个性，下面以 TD – SCDMA 为例介绍移动通信系统的同步技术。因为以时分复用为基础的 TD – SCDMA 系统，除了传承现有通信网络的同步技术外，在无线接口的同步技术上有着更大的要求。

TD – SCDMA 系统的 UTRAN 中，涉及的同步问题主要包含网络同步、节点同步、传输信道同步、无线接口同步、Iu 接口时间校正、上行同步等几个方面。图 8 – 29 给出了除网络同步以外各种同步问题的参考模型。

1. 网络同步

网络同步选择高稳定度和高精度的时钟作为网络时间基准，以保证其中各网络的时间稳定，因此它是其他同步技术的基础。

2. 节点同步

节点同步用以估计和补偿 UTRAN 节点（Node B）之间的定时误差。节点同步分为两种：一种是用以获得 RNC 与各个 Node B 间的定时误差的 "RNC 到 Node B 的节点同步"，另一种为用于 TDD 模式下补偿 Node B 之间的定时误差的 "Node B 间的节点同步"，目的均在于取得统一的定时参考。

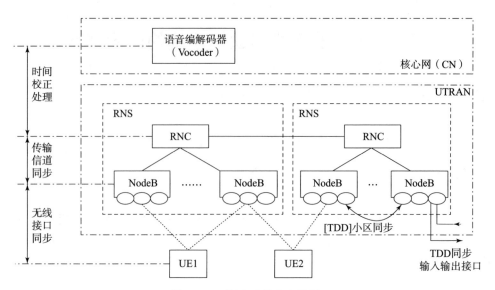

图 8 – 29　同步系统参考模型

图 8 – 29 给出了 TDD 模式下 Node B 间节点同步的两种方式：一种是通过标准同步端口获得，此时 Node B 有标准的同步输入/输出接口，只要其中任一输入接口连接到外部基准时钟上，其余 Node B 的同步口与之串联，就能获得 Node B 的同步；另一种方式则是通过空中接口获得，TD – SCDMA 系统可以利用空中接口中的下行导频时隙（DwPTS）获得同步信号。

3. 传输信道同步

传输信道同步就是传输信道层实体之间的帧同步，使得在信道中所发射的参考信号（TS）的接收信号（S）都良好同步，以保证传输的 QoS。

4. 无线接口同步

无线接口同步是用户设备（UE）与 Node B 之间空中接口的同步，这里的同步不仅包括时间上的同步，也涵盖了频率、码字和广播信道的同步，与之对应的要求分别为：DwPTS 同步、扰码和基本中置码的识别、控制复帧的同步以及读取广播信道。

5. Iu 接口时间校正

Iu 接口时间校正即时间调整控制处理，由于核心网（CN）中的多数处理均需同步，因此需要有一个缓冲器，一旦同步的定位帧丢失或同步时钟出问题，就启用备用时钟，这时一些基于时间标签来排队的缓冲器里的数据在备用时钟启用后就得到释放，以继续处理。

6. 上行同步

同步 CDMA 系统中，要求来自不同位置、不同距离的不同终端的上行信号能够同步到达基站。上行同步包括其建立和保持两个过程，并以 1/8 码片的最小精度进行调整，以保证上行信号的同步。由于各个用户终端的信号码片到达基站解调器的输入输出端时是同步的，且其充分应用了扩频码之间的正交性，降低了同一射频信道中的多址干扰影响，从而系统容量随之增加。这正是同步 CDMA 系统异于异步 CDMA 系统的优势之一。

在 4G 系统的上行同步过程中，UE 计算出它应该何时发送上行链路数据（pusch/pucch）。通常，网络（gNB）处理多个 UE，网络必须确保来自每个 UE 的上行链路信号应

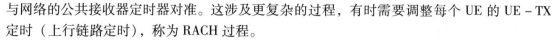

与网络的公共接收器定时器对准。这涉及更复杂的过程，有时需要调整每个 UE 的 UE – TX 定时（上行链路定时），称为 RACH 过程。

7. 下行同步

在移动通信系统中，终端必须检测基站发送的帧的结构，这个工作由同步过程完成，它包含在无线接口同步过程当中。终端在上电之后，需要搜寻其周围可能存在的小区，并选择合适的小区登录，之后可以侦听网络上的寻呼或发起呼叫建立连接，以上过程则称为小区初搜（Initial Cell Search，ICS）。

在 GSM 和 WCDMA 系统中，存在一个公共的同步码，当 UE 检测到这个同步码时，就能与基站建立同步。而由于 TD – SCDMA 系统的特殊性，不存在类似的公共同步码，而是 32 个相互正交的同步序列码（SYNC_ DL）。在 TD – SCDMA 系统中，相邻基站发送的同步码是不相同的，最初的同步工作则是要正确检测出同步序列码，从而选择合适的小区登录。在这个下行同步过程中，UE 检测到无线帧边界（无线帧启动时的精确定时）和 OFDM 符号边界（OFDM 符号启动时的精确定时）。

任务实施

（1）结合同步技术原理，画出无线接口同步流程。
（2）查找移动通信系统技术资料，描述移动通信系统上下行同步的具体过程与原理。
（3）分工协作，完成同步技术原理资料收集和学习，编写同步技术原理说明。

任务总结

在移动通信系统中的"同步"通常是指"传输同步"和"接收同步"。在 UE 看来，"发射方向"被称为"上行链路"，"接收方向"被称为"下行链路"。将这些术语应用于同步过程，在蜂窝通信中（2G 到 5G 系统）就有两种类型的同步，称为"下行同步"和"上行同步"。本任务中，分小组完成本项工作，其中，结合移动通信系统同步实例进行技术原理资料的采集与学习是本任务的关键。在此基础上，对同步的原理进行深入地学习。

自我评价

知识与技能点	你的理解	掌握情况
网络同步与节点同步		😊 😐 🙁 😫
无线接口同步		😊 😐 🙁 😫
上下行同步		😊 😐 🙁 😫

😊完全掌握　😐基本掌握　🙁有些不懂　😫完全不懂

实 训 与 拓 展

（1）收集 5G 系统的同步方案。

（2）利用图解方式，介绍无线接口同步的原理。

小 结

1. 复用与多址的技术本质是相同的，当复用技术应用于"点到点"的通信方式时，通常叫作"多路复用"；当复用技术应用于"点到多点"的通信方式时，通常叫作"多址接入"。

2. 移动通信中常用的编码技术有信源编码和信道编码。

3. 信源编码的主要目的是：将信号变换为适合于数字通信系统处理和传输的数字信号形式；通过信源编码提高通信系统的有效性，使单位时间或单位系统频带上所传的信息量最大。以上两个目的常常在编码的过程中同时得以实现。

4. 信道编码是为了对抗信道中的噪声和衰减，通过增加冗余，如校验码等，来提高抗干扰能力以及纠错能力。

5. 交织实际上是把一个消息块原来连续的比特按一定规则分开发送传输，即在传送过程中原来的连续块变成不连续，然后形成一组交织后的发送消息块，在接收端对这种交织信息块复原（解交织）成原来的信息块。

6. 扩频通信是将待传送的信息数据用伪随机编码（扩频序列：Spread Sequence）调制，实现频谱扩展后再传输；接收端则采用相同的编码进行解调及相关处理，恢复原始信息数据。

7. 数据调制是用数据（bit）信号去改变脉冲序列的某些参数，例如脉冲高度、宽度或相位（脉冲位置）形成脉幅、脉宽或脉位调制。目前常用的数据调制技术有正交幅度调制（QAM）、相位调制（BPSK、QPSK）、正交频分复用技术（OFDM）、FBMC 等。

8. 同步技术是整个通信系统有序、可靠、准确的支撑。

思考题与练习题

8-1　举例说明移动通信系统的组成模型。

8-2　用 SystemView 仿真移动通信系统的各种信源编码。

8-3　用 SystemView 仿真移动通信系统的各种信道编码。

8-4　为什么要使用交织技术。

8-5　试述扩频的优势。

8-6　加扰的作用是什么？

8-7　多路复用与多址技术的区别是什么？

8-8　CDMA 是扩频技术吗？为什么？

8-9　同步技术有哪些？

8-10　2G 到 5G 的编码技术有哪些？

项目 9

探索通信新技术

项目描述

结合通信技术的发展与基本原理，剖析通信系统的发展趋势，进一步理解 SDN、NFV、云计算、卫星通信、激光空间通信、量子通信等技术在现代通信中的具体应用。

项目分析

本项目中涉及 SDN、NFV、云计算、卫星通信、激光空间通信、量子通信等新技术，有些技术的原理与思想，颠覆了人们对传统通信原理的认知，例如，量子通信系统中量子的很多特性与传统的原理不同，因此，在现代通信技术知识的升级换代中，需要具有持续的学习能力和理论联系实际的职业素养。

学习目标

在已有通信原理知识的基础上，结合通信新技术的发展趋势，对信息通信的未来有一个全新的认识。

思政目标：从北斗卫星通信的研发与应用，引出自主创新对国家安全的重要性，激发学生的创新热情。

任务 9.1　认知 SDN

任务目标

认知软件定义网络（SDN）。

任务分析

利用分层的思想，SDN 将数据与控制相分离。通过本任务学习，理解 SDN 的体系结构和主要特点，结合 NG‑SDN，进行对照学习。

知识准备

9.1.1　SDN 的发展历程

软件定义网络（Software Defined Network，SDN）是由美国斯坦福大学 Clean‑Slate 课题研究组提出的一种新型网络创新架构，是网络虚拟化的一种实现方式。其核心技术 Open-Flow 通过将网络设备的控制面与数据面分离开来，从而实现了网络流量的灵活控制，使网络作为管道变得更加智能，为核心网络及应用的创新提供了良好的平台。

2006 年，由斯坦福大学主导（斯坦福大学 Nick McKeown 教授负责），联合美国国家自然科学基金会（National Science Foundation，NSF）以及包括工业界合作伙伴一起启动了 Clean Slate 项目。Martin Casado 博士及其团队成员提出了 Ethane 架构，被认为是软件定义网络概念及 OpenFlow 技术的发展源头。该架构通过一个中央控制器向基于流（Flow）的以太网交换机下发策略，从而对流的准入和路由进行统一管理。2009 年，Mckeown 教授正式提出了 SDN 概念。

2011 年，在雅虎、谷歌、德国电信等几家公司的倡议下，开放网络基金会（Open Net-working Foundation，ONF）成立，其致力于软件定义网络及 OpenFlow 技术的标准化（规范制定）以及商业化。

2012 年，SDN 成了全球网络界最炙手可热的焦点，ONF 成员数量快速扩张，谷歌宣布已经在其全球各地的数据中心骨干网络中大规模地使用 OpenFlow 技术，Facebook 也宣布已在其数据中心中使用了该技术；美国斯坦福大学、Internet2、日本的 JGN2plus 等多个科研机构也已完成了 Openflow 的部署。IBM、HP、Cisco 等企业巨头纷纷推出自身的 SDN 产品和解决方案，IETF 及 ITU 等国际标准化组织也开始着手进行相关的技术、标准研究与制定工作。

9.1.2　SDN 的体系结构

软件定义网络的设计思想使网络硬件设备的数据平面与控制平面实现了解耦合，并使控制器中的软件平台以可编程的方式来管控底层的硬件，从而实现了网络资源的灵活分配。SDN 网络中，因为数据平面与控制平面的解耦合，不仅使网络硬件设备仅负责数据的转发，还使负责控制的操作系统升级为一个相对独立的网络操作系统，并且可以通过编程来实现网络操作系统、业务特性、硬件设备这三者之间的通信。

1. SDN 网络体系架构

SDN 是对传统网络架构的一次重构，由原来的分布式控制的网络架构重构为集中控制的网络架构。其网络体系架构由下到上（由南到北）可分为三层：数据转发层、控制层、应用层，如图9-1所示。

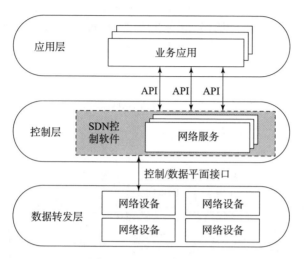

图9-1 SDN的体系结构图

数据转发层位于最底层，主要由转发器和连接器的线路构成基础转发网络，这一层负责执行用户数据的转发，转发过程中所需要的转发表项由控制层生成，即由一系列高性能高背板带宽的转发器组成，各种表项都支持，但是自己却没有运算能力，能够很好地完成控制器交给的任务。

控制层是系统的控制中心，即"大脑"控制器位置所在，负责网络的内部交换路径和边界业务路由的生成，并负责处理网络状态变化事件，它由SDN控制器组成，通过Open-Flow协议协调控制底层的转发器，实时掌控整个网络的工作状态。控制器的北向接口通过API连接APP，实现网络结构编程，南向接口连接控制器，负责任务下发指令。

应用层通过API提供一个可编程接口，以APP或者其他方式登录进来，从而对网络进行编程，使网络配置更加灵活。这一层主要是体现用户意图的各种上层应用程序，此类应用程序称为协同层应用程序，典型的应用包括OSS、Openstack等。

传统的IP网络同样具有转发平面、控制平面和管理平面，SDN网络架构也同样包含这3个平面，只是传统的IP网络是分布式控制的，而SDN网络架构是集中控制的。

SDN基本工作原理：APP业务平台作为任务发起端通过API接口将任务下发给控制器。通常控制器作为服务端，转发器主动向控制器发起控制协议建立申请，通过认证后，控制协议即建立连接，即转发器先要在控制器中完成信息注册，注册完成后有一个资源上报过程，这些资源信息包括接口、标签、VLAN资源、设备厂家信息（设备类型信息、设备版本号、设备ID信息）、网络拓扑信息等，控制器采集这些信息是为了根据这些信息进行本地搜索和加载相应驱动程序。通过搜集这些信息，控制器最终能够根据网络资源计算合理的路径信息，通过流表方式下发给转发器，由转发器执行最终任务。

2. SDN数据平面与南向接口OpenFlow

SDN数据平面由一组交换机、路由器和中间件等网络设备组成。与传统网络设备的根本区别在于，SDN设备是简单的网络转发设备，没有嵌入式控制或软件来进行自主决策。

数据平面中一个简单的网络设备如图 9 - 2 所示。该网络设备有 3 个输入/输出端口：垂直向上的接口用于实现与 SDN 控制器通信，水平方向左右 2 个分别是数据分组的输入与输出。网络设备通过转发表转发数据分组流，转发表中包含特定类别分组的下一跳路由。除了简单地转发分组以外，网络设备还可以对分组的首部进行修改，或者直接丢弃该分组。到达的数据分组流被放置在输出队伍中，等待网络设备的处理，而分组在完成转发之后通常会放置在输出队伍中，等待传输。

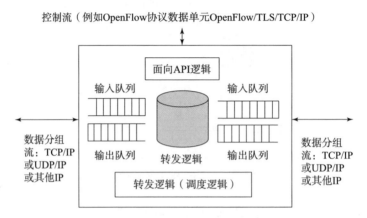

图 9 - 2   数据平面网络设备

数据平面网络设备所需完成的功能包括：①控制支撑功能（垂直通信）：与 SDN 控制平面进行交互，依赖资源 - 控制接口支持数据平面可编程特性，交换机与控制器之间的通信以及控制器对网络设备的管理都是通过 OpenFlow 协议进行的；②数据转发功能（水平通信）：从端系统接收到达的数据流，并将它们沿计算和建立好的数据转发路径转发出去，转发路径主要根据 SDN 应用程序定义的规则决定。

3. SDN 控制平面

SDN 控制平面也称为 NOS，位于 SDN 三层架构的中间层，作为应用平面与数据平面相互联系、通信的桥梁。它向上可以通过北向接口为网络应用层软件提供底层硬件的操作对象；向下可以通过南向接口支配和管理底层硬件。顶层应用平面的网络应用软件需要根据 SDN 控制器提供的网络信息执行特定的网络控制算法，并通过控制器将执行结果转化为控制命令向下转发给网络转发设备。

SDN 控制平面整体设计存在的主要问题是：单一控制器的处理能力有限，遇到了网络性能瓶颈且难以扩展。解决方法有：①采用并行技术来提高控制器自身处理能力；②采用多控制器以物理上分布而逻辑上集中的方式来提升整个控制器的处理能力。对于方法②来说，通过借助东西向接口的 API 实现多控制器逻辑集中的处理方式。

4. SDN 应用平面与北向接口

应用平面包括应用和服务，主要对网络行为和资源进行定义、使用、控制和监视。这些应用和服务通过应用 - 控制接口与 SDN 控制平面进行交互，使 SDN 控制平面可以灵活地定制网络设备的行为和性能。SDN 应用利用了 SDN 控制平面提供的网络资源抽象视图，该视图是通过应用 - 控制接口的信息和数据模型获取的。SDN 网络生态系统中两个重要抽象是南北向接口。南向接口（如 OpenFlow）已得到广泛应用，然而北向接口规范尚不明确。一些厂商使用基于表述性状态转移作为 SDN 控制器的北向接口。

5. 传统网络架构与 SDN 架构的比较

承载网引入了 SDN（软件定义网络）技术，把所有的路由器"劈了一刀"，功能一分为二，如图 9 - 3 所示。SDN 的架构中路由器沦为单纯的转发节点。它的管理控制功能被剥离，全部集中在 SDN 控制器。同样也可以引入虚拟化技术，让 SDN 控制器构建在云平台上，向上层用户提供接口服务。

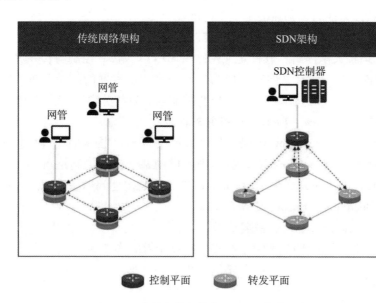

图 9 - 3　传统网络架构与 SDN 架构的比较

9.1.3　SDN 的主要特征

SDN 的三个主要特征为转控分离、集中控制、开放接口。

1. 转控分离

网元的控制平面在控制器上，负责协议计算，产生流表。转发平面只在网络设备上，这点与实际网络系统中的框式设备有着本质不同，如播出系统中使用的核心以太网交换机，它的基本结构从上到下依次为主、备交换路由引擎，以及按照需求配置的插槽模块，但是这种方式只是结构上的变化，并不是实际意义上的转控分离。

2. 集中控制

设备网元通过控制器集中管理和下发流表，不需要对设备进行逐一操作，只需要对控制器进行配置即可。

3. 开放接口

第三方应用只需要通过控制器提供的开放接口，以编程方式定义一个新的网络功能，然后在控制器上运行即可。

需要特别注意 SDN 控制器既不是网管，也不是规划工具。网管没有实现转控分离，网管只负责管理网络拓扑、监控设备告警和性能、下发配置脚本等，但这些仍然需要设备的控制平面负责产生转发表项。规划工具是为了下发一些规划表项，这些表项并非用于路由器转发，是一些为网元控制平面服务的参数，比如 IP 地址、VLAN 等。控制器下发的表项是流表，用转发器转发数据包。

9.1.4　SDN 技术面临的挑战

尽管 SDN 技术已经得到了行业认可，其技术与标准落地也发展了十几年，然而从技术架构、设备实现到接口能力，仍然面临一些挑战。

1. 技术架构："控制与转发相分离"的难以实现

自 2006 年斯坦福大学提出"软件定义网络（SDN）"始，"控制与转发相分离"被行业视为 SDN 技术架构的起源设计，同时也成为推动技术向前发展的指导思想。随着 OpenFlow 影响力的淡化，当前 SDN 的技术解决方案与"控制与转发相分离"特点已经渐行渐远。

2. 设备实现：OpenFlow – Enable 设备并未普及

从狭义的视角来看，OpenFlow 协议长久以来被视为 SDN 技术的代表性技术实现，从设计的角度出发，在 OpenFlow – Enable 设备当中，借助基于流表的网络可编程能力可以有效地实现网络集中管控。然而，受限于 OpenFlow 自身的结构性问题，全球主流的设备制造商并未规模化推广 OpenFlow – Enable 设备。

3. 接口能力：南向接口标准化进展缓慢

南向接口标准化和北向接口模型化是 SDN 接口能力的典型要求，经过产业不懈的努力，SDN 北向接口模型化已基本成为行业发展的标准共识。但是，SDN 的南向接口标准化工作仍然进展缓慢。

9.1.5　NG – SDN

面对 SDN 原生结构上的设计缺陷，2019 年 4 月，ONF 在 Linux 基金会举行的 ONSNA 峰会上正式发布了 NG – SDN 发展计划，宣告 SDN 技术进入到 v2.0 时代。

SDN v2.0 的技术架构如图 9 – 4 所示，在原有的网络分层模型基础上，新一代的 SDN 技术强调了管理平面、运维平面的技术能力要求。从模块设计上来看，工具箱（ToolKit）模块的引入，为网络可验证和网络系统集成提供了重要支撑。在技术架构之外，SDN v2.0 细化了 SDN – Enable 设备和 SDN 接口能力的技术要求。

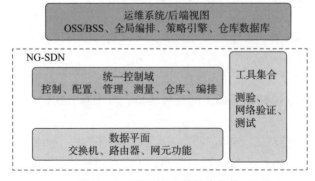

图 9 – 4　SDN v2.0 的技术架构

任务实施

（1）分析 SDN 产生的背景，理解 SDN 的体系结构，掌握三个平面，两个接口的作用。
（2）分工协作，完成资料收集和学习，编写相应调研报告。

任务总结

本任务中，分小组完成本项工作，其中，结合 SDN 的发展历程，进行技术资料的采集与学习是本任务的关键。学生们通过前期的理论学习，了解了 SDN 的主要特征与面临的挑战，在此基础上对未来的发展趋势进行研究性学习，有助于进一步提高对 SDN 的发展趋势的认知。

自我评价

知识与技能点	你的理解	掌握情况
SDN 的发展历程		😊 😐 😟 😫
SDN 的体系结构		😊 😐 😟 😫
NG – SDN		😊 😐 😟 😫

😊完全掌握　😐基本掌握　😟有些不懂　😫完全不懂

实训与拓展

（1）收集 SDN 的应用场景技术资料。
（2）分析 SDN 体系结构的变化。

任务 9.2　认知 NFV

任务目标

认知网络功能虚拟化（NFV）。

任务分析

利用虚拟化技术，将网络节点阶层的功能，分割成几个功能区块，实现网络功能虚拟

化。通过本任务学习，理解 NFV 的标准架构，结合 NFC，进行对照学习。

🌀 知识准备

9.2.1　NFV 的发展历程

　　网络功能虚拟化（Network Functions Virtualization，NFV），是一种对于网络架构的概念，利用虚拟化技术，将网络节点阶层的功能，分割成几个功能区块，分别以软件方式实现，不再局限于硬件架构。

　　2012 年 10 月在 ETSI 由 13 个运营商成立了一个组织 NFV – ISG，致力于推动"网络功能虚拟化"，在德国 SDN 和 OpenFlow 世界大会上发布的 NFV 白皮书，提出了 NFV 的目标和行动计划。该白皮书中写道："NFV 将许多网络设备由目前的专用平台迁移到通用的 X86 平台上来，帮助运营商和数据中心更加敏捷地为客户创建和部署网络特性，降低设备投资和运营费用"。此外，白皮书还宣布在 ETSI 的主持下组建 NFV 行业规范组。

　　此后，其他的 NFV 组织逐渐形成，并且纷纷致力于引导和形成新的行业规范。网络功能虚拟化（NFV）的主要目标是提高服务的灵活性，以达到更好地利用资源的目的。为了实现这一目标，网络运营商们迫切地需要一个开放源码的参考平台来验证多厂商互操作的 NFV 解决方案。NFV 开放平台（OPNFV）就是一个全新的提供这样一个平台的开源项目。

　　2013 年 10 月，20 家全球主流运营商牵头发表了 NFV 白皮书 2.0，它是白皮书 1.0 的补充和深入阐述，首先概述 ETSI 的 NFV 组织的进展，包括 NFVISG 的组织和架构。接着进行 NFVISG 的进展报告，包括组织规模、主要成果和到 2014 年 6 月的进度时间线，在 NFV 的用例、需求、架构等方面进行了更清晰、更深入的阐述。

　　2016 年，ETSI 将重点研究 SDN 与 NFV 的结合、VNF 独立构建及管理的相关规范、基于 VNF 的端到端应用落地、无缝加载和混合部署，同时推进 VNF 产业化落地。

9.2.2　NFV 的标准架构

　　网络功能虚拟化（NFV）是一种以软件实现网络功能的方式，能够部署在虚拟环境以及通用的标准硬件上。这能够满足运营商及企业多样化的网络要求，这也是应用服务器和储存这些基础设施所依赖的。NFV 能将网络服务与具体的硬件分开，这就为网络服务的设计、部署和管理带来了很大的灵活性和弹性。目前各种智能终端设备、各种云服务 APP 以及庞大的光纤网络和无线通信网络共同构成的全球互联网爆发式发展，极大地刺激了网络业务的日益多样化与复杂化。同时随着用户对综合业务通信需求的与日俱增以及定制化、差异化需求的出现，光网络的数据转发面朝着超长距离、超大容量、超高速率的方向发展，控制管理面则朝着智能灵活、软件定义、用户交互、安全可靠、高效节能的方向发展，开放化和低成本成为未来网络发展的核心目标。

　　ETSI 定义了 NFV 标准架构，由 NFVI、VNF 以及 MANO 主要组件组成，如图 9 – 5 所示。

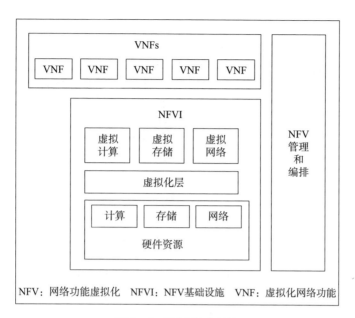

图 9-5　NFV 标准架构

图 9-5 所示的 NFV 标准架构图中，NFV 中包含有 3 个主要的工作域：虚拟化的网络功能，是指能够在 NFV 基础设施（NFVI）上运行的网络功能的软件实现；NFVI 包括物理资源的多样性以及这些物理资源虚拟化的方式，NFVI 支持虚拟化网络工程（VNF）的执行；NFV 的管理和编排，涵盖支持基础设施虚拟化的物理和软件资源的编排、生命周期的管理，以及各 VNF 的生命周期管理。

NFV 希望通过标准的 IT 虚拟化技术，把网络设备统一到工业化标准的高性能、大容量的服务器、交换机和存储平台上。该平台可以位于数据中心、网络节点及用户驻地网等。NFV 将网络功能软件化，使其能够运行在标准服务器虚拟化软件上，以便能根据需要安装/移动到网络中的任意位置而不需要部署新的硬件设备。NFV 不仅适用于控制面功能，同样也适用于数据面包处理，适用于有线和无线网络。

9.2.3　NFV 和 SDN 的关系

软件定义网络（SDN）是一种新型的网络架构，它的设计理念是将网络的控制平面与数据转发平面进行分离，并实现可编程化控制。SDN 由应用层、控制层和基础设施层组成，其三大特征是控制转发分离、控制层进行逻辑集中控制、控制层向应用层开放 API。符合这 3 个特征的 SDN 架构可能影响和改变运营商网络的方方面面，是目前通信产业非常关注的技术。NFV 和 SDN 的关系，可以由图 9-6 概括。

NFV 与 SDN 来源于相同的技术基础。NFV 与 SDN 的技术基础都是基于通用服务器、云计算以及虚拟化技术。同时 NFV 与 SDN 又是互补关系，二者相互独立，没有依赖关系，SDN 不是 NFV 的前提。SDN 的目的是生成网络的抽象，从而快速进行网络创新，重点在集中控制、开放、协同、网络可编程。NFV 是运营商为了减少 CA-PEX、OPEX、场地占用、

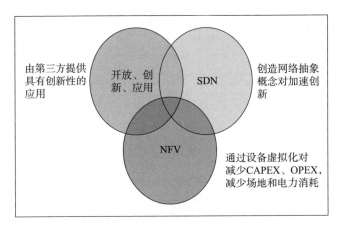

图 9 − 6　NFV 和 SDN 的关系

电力消耗而建立的快速创新和开放的系统，重在高性能转发硬件 + 虚拟化网络功能软件。

表 9 − 1 所示的是 NFV 和 SDN 的一些对比。

表 9 − 1　NFV 和 SDN 的对比

SDN	NFV
承载和控制分离	强调软件和硬件分离
强调网络多个设备的集中控制	关注单个设备
强调南向接口和北向接口的规范	强调通用工业标准化的硬件
控制平面控制	软件控制
输出为各种架构、标准、规范	输出为运营商需求白皮书

9.2.4　NFV 面临的挑战

NFV 技术面临的挑战与 SDN 技术类似，尽管经过了十几年发展，NFV 技术在技术架构、设备实现、接口能力方面也面临一系列问题。

1. 技术架构

NFV 的三层能力解耦尚未实现，尽管 ETSINFV 工作组很早就提出了 NFV 主要模块的能力解耦，但是主流厂商在设计解决方案时，并未实现"网元、虚拟化平台、通用硬件"的三层解耦，仅仅实现了"软件能力"和"通用硬件"的软硬解耦。

2. 设备实现

网元、NFV − I 两个层面的能力存在瓶颈，尽管网元设备软件化是 NFV 技术体系内对于 VNF 网元的基本能力要求，网元的"巨型化（Monolithic）"实现方式仍然对资源弹性利用造成了严重的挑战。这主要是由于厂商的解决方案主要停留在将原有物理化的"硬件能力"直接进行"软件化"。NFV − I 通用硬件在网络能力方面存在缺陷，是另一个长久以来制约 NFV 产业发展的重要障碍。尽管在 Intel 等芯片厂商的不懈努力下，行业出现了网卡卸载等诸多替代性解决方案，要实现对硬件形态的网络设备进行完全的能力替换，仍然有很多需要攻克的难题。

3. 接口能力

网元与NFV-I之间接口存在互操作性难题，经过3个阶段的迭代发展，ETSINFV工作组顺利完成了NFV各主要模块的接口标准化工作。尽管如此，VNF网元与NFV-I接口之间的互操作性难题仍然制约了产业的健康发展。

9.2.5 NFV的架构演进

1. NFV v2.0

新一代NFV的参考架构和关键技术经过近十年的技术演进，NFVv1.0的技术与产业发展实现面临原生架构复杂化、基础设施能力存在瓶颈、网元功能设计不清晰、接口体系不完善等技术难题，亟须产业界上下游围绕新技术方向的技术与标准发展需求，积极开展相应的研究工作。

聚焦NFV在技术与标准方面的缺陷，2019年5月，ETSINFV正式启动了NFVR4的标准化工作，这标志着NFV技术正式进入v2.0时代。NFV v2.0技术架构如图9-7所示，从分层结构模型来看，新一代的NFV在原有的"KVM+VM"基础模型之上，增加了"CaaS+Container"的基础结构，着重关注了云原生带来的基础设施能力升级。

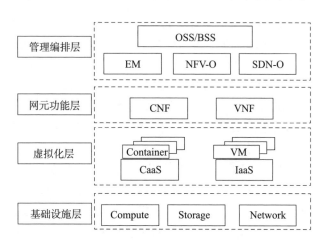

图9-7 NFV v2.0技术架构

2. NFV的云化架构演进

核心网云化后，云数据中心将最终承载运营商所有的业务、支撑网络系统，成为运营商ICT转型的基础。为了充分利用云平台的能力，核心网云化不仅仅是将核心网网元以虚拟化形式部署在云平台上，还需要通过产品架构重构，最大化发挥云平台的价值。

目前整体上可以将云化架构演进分为2个阶段。

第一阶段：NFV，通过软硬件解耦实现将电信业务部署在通用的硬件服务器上。实现设备购买成本和维护成本降低，业务部署速度和业务创新速度提升。

第二阶段：NFC（Cloud Native），通过程序数据分离，实现业务处理无状态，业务层计算能力完全池化，提升可用性。同时配合 CSLB、CSDB 实现业务均衡分发、各层独立弹性伸缩。通过服务化改造，实现服务级的自动部署、智能运维、快速伸缩、灰度升级。

NFV 与 NFC 的对比如图 9 - 8 所示。

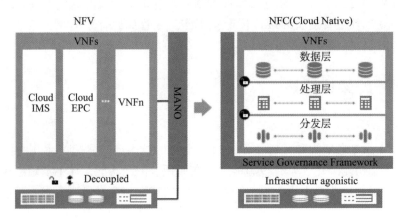

图 9 - 8　NFV 与 NFC 的对比

NFV 主要特征是：

（1）软硬件解耦：即分层解耦，指通过计算、存储、网络资源的虚拟化实现上层 VNF 软件与下层通用硬件的解耦。

（2）计算虚拟化：对包括 CPU、内存等计算机资源的访问和管理进行虚拟化，并为这些资源提供标准的输入输出接口。在一台物理机上虚拟和运行多台虚拟机，从而提升计算机硬件资源的利用率。

（3）存储虚拟化：将不同存储设备进行虚拟化，屏蔽存储设备的能力、接口协议等差异性，将各种存储资源转化为统一管理的数据存储资源。

（4）网络虚拟化：通过虚拟交换机为本物理机上的虚拟机提供二层网络功能，实现虚拟机的内部网络互通以及外部网络访问。

随着 ICT 融合的不断加深，NFV 技术的不断成熟，下一步是 NFV 向 Cloud Native 的演进，Cloud Native 将在网络设备硬件标准化和虚拟化的基础上，进一步实现"全分布式、全自动化"的网络，构建以"弹性""健壮"和"敏捷"为核心特征的基础电信网络。

NFC 主要特征是通过程序数据分离技术实现分发层、处理层、数据层三层云化架构。

（1）分发层：CSLB，接口 IP 和业务 IP 分离实现分发层的均衡分发和自动弹性。

（2）处理层：无状态，业务处理进程采用负荷分担的 Pool 冗余方式，无状态、完全池化，实现业务的快速弹性收缩和高可用性。

（3）数据层：CSDB，基于通用 X86 和云环境构建的分布式内存数据库，满足 NFV 业务弹性扩展的需要，同时保证电信级业务体验和高可靠的要求。

（4）微服务治理框架：引入统一的微服务治理框架实现端到端完整的微服务开发和治理，助力开发者用简单的方式实现应用微服务化，并且通过丰富的治理能力保证微服务系统的安全可靠运行。

任务实施

（1）分析 NFV 产生的背景，理解 NFV 的体系结构，掌握 NFVI、VNF 以及 MANO 主要组件的作用。

（2）分工协作，完成资料收集和学习，编写相应调研报告。

任务总结

本任务中，分小组完成本项工作，其中，结合 NFV 的发展历程，进行技术资料的采集与学习是本任务的关键。学生们通过前期的理论学习，了解了 NFV 的标准架构与面临的挑战，在此基础上对未来的发展趋势进行研究性学习，有助于进一步提高对 NFV 的发展趋势的认知。

自我评价

知识与技能点	你的理解	掌握情况
NFV 的发展历程		😊 😐 😟 😫
NFV 的标准架构		😊 😐 😟 😫
NFV 的云化演进		😊 😐 😟 😫

😊完全掌握　😐基本掌握　😟有些不懂　😫完全不懂

实训与拓展

（1）收集 NFV 的应用场景技术资料。

（2）分析 NFV 体系结构的变化。

任务 9.3　认知云计算

任务目标

认知云计算的概念及应用。

任 务 分 析

传统 IT 技术存在很多问题，产生了云计算。对云计算的分类、服务模式、应用等方面进行分析。通过本任务学习，理解云计算的特点和关键技术，结合 NFC，进行对照学习。

知 识 准 备

9.3.1　云计算的起源

1. 传统 IT 技术存在的问题

在当今的信息社会中，信息大爆炸正在加速到来。海量的用户产生了海量的信息需求。在使用传统 IT 技术对海量的信息需求进行存储和处理时，传统的 IT 技术普遍存在如下方面的问题：

1）低利用率

业务独享资源，导致资源的利用率极低（CPU 利用率 5% ~ 10%，存储利用率 < 36%，网络利用率约 50%）。即使某业务的资源空闲，该资源也不能被其他业务共享。

2）高成本

每台计算机均配置有 CPU、硬盘等硬件，不同计算机之间的硬件资源不能共享，导致设备成本很高（每 GB 数据的计算存储成本约为 5 美元）。计算机的分散放置、配置的多样化导致维护成本很高（人力维护费约占运营成本的 12%）。

3）低维护效率

计算机的分散放置、配置和业务等的多样化导致硬件准备、业务上线等待时间很长，维护效率很低（硬件准备平均 6 个月，业务上线 8 ~ 18 个月）。

4）高能源消耗

大量的能源用于设备散热，造成能源利用率很低（约 20%）。

2. 云计算的产生

传统 IT 技术存在很多的问题，在这种背景下，云计算在 2007 年被提出。在提出后，云计算受到了大量关注，并得到了快速发展。成千上万家采用云计算技术的企业兴起，传统 IT 巨头纷纷转型。从传统模式向云计算模式的转变主要包括：计算和存储资源从局域网向 Internet 迁移，软件从终端向云端迁移，软硬件解耦，实现硬件共享。从传统模式向云计算模式的转变如图 9 - 9 所示。

云计算模式与传统模式相比，存在的显著差异如表 9 - 2 所示。

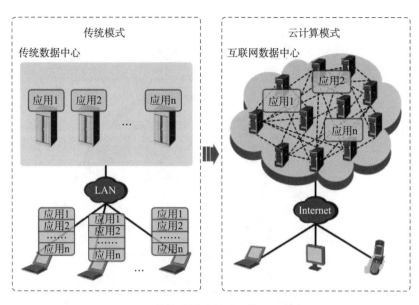

图 9 - 9　从传统模式向云计算模式的转变

表 9 - 2　云计算模式与传统模式的比较

比较项	传统模式	云计算模式
接入方式	用户通过 LAN 等方式连接到传统数据中心	用户可以在任意位置，通过 Internet 连接到云中
应用使用方式	通常用户需要将应用安装到本地后才能使用	用户可直接使用云提供的各种应用服务，而不需要在终端上安装具体的应用
服务器类型及数量	大型服务器，数量较少	小型服务器，数量庞大
应用与服务器的关系	具体的应用只能运行在具体的服务器上	应用运行在服务器群上，不与具体的服务器绑定

9.3.2　云计算概述

1. 云计算的概念

云计算（Cloud Computing）是一种基于互联网的计算方式，通过这种方式，共享的软硬件资源和信息可以按需提供给计算机和其他设备。云其实是网络、互联网的一种比喻说法。云计算有狭义云计算和广义云计算两种概念：

狭义云计算指 IT 基础设施的交付和使用模式，指通过网络以按需、易扩展的方式获得所需资源。

广义云计算指服务的交付和使用模式，指通过网络以按需、易扩展的方式获得所需服务。这种服务可以是 IT、软件、互联网相关，也可是其他服务。

云计算的示意图如图 9 - 10 所示。

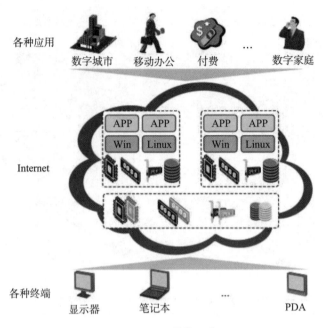

图 9 - 10　云计算示意

　　云计算的核心思想是通过统一管理和调度计算资源池中的资源，向用户提供服务。计算资源池由大量用网络连接的计算资源构成。提供资源的网络被称为云。云中的资源在使用者看来是可以无限、随时扩展的，并且可以随时获取，按需使用，按使用付费。

　　2. 云计算的分类

　　目前看来，云主要有以下几种分类。随着云计算的不断发展，可能会产生更多种类的云。

　　1）公有云

　　公有云通常指第三方提供商为用户提供的能够使用的云。公有云一般可通过 Internet 使用，可能是免费的或成本低廉的。这种云有许多实例，可在当今整个开放的公有网络中提供服务。

　　2）私有云

　　私有云为一个企业单独使用而构建，提供对数据、安全性和服务质量的最有效控制。私有云可由企业的 IT 部门或云平台业务提供商搭建。企业可以在搭建的云平台基础上部署自己的网络或应用服务。私有云可部署在企业的数据中心中，也可统一部署在云平台业务提供商的机房。

　　3）混合云

　　混合云是公有云和私有云两种服务方式的结合。由于安全和控制原因，并非所有的企业信息都能放置在公有云上，因此大部分已经应用云计算的企业将会使用混合云模式。混合云为其他目的的弹性需求提供了很好的基础。比如私有云可以把公有云作为灾难转移的平台，在需要的时候使用它。

　　4）移动云

　　移动云把虚拟化技术应用于手机和平板电脑，适用于移动设备终端（手机或平板电

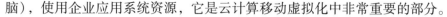

脑），使用企业应用系统资源，它是云计算移动虚拟化中非常重要的部分。

5）行业云

行业云是一种云平台。它由行业内或某个区域内起主导作用或者掌握关键资源的组织建立和维护，以公开或者半公开的方式向行业内部或相关组织和公众提供有偿或无偿服务。行业云又可以分为金融云、政府云、教育云、电信云、医疗云、工业云、云制造等。

3. 云计算的服务模式

云计算包括三个层次的服务，如图 9 - 11 所示。

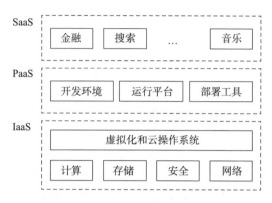

图 9 - 11 云计算服务模式

各服务模式之间没有必然联系，也不相互依赖。各服务模式的简单说明如下：

（1）基础设施即服务 IaaS（Infrastructure as a Service）：提供给客户的服务是对所有设施的利用，包括处理、存储、网络和其他基本的计算资源。客户能够部署和运行任意软件，包括操作系统和应用程序。客户不管理或控制任何云计算基础设施，但能控制操作系统的选择、储存空间、部署的应用，也有可能获得有限制的网络组件（如防火墙、负载均衡器等）的控制。

（2）平台即服务 PaaS（Platform as a Service）：提供给客户的服务是把客户开发或收购的应用程序部署到供应商的云计算基础设施上。客户不需要管理或控制底层的云基础设施，包括网络、服务器、操作系统、存储等，但客户能控制部署的应用程序，也能控制运行应用程序的托管环境配置。

（3）软件即服务 SaaS（Software as a Service）：提供给客户的服务是运营商运行在云计算基础设施上的应用程序，用户可以在各种设备上通过客户端界面访问。客户不需要管理或控制任何云计算基础设施。

4. 云计算的应用

云计算技术的应用领域日趋广泛。云计算广泛应用于通信、娱乐、社保、医疗、科研、教育、就业、安全等领域。较为常见的云计算应用类型包括：

软件应用：通过 Web 浏览器向用户提供单一的软件应用。用户不需要事先购买服务器设备或是软件授权。厂商仅提供应用，其成本与常规的软件服务模式相比，要低得多。

公用/效用计算：为客户提供所需的存储资源和虚拟化服务器等应用。帮助企业用户创建虚拟的数据中心，或帮助企业将内存、I/O、存储和计算容量通过网络集成为虚拟资源池来使用。通过这些手段，根据客户的需求及时产生适当的资源，并进行基础设施管理以及根据某个应用进行收费。

WEB 服务：WEB 服务厂商通过提供 API（Application Programming Interface）来让开发人员开发 Internet 应用，而不是自己提供功能全面的应用软件。

平台应用：将开发环境作为服务来提供给用户。用户可以在供应商的基础架构上创建和运行自己的应用软件，并通过网络直接从供应商的服务器上传递给其他用户。

管理服务：提供给 IT 管理人员使用，用于其管理 IT 应用的服务，如电子邮件的病毒扫描服务、应用软件监控服务等。

服务商业平台：提供交互性服务平台，使客户可以通过自主设定来获得特定的服务，常用于商业贸易领域。

云计算集成：将不同的云计算服务整合后再提供给用户。

5. 云计算的主要特点

云计算具有以下特点：

（1）按需自助服务。用户可以按需部署处理能力，如服务器时间和网络存储，而不需要与每个服务供应商进行人工交互。

（2）网络接入无处不在。可以通过互联网获取各种能力，并可以通过标准方式访问，可以通过各种客户端（如移动电话、笔记本电脑、掌上电脑 PDA 等）接入使用。

（3）资源池与位置无关。供应商的计算资源被集中，以便以多用户租用模式服务所有用户，同时不同的物理和虚拟资源可根据用户需求动态分配和重新分配。用户一般无法控制或知道资源的确切位置。这些资源包括存储、处理器、内存、网络带宽和虚拟机等。

（4）快速弹性。可以迅速、弹性地提供能力，能快速扩展，也可以快速释放以实现快速缩小。对客户来说，可以租用的资源看起来似乎是无限的，并且可在任何时间购买任何数量的资源。

（5）按使用付费。能力的收费是基于计量的一次一付，或基于广告的收费模式，以促进资源的优化利用。比如计量存储、带宽和计算资源的消耗，按月根据用户实际使用收费。在一个组织内的云可以在部门之间结算费用，但不一定使用真实货币。

6. 云计算的发展趋势

云计算将会持续蓬勃发展。可以预见在未来的几年中，云计算将会有一些发展趋势：

云计算定价模式简单化。定价模式的简单化有助于云计算的进一步普及。用户可使用自助式定价模式。

供应商更广泛地认可软件授权模式的转变。云计算时代的应用厂商，特别是通过云计算提供托管虚拟桌面服务的厂商，必须面对从传统的按用户收费的授权和营收模式向计量计费模式的转移。

新技术将提升云计算的使用和性能。对于将业务放在云计算中的服务使用者和为用户提供服务的厂商来说，越先进的云技术就代表着越强的公司实力，因此云技术的创新将会永无止境。

通过细化云计算服务品质协议来提高服务质量。云计算厂商需要细化服务品质（如数据传递速度、网络连接状况、网络安全性等），以提高服务质量，使用户放心。

云服务性能监控将无处不在。云计算的普及为云计算服务提供商带来了更大的压力。对于一个大型的云计算服务提供商而言，任何一个数据中心的小问题都会立即被人察觉，相应的问题报告和实时监控会使供应商背负巨大压力。

云计算标准出台。随着云计算相关技术的不断完善与发展，用户对全球云计算的标准要求呼声渐高。在将来，云与云之间的互联要靠标准的支撑才能实现。当云计算被普及应用时，云计算的标准也应该已经成熟。

开放数据中心更容易实现云计算。加强云之间的互通和自动化，能使企业在私有云、公有云之间更方便地实现数据共享，能使通过充分利用现有资源带给用户更优的云计算服务使用体验。

混合云架构将成为企业 IT 趋势。混合云将公有云和私有云有机地融合在一起，为企业提供更加灵活的云计算解决方案，并可降低成本。随着服务提供商的增加与客户认知度的增强，混合云将成为企业 IT 架构的主导。

越来越多的应用将迁移到云中。SaaS 服务模式给传统软件产业带来了巨大的冲击。出于成本和运维等方面原因，越来越多的企业将选择 SaaS 方式使用软件。在新的市场环境下，软件厂商也将纷纷出台云战略。

云计算概念逐渐平民化。PaaS 服务模式将基础设施平台作为一种服务呈现给用户，是一种比较低成本的方案，对那些资金有限，并且 IT 资源有限，急需扩展 IT 基础支撑的企业有着巨大的吸引力。从目前的市场发展势态来看，也许在不久的将来 PaaS 将取代 SaaS，成为中小企业最主要的云计算应用。

9.3.3　云计算的关键技术

云计算涉及的关键技术如表 9 – 3 所示。

表 9 – 3　云计算涉及的关键技术

关键技术	说明
虚拟化	通过对计算机物理资源的抽象，提供一个或多个操作环境，实现资源的模拟、隔离或共享等
桌面显示协议	影响虚拟桌面用户体验，包括传输带宽要求、图像展示体验等
用户个性化配置	虚拟桌面用户的必然需求，用户在通过身份认证后可使用不同安全级别、不同应用权限的个性化虚拟桌面
海量数据	对海量的数据进行合理的存储和管理
并行计算	将一个科学计算问题分解为多个在不同计算机上同时执行的小的计算任务，从而快速解决复杂运算问题
云安全	可信云安全主要功能为云端收集和自动识别鉴定

1. 虚拟化

虚拟化的含义很广泛。将任何一种形式的资源抽象成另一种形式的技术都是虚拟化。在计算机方面，虚拟化一般指通过对计算机物理资源的抽象，提供一个或多个操作环境，实现资源的模拟、隔离或共享等。虚拟化与云计算的关系：虚拟化的重点是对资源的虚拟，比如将一台大型的服务器虚拟成多台小的服务器；云计算的重点是对资源池中的资源（可以是经过虚拟化后的）进行统一的管理和调度。

2. 桌面显示协议

桌面显示协议是影响虚拟桌面用户体验的关键。当前主流的显示协议包括 PCoIP（PCover IP）、RDP（Remote Desktop Protocol）、SPICE（Simple Protocol for IndependentComputing Environment）、ICA（Independent Computing Architecture）等。它们的比较如表 9 – 4 所示。

表 9 – 4　主流虚拟桌面显示协议比较

比较项	PCoIP	RDP	SPICE	ICA
传输带宽要求	高	高	中	低
图像展示体验	好	差	中	中
双向音频支持	差	中	好	好
视频播放支持	差	中	好	中
用户外设支持	差	好	差	好
传输安全性	高	中	高	高

3. 用户个性化配置

个性化配置是虚拟桌面用户的必然需求。当前主流厂商产品普遍采用 Windows 的 AD 域控制机制进行用户的管理和认证，并将用户身份与包含其个人桌面设置需求的描述文件相关联。当用户访问虚拟桌面时，在对其进行身份认证后，即可为其交付具有不同安全级别、不同应用权限的个性化虚拟桌面。

4. 海量数据

在当今的信息社会中，信息大爆炸正在加速到来。海量的用户产生了海量的信息需求。与海量数据相关的技术主要分为两个方面：

数据存储云计算通过集群应用、网格技术或分布式文件系统等功能，将网络中大量各种不同类型的存储设备通过应用软件集合起来协同工作，共同对外提供数据存储和业务访问功能。云计算采用分布式存储的方式来存储数据，采用冗余存储的方式来保证存储数据的可靠性，即为同一份数据存储多个副本。

数据管理云计算需要对分布的、海量的数据进行处理、分析，因此，数据管理技术必须能够高效地管理大量的数据。云计算系统的数据管理通常采用数据库领域中列存储的数据管理模式，将表按列划分后存储。云计算系统中的数据管理技术主要是 Google 的 BT（BigTable）数据管理技术和 Hadoop 团队开发的开源数据管理模块 HBase。

5. 并行计算

并行计算将一个科学计算问题分解为多个小的计算任务，并将这些小任务在并行计算机上同时执行，利用并行处理的方式达到快速解决复杂运算问题的目的。并行计算一般应用于诸如军事、能源勘探、生物、医疗等对计算性能要求极高的领域，因此也被称为高性能计算或超级计算。

6. 云安全

云安全融合了并行处理、网格计算、未知病毒行为判断等新兴技术和概念。云安全目前主要为可信云安全。可信云安全的主要功能是云端收集和自动识别鉴定。它通过网状的大量

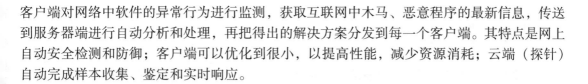

客户端对网络中软件的异常行为进行监测，获取互联网中木马、恶意程序的最新信息，传送到服务器端进行自动分析和处理，再把得出的解决方案分发到每一个客户端。其特点是网上自动安全检测和防御；客户端可以优化到很小，以提高性能，减少资源消耗；云端（探针）自动完成样本收集、鉴定和实时响应。

任务实施

（1）从各种云应用，对传统 IT 技术存在的问题进行分析，了解云计算的产生和特点，理解云计算的应用和关键技术。

（2）分工协作，完成资料收集和学习，使用各种免费云。

任务总结

本任务中，分小组完成本项工作，其中，结合云计算的起源，进行技术资料的采集与学习是本任务的关键。学生们通过前期的理论学习，了解了云计算的基本知识，在此基础上对未来的发展趋势进行研究性学习，有助于进一步提高对云计算的认知。

自我评价

知识与技能点	你的理解	掌握情况
云计算的起源		😊 😐 ☹️ 😫
云计算概述		😊 😐 ☹️ 😫
云计算的关键技术		😊 😐 ☹️ 😫

😊完全掌握 😐基本掌握 ☹️有些不懂 😫完全不懂

实训与拓展

（1）收集各种云发展的相关技术资料。
（2）使用各种免费云。

任务 9.4 认知卫星通信系统

任务目标

认知卫星通信系统。

任务分析

通过本任务学习，理解卫星通信的原理及具体应用，结合北斗系统，进行对照学习。

知识准备

9.4.1 理解卫星系统的分类

卫星通信是利用卫星作为中继站转发或反射无线电波，以此来实现两个或多个地球站之间通信的一种通信方式。如果各地球站均属于某一卫星通信系统，就可以利用卫星对信号的转发实现相互之间的通信。卫星通信系统的空间分系统（空间段）就是通信卫星在一个卫星通信系统中，它是由一颗或多颗卫星组成的星座构成这个系统的空间段。

卫星通信系统分为：静止轨道卫星、中轨道卫星和低轨道卫星。图 9 – 12 所示同步卫星通信系统为静止轨道卫星。

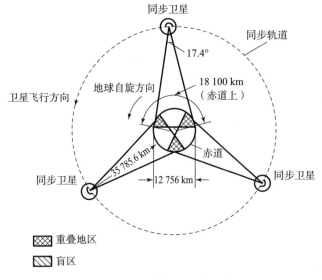

图 9 – 12　同步卫星通信系统

1. 静止轨道卫星（Geostationary Earth Orbit，GEO）

静止轨道卫星（GEO）又称 24 小时轨道，与地球上某一点保持相对静止，轨道平面与赤道平面重合，卫星处于赤道延伸平面，距离地面 35 785.6 km。静态轨道卫星系统运行轨道处于地球赤道平面内，运行方向与地球自转方向一致，绕地球一圈的时间与地球自转一周的时间相同，因此，被称为同步静止轨道卫星。

GEO 通信的优点是经济，全球只需三颗星就可以实现。但 GEO 缺点比较明显，由于这种系统的卫星与地面的传输距离长，所以会造成大信号衰减和大传播时延。因此，一般不适用广泛的信息通信。静止轨道卫星一般用作通信、气象等方面。

2. 低轨道卫星（Low Earth Orbit，LEO）

低轨道卫星（LEO）一般高度在 500～900 km，由于 LEO 具有信号衰减和时延小的优点，同时，这种卫星质量轻、结构简单，因此，被广泛应用于全球电话和数据服务，也可用于地面摄影和侦察。与地面通信系统相比，低轨卫星的覆盖面积更广，更适合在沙漠、深林、高原等无人区进行全球通信；与高轨卫星通信系统相比，低轨卫星具有路径衰耗小、传输时延短、研制周期短、发射成本低等优点。但这种系统要覆盖整个地球，需要大量卫星，系统相对复杂，建设成本高。

3. 中轨道卫星（Medium Earth Orbit，MEO）

中轨道卫星（MEO）一般高度在 5 000～12 000 km，要覆盖整个地球需要 10 颗卫星左右，美国的 GPS，作为为美国空军的定位系统，早期为 12 个卫星星座，在 1978—1985 年间发射完成。新的 GPS 系统，为 24 颗小卫星星座系统，在 1989—1994 年间发射，分 6 个轨道平面覆盖全球，目前被广泛应用于全球定位中。

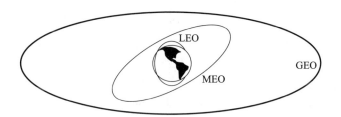

图 9－13　GEO、MEO 和 LEO 轨道形态

9.4.2　卫星通信的发展历程（见表 9－5）

1945 年 5 月，Arthur C. Clarke 在 Wireless World 杂志上，发表了一篇文章《Extra – Terrestrial Relays》。提出了静止卫星通信的设想。指出：若能够在赤道上空设置一颗与地面相对静止，周期为 24 小时的无线电中继卫星，则可以实现远程无线电通信。

表 9－5　卫星通信的发展历程

阶段	时间	典型事件
理论设想阶段	1945 年	提出了静止卫星通信的设想
卫星通信进入试验阶段（1954—1964 年）	1957 年	苏联发射了第一颗人造卫星（LEO）
	1958 年	美国发射了第 1 颗卫星首次通过卫星实现语音通信
	1963 年	美国发射了第一颗地球同步卫星
卫星初步应用阶段（1965—1990 年）	1965 年	国际通信卫星组织发射静止轨道卫星
	1970 年	我国成功地发射了东方红一号卫星（LEO）
	1984 年	我国发射第一颗同步通信卫星东方红二号
卫星技术被应用于卫星直接广播语言业务	1990—2000 年	1997 年，我国发射了东方红三号（正在运行）

阶段	时间	典型事件
卫星通信被引入宽带个人通信	2000—2005 年	多个 LEO 和 MEO 卫星系统开始投入运行
新型卫星、互联网星座	2015 年至今	2015 年，在谷歌等互联现巨头推动的下，低轨道卫星发展迅速，提出了新型卫星互联网星座计划

1954—1964 年卫星通信进入试验阶段，1957 年 10 月 4 日前苏联发射了第一颗人造卫星（LEO）——Sputnic。1958 年，美国发射了第 1 颗卫星首次通过卫星实现语音通信。1963 年 7 月美国发射了第一颗地球同步卫星，他们首先进行了卫星通信试验。1965 年，国际通信卫星组织发射的 INTELSAT – 1（静止轨道卫星），标志着卫星通信进入实用阶段。我国于 1970 年 4 月 24 日，成功地发射了自行研制的东方红一号卫星（LEO）；1984 年 4 月我国发射了第一颗同步通信卫星东方红二号；1997 年 5 月 12 日我国发射了第一颗三轴稳定的同步通信卫星东方红三号，这是目前正在运行的卫星。1990—2000 年，卫星技术被应用于卫星直接广播语言业务，2000—2005 年，卫星通信被引入宽带个人通信，Ka 频段系统得到迅速推广和应用，多个 LEO 和 MEO 卫星系统开始投入运行。

我国自 1972 年开始运行卫星通信业务。截至 2020 年 7 月 31 一共在轨 560 颗，GEO 轨道上的卫星，原则上会在结束服役后变轨移入处置轨道。我国的卫星通信经过近三十年的发展，从无到有，已经初具规模。注册的卫星运营公司已有：中国通信广播卫星公司、亚洲通信卫星有限公司、亚太通信卫星有限公司、鑫诺卫星通信有限公司和中国东方通信卫星有限责任公司 5 家，这 5 家公司现有 9 颗静止通信卫星（中星 – 6（东三）、亚洲 – 1、亚洲 – 2、亚洲 – 3S、亚太 – 1、亚太 – 1A、亚太 – 2R、中卫 – 1 和鑫诺 – 1）在轨运行提供业务，以上卫星共有 346 个转发器单元，其中 C 频段 213 个，Ku 频段 133 个。其业务已覆盖到亚洲大部分地区和欧洲部分地区。

由于同步卫星通信覆盖区域大，通信距离远，通信成本与通信距离无关，采用广播的方式工作，因此便于实现多址连接，组网方式比较灵活，因此，很多国家都建立了自己的同步卫星系统用于广播电视信号传输。

在未来空地移动通信中，低轨卫星起着越来越重要的作用。卫星通信通常使用的无线电频段 C 频段（3.4 ~ 6.65 GHz）、Ku 频段（10.95 ~ 18 GHz）、Ka 频段（18 ~ 40 GHz）、L 频段（1.12 ~ 2.6 GHz）。此外，卫星通信还有一些其他频段，如 UHF、S、X、Q、V 频段。卫星通信的工作频段处于微波频率范围内，有足够大的带宽，不会被电离层反射。

卫星通信包括上行链路和下行链路两部分组成（见图 9 – 14）。上行链路指从地球站发射信号到通信卫星所经过的通信路径；下行链路指通信卫星将信号转发到其他地球站的通信路径。

美国、欧盟、俄罗斯、日本等国家或地区均对卫星互联网系统建设高度重视并部署多年，自 1997 年以来，各国发射的低轨卫星数量不断增长。2015 年，在谷歌等互联现巨头的推动的下，以一网公司（One Web）、太空探索技术公司（Space X）等为代表的企业不断涌现，其主导的新型卫星互联网星座随之兴起。

轨道和频谱是通信卫星能够正常运行的先决条件，单颗低轨卫星覆盖范围小，必须增加数量才能实现全球覆盖。因此，进入 2020 年，全球卫星互联网星座、物联网星座持续部署，

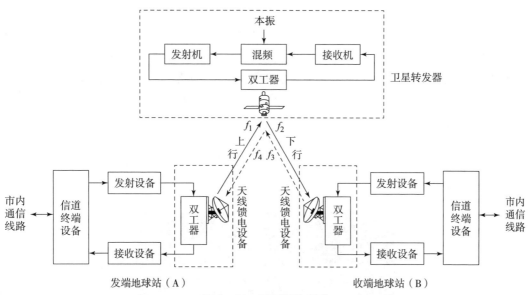

图 9 – 14　卫星通信组成

有限的轨道资源、频谱资源被世界航天大国争夺，One web、Space X、亚马逊等行业巨头，以及 Google、Facebook 等互联网企业均加入了低轨通信卫星竞争阵营，纷纷推出自己的低轨通信卫星建造计划，Spare X 的 Starlink 计划卫星数星甚至达到 12 000 颗。

目前，国外已经公布的低轨通信卫星方案中，卫星总数量已超过 24 000 颗，卫星轨道高度主要集中在 1 000 ~ 1 500 km，频段主要集中在 Ka、Ku 和 V 领频段，在轨道高度范围十分有限、频段高度集中的情况下，卫星轨道和频谱的竞争将愈加激烈。由于轨道和频谱在国际电信联盟的有效占有时间有限，不如期发射卫星，原有轨道和频谱将失效。因此，各国轨道和频潜的争夺将愈演愈烈，低轨道宽带星座进入新时代。低轨卫星通信系统如图 9 – 15 所示。

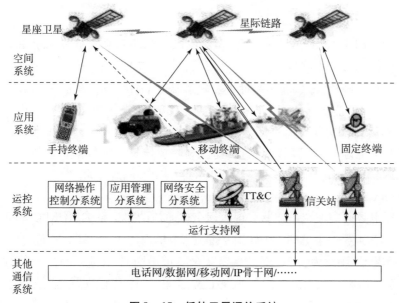

图 9 – 15　低轨卫星通信系统

1. Iridium 系统

铱系统（Iridium 系统）星座由 66 颗轨道高度为 780 km 的低轨卫星组成，如图 9 – 16 所示，1998 年 11 月开始商业运营。该系统可实现包括两极地区的全球覆盖。星上采用多点波束相控阵天线并进行再生处理和交换。星间具有星际链路，是最先进的低轨卫星通信系统。Iridium 卫星系统也于 2017 年启动了"下一代铱星"（IridiumNEXT）计划，移动用户的最高数据速率可达 128 kbit/s，数据用户可达 1.5 Mbit/s，Ka 频段固定站不低于 8 Mbit/s，I-ridium Next 主要瞄准 IP 宽带网络化和载荷能力的可扩展、可升级，这些能力使得它能够适应未来空间信息应用的复杂需求，但对于当前日益增多的移动互联网需求，铱星二代系统数据传输能力仍显不足。

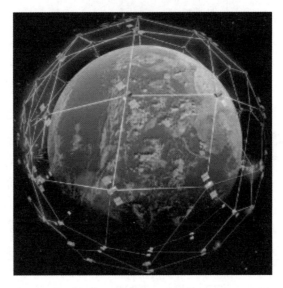

图 9 – 16　铱星二代 Iridium 星座图

2. Globalstar 系统

全球星系统（Globalstar 系统）由美国劳拉空间通信公司和高通公司提出，与"铱"星系统提出的时间差不多。空间段卫星采用倾斜轨道网状星座，包括 48 颗卫星和 6 颗备用卫星，均匀分布在 8 个倾角 52°的轨道平面上，轨道高度 1 414 km，轨道周期 113 min，实现了全球南北纬 70°之间的覆盖。用户同时可视卫星有 2 到 4 颗，每颗卫星与用户能保持 10 ~ 12 min 通信，然后经软切换至另一颗星。星上采用透明转发、多波束天线，用户链路采用 L/S 频段，馈电链路为 C/X 频段，向用户提供寻呼、传真、短数据和定位等业务。用户终端有手持、车载、机载和船载等移动终端，以及半固定和固定终端。

3. Orbcomm 系统

ORBCOMM 卫星通信系统是能够实现数据全球通信的卫星系统。ORBCOMM 空间星座最初计划如图 9 – 17 所示。主星座 4 个轨道平面（A、B、C、D），每个平面均匀配置 8 颗星，轨道高度为 825 km，倾角为 45°；辅助星座 2 个轨道平面（G、F），每个平面配置 2 颗星，倾角分别为 108°和 70°，轨道高度为 775 km；赤道面（E）曾设 6 颗高度为 975 km 的卫星。一代卫星星座 Orbcomm – 1 组成了目前在轨星座中的大多数卫星，共有 43 颗卫星。

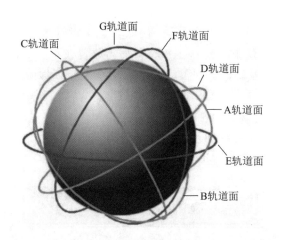

图 9 – 17　ORBCOMM 系统星座计划

　　Orbcomm – 1 是一个全球无线数据和消息服务的商业系统，利用 LEO 星座为世界上任何一个地方提供廉价的跟踪、监视和消息服务。该系统能够发送和接收双向文字或数字组成的数据包，如双向寻呼或 E – mail，可为传统通信网络无法覆盖的地区提供较为经济的数据服务。

　　ORBCOMM 公司于 2008 年宣布部署第二代卫星（OG2）星座。目前，共 12 颗 OG2 卫星在轨运行，均匀分布在 4 个主轨道平面。OG2 卫星轨道高度为 620 km，轨道倾角为 47°，轨道周期为 97 min。本文采用 OG2 卫星实现接收机定位。ORBCOMM 卫星下行链路占用频带为 137 ~ 138 MHz，共包括 13 个信道，频带分配如图 9 – 18 所示。12 个带宽为 25.0 kHz 的信道用于与用户终端通信（采用 FDMA 多址连接），另外 1 个带宽为 50.0 kHz 的信道用于与关口站通信。所有 ORB – COMM 卫星共用 12 个用户链路下行信道，频率复用次数为 4 次。

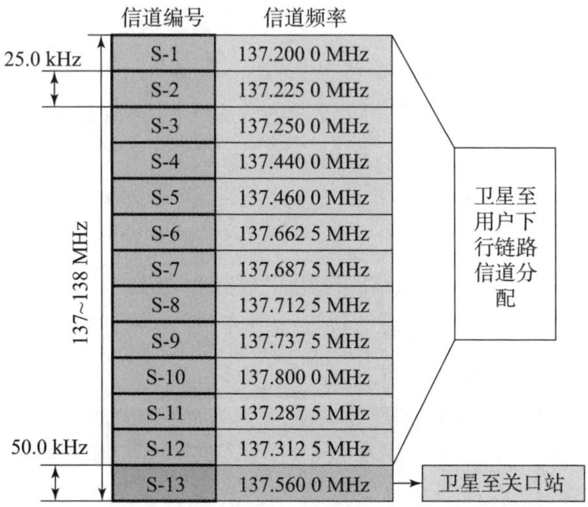

信道编号	信道频率	
S-1	137.200 0 MHz	
S-2	137.225 0 MHz	
S-3	137.250 0 MHz	
S-4	137.440 0 MHz	
S-5	137.460 0 MHz	
S-6	137.662 5 MHz	卫星至用户下行链路信道分配
S-7	137.687 5 MHz	
S-8	137.712 5 MHz	
S-9	137.737 5 MHz	
S-10	137.800 0 MHz	
S-11	137.287 5 MHz	
S-12	137.312 5 MHz	
S-13	137.560 0 MHz	卫星至关口站

（左侧标注：25.0 kHz，137~138 MHz，50.0 kHz）

图 9 – 18　ORBCOMM 卫星下行链路频段分配

4. OneWeb 系统

OneWeb 卫星如图 9－19 所示，其第一代低轨星座设计方案，包含 648 颗在轨卫星与 234 颗备份卫星，总数达 882 颗。这些卫星将被均匀放置在不同的极地轨道面上，距离地面 1 200 km 左右。卫星高速运动，不同卫星交替出现在上空，保障某区域的信号覆盖。目前 OneWeb 系统正在考虑增加卫星数量，总数达到近 2 000 颗。开始运行后，One Web 星座不仅能覆盖美国，亦能覆盖全球，包括没有连接互联网的农村边远地区。One Web 的目标是：到 2022 年初步建成低轨卫星互联网系统，到 2027 年建立健全的、覆盖全球的低轨卫星通信系统，为每个移动终端提供约 50 Mbit/s 速率的互联网接入服务。

图 9－19　Oneweb 卫星图

5. Starlink 系统

2015 年，SpaceX 向美国联邦通信委员会提交"星链"（Starlink）计划，如图 9－20 所示。计划部署 12 000 颗卫星，其中第一阶段发射 4 425 颗轨道高度 1 100～1 300 km 的中轨道卫星，第二阶段发射 7 518 颗高度不超过 346 km 的低轨道卫星，随着卫星数量的增加，SpaceX 将结合 Ku/Ka 双波段芯片组和其他支持技术，逐步转向使用 Ka 波段频谱进行网关通信；随着系统的发展，逐步引入相控阵天线。SpaceX 预计 2025 年最终完成 12 000 颗卫星的部署，为地球上的用户提供至少 1 Gbit/s 的宽带服务和最高可达 23 Gbit/s 的超高速宽带网络，能提供类似光纤的网络速度，且覆盖面积大大提升。此外，整套系统具有很大的弹性，可以针对特定的地区，动态地集中信号到需要的地方，从而提供高质量的网络服务。

6. "鸿雁"系统

"鸿雁"全球卫星通信系统由中国航天科技集团公司下属东方红卫星通信有限公司提出，该系统将由 300 颗低轨道小卫星及全球数据业务处理中心组成，具有全天候、全时段及在复杂地形条件下的实时双向通信能力，可为用户提供全球实时数据通信和综合信息服务。2018 年 12 月 29 日，长征二号丁运载火箭成功将"鸿雁"星座首颗试验卫星送入预定轨道。首发星是"鸿雁"星座的试验星具有 L/Ka 频段的通信载荷、导航增强载荷、航空监视载

图 9 – 20　Starlink 星座图

荷，可实现"鸿雁"星座关键技术在轨试验，同时研制了地面系统与终端，卫星入轨后可陆续开展卫星移动通信、物联网、热点信息广播、导航增强、航空监视等功能的试验验证，为后续的"鸿雁"星座的全面建设及运营提供有力支撑。

　　"鸿雁"星座还有一个重要应用就是提供航空数据业务，可支持飞机前舱的安全通信业务，为航空器追踪及应急处理提供可靠的通信保障，同时支持后舱宽带互联网接入服务。

　　7. "虹云"系统

　　"虹云"星座是中国航天科工推动商业航天发展的"五云一车"（飞云、快云、行云、虹云、腾云和飞行列车）项目之一，旨在构建覆盖全球的低轨宽带通信卫星系统，计划发射 156 颗卫星，它们在距离地面 1 000 km 的轨道上组网运行，以天基互联网接入能力为基础，融合低轨导航增强、多样化遥感，实现通、导、遥的信息一体化，构建一个星载宽带全球移动互联网络，实现网络无差别的全球覆盖。

　　"虹云"工程首星首次将毫米波相控阵技术应用于低轨宽带通信卫星，能够利用动态波束实现更加灵活的业务模式。除通信主载荷外，虹云工程首星还承载了光谱测温仪和 3S（AIS/ADS – B/DCS）载荷，将实现高层大气温度探测和船舶自动识别系统（AIS）信息、飞机广播式自动相关监视（ADS – B）信息和传感器数据信息采集（DCS），实现通、导、遥的信息一体化，可广泛应用于科学研究、环境、海事、空管等领域。

9.4.3　卫星通信的主要应用

　　卫星应用在很多领域，包括通信卫星、气象卫星、遥感卫星、空间探测卫星、导航定位卫星、军用卫星，还有各种科学实验卫星。

　　1. 互接长途电话和电视业务

　　目前，我国公众卫星通信网的干线已有 37 个大型 C 波段地球站，运行着 3 万 5 千条双向电路，另有 4 个试验地球站和若干台移动卫星通信车载站工作在 Ku 波段。在国际通信方面，我国电信运营商建立了 15 座国际通信卫星地球站，开通了约 1.3 万条双向电路（占国际长途电路的 26%），可以提供备份电路或传送峰值业务。

2. 无线电和电视广播

我们使用了 11 颗通信卫星（亚太 1A、亚洲 2 号、亚洲 3S、鑫诺 1 号、亚太 2R、泛美 3R 号、泛美 8 号、泛美 9 号、泛美 3R 号、泛美 10 号、银河 3R 和热鸟 3 号）的 32 个转发器，提供电视广播服务。服务范围包括：中央电视台的 12 套节目、中央人民广播电台和国际台的 32 路广播节目，以及 31 个省、自治区、直辖市的广播电视节目等。

3. 海上、地面和空中的移动通信

利用卫星通信还可以提供广域或全球覆盖的移动通信业务，让通信覆盖范围不仅局限在陆地移动通信系统。随着 6G 的发展，未来的通信系统将是天地空一体的系统，卫星通信将成为 UMTS 的一部分。

4. 基于 TCP/IP 的 internet 业务

卫星通信运营商已经面向广大公众用户、业务提供商，开放了卫星通信服务，卫星通信用户终端已经开始商业。

5. 固定通信网络

目前，利用甚小口径终端（VSAT）提供通信服务已成为未来全球信息基础设施（GII）不可或缺的组成部分。

9.4.4 卫星通信的发展趋势

1. 卫星通信与 5G 融合

针对卫星与地面 5G 融合的问题，国际电信联盟 ITU 提出了星地 5G 融合的 4 种应用场景，包括中继到站、小区回传、动中通及混合多播场景，并提出支持这些场景必须考虑的关键因素，包括多播支持、智能路由支持、动态缓存管理及自适应流支持、延时、一致的服务质量、NFV（Network Function Virtualization，网络功能虚拟化）/SDN（Software Defined Network，软件定义网络）兼容、商业模式的灵活性等。

3GPP 在 2017 年年底发布的技术报告 22.822 中，3GPP 工作组 SA1 对与卫星相关的接入网协议及架构进行了评估，并计划进一步开展基于 5G 的接入研究。在这份报告中，定义了在 5G 中使用卫星接入的三大类用例，分别是连续服务、泛在服务和扩展服务，并讨论了新的及现有服务的需求，卫星终端特性的建立、配置与维护，以及在卫星网络与地面网络间的切换等问题。

2017 年 6 月，BT、Avanti、SES、University of Surrey 等 16 家企业及研究机构联合成立了 SaT5G（Satellite and Terrestrial Network for 5G）联盟，研究了卫星与 5G 的无缝集成方案，并进行试用。

2. 空天地海一体化通信

空天地海一体化通信的目标是扩展通信覆盖广度和深度，也即在传统蜂窝网络的基础上分别与卫星通信（非陆地通信）和深海远洋通信（水下通信）深度融合，如图 9-21 所示。空天地海一体化网络是以地面网络为基础、以空间网络为延伸，覆盖太空、空中、陆地、海洋等自然空间，为天基（卫星通信网络）、空基（飞机、热气球、无人机等通信网络）、陆基（地面蜂窝网络）、海基（海洋水下无线通信 + 近海沿岸无线网络 + 远洋船只/悬浮岛屿等构成的网络）等各类用户的活动提供信息保障的基础设施。从基本的构成上，空天地海一体化通信系统可以由两个子系统组成：陆地移动通信网络与卫星通信网络结合的天地一体化子系统、陆地移动通信网络与深海远洋通信网络结合的深海远洋（水下通信）通信子系统。

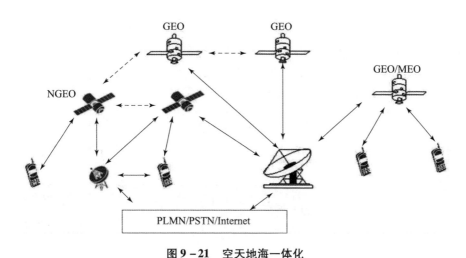

图 9-21 空天地海一体化

3. 多种功能融合

目前，卫星移动通信系统主要面向用户提供全球或区域范围的话音、短信、数据等移动通信服务。随着通信的发展需要，卫星移动通信系统将融合导航增强、多样化遥感，实现通、导、遥的信息一体化。未来的卫星移动通信系统终端可同时支持卫星移动通信、物联网、热点信息广播、导航增强、航空监视等服务。因此，未来的卫星移动通信系统必将扩展它的业务范围，实现多种功能的融合发展。

4. 更高频段，更大带宽卫星光通信

未来的卫星通信会向着激光链路的方向发展，这主要是因为用激光进行卫星间通信开辟了全新的通信频道，使卫星间通信容量大为增加，而卫星通信设备的体积和质量将大大减小，同时卫星通信的保密性更好。小卫星星座间激光星间链路用来支持大型节点的高速数据或国际干线间的点到点传输。卫星光通信将成为超大容量卫星通信的主要途径。

5. 智能卫星通信

6G 网络的构建思想是"人工智能 + 地面通信 + 卫星网络"。未来地面通信与卫星通信之间采用智能动态频谱共享技术，将更好地提高频谱效率。智能无缝切换技术以及智能干扰消除技术的采用将实现真正的天空地海智慧通信。6G 网络的"智慧连接"表现为通信系统内在的全智能化、网元与网络架构的智能化、终端设备智能化、承载的信息支撑智能化等方面。

OSI 模型把整个通信网络分为 7 层（物理层、数据链路层、网络层、传输层、会话层、表示层和应用层），为提高地面和卫星各协议兼容性，必须整体建立强大的智能协议体系。未来的通信网络将基于深度学习的行为分析，可针对每一层通信网的特点，个性化定制神经网络模型，进而提高网络的适应性。

🌀 任务实施

（1）分析各个国家提出的中、低轨道卫星通信系统，分析我国卫星通信系统方案。

（2）分工协作，完成资料收集和学习，编写相应调研报告。

🌀 任务总结

本任务中，分小组完成本项工作，其中，结合卫星通信系统的发展历程，进行技术资料的采集与学习是本任务的关键。学生们通过前期的理论学习，了解了卫星通信系统的分类与主要应用，在此基础上对未来的发展趋势进行研究性学习，有助于进一步提高对卫星通信系统的发展趋势的认知。

🌀 自我评价

知识与技能点	你的理解	掌握情况
卫星通信系统分类		
卫星通信的发展历程		
卫星通信的应用		

😊完全掌握 😐基本掌握 😞有些不懂 😣完全不懂

🌀 实训与拓展

（1）收集从第一代到现代卫星通信的技术资料。

（2）分析卫星通信系统关键技术的变化。

任务 9.5　认识空间激光通信

🌀 任务目标

认知空间激光通信系统。

🌀 任务分析

通过本任务学习，理解激光通信的具体应用场景和技术方案，结合海洋与深空不同的应

用场景，进行对照学习。

知 识 准 备

9.5.1　空间激光通信基础

1. 空间激光通信概述

空间技术传统分类有对地观测、导航定位、卫星通信、科学实验。近年来，空间技术对人类的挑战很大，国际上提出，把互联网建到太空中去，这样一来，地球上任何地方，都能随时随地用到网络。

空间光通信系指利用激光束作为载体进行通信，不仅包括深空、同步轨道、低轨道、中轨道卫星间的光通信，还包括地面站的激光通信，有 GEO—GEO、GEO—LEO、LEO – LEO、LEO—地面等多种形式。空间—地面激光通信系统示意如图 9 – 22 所示。

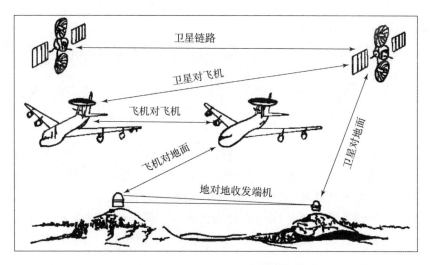

图 9 – 22　空间—地面激光通信系统示意

空间激光通信是传输信息量大、覆盖空间广的通信网络系统。它采用激光波长进行传输，是实现高码率通信的最佳方案，已取得了通信领域许多专家的共识。各主要技术强国为了争夺空间激光通信这一领域的技术优势，已经投入大量的人力物力，并取得很大进展。

近年来，国际上以 One Web、Star Link 等为代表，国内以"鸿雁""行云"等星座计划为代表的新型低轨（LEO）卫星通信星座发展迅速，利用其可覆盖全球及低延时等特点，与地面网络争夺互联网入口。美国、欧洲、日本等国家和组织的卫星数据中继系统的规模化使用，促使高轨（GEO）卫星通信系统快速发展，利用高轨卫星良好的覆盖能力，有效实现全球区域数据中继和回传；中国电科集团发起的天地一体化信息网络计划利用高轨卫星的覆盖特性及低轨卫星的低延时接入特性，构建高、低轨混合的一体化卫星通信网络。各类卫星通信网络计划和星座实施，带动了卫星高速数据通信技术的快速发展。

世界各国对于空间互联网也非常重视和支持。空间技术发展之后，通导遥一体化，一颗卫星兼有通信、导航、遥感的性能，综合性卫星提升了在天上办事的效率。

目前的空间通信一般采用微波。例如，我们以前有调幅和调频的收音机，调频收音机频率较高，含的信息量比较大，音质就比较好。后来有了电视，电视信息量增多，需要更高的频率去调制。到卫星之后不断发展，从微波到地面的激光通信，载波的频率越来越高，能传输的信息量也越来越大。

空间信息怎么传送是个重要问题，激光通信有可能解决这个问题，在传输上把频率和数据量提高上去。

2. 卫星激光通信技术特点

卫星激光通信技术以激光取代传统微波作为载体，通信终端具有带宽大、体积小、质量轻、功耗低、保密性好、无频谱限制等特点，成为解决卫星微波通信带宽瓶颈和减缓卫星频谱资源紧张，实现卫星高速通信的有效手段。

传统微波通信是卫星通信的主要手段，卫星激光通信采用高频率激光作为载体，与微波通信相比，具有以下特点：

（1）通信速率高。传统微波通信载波频率在几 GHz 到几十 GHz 范围内，而激光载波频率具有数百 THz 量级，比微波高 3 ~ 5 个数量级，可携带更多信息，加上波分复用等手段，未来可以以 Tbit/s 速率传输信息。

（2）无卫星电磁频谱限制，抗干扰。激光具有较窄的发散角，指向性好，没有卫星电磁频谱资源限制约束，通信过程中不易受外界干扰，抗干扰能力强。

（3）保密性好。卫星激光通信波谱使用 0.8 ~ 1.55 μm 波段，属于不可见光，通信时不易被发现。而激光发散角小，束宽极窄，在空间不易被捕获，保证了激光通信所需的安全性和可靠性。

（4）体积小、质量轻、功耗低。激光波长比微波波长小 3 ~ 5 个数量级，激光通信系统所需的收发光学天线、发射与接收部件等器件与微波所需器件相比，尺寸小，质量轻，可满足空间卫星通信对星上有效载荷小型化、轻量化、低功耗的要求。

综上所述，卫星激光通信技术以激光作为载体，不受电磁频谱限制，占用的资源非常少。激光通信载波频率可以比一般的微波高三个数量级，质量轻，体积小，另外光打到的地方才能收到，保密性强。

但是，由于卫星激光通信发散角小，需要光学系统以及高精度的跟瞄辅助机构完成建链，使系统更为复杂。同时，由于卫星激光通信技术发展历史较短，系统所用的激光器、电光调制器、光放大器、光电探测器等核心光电器件在空间环境下寿命及可靠性未得到大规模验证，需要在卫星激光通信技术投入使用后，通过长期的时间和大量的案例来检验和提升。

国际上卫星激光通信的网络非常多，专门的光通信网络包括侦察卫星、多媒体卫星、小卫星、侦察卫星、导航定位卫星。由于光通信怕云怕下雨，所以往往对地还是采用微波。在空间里面，可以全部采用激光的连接。从 1995 年开始，国际上就有人研究光通信。中国在这个领域也紧跟脚步。

美国、欧洲、日本以及中国等国家和地区在卫星激光通信领域已成功完成多项高、低轨在轨技术验证，并进入规模化建设和实用阶段。到 2013 年，美国在月球上，利用激光通信，把一段视频从月球传到了地球，这段视频的激光发射终端口径只有 10 厘米，传输速率达到了 622 M。

我国也非常重视激光通信。2011年，海洋二号搭载演示。2016年，量子卫星墨子号载人航天里面搭载了激光通信（见图9-23），特别是第二代相干激光通信，速率已经能提高到5 Gbit/s。第二代相干激光通信，把激光里面的相位信息利用起来，通过激光相互干涉来传递信息，灵敏度能够提高很多。

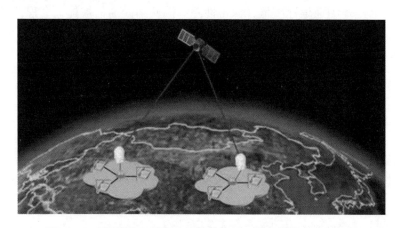

图9-23　我国量子卫星墨子号载人航天里面搭载了激光通信

激光通信的商业价值已被关注，有的企业正在研究在天上能不能进行商业化的数据传送的问题。中科深链准备用商业化的方法，用多颗高轨卫星作为基站，把月球作为一个基点，连接数据，再通过一些小卫星，作为低轨的空间中转，建立起一个以中继载荷为中心，配备深空、高轨和低轨小卫星，构建天地中继激光的通信网络，结合地面运营和商业化运行，为空间数据传输提供服务。这个方案具备全天候、双向高速数据通信、无须频谱资源审批、抗干扰能力强，可以提供商业化的开放服务，具有按需使用的特点。

9.5.2　深空探测中的激光通信

月地距地大概40万公里，如果用传统的强度调制，要500 W的激光，这是卫星的能源系统支撑不起的，所以不具备可行性，即使用相干探测第二代也是困难的。所以最新的技术是基于光子探测的激光通信，能把原来的灵敏度提高两到三个数量级。

2022年，NASA计划发射一颗运行在火星和木星之间的探索性卫星Psyche，并搭载激光通信终端（Deep Space Optical Communications，DSOC），进行一系列深空激光通信试验，通信距离为5 500万千米。该项目计划2022年搭载卫星Psyche发射，2026年运行至工作轨道。该项目平均激光功率为4 W的深空激光通信终端，可实现最大数据速率为267 Mbit/s的串联脉冲位置调制。地面激光发射机采用1 m直径的光学望远镜。激光信号波长为1 064 nm，最大平均功率为5 kW。地面信标光作为深空激光通信终端的指向参考，调制2 kbit/s的低密度奇偶校验（LDPC）编码数据。地面激光接收机采用5 m直径的海尔望远镜，收集下行链路微弱的深空光信号。使用具有信号处理功能的改进型单光子探测器组件对接收到的码字进行同步、解调和解码。

9.5.3　海洋探测中的激光通信

水下激光通信包括水下与水面通信、水下与空中通信、水下与太空通信。水下通信常用办法是用声呐，但是声呐通信速率低，保密性差。因此激光通信被提上日程，但是水下用激光通信存在困难。通过研究，发现在蓝绿光这个波段有可能实现。理论上来说，水下通信容量可达到 10 Gbit/s，但是水对光的吸收较大，蓝绿光波段穿过的海洋，在大洋深处约200 m，近岸约50 m，水越干净，能传的距离越远。

任务实施

（1）针对空间激光通信发展，收集资料形成空间激光通信的研究报告。
（2）分工协作，完成技术资料收集和学习，编写相应的研究报告。

任务总结

本任务中，分小组完成本项工作，其中，结合空间激光通信的学习，进行技术资料的采集与学习是本任务的关键。学生们通过前期的理论学习，了解了空间激光通信的应用与技术方案，可以通过理论联系实际，达到逐步深入的目的，有助于培养学生对新技术的学习能力，提高可持续发展能力。

自我评价

知识与技能点	你的理解	掌握情况
空间激光通信基础		😊 😐 🙁 😫
深空探测中的激光通信		😊 😐 🙁 😫
海洋探测中的激光通信		😊 😐 🙁 😫

😊完全掌握　😐基本掌握　🙁有些不懂　😫完全不懂

实训与拓展

（1）收集激光通信的应用案例与方案。
（2）分析海洋、深空激光通信的应用与发展。

任务 9.6　认知量子通信

🌀 任务目标

认识量子通信，理解量子通信的应用。

🌀 任务分析

从量子通信发展过程中，分析量子通信的方案变化与应用场景。

🌀 知识准备

9.6.1　量子通信基础

量子通信可以被理解为在物理极限下，利用量子效应实现的高性能通信。量子通信是量子信息中研究较早的领域。量子通信具有绝对保密、通信容量大、传输速度快等优点，可以完成经典通信所不能完成的特殊任务。量子通信可以用来构建无法破译的密钥系统，因此量子通信成为当今世界关注的科技前沿。量子通信是以量子态作为信息元实现对信息的有效传送的。它是继电话和光通信之后通信史上的又一次革命。

以量子密钥分发为基础的量子保密通信成为未来保障网络信息安全的一种非常有潜力的技术手段，是量子通信领域理论和应用研究的热点。

1. 量子态隐形传输

量子态隐形传输一直是学术界和公众关注的焦点。其基本思想是：将原物的信息分成经典信息和量子信息两部分，它们分别经由经典通道和量子通道传送给接收者。经典信息是发送者对原物进行某种测量而获得的，量子信息是发送者在测量中未提取的其余信息；而量子通道是指可以保持量子态的量子特性的传输通道。比如说，保偏光纤对于光子的量子偏振态而言就是一种量子通道。但在量子态隐形传输态中，量子通道的角色是由双方共享的量子纠缠态所担任的。接收者在获得这两种信息后，就可以制备出原物量子态的完全复制品。该过程中传送的仅仅是原物的量子态，而不是原物本身。发送者甚至可以对这个量子态一无所知，而接收者是将别的粒子处于原物的量子态上。

当隐形传输的量子态是一个纠缠态的一部分时，隐形传输就变成了量子纠缠交换。利用纠缠交换，可以将两个原本毫无联系的粒子纠缠起来，在它们之间建立量子关联。

隐形传态和纠缠交换可以把物体的量子信息在瞬间精确无误地传送到遥远的地方，这看起来很像科幻电影中的瞬时传送，或者电子游戏中的传送门之类的神奇功能。当然，在我们能够把生命完全分解成量子信息和经典信息，并建立足够多的纠缠资源之前，传送门还只是个美好的幻想。不过，隐形传态和纠缠交换并不仅仅是一个用来憧憬美好幻想的奇妙现象，利用它们可以实现超远距离的量子密钥分配，为全球范围的通信加上一把安全的"量子锁"。

2. 量子密钥分配

量子密钥分配不是用于传送保密内容的，而是在于建立和传输密码本，即在保密通信双方分配密钥，俗称量子密码通信。

1984 年，美国的 Bennett 和加拿大的 Brassart 提出著名的 BB84 协议，即用量子比特作为信息载体，利用光的偏振特性对量子态进行编码，实现对密钥的产生和安全分配。BB84 协议被证明是迄今为止无人攻破的安全密钥分配方式，量子测不准原理和量子不可克隆原理，保证了它的无条件安全性。

通过量子密钥分配可以对安全的通信密码加以建立，在一次一次的加密方式下，点对点方式的安全经典通信便得以实现。量子通信的安全性保障了密钥的安全性，从而保证加密后的信息是安全的。量子密钥分配还有一个好处——不需要大面积地改造现有的通信设备和线路。量子密钥分配突破了传统加密方法的束缚，以不可复制的量子状态作为密钥，具有理论上的"无条件安全性"。任何截获或测试量子密钥的操作，都会改变量子状态。这样，截获者得到的只是无意义的信息，而信息的合法接收者也可以从量子态的改变，知道密钥曾被截取过。最重要的是，与经典的公钥密码体系不同，即使实用的量子计算机出现甚至得到普及，量子密钥分配仍是安全的。

9.6.2 量子通信发展

1993 年，C. H. Bennett 提出了量子通信的概念；同年，6 位来自不同国家的科学家，提出了利用经典与量子相结合的方法实现量子隐形传送的方案：将某一个粒子的未知量子态传送到另一个地方，把另一个粒子制备到该量子态上，而原来的粒子仍停留在原处。其基本思想是：将原物的信息分成经典信息与量子信息两部分，它们分别经由经典通道和量子通道传送给接收者。经典信息是发送者对原物质进行某种测量而获得的，量子信息是发送者在测量中未提取的其余信息；接收者在获得了这两种信息后，就可以制备出原物量子态的完全复制品。该过程中传送的仅仅是原物质的量子态，而不是原物本身。发送者甚至可以对这个量子态一无所知，而接收者是将别的粒子处于原物质的量子态上。在这种方案中，纠缠态的非定域性起着极其重要的作用。量子隐形传态不仅在物理学领域对人们认识和揭示自然界的神秘规律具有重要意义，而且能用量子态作为信息载体，通过量子态的传送完成大容量信息的传输，实现了原则上不可破译的量子保密通信。

1997 年，在奥地利留学的中国青年学者潘建伟与荷兰学者波密斯特等人合作，首次实现未知量子态的远程传输。这是国际上首次在实验上成功地把一个量子态从甲地的光子传送到乙地的光子上。实验里传输的只是表达量子信息的"状态"，作为信息载体的光子本身并不被传输。

2012 年，中国科学家潘建伟等人在国际上首次成功实现百公里量级的自由空间量子隐形传态和纠缠分发，为发射全球首颗"量子通信卫星"奠定技术基础。国际权威学术期刊《自然》杂志介绍了该成果。"在高损耗的地面成功传输 100 km，意味着在低损耗的太空传输距离将可以达到 1 000 km 以上，基本上解决了量子通信卫星的远距离信息传输问题。"量子通信卫星核心技术的突破，也表明未来构建全球量子通信网络具备技术可行性。《自然》

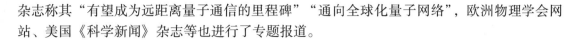

杂志称其"有望成为远距离量子通信的里程碑""通向全球化量子网络"，欧洲物理学会网站、美国《科学新闻》杂志等也进行了专题报道。

9.6.3　量子技术的应用

现在，量子技术已经成为一个新兴的、快速发展中的技术领域。这其中，量子通信、量子计算、量子成像、量子测度学和量子生物学是目前取得进展较大的几个方向。

1. 量子通信

广义地说，量子通信是指把量子态从一个地方传送到另一个地方，它的内容包含量子隐形传态、量子纠缠交换和量子密钥分配。狭义地说，我们谈到量子通信时，实际上只是指量子密钥分配或者基于量子密钥分配的密码通信。

2. 量子计算

量子计算的概念最先由 Richard Feynman 提出，源自对真实物理系统的模拟。模拟多粒子系统的行为时，描述系统的希尔伯特空间的维数会随着粒子的数目成指数增长。而当需要模拟的粒子数目很多时，一个足够精确的模拟所需的运算时间则变得相当可观，甚至是不切实际的天文数字。

3. 量子成像

量子成像是从利用量子纠缠成像开始逐渐发展起来的一种新的成像技术。量子成像利用光学成像和量子信息进行并行处理，与经典成像相比，两者获取物体信息的物理机制、理论模型、具体光学系统以及成像效果均不相同。量子成像增加了辐射场空间涨落这一获取目标图像及控制图像质量的新的独立信息通道。限制经典成像质量和精度的光场量子涨落这一因素，在量子成像中反而扮演着获取目标图像信息的重要角色。同时，量子成像在成像探测灵敏度、成像系统分辨率、扫描成像速率等方面均可突破经典成像的极限。

量子成像中的一种比较奇妙的现象称为关联成像、符合成像。与经典光学成像只能在同一光路得到该物体的像不同，量子成像可以在另一条并未放置物体的光路上再现该物体的空间分布信息。

4. 量子测度学

一个物理量的测量准确度最终取决于其测量标准的准确度。时间频率利用量子频标作为测量标准，而量子频标则是利用原子不同能级之间跃迁所发射或吸收的电磁波频率来作为标准，由于微观量子态的跃迁具有稳定不变的周期，从而使得时间频率具有较高的准确度与稳定度。量子频标或者叫原子钟，是当代第一个基于微观量子力学原理做成的计量标准。

5. 量子生物学

量子生物学是利用量子力学的概念、原理及方法，从分子、原子及电子水平研究生命物质和生命过程的学科。量子力学的创立和发展，吸引着众多物理学家和化学家，促使他们用量子力学的方法分析生物学意义上的电子结构，并把结果和生物学活性联系起来。例如，早在 1938 年，R. F. 施密特就已开始对致癌芳香烃类化合物研究，试图说明致癌活性与分子的电子结构之间的关系，随后经过普尔曼等人的工作，现已成为量子生物学中的重要组成部分。

任务实施

（1）针对量子通信发展，收集资料形成量子通信的研究报告。

（2）分工协作，完成技术资料收集和学习，编写相应的研究报告。

任务总结

本任务中，分小组完成本项工作，其中，结合量子通信资料的采集与学习是本任务的关键。在此基础上，对量子通信的应用进行深入地学习，通过理论联系实际的实践，进一步理解量子通信的发展与应用。

自我评价

知识与技能点	你的理解	掌握情况
量子通信基础		😊 😐 😦 😭
量子通信的发展		😊 😐 😦 😭
5G 中使用的信道编码技术		😊 😐 😦 😭

 😊完全掌握 😐基本掌握 😦有些不懂 😭完全不懂

实训与拓展

（1）收集国内外量子通信网络建设方案。

（2）利用图解方式，介绍量子通信的原理。

小结

1. 软件定义网络（SDN）是网络虚拟化的一种实现方式。其核心技术 OpenFlow 通过将网络设备的控制面与数据面分离开来，从而实现了网络流量的灵活控制。

2. 网络功能虚拟化（NFV），一种对于网络架构的概念，利用虚拟化技术，将网络节点阶层的功能，分割成几个功能区块，分别以软件方式实现，不再局限于硬件架构。

3. NFV 与 SDN 来源于相同的技术基础。NFV 与 SDN 的技术基础都是基于通用服务器、云计算以及虚拟化技术。

4. 云计算是一种基于互联网的计算方式，通过这种方式，共享的软硬件资源和信息可以按需提供给计算机和其他设备。

5. 云计算的服务模式分为基础设施即服务 IaaS、平台即服务 PaaS、软件即服务 SaaS 三种。

6. 卫星通信系统分为：静止轨道卫星、中轨道卫星和低轨道卫星。上图同步卫星通信系统为静止轨道卫星。

7. 空间技术传统分类有对地观测、导航定位、卫星通信、科学实验。

8. 量子通信是利用量子叠加态和纠缠效应进行信息传递的新型通信方式，基于量子力学中的不确定性、测量坍缩和不可克隆三大原理提供了无法被窃听和计算破解的绝对安全性保证，主要分为量子隐形传态和量子密钥分发两种。

9. 量子通信的基本思想是：将原物的信息分成经典信息与量子信息两部分，它们分别经由经典通道和量子通道传送给接收者。

思考题与练习题

9-1　简要说明 SDN 的发展及应用

9-2　简要说明 SDN 与 NFV 的关系。

9-3　举例说明云计算的服务模式。

9-4　搜集各种云的资料，谈谈云计算对生活带来的影响。

9-5　举例说明量子通信的应用。

9-6　简述我国量子通信网络建设情况。

9-7　简要说明卫星通信的发展。

9-8　分析激光通信的发展趋势。

参 考 文 献

[1] 樊昌信，曹丽娜. 通信原理 [M]. 7 版. 北京：国防工业出版社，2012.
[2] 陈爱军. 深入浅出通信原理 [M]. 北京：清华大学出版社，2018.
[3] 陈对新，尹玉富，石磊. 通信原理 [M]. 北京：清华大学出版社，2020.
[4] ROOGER E I，WILLIAM H T. 通信原理：调制、编码与噪声 [M]. 7 版. 北京：电子工业出版社，2018.
[5] 牛凯. 移动通信原理 [M]. 3 版. 北京：电子工业出版社，2021.
[6] 张祖凡. 通信原理 [M]. 北京：电子工业出版社，2018.